ARZNEIMITTEL- UND APOTHEKENRECHT der Deutschen Demokratischen Republik

Gesetzessammlung mit Kommentar

4. Lieferung

Herausgegeben von

OPhR. Prof. Dr. sc. nat. JOACHIM RICHTER
OPhR. Prof. Dr. sc. phil. Dr. rer. nat. HANS-JOACHIM SEIDLEIN
OPhR. Dr. rer. nat. MANFRED BÖHM
Diplom-Jurist HANS GEORG KEUNE

AKADEMIE-VERLAG · BERLIN 1981

Erschienen im Akademie-Verlag, DDR-1080 Berlin, Leipziger Straße 3—4

Lizenznummer: 202 · 100/528/81
Gesamtherstellung: VEB Druckhaus „Maxim Gorki“, 7400 Altenburg
Bestellnummer: 762 722 2 (3069/4) · LSV 2097, 2887
Printed in GDR
EVP 45,— M

Benutzungshinweise

Die 4. Lieferung ist nach Entfernen der nachstehend aufgeführten Seiten wie folgt einzuordnen:

Zu entfernen	Einzuordnende Teile der 4. Lieferung	
	Ergänzungsinhaltsverzeichnis	
	Kapitel C	S. 1
	C **06 13** 06	S. 1
	C **06 13** 06 Kom.	S. 1
	C **07** 01	S. 1–7
	Ergänzungsinhaltsverzeichnis	
	Kapitel F	
	F **01** 25	S. 1–5
	F **02** 02	S. 1–6
	F **07** 03	S. 1–6
Kapitelinhaltsverzeichnis	Kapitelinhaltsverzeichnis	
Kapitel G	Kapitel G	S. 1–4
S. 1 (1. Lieferung)	G **01** 01	S. 1–105
	G **08** 01	S. 1–14
	G **08** 02	S. 1–8
	G **08** 03	S. 1–8
	G **08** 04	S. 1–3
	G **08** 05	S. 1–3
	G **08** 30	S. 1–4
	G **08** 31	S. 1–3
	G **11** 30	S. 1–5
	G **11** 31	S. 1–3
	G **11** 32	S. 1–2
	G **11** 33	S. 1–2
	G **11** 34	S. 1
	G **11** 35	S. 1–4
	G **11** 35 01	S. 1–2
	G **13** 01	S. 1–26
	G **14** 01	S. 1–23

Ergänzungsinhaltsverzeichnis

Kapitel C

Arzneimittelrecht

Anordnung Nr. Pr. 290 über die Festsetzung und Berechnung der Preise für Arzneimittel, den Arzneimitteln gleichgestellte und andere spezifische Erzeugnisse in Apotheken

vom 28. Juni 1978

(GBI. I Nr. 23 S. 265)

Im Einvernehmen mit dem Leiter des Amtes für Preise wird folgendes angeordnet:

§ 1

(1) Die Festsetzung und Berechnung der Preise für Arzneimittel, den Arzneimitteln gleichgestellte und andere spezifische Erzeugnisse in Apotheken erfolgt nach der Arzneitaxe der Deutschen Demokratischen Republik (nachfolgend Arzneitaxe der DDR genannt).[1])

(2) Durch die Arzneitaxe der DDR werden die Preise für Erzeugnisse und Leistungen gegenüber der Bevölkerung weder verändert, noch dürfen solche Veränderungen auf der Grundlage der Arzneitaxe der DDR vorgenommen werden. Werden Arzneimittel, den Arzneimitteln gleichgestellte und andere spezifische Erzeugnisse von Apotheken an die Bevölkerung verkauft, so sind dafür die Einzelhandelsverkaufspreise zu berechnen. Wurden von den Apotheken gegenüber der Bevölkerung bisher niedrigere Preise berechnet, so sind diese weiterhin anzuwenden.

§ 2

(1) Diese Anordnung tritt am 1. Spetember 1978 in Kraft.

(2) Gleichzeitig treten außer Kraft:

- die Preisanordnung Nr. 1450 vom 30. Juni 1959 — Anordnung zur Berechnung der Preise für Arzneimittel, Arzneien und Arzneifertigwaren in Apotheken — Deutsche Arzneitaxe 1959 — (Sonderdruck Nr. P 1021 des Gesetzblattes),
- die Preisordnung Nr. 1450/1 vom 21. Oktober 1960 — Berechnung der Preise für Arzneimittel, Arzneien und Arzneifertigwaren in Apotheken — Deutsche Arzneitaxe 1959 — (Sonderdruck Nr. P 1835 des Gesetzblattes),
- die Preisanordnung Nr. 1450/2 vom 1. September 1966 — Berechnung der Preise für Arzneimittel, Arzneien und Arzneifertigwaren in Apotheken — Deutsche Arzneitaxe 1959 — (onderdruck Nr. P 2311 des Gesetzblattes),
- die Anordnung vom 11. April 1969 zur Änderung und Ergänzung der Preisanordnung Nr. 1450 — Anordnung zur Berechnung der Preise für Arzneimittel, Arzneien und Arzneifertigwaren in Apotheken — (Sonderdruck Nr. 624 des Gesetzblattes).

[1]) Die Arzneitaxe der DDR wird vom MfGe dem berechtigten Empfängerkreis direkt zugestellt.

Arzneitaxe der DDR zur Anordnung Nr. Pr. 290 über die Festsetzung und Berechnung der Preise für Arzneimittel, den Arzneimitteln gleichgestellte und andere spezifische Erzeugnisse in Apotheken

— Fassung vom 1. Januar 1980 —

Die Arzneitaxe enthält detaillierte Bestimmungen zur Festsetzung und Berechnung von Preisen für Arzneimittel und den Arzneimitteln juristisch gleichgestellte Erzeugnisse sowie für andere spezifische Erzeugnisse des Gesundheitswesens. Sie gilt nur für Apotheken. Deshalb wurde sie auch vom Ministerium für Gesundheitswesen nur diesem berechtigten Empfängerkreis zur Nutzung übergeben.
In der Arzneitaxe werden unter anderem verbindlich geregelt:

- die Preisberechnung für Fertigerzeugnisse der Industrie bei Abgabe an die Verbraucher durch die Apotheken
- die Berechnung der Preise für Stoffe, Zubereitungen und Arzneien einschließlich der Berechnung der Behältnisse
- die Berechnung der Preise der im Apothekenwesen hergestellten Reagenzien für labordiagnostische Zwecke.

In einer umfassenden Preisliste für Arzneimittel sind der Großhandelsabgabepreis (GAP) und der innerbetriebliche Verrechnungspreis (IVP) für wahlweise 1000, 100, 10, 1 und 0,1 Gramm angegeben.
Eine gesonderte Liste beinhaltet die Preise für diverse Behältnisse.

Anordnung über das Statut des Staatlichen Versorgungskontors für Pharmazie und Medizintechnik

vom 27. Dezember 1965

(GBl. II 1966 Nr. 4 S. 15)

i. d. F. der AO Nr. 2 vom 25. Oktober 1967

(GBI. II Nr. 119 S. 841) [1])

und der AO Nr. 3 vom 12. Dezember 1974 (GBI. I 1975 Nr. 3 S. 60) [2])

Zur Sicherung einer bedarfsgerechten Versorgung der Einrichtungen des Gesundheits- und des Veterinärwesens mit einwandfreien und hochwertigen Arzneimitteln sowie mit Erzeugnissen der Medizin- und Krankenhaustechnik wird folgendes angeordnet:

§ 1

Aufgaben, Organisation, Leitung und Arbeitsweise des Staatlichen Versorgungskontors für Pharmazie und Medizintechnik regelt das Statut (Anlage), das hiermit für verbindlich erklärt wird.

§ 2

(1) Mit Wirkung vom 31. Dezember 1965 wird das Zentraldepot für Pharmazie und Medizintechnik als juristische Person und Rechtsträger von Volkseigentum aufgelöst.
(2) Die Aufgaben aus dem Volkswirtschaftsplan des Zentraldepots für Pharmazie und Medizintechnik gehen ab 1. Januar 1966 auf das Staatliche Versorungskontor für Pharmazie und Medizintechnik über.
(3) Rechtsnachfolger des Zentraldepots für Pharmazie und Medizintechnik ist ab 1. Januar 1966 das Staatliche Versorgungskontor für Pharmazie und Medizintechnik.

§ 3

(1) Diese Anordnung tritt am 1. Januar 1966 in Kraft.
(2) Gleichzeitig treten außer Kraft:

1. Anordnung (Nr. 1) vom 1. Juli 1960
   über das Statut des Staatlichen Versorgungskontors für Pharmazie und Medizintechnik (GBl. II Nr. 23 S. 257);
2. Anordnung Nr. 2 vom 11. Mai 1962
   über das Statut des Staatlichen Versorgungskontors für Pharmazie und Medizintechnik (GBl. III Nr. 13 S. 143);

3. Anordnung Nr. 3 vom 27. Juni 1963
über das Statut des Staatlichen Versorgungskontors für Pharmazie und Medizintechnik — Bildung eines Zentraldepots für Pharmazie und Medizintechnik — (GBl. II Nr. 67 S. 524);
4. Mitteilung vom 26. Juli 1960
über die Bildung des Staatlichen Versorgungskontors für Pharmazie und Medizintechnik (Verfügungen und Mitteilungen des Ministeriums für Gesundheitswesen Nr. 9/1960 S. 68);
5. Richtlinie vom 3. Januar 1961
über die Bildung und Tätigkeit der Versorgungsausschüsse — Versorgungsbereich Pharmazie — (Verfügungen und Mitteilungen des Ministeriums für Gesundheitswesen Nr. 1/1961 S. 1);
6. Richtlinie vom 3. Januar 1961
über die Bildung und Tätigkeit der Versorgungsausschüsse — Versorgungsbereich Medizintechnik — (Verfügungen und Mitteilungen des Ministeriums für Gesundheitswesen Nr. 1/1961 S. 2);
7. Richtlinie vom 1. Juli 1961
über die Bildung und Tätigkeit des Zentralen Versorgungsausschusses — Versorgungsbereich Pharmazie — (Verfügungen und Mitteilungen des Ministeriums für Gesundheitswesen Nr. 2/1962 S. 7);
8. Richtlinie vom 1. Juli 1961
über die Bildung und Tätigkeit des Zentralen Versorgungsausschusses — Versorgungsbereich Medizintechnik — (Verfügungen und Mitteilungen des Ministeriums für Gesundheitswesen Nr. 2/1962 S. 7);
9. Richtlinie vom 11. Mai 1962
über die Bildung und Tätigkeit des Versorgungsausschusses für Augenoptik (Verfügungen und Mitteilungen des Ministeriums für Gesundheitswesen Nr. 6/1962 S. 52).

Anlage

zu vorstehender Anordnung

Statut des Staatlichen Versorgungskontors für Pharmazie und Medizintechnik

§ 1

Rechtliche Stellung und Sitz

(1) Das Staatliche Versorgungskontor für Pharmazie und Medizintechnik (nachstehend Staatliches Versorgungskontor genannt) ist juristische Person und Rechtsträger von Volkseigentum. Sein Sitz ist Berlin.

(2) Das Staatliche Versorgungskontor ist dem Ministerium für Gesundheitswesen unterstellt.
(3) Das Staatliche Versorgungskontor arbeitet nach den Prinzipien der wirtschaftlichen Rechnungsführung.
(4) Dem Staatlichen Versorgungskontor sind Versorgungsdepots unterstellt (§ 9).

§ 2

Aufgaben

(1) Das Staatliche Versorgungskontor hat die Versorgung der Einrichtungen des Gesundheits- und des Veterinärwesens mit Arzneimitteln, den Arzneimitteln gleichgestellten Erzeugnissen sowie mit Erzeugnissen der Medizin- und Krankenhaustechnik entsprechend den vom Ministerium für Gesundheitswesen festgelegten Nomenklaturen und erlassenen Grundsätzen zu organisieren und durchzuführen.
(2) Hierbei hat das Staatliche Versorgungskontor insbesondere folgende Aufgaben:

1. Ermittlung des Bedarfs unter Berücksichtigung der vom Ministerium für Gesundheitswesen gegebenen Hinweise über die medizinisch-wissenschaftliche Entwicklung und Abstimmung mit den wirtschaftsleitenden Organen der Industriebetriebe;
2. Sicherung einer kontinuierlichen, bedarfsgerechten Bereitstellung von Erzeugnissen gemäß Abs. 1 durch Herstellung sozialistischer ökonomischer Beziehungen zu den wirtschaftsleitenden Organen und Wirtschaftsräten der Bezirke hinsichtlich der Betriebe, in denen diese Erzeugnisse hergestellt werden;
3. Aufbau von Arbeitsbereichen für die Materialwirtschaft und Rationalisierung auf den Gebieten Apothekenwesen, Medizin- und Krankenhaustechnik sowie Organisierung und Leitung der wirtschaftlichen Beziehungen gemäß den Festlegungen des Ministeriums für Gesundheitswesen;
4. Einflußnahme auf die Produktionsprogramme der Industriebetriebe;
5. Kontrolle der Versorgung durch Schaffung einer ständigen Übersicht der Warenbewegung, Vertragsabschlüsse und -realisierung, Bestands- und Reservehaltung;
6. Festlegung des Importbedarfs an Erzeugnissen gemäß Abs. 1 sowie Durchführung der Importe auf Grund der mit den Außenhandelsorganen zu treffenden Vereinbarungen;
7. Bildung und Verwaltung einer operativen Reserve von Erzeugnissen gemäß Abs. 1 und deren zweckentsprechenden Einsatz;
8. Einflußnahme auf die Organisierung des planmäßigen Anbaus, der Sammlung und Erfassung sowie Bearbeitung von Arzneipflanzen und Bilanzierung der Arznei-, Gewürz- und Duftpflanzen;
9. Sicherung der wissenschaftlichen Leitung des Reproduktionsprozesses des Staatlichen Versorgungskontors und der unterstellten Versorgungsdepots;

10. Erarbeitung der Perspektive der Weiterentwicklung der Organisation des Versorgungsnetzes;
11. Verbesserung der Standortverteilung der Versorgungsdepots unter Berücksichtigung der Aufgabenstellung des Gesundheitswesens in den Versorgungsgebieten;
12. ständige Erhöhung der Qualität der Leitungstätigkeit sowie ständige Verbesserung der politisch-ideologischen Erziehungsarbeit in den Versorgungsdepots;
13. Weiterbildung und Qualifizierung der in den Versorgungsdepots tätigen Mitarbeiter;
14. Förderung sozialistischer Wettbewerbe und Entwicklung sozialistischer Brigaden in den Versorgungsdepots;
15. Verallgemeinerung und Durchsetzung von Neuerermethoden.

(3) Der Minister für Gesundheitswesen kann dem Staatlichen Versorgungskontor weitere Aufgaben übertragen.

§ 3 Beziehungen zu anderen Organen

(1) Das Staatliche Versorgungskontor entwickelt seine Beziehungen zu anderen staatlichen Organen, Organisationen und Betrieben auf der Grundlage dieses Statuts, der Planaufgaben des Staatlichen Versorgungskontors, der gesetzlichen Bestimmungen und der Weisungen des Ministers für Gesundheitswesen.

(2) Das Staatliche Versorgungskontor und die ihm unterstellten Versorgungsdepots haben bei der Lösung ihrer Aufgaben mit den für die staatliche Leitung des Gesundheitswesen zuständigen Organen in den Bezirken, mit den wissenschftlichen Instituten auf dem Gebiet des Apotheken- und Arzneimittelwesens, der Medizin- und Krankenhaustechnik sowie anderen medizinisch-wissenschaftlichen Instituten eng zusammenzuarbeiten und ihre Erfahrungen auszuwerten. Das gleiche bezieht sich auf die enge Zusammenarbeit mit den gesellschaftlichen Organisationen. Die Zusammenarbeit erstreckt sich insbesondere auf die

1. Durchführung der Bedarfsforschung und Bedarfsermittlung,
2. Bestandshaltung und Reservehaltung,
3. Organisierung der territorialen Versorgung,
4. Schaffung örtlicher Lagerkapazitäten

und gestaltet sich nach folgenden Grundsätzen:

a) das Staatliche Versorgungskontor trägt als Organ des Ministeriums für Gesundheitswesen die Verantwortung für die Koordinierung und für die Bedarfsermittlung der im § 2 Abs. 1 genannten Erzeugnisse,
b) der Hauptdirektor des Staatlichen Versorgungskontors hat bei der Auswahl, dem Einsatz und der Abberufung leitender Kader der Versorgunsdepots sowie bei Einleitung wichtiger organisatorischer Maßnahmen eine vorherige Abstimmung mit dem für die staatliche Leitung des Gesundheitswesens zuständigen Organ in Bezirk durchzuführen,

c) die Direktoren der Versorgungsdepots haben vor Verteidigung des Planvorschlages für den Warenbezug des Versorgungsdepots beim Hauptdirektor des Staatlichen Versorgungskontors eine Abstimmung mit den für die staatliche Leitung des Gesundheitswesens zuständigen Organe der Bezirke vorzunehmen,
d) die Direktoren der Versorgungsdepots sind verpflichtet, die für die staatliche Leitung des Gesundheitswesens zuständigen Organe der Bezirke ständig über die Versorgung mit Erzeugnissen gemäß § 2 Abs. 1 im Territorium zu informieren und auf Anforderung von diesen Organen Auskünfte zu erteilen.

(3) Das Staatliche Versorgungskontor entwickelt die sozialistische Gemeinschaftsarbeit auf der Grundlage entsprechender Vereinbarungen, insbesondere mit

1. den wirtschaftsleitenden Organen der pharmazeutischen und medizintechnischen Industrie;
2. den jeweiligen zuständigen Außenhandelsunternehmen;
3. dem Landwirtschaftsrat der Deutschen Demokratischen Republik;
4. dem Staatssekretariat für das Hoch- und Fachschulwesen.

§ 4 Leitung

(1) Das Staatliche Versorgungskontor wird durch den Hauptdirektor geleitet.
(2) Der Hauptdirektor ist für die politische, wirtschaftliche und organisatorische Tätigkeit des Staatlichen Versorgungskontors und der ihm unterstellten Versorgungsdepots verantwortlich und dem Ministerium für Gesundheitswesen rechenschaftspflichtig.
(3) Die Leitung des Staatlichen Versorgungskontors erfolgt nach dem Prinzip der persönlichen Verantwortung und nach dem Grundsatz der Einzelleitung bei aktiver Mitwirkung aller Mitarbeiter des Staatlichen Versorgungskontors.
(4) Der Hauptdirektor hat je einen Stellvertreter für den Versorgungsbereich Pharmazie, für den Versorgungsbereich Medizintechnik und für den Bereich Ökonomie. Die Stellvertreter führen die Bezeichnung „Direktor". Der Erste Stellvertreter ist der Direktor für den Versorgungsbereich Pharmazie.
(5) Der Hauptdirektor ist für den Inhalt und die Zielsetzung des sozialistischen Wettbewerbs verantwortlich. Er löst diese Aufgaben in Zusammenarbeit mit der Gewerkschaft und anderen Massenorganisationen und fördert die Neuererbewegung.
(6) Der Hauptdirektor ist gegenüber den dem Staatlichen Versorgungskontor unterstellten Versorgungsdepots weisungsberechtigt.

§ 5 Regelung des Arbeitsablaufes

Für den Arbeitsablauf und die Regelung der Rechte und Pflichten der Mitarbeiter des Staatlichen Versorgungskontors wird durch den Hauptdirektor eine Arbeitsordnung in Kraft gesetzt. Für die Aufgabenverteilung gilt der vom Hauptdirektor erlassene Funktionsplan.

§ 6 Vertretung im Rechtsverkehr

(1) Das Staatliche Versorgungskontor wird im Rechtsverkehr durch den Hauptdirektor vertreten. Im Falle der Verhinderung des Hauptdirektors finden die Bestimmungen des § 4 Abs. 4 für die Vertretung im Rechtsverkehr Anwendung.
(2) Der Hauptdirektor ist zur Einzelzeichnung befugt. Das gleiche gilt bei der Vertretung des Hauptdirektors durch seinen Ersten Stellvertreter.
(3) Jeder Stellvertreter des Hauptdirektors ist berechtigt, innerhalb seines Verantwortungsbereiches und seiner Befugnisse das Staatliche Versorgungskontor zu vertreten. Im Rahmen der ihnen erteilten Vollmachten können auch andere Mitarbeiter des Staatlichen Versorgungskontors die Vertretung im Rechtsverkehr ausüben.
(4) Verfügungen über Zahlungsmittel des Staatlichen Versorgungskontors erfolgen nach den gesetzlichen Bestimmungen.
(5) Jeder Unterschrift ist die Funktion des Zeichnenden hinzuzufügen.

§ 7 Struktur- und Stellenplan

Der Struktur- und Stellenplan des Staatlichen Versorgungskontors wird vom Minister für Gesundheitswesen bestätigt.

§ 8 Einstellung und Entlassung der Mitarbeiter

(1) Der Hauptdirektor des Staatlichen Versorgungskontors wird durch den Minister für Gesundheitswesen berufen und abberufen.
(2) Die Stellvertreter des Hauptdirektors werden vom Hauptdirektor des Staatlichen Versorgungskontors nach Zustimmung des Ministeriums für Gesundheitswesen eingestellt und entlassen.
(3) Alle übrigen Mitarbeiter des Staatlichen Versorgungskontors werden durch den Hauptdirektor nach Maßgabe der gesetzlichen Bestimmungen eingestellt und entlassen.

§ 9 Versorgungsdepots

(1) Zur Durchführung der Versorgungsaufgaben sind Versorgungsdepots als juristisch selbständige Versorgungsbetriebe gebildet, die nach dem Prinzip der wirtschaftlichen Rechnungsführung arbeiten und vom Staatlichen Versorgungskontor bei der Durchführung ihrer Planaufgaben angeleitet und kontrolliert werden.
(2) Die Errichtung neuer Versorgungsdepots, Zusammenlegungen oder Auflösungen bedürfen der Zustimmung des Ministeriums für Gesundheitswesen.
(3) Die Versorgungsdepots werden von Direktoren geleitet. Die Direktoren werden vom Hauptdirektor des Staatlichen Versorgungskontors berufen und abberufen.

§ 10 Versorgungsbeirat und Versorgungsausschüsse

(1) Zur Beratung des Hauptdirektors wird ein Versorgungsbeirat gebildet, dem angehören:

a) der Hauptdirektor als Vorsitzender,
b) ein leitender Mitarbeiter des Staatlichen Versorgungskontors als Sekretär,
c) ein Mitarbeiter des *Deutschen Instituts für Arzneimittelwesen,*
d) ein Mitarbeiter des *Deutschen Instituts für Apothekenwesen,*
e) ein Vertreter aus einer Einrichtung des *Landwirtschaftsrates* der Deutschen Demokratischen Republik,
f) ein Vertreter aus einer Einrichtung des *Staatssekretariats für das Hoch- und Fachschulwesen,*
g) ein Apotheker aus dem Bereich des Gesundheitswesens,
h) ein Mitarbeiter für Medizintechnik aus dem Bereich des Gesundheitswesens,
i) zwei Direktoren von Versorgungsdepots.

(2) Die Mitglieder des Versorgungsbeirates werden auf Vorschlag der für sie zuständigen Organe vom Minister für Gesundheitswesen auf die Dauer von 3 Jahren ernannt.
(3) Soweit erforderlich, können zusätzlich Vertreter von Staats- und anderen Organen zu den Beratungen hinzugezogen werden.
(4) Bei jedem Versorgungsdepot ist in Abstimmung mit den für die staatliche Leitung des Gesundheitswesens im Versorgungsbereich zuständigen Organe ein Wissenschaftlicher Beirat zu bilden. Jeder Wissenschaftliche Beirat gliedert sich in einen Ausschuß für die Versorgung mit Arzneimitteln und einen Ausschuß für die Versorgung mit medizin- und krankenhaustechnischen Erzeugnissen und Rationalisierungsmitteln. Die Wissenschaftlichen Beiträge beraten die Direktoren der Versorgungdepots bei der Erfüllung ihrer Aufgaben.
(5) Die Mitglieder der Wissenschaftlichen Beiträge werden auf Vorschlag der Bezirksärzte im Einvernehmen mit den Leitern der Institutionen, in denen die Mitglieder tätig sind, von den Direktoren der Versorgungsdepots für die Dauer von 3 Jahren ernannt.
(6) Der Minister für Gesundheitswesen legt Einzelheiten über die Bildung und Tätigkeit der Wissenschaftlichen Beiräte in einer Richtlinie fest.

[1]) Absätze 4 bis 6 des § 10 der Anlage zur AO vom 27. 12. 1965 i. d. F. dieser AO Nr. 2, die am 1. 11. 1967 in Kraft trat.
[2]) Ziff. 16 des § 2 Abs. 2 der Anlage zur AO vom 27. 12. 1965 wurde mit Wirkung vom 1. 1. 1975 durch diese AO Nr. 3 gestrichen.

Ergänzungsinhaltsverzeichnis

Kapitel F

Giftrecht

Richtlinie über den Verkehr mit Giften an den Einrichtungen des Ministeriums für Hoch- und Fachschulwesen und des Ministeriums für Volksbildung
— Giftrichtlinie —
vom 20. Juli 1978

(VuM MHF Nr. 3 S. 20)

Zur Gewährleistung von Sicherheit und Ordnung beim Verkehr mit Giften an den Einrichtungen des Ministeriums für Hoch- und Fachschulwesen und des Ministeriums für Volksbildung wird gemäß § 4 Abs. 1 und § 9 des Gesetzes über den Verkehr mit Giften – Giftgesetz – vom 7. April 1977 (GBl. I Nr. 10 S. 103) folgendes festgelegt:

1. Geltungsbereich

Diese Richtlinie gilt für Universitäten, Hochschulen, Fachschulen, wissenschaftliche Bibliotheken, wissenschaftliche Museen, Zentralstellen und weitere Einrichtungen, die dem Ministerium für Hoch- und Fachschulwesen bzw. dem Ministerium für Volksbildung unterstehen (nachstehend Einrichtungen genannt) und in denen Verkehr mit Giften gemäß § 2 des Giftgesetzes stattfindet.

2. Verantwortung der Leiter

2.1. Die Leiter der Einrichtungen, die Direktoren der Sektionen, die Leiter der den Sektionen gleichgestellten Struktureinheiten und die Leiter der Wissenschaftsbereiche (nachstehend Leiter genannt) sind in ihrem Verantwortungsbereich für die Einhaltung der Rechtsvorschriften über den Verkehr mit Giften (siehe Anlage 1) sowie dieser Richtlinie verantwortlich.

2.2. Die Leiter haben gemäß § 4 Abs. 1 des Giftgesetzes und § 6 der 1. DB zum Giftgesetz betriebliche Regelungen zum Verkehr mit Giften (siehe Anlage 2) zu erlassen sowie die erforderlichen Sicherheitsmaßnahmen im Sinne des § 4 Abs. 2 des Giftgesetzes für ihren Verantwortungsbereich in Labor- bzw. Havarieordnungen festzulegen und durchzusetzen.

2.3. In ihrem Verantwortungsbereich sind die Leiter dafür verantwortlich, daß nicht mehr nutzbare Gifte in nicht toxische bzw. nicht schädigende Stoffe umgewandelt oder entsprechend den dafür geltenden Rechtsvorschriften schadlos beseitigt werden.

3. Befähigungsnachweis für Giftbeauftragte

3.1. Gemäß § 15 Abs. 1 der 1. DB zum Giftgesetz können an den Universitäten und Hochschulen zur Vorbereitung der Giftbeauftragten auf die Prüfung Lehrgänge durchgeführt werden.

3.2. Soweit den Universitäten und Hochschulen die Berechtigung zur Durchführung von Lehrgängen gemäß § 15 Abs. 1 der 1. DB zum Giftgesetz übertragen wurde, ist zur

Abnahme der Prüfungen durch den Rektor eine Prüfungskommission zu bilden. Der Prüfungskommission gehören an:

- ein Pharamazeut oder Chemiker
- ein Pharmakologe oder anderer Facharzt
- der Sicherheitsinspektor.

3.3. Über abgelegte Prüfungen sind gemäß § 19 der 1. DB zum Giftgesetz von den Prüfkommissionen Befähigungsnachweise auszustellen und zu befristen.

4. Erlaubnis zum Verkehr mit Giften

4.1. An Universitäten und Hochschulen erteilen die Rektoren auf Antrag den Struktureinheiten die Erlaubnis zum Verkehr mit Giften. (Muster siehe Anlage 3)
Der Antrag ist durch den Leiter der Struktureinheit unter Beachtung der Forderungen des § 3 Abs. 2 des Giftgesetzes zu stellen.
Die Leiter der Struktureinheiten erteilen die persönliche Erlaubnis zum Verkehr mit Giften. (Muster siehe Anlage 4)

4.2. Den Fachschulen, wissenschaftlichen Bibliotheken, wissenschaftliche Museen, Zentralstellen und weiteren Einrichtungen erteilt der Staatssekretär des jeweiligen Ministeriums auf Antrag des Leiters der Einrichtung die Erlaubnis zum Verkehr mit Giften.
Die Leiter der Einrichtungen erteilen die persönliche Erlaubnis zum Verkehr mit Giften.

4.3. Mitarbeiter, die nicht Giftbeauftrage sind und im Rahmen ihrer Arbeitsaufgaben mit Giften der Abt. 1 umgehen sollen, sind durch den zuständigen Leiter schriftlich zu bestätigen. Voraussetzung für die Bestätigung ist ihre fachliche Befähigung und persönliche Eignung. Der Giftbeauftragte erhält ein Exemplar der Bestätigung.

5. Meldepflicht

5.1. Die Leiter der Einrichtungen haben zu gewährleisten, daß gemäß § 7 Abs. 5 der 1. DB zum Giftgesetz dem örtlich zuständigen Volkspolizei-Kreisamt eine Aufstellung der Lagerbestände an Giften der Abt. 1 in zweifacher Ausfertigung mit Stand vom 31. März bis zum 20. April eines jeden Jahres übergeben werde.

5.2. Der Verkehr mit Giften der Abt. 2 ist gemäß § 8 Abs. 4 der 1. DB zum Giftgesetz dem örtlich zuständigen Volkspolizei-Kreisamt zur Registrierung zu melden.

5.3. Verluste und Fehlbestände an Giften der Abt. 1 sind unverzüglich dem Leiter der Einrichtung mitzuteilen. Zusätzlich zu den Festlegungen des § 9 der 1. DB zum Giftgesetz über die Meldepflicht an das örtlich zuständige Volkspolizei-Kreisamt sind Verluste und Fehlbestände sowie besondere Vorkommnisse beim Verkehr mit Giften dem Ministerium für Hoch- und Fachschulwesen[1]) bzw. dem Ministerium für Volksbildung[2]) zu melden.

6. Abgabe von Giften innerhalb der Einrichtung

6.1. Die Abgabe von Giften der Abt. 1 darf nur unter Vorlage eines Giftanforderungsscheines mit der Unterschrift eines vom zuständigen Leiter festgelegten Verantwortlichen erfolgen.

6.2. Unterschriftproben der vom Leiter festgelegten Verantwortlichen müssen im Giftlager vorliegen.

6.3. Gifte der Abt. 2 können zusammen mit den schriftlichen Bestellungen anderer Chemikalien angefordert werden.

7. Belehrung

7.1. Mitarbeiter und Studenten, die bei ihrer Tätigkeit mit Giften umgeben, sind mindestens vierteljährig über die Rechtsvorschriften über den Verkehr mit Giften aktenkundig zu belehren.

7.2. Studenten sind zu Beginn des Praktikums, in dem Umgang mit Giften erfolgt, über die Rechtsvorschriften, die den Verkehr mit Giften betreffen, durch den Leiter des Praktikums aktenkundig zu belehren.

7.3. Mitarbeiter, die Gifte der Abt. 1 außerhalb der Einrichtung zu transportieren haben, sind durch den zuständigen Leiter über die 3. DB zum Giftgesetz aktenkundig zu belehren.

8. Schlußbestimmungen

Diese Richtlinie tritt am 1. September 1978 in Kraft. Gleichzeitig tritt die Richtlinie des SHF über den Verkehr mit Giften im Bereich der Einrichtungen des SHF vom 1. Spetember 1963 (VuM des SHF Nr. 1 vom 5. Januar 1964) und der Kommentar zur Richtlinie des SHF über den Verkehr mit Giften (VuM des SHF Nr. 5/6 vom 7. Juli 1965) außer Kraft.

Anlage 1

Geltende Rechtsvorschriften über den Verkehr mit Giften (Stand 31. März 1978)

- Gesetz über den Verkehr mit Giften — Giftgesetz — vom 7. April 1977 (GBl. I Nr. 10 S. 103)
- Erste Durchführungsbestimmung zum Giftgesetz vom 31. Mai 1977 (GBl. I Nr. 21 S. 275) Berichtigung GBl. I Nr. 34
- Zweite Durchführungsbestimmung zum Giftgesetz — Verzeichnis eingestufter Gifte — vom 31. Mai 1977 (GBl. I Nr. 21 S. 279)
- Dritte Durchführungsbestimmung zum Giftgesetz — Transport von Giften — vom 31. Mai 1977 (GBl. I Nr. 21 S. 282)
- Zweite Durchführungsbestimmung zur Sechsten Durchführungsverordnung zum

Landeskulturgesetz – Schadlose Beseitigung toxischer Abprodukte und anderer Schadstoffe + vom 21. April 1977 (GBl. I Nr. 15 S. 161)
– TGL 30582 – Chemische Arbeiten in Laboratorien –
– TGL 30817 – Sicherheitsfarben und Sicherheitszeichen –

Anlage 2

Bei der Erarbeitung betrieblicher Regelungen zur Durchsetzung der Rechtsvorschriften über den Verkehr mit Giften sind folgende Punkte zu beachten:

1. Festlegung der Struktureinheit in der Verkehr mit Giften erfolgt.
2. Festlegung der Giftbeauftragten.
3. Festlegung einer Schlüsselordnung für Giftlager, -räume, -schränke oder andere Behältnisse.
4. Regelungen zur Beseitigung von Giften und deren Abfälle unter Beachtung des Landeskulturgesetzes, des § 10 der 6. DVO zum Landeskulturgesetz sowie der Abwassereinleitungsbedingungen.
5. In Zusammenarbeit mit dem Betriebsgesundheitswesen Festlegung von Maßnahmen, die bei akuter Vergiftung anzuwenden sind.
   Notrufnummer des toxikologischen Auskunftdienstes der DDR: Berlin 2202411.

Anlage 3

Erlaubnis zum Verkehr mit Giften

Dem/der ....

Bezeichnung der Einrichtung

....

Anschrift

wird hiermit gemäß § 9 des Gesetzes vom 7. April 1977 über den Verkehr mit Giften – Giftgesetz – (GBl. I Nr. 10 S. 103) widerruflich die Erlaubnis erteilt,

– Gifte der Abteilung 1[3])
– Pflanzenschutzmittel, Vorratsschutzmittel und Mittel zur Steuerung biologischer Prozesse, Holzschutzmittel, die Gifte der Abteilung 1 sind[3])
– gasförmige oder Gase entwickelnde Mittel zur Schädlingsbekämpfung (Blausäure, Phosphorwasserstoff, Äthylenoxid,) die Gifte der Abteilung 1 sind[3])

herzustellen/zu gewinnen/zu verarbeiten/zu erwerben/zu besitzen/ zu verwenden/abzugeben und entsprechend den Rechtsvorschriften zu lagern[3])
Diese Erlaubnis wird mit folgenden Auflagen verbunden:[3])

.... DS ....

Datum Unterschrift

Anlage 4

Erlaubnis zum Verkehr mit Giften für Giftbeauftragte

Herrn/Frau ....

wird hiermit die Erlaubnis erteilt

als Giftbeauftragter

an/in ....

Bezeichnung der Einrichtung/Struktureinheit

mit Giften der Abteilung 1 umzugehen.

Die Erlaubnis ist gültig bis zum ....

...., den ....

....

Unterschrift

[1]) Zur Zeit gilt die „Weisung zur Erstattung von Meldungen über außergewöhnliche und besondere Vorkommnisse an den Einrichtungen des MHF vom 18. Februar 1971".

[2]) Zur Zeit gilt die „Ordnung des Ministeriums für Volksbildung über die Meldung außergewöhnlicher Vorkommnisse vom 25. Februar 1971".

[3]) Nur Zutreffendes in die Erlaubnis aufnehmen.

Mitteilung Nr. 1 über die Einstufung chemischer Stoffe als Gifte

vom 20. Juni 1978

(VuM MfGe Nr. 6 S. 49)

Nachstehende Pflanzenschutzmittel, Vorratsschutzmittel, Holzschutzmittel, Mittel zur Steuerung biologischer Prozesse und Mittel zur Bekämpfung von Gesundheitsschädlingen wurden gemäß § 5 Abs. 2 des Giftgesetzes vom 7. April 1977 (GBl. I Nr. 10 S. 103) als Gifte eingestuft:

Präparat	Wirkstoff(e)
1. Gasförmige oder Gase entwickelnde Gifte der Abteilung 1	
Delicia-Gastoxin	Aluminiumphosphid
Delicia-Gastoxin-Pellets	
Delicia-Kornkäfer-Begasungspräparat	
Dow-Fume MC-2	Methylbromid und Chlorpikrin
E-Methylbromid	Methylbromid[1])
Evercyn	Cyanwasserstoffsäure
Leutox	Äthylenoxid
Methylbromid mit Chlorpikrin ICC	Methylbromid mit Chlorpikrin
Methylbromid ohne Chlorpikrin ICC	Methylbromid
Methylbromid SU	Methylbromid
Methylbromid-Helm	Methylbromid und Chlorpikrin
2. Gifte der Abteilung 1	
— 1. Fungizide/Beizmittel	
Bayer 5072	Fenaminosulf
Falisan-Universal-Feuchtbeize	N,N-Bis(methylquecksilber)-p-toluolsulfamid
— 2. Nematizide und Bodendesinfektionsmittel	
Temik 10 G	Aldicarb
— 3. Insektizide/Akarizide	
Birlane 24 EC	Chlorfenvinphos

[1]) Entsteht bei der Mischung der Komponenten I (Brom, Methanol und Wasser) und II (roter Phosphor).

Präparat	Wirkstoff(e)
Birlane 25 WP	Chlorfenvinphos
Bladafum II	Sulfotepp
Celathion EC 50	Chlorthiophos
Disyston-Granulat	Disulfoton
Fekama-Dichlorvos 50	Dichlorvos
Fekama-Dichlorvos 80	Dichlorvos
Folimat	Omethoat
Furadan 75 DBS	Carbofuran
Gusathion-Spritzpulver	Azinphos-methyl
Hedolit-Konzentrat	DNOC
Helm-Endosulfan 35 e. c.	Endosulfan
Lannate 90 W	Methomyl
Nogos 50 EC	Dichlorvos
Nogos G 50 EC	Dichlorvos
Phosdrin	Mevinphos
Pol-Enolofos 50	Chlorfenvinphos
Tamaron	Methamidophos
Temik 10 G	Aldicarb
Terra Sytam	Dimefox und Schradan
Thiodan 35 flüssig	Endosulfan
Thiodan Spritzpulver 17,5%ig	Endosulfan
Tinox 50	Demephion-O und Demephion-S
Tinox 25	Demephion-O und Demephion-S
Ultracid 40 WP	Methidathion
Wofatox-Konzentrat 50	Parathion-methyl
Wofatox-Spritzpulver 30	Parathion-methyl

— 4. Herbizide/Mittel zur Steuerung biologischer Prozesse

Aretit flüssig	Dinosebacetat
Aretit-Spritzpulver	Dinosebacetat
BNP 20	Dinoseb
Dinoseb 20	Dinoseb
Hedolit-Konzentrat	DNOC
Herbizid Leuna 30	Allylalkohol

— 5. Mittel zur Bekämpfung von Gesundheitschädlingen

Fekama-Dichlorvos 50	Dichlorvos
Radox-Ameisenfreßlack D 1	Natriumarsenat

Präparat	Wirkstoff(e)
— 6. Holzschutzmittel	
Dohnalit UA	(Natriumfluorid, Natriumarsenat, Kaliumdichromat, Kaliumhydrogenfluorid)
Dohnalit UA ll	(Natriumfluorid, Natriumarsenat, Kaliumdichromat, Kaliumhydrogenfluorid)

3. Gifte der Abteilung 2

— 1. Fungizide Beizmittel	
Afugan	Pyrazophos
Brestan 60	Fentinacetat und Maneb
Euparen	Dichlofluanid
Falisan-CX-Universal-Trockenbeize	Phenylquecksilberacetat und Carboxin
Falisan-HB-Universal-Trockenbeize	Phenylquecksilberacetat und Hexachlorbenzol
Falisan-Saatgut-Naßbeize	Phenylquecksilberacetat
Falisan-Universal-Trockenbeize 69	Phenylquecksilberacetat
Gamma-Falisan-Universal-Trockenbeize 69	Phenylquecksilberacetat und Lindan
FL 284	Thiram, Carboxin und Carbendazim
Trimastan	Fentinacetat und Maneb
Wolfen-Thiuram 85	Thiram
— 2. Nematizide und Bodendesinfektionsmittel	
Basamid-Granulat	Dazomet
Basamid-Pulver	Dazomet
Dicid	Metham-Natrium
Nefusan	Dazomet
Nematin	Metham-Natrium
Terra Fume	Metham-Natrium
Vapam	Metham-Natrium
Wolfen-Thiuram 85	Thiram
— 3. Insektizide/Akarizide	
Arbitex-Spritzpulver	Lindan
Arbitol-Aerosprühmittel	Lindan und Polychlorcamphen
bercema-Aero-Super	DDT und Lindan
bercema-Becosal	DDT
bercema-Raps-Inkrustiermittel	Lindan

Präparat	Wirkstoff(e)
bercema-Spritzaktiv-Emulsion	DDT und Lindan
bercema-Spritz-Lindan 50	Lindan
bercema-Spritzpulver NMC 50	Carbaryl
bercema-Zwiebel-Bekrustal	DDT
Bi 58 EC	Dimethoat
Croneton	Ethiophencarb
Cumflinex	Dichlorvos
Delicia-Defog 70	Lindan
Delicia-Fribal-Emulsion	Polychlorcamphen
Despirol	Kelevan
Dimethoat-Nebelmittel	Dimethoat
Dratex	Lindan
Duplexan-Spritzpulver	DDT und Lindan
FC 7402	Butonat
Fekama-Butonat	Butonat
Fekama-Naled EC	Naled
Fekama-Spezial neu	Dichlorvos und Lindan
Fekama-Tribuphon EC 50	Butonat
Flugzeugsprühmittel FIP	Dimethoat
Gammakarbatox 50 WP	Carbaryl und Lindan
HL-Spritz und Gießmittel	Lindan
Imidan 50 WP	Phosmet
Karbatox-extra P 75	Carbaryl und Chlorfenvinphos
Kombinal TO	Tributylzinnoxid
Melipax-Aerosprühmittel	Polychlorcamphen
Melipax-Spritzmittel	Polychlorcamphen
Metation E-50	Fenitrothion
Mitac 20	Amitraz
Oleo-Wofatox	Parathion-methyl
Padan 50 SP	Cartap-hydrochlorid
Pirimor 50 DP	Pirimicarb
Pirimor-Räucherdose	Pirimicarb
Previcur	Prothiocarb-hydrochlorid
Wofatox-Aerosprühmittel	Parathion-methyl
Wofatox-Spritzmittel	Parathion-methyl
Wotexit 80 SP	Trichlorfon
Wotexit-Spritzmittel	Trichlorfon

Präparat	Wirkstoff(e)
— 4. Mittel zur Vogelabwehr	
Delicia-Sperlingsweizen	Strychninnitrat
— 5. Rodentizide	
Delicia-Fribal-Emulsion	Polychlorcamphen
Delicia-Fribal-Staub 20	Polychlorcamphen
Delicia-Giftgetreide	Zinkphosphid
Delicia-Ratron-Compact	Warfarin
Delicia-Ratron-Fertigköder	Warfarin
Delicia-Ratron-Köder G	Warfarin
Delicia-Ratron-Köder	Warfarin
Delicia-Ratron-Streumittel	Warfarin
Delicia-Rattekal-Paste	Zinkphosphid
Delicia-Wühlmauspräparat	Zinkphosphid
Melipax-Spritzmittel	Polychlorcamphen
— 6. Herbizide	
Bi 3411 neu	Chloralhydrat und Chloralmethylhalb-acetat
Bidisin forte	Chlorfenpropmethyl
Carbyne	Barban
Gramoxone	Paraquat
Gulf Barban	Barban
Lasso	Alachlor
Mezopur	Methazol
Ramrod	Propachlor
Reglone	Diquat
Selest	2,4,5-T und 2,4-D
Selest 100	2,4,5-T und 2,4-D
SYS 67 Actril P	Ioxynil und Dichlorprop
SYS 67 B	2,4-DB
SYS 67 Buctril A	MCPA und Bromoxynil
SYS 67 Buctril P	Bromoxynil und Dichlorprop
SYS 56 MB	MCPB
SYS 67 Oxytril C	Mecoprop, Bromoxynil und Ioxynil
SYS 67 Prop-Amin	Dichlorprop
Voraussaatherbizid Br 3411	Chloralhydrat

Präparat	Wirkstoff(e)
– 7. Mittel zur Steuerung biologischer Prozesse	
bercema CCC	Chlormequat
Dicid	Metham-Natrium
Gramoxone	Paraquat
Nematin	Metham-Natrium
Reglone	Diquat
Terra Fume	Metham-Natrium
Vapam	Metham-Natrium
– 8. Mittel zur Bekämpfung von Gesundheitsschädlingen	
Baygon EC	Propoxur
Bi 58 EC	Dimethoat
Delicia-Defog 70	Lindan
Delicia-Spezial-Aerosol	Lindan, Pyrethrum und Piperonylbutoxid
Flibol E	Trichlorfon
– 9. Holzschutzmittel	
Dohnalit FPI	(Kaliumhydrogenfluorid, Ammoniumbromid, Ammoniumsulfat, Diammoniumphosphat)
Dohnalit U	Natriumfluorid, Kaliumdichromat
Dohnalit UAll	(Natriumfluorid, Kaliumhydrogenfluorid, Kaliumdichromat)
Hylotox IP	Pentachlorphenol, DDT
Hylotox IP-braun	Pentachlorphenol, DDT
Hylotox S	Pentachlorphenolnatrium
Kombinal TO	Tributylzinnoxid, Monochlorbenzol
Kombinal TO-natur	Tributylzinnoxid, Monochlorbenzol
Kulbalat farbig	Pentachlorphenol
Paratectol HvEO	Pentachlorphenol
Ricolit DT 420	Öl- und Teergemisch
Vogel Fluat	Zinkhexasilikofluorid

Rahmenlehrplan für Vorbereitungslehrgänge zur Erlangung des Befähigungsnachweises für Giftbeauftragte
vom 20. November 1978

(VuM MfGe 1979 Nr. 1 S. 10)

Der nachstehende Rahmenlehrplan wird bestätigt.

Tschersich

Staatssekretär

1. Zielstellung

Entsprechend dem Gesetz vom 7. April 1977 über den Verkehr mit Giften — Giftgesetz — (GBl. I Nr. 10) sind die Leiter der Betriebe und Einrichtungen dafür verantwortlich, daß in Produktionsabteilungen, Lagern, Laboratorien, Handelseinrichtungen, Bildungseinrichtungen u. dgl., in denen mit Giften umgegangen wird, Giftbeauftragte eingesetzt werden.
Zur Ausübung ihrer Tätigkeit bedürfen die Giftbeauftragten eines Befähigungsnachweises, der nach entsprechender Vorbereitung und Teilnahme an einem Lehrgang durch Ablegen einer Prüfung erworben werden kann.
Zur Durchführung der Vorbereitungslehrgänge dient vorliegender Rahmenlehrplan.
Die Voraussetzungen für die Qualifizierung zum Giftbeauftragten sowie die Beantragung der Zulassung zur Prüfung sind im Giftgesetz vom 7. April 1977 (GBl. I Nr. 10 S. 103) und in der Ersten Durchführungsbestimmung zum Giftgesetz vom 31. Mai 1977 (GBl. I Nr. 21 S. 275) geregelt.
In der Prüfung sollen die Teilnehmer Kenntnisse über
- die Rechtsvorschriften über den Verkehr mit Giften sowie über einschlägige Bestimmungen des Gesundheits und Arbeitsschutzes sowie Brandschutzes,
- die Zusammensetzung, Eigenschaften und Wirkung der Gifte,
- das Erkennen von Vergiftungen und Maßnahmen der Ersten Hilfe und
- das Verhalten bei Havarien und anderen Vorkommnissen im Verkehr mit Giften

nachweisen.

Die künftigen Giftbeauftragten haben, gestützt auf sichere Kenntnisse und Fertigkeiten. eine verantwortungsvolle Aufgabe des sozialistischen Staates im Verkehr mit Giften zu erfüllen. Durch bewußte Anwendung des erworbenen Wissens in der praktischen Tätigkeit tragen sie dazu bei, daß die Bürger sowie die Tier- und Pflanzenwelt geschützt und volkswirtschaftliche Aufgaben erfüllt werden. Außerdem müssen sie die sich aus den Bestimmungen des Gesundheits- und Arbeitsschutzes sowie Brandschutzes ergebenden Pflichten kennen und entsprechend handeln können.

2. Stundentafel

Themengruppen	Stunden	
	Unterricht	Selbststudium
Einführung	2	
Rechtsvorschriften über den Verkehr mit Giften	4	3
Bestimmungen des Gesundheits- und Arbeitsschutzes sowie Brandschutzes	4	3
Zusammensetzung, Eigenschaften und Wirkung der Gifte sowie Maßnahmen der Ersten Hilfe	3	2
Schadlose Beseitigung von Giften	2	1
	15	9

3. Hinweise zur Durchführung des Unterrichtes

Der Rahmenlehrplan orientiert auf die wichtigsten Stoffgebiete, deren Kentnisse die Lehrgangsteilnehmer bei der Prüfung zum Erwerb des Befähigungsnachweises für Giftbeauftragte nachzuweisen haben.
Mit der Durchführung des Unterrichtes sollten Pharmakologen, Fachärzte für Arbeitshygiene und Pharmazeuten oder Chemiker betraut werden.
Der Unterricht sollte praxisnah und unter Einsatz von Anschauungsmitteln gestaltet werden. Durch angeleitetes Selbststudium ist der aktive Wissenserwerb zu fördern.
Den Betrieben und Einrichtungen wird empfohlen, die Lehrgangsteilnehmer bei der notwendigen Literaturbeschaffung zu unterstützen.
Bei den Lehrveranstaltungen sind die unterschiedlichen Voraussetzungen der Teilnehmer zu berücksichtigen.
Die Wissenvermittlung kann entsprechend der vorgesehenen Tätigkeit auf bestimmte Gifte beschränkt werden. Der Umfang des Unterrichtes und des Selbststudiums zur Themengruppe „Zusammensetzung, Eigenschaften und Wirkung der Gifte sowie Maßnahmen der Ersten Hilfe“ wird durch die Anzahl der zu behandelnden Gifte bestimmt.
Um Überschneidungen zu vermeiden, stimmen die Lehrkräfte die Stoffinhalte rechtzeitig untereinander ab.
Die künftigen Giftbeauftragten sind zu befähigen, die in § 12 der Ersten Durchführungsbestimmung zum Giftgesetz vom 31. März 1977 (GBl. I Nr. 21 S. 275) genannten Aufgaben und Befugnisse wahrzunehmen.
Vorbereitungslehrgang und Prüfung sind möglichst innerhalb von 6 Wochen durchzuführen.

4. Themengruppen/Themen

Stunden		
Unterricht	Selbststudium	Themengruppen/Themen
2		Einführung Definition, Grundsätze, Organisation und Bedeutung des Verkehrs mit Giften
4	3	Rechtsvorschriften über den Verkehr mit Giften Gesetz über den Verkehr mit Giften – Giftgesetz – Erste Durchführungsbestimmung zum Giftgesetz Zweite Durchführungsbestimmung zum Giftgesetz – Verzeichnis eingestufter Gifte – Dritte Durchführungsbestimmung zum Giftgesetz – Transport von Giften – Anordnung über den Postdienst – Postordnung – Transportordnung gefährlicher Güter – TOG – Anordnung über die Mitnahme gefährlicher Stoffe oder Gegenstände in öffentliche Beförderungsmittel Zweite Durchführungsbestimmung zur Sechsten Durchführungsverordnung zum Landeskulturgesetz – Schadlose Beseitigung toxischer Abprodukte und anderer Schadstoffe – Didaktisch-methodische Hinweise Die Lehrgangsteilnehmer sollen einen umfassenden Überblick über die Giftgesetzgebung erhalten. Sie müssen sichere Kenntnisse auf dem Gebiet der Rechtsvorschriften erwerben, die den Verkehr mit Giften in ihrem künftigen Arbeitsbereich betreffen. Es wird empfohlen, den Unterricht möglichst weitgehend seminaristisch zu gestalten. Voraussetzung hierzu ist ein gezielt durchgeführtes Selbststudium der Lehrgangsteilnehmer
4	3	Bestimmungen des Gesundheits- und Arbeitsschutzes sowie Brandschutzes Grundlagen des Gesundheits- und Arbeitschutzes sowie Brandschutzes Arbeitsschutzverordnung – ASVO – Arbeitsschutzanordnung Nr. 108

Stunden		
Unterricht	Selbststudium	Themengruppen/Themen
		Gesetz über den Brandschutz in der Deutschen Demokratischen Republik – Brandschutzgesetz – TGL 30582/1–3, Chemische Arbeiten in Laboratorien TGL 30817, Sicherheitsfarben und Sicherheitszeichen Havarieplan der Einrichtung Didaktisch-methodische Hinweise Vorrangig ist eine gründliche Behandlung der gesetzlichen Bestimmungen, die für den speziellen Tätigkeitsbereich der künftigen Giftbeauftragten Bedeutung haben. Auf der Grundlage betriebsspezifischer Vorschriften soll das Verhalten bei Havarien eingehend besprochen werden. Andere Vorkommnisse im Verkehr mit Giften sind durch Fallbeispiele aus dem Arbeitsbereich der Lehrgangsteilnehmer zu erläutern.
3	2	Zusammensetzung, Eigenschaften und Wirkung der Gifte sowie Maßnahmen der Ersten Hilfe Zusammensetzung, Eigenschaften und Wirkung der Gifte Die Aufnahme von toxischen Stoffen durch den Körper Erkennen von Vergiftungen Maßnahmen der Ersten Hilfe Didaktisch-methodische Hinweise Bei der Behandlung der Thematik ist das Hauptaugenmerk auf die Gifte zu richten, mit denen der künftige Giftbeauftragte in seinem Tätigkeitsbereich in Berührung kommt. Die Lehrgangsteilnehmer müssen erkennen, daß der sachgemäße Umgang mit Giften gute Kenntnisse erfordert und eine verantwortungsvolle Aufgabe ist. Sie sind zu befähigen, bei etwaigen Vergiftungen notwendige Maßnahmen der Ersten Hilfe einzuleiten. Der Einsatz spezieller Lehr- und Anschauungsmittel ist zu empfehlen. Kleine Übungen unterstützen die Stoffvermittlung.
2	1	Schadlose Beseitigung von Giften Maßnahmen zur schadlosen Beseitigung von Giften Wiederverwendung von Giften

Stunden		
Unterricht	Selbststudium	Themengruppen/Themen
		Didaktisch-methodische Hinweise Die Lehrgangsteilnehmer müssen vor allem mit den gesetzlichen Bestimmungen über die schadlose Beseitigung von Giften vertraut gemacht werden. Anhand von konkreten Beispielen aus der praktischen Tätigkeit ist die Wiederverwendung von Giften zu behandeln.

5. Literaturverzeichnis

Gesamtübersicht für Dozenten und Lehrgangsteilnehmer

- Gesetz über den Verkehr mit Giften — Giftgesetz — vom 7. April 1977, GBl. 1977, Teil I Nr. 10
- Erste Durchführungsbestimmung zum Giftgesetz vom 31. Mai 1977, GBl. 1977 Teil I Nr. 21
- Zweite Durchführungsbestimmung zum Giftgesetz
- Verzeichnis eingestufter Gifte — vom 31. Mai 1977, GBl. 1977 Teil I Nr. 21
- Dritte Durchführungsbestimmung zum Giftgesetz — vom 31. Mai 1977, GBl. 1977 Teil I Nr. 21
- Anordnung über den Postdienst — Postordnung — vom 21. November 1974, GBl. 1975 Teil I Nr. 13
- Transportordnung gefährlicher Güter — TOG —; Tarif- und Verkehrsanzeiger 153/20/79
- Anordnung über die Mitnahme gefährlicher Stoffe oder Gegenstände in öffentliche Beförderungsmittel vom 27. Februar 1979, GBl. I Nr. 11
- Zweite Durchführungsbestimmung zur Sechsten Durchführungsverordnung zum Landkulturgesetz
- Schadlose Beseitigung toxischer Abprodukte und anderer Schadstoffe — vom 21. April 1977, GBl. 1977 Teil I Nr. 15
- Paulenz, H. und P. Elstner: Giftgesetz der DDR — Rechtsvorschriften mit Kommentar — Berlin: Akademie-Verlag, 1980
- Ahrens, G.: Giftgesetz und Giftverkehr
  Leipzig: Johann Ambrosius Barth, 1979
- Gift, Broschüre, Hrsg.: Bundesvorstand des FDGB, Abt. Arbeitsschutz, Berlin: Verl. Tribüne
- Müller, R. K.: Die toxikologisch-chemische Analyse, Dresden: Verl. Theodor Steinkopff, 1976
- Industrie-Toxikologie, Berlin: Verl. Tribüne, 1971. — (Arbeitswissenschaftliche Lehrbriefe 14/15/16)

- Gesetz über den Brandschutz in der Deutschen Demokratischen Republik — Brandschutzgesetz vom 19. Dezember 1974, GBl. 1974 Teil I Nr. 62
- Arbeitschutzverordnung — ASVO — vom 1. Dezember 1977, GBl. 1977 Teil I Nr. 36
- Arbeits- und Brandschutzanordnung Nr. 108 — Pflanzenschutz- und Schädlingsbekämpfungsmittel, GBl. Teil II Nr. 52
- TGL 30582/1—3, Chemische Arbeiten in Laboratorien, 1976.
- TGL 30817, Sicherheitsfarben und Sicherheitszeichen, 1976
- Handbuch für den Arbeits-, Gesundheits- und Brandschutz, Brand 1, Berlin: Verl. Tribüne, 1976
- LUGENHEIM, W.: Gesundheits-, Arbeits- und Brandschutz bei chemischen Arbeiten in Laboratorien, Berlin: Verl. Tribüne, 1977
- BRÜCKNER, Ch.; R. GRÄFE; G. LEISTNER: Gesundheitsschutz, Arbeitsschutz und Brandschutz im Gesundheitswesen, 4. überarb. Auflage, Dresden: Verl. Theodor Steinkopff, 1977
- SCHÄR, W.: Wissensspeicher Erste Hilfe, 4., unveränderte Auflage, Berlin: Verlag Volk und Gesundheit, 1976
- LUDEWIG, R.; K.-H. LOHS: Akute Vergiftungen, 5., durchges. Auflage, Jena: Gustav Fischer Verl. 1975
- KEMPLER, G.: Chemie organischer Pflanzenschutz- und Schädlingsbekämpfungsmittel, Berlin: Dt. Verlag der Wissenschaften, 1973
- Pflanzenschutzmittelverzeichnis 1978/79
  Berlin: Dt. Landwirtschaftsverlag, 1978
- VVB Agro-Chemie und Zwischenprodukte, Hinweise für den Umgang mit chemischen Pflanzenschutz- und Schädlingsbekämpfungsmitteln der DDR-Produktion und Richtlinien für die Erste-Hilfe-Leistungen bei Vergiftungen durch unsachgemäße Anwendungen, 1976
- LÜDEMANN, H.; K. UNGER: Sicherer Umgang mit Pflanzenschutz- und Schädlingsbebekämpfungsmitteln,
  Berlin: Verl. Tribüne 1976
- LOHS, K.-H.; D. MARTINETZ: Entgiftungsprobleme im Laboratorium und Technikum, Z. Chemie 16 (1976) H. 8, S. 293
- Pflanzenschutz- und Schädlingsbekämpfungsmittel; Toxikologie Therapie, VVB Agrochemie 1976
- LOHS, K.-H.; D. MARTINETZ: Entgiftung. Mittel, Methoden und Probleme, Berlin: Akademie-Verlag, 1978

Kapitelinhaltsverzeichnis

Kapitel G

Arbeits- und Berufsrecht

G **08** 02	Verordnung über die durchgängige 5-Tage-Arbeitswoche und die Verkürzung der wöchentlichen Arbeitszeit bei gleichzeitiger Neuregelung der Arbeitszeit in einigen Wochen mit Feiertagen vom 3. Mai 1967 (GBl. II S. 237) i. d. F. der VO über die Regelung der Arbeitszeit im Zusammenhang mit gesetzlichen Feiertagen vom 25. September 1968 (GBl. II S. 829)
G **08** 03	Hinweise für das Gesundheits- und Sozialwesen zur Vorbereitung und Durchführung der durchgängigen 5-Tage-Arbeitswoche und zur Verkürzung der wöchentlichen Arbeitszeit bei gleichzeitiger Neuregelung der Arbeitszeit in einigen Wochen mit Feiertagen vom 19. Mai 1967 (VuM MfG Nr. 12 S. 79)
G **08** 04	Verordnung über die Regelung der Arbeitszeit im Zusammenhang mit gesetzlichen Feiertagen vom 25. September 1968 (GBl. II Nr. 104 S. 829) i. d. F. der VO zur Änderung der Verordnung über die Regelung der Arbeitszeit im Zusammenhang mit gesetzlichen Feiertagen vom 3. November 1971 (GBl. II Nr. 76 S. 657)
G **08** 05	Verordnung über die weitere schrittweise Einführung der 40-Stunden-Arbeitswoche vom 29. Juli 1976 (GBl. I Nr. 29 b. 385)
G **08** 30	Verordnung über den Erholungsurlaub vom 28. September 1978 (GBl. I Nr. 33 S. 365)
G **08** 31	Erste Durchführungsbestimmung zur Verordnung über den Erholungsurlaub vom 28. September 1978 (GBl. I Nr. 33 S. 367)
G **11**	**Sozialversicherung, Altersversorgung**
G **11** 30	Verordnung über die Altersversorgung der Intelligenz an wissenschaftlichen, künstlerischen, pädagogischen und medizinischen Einrichtungen der Deutschen Demokratischen Republik vom 12. Juli 1951 (GBl. S. 675) i. d. F. der ÄndVO vom 13. Mai 1959 (GBl. I S. 521)
G **11** 31	Erste Durchführungsbestimmung zur Verordnung über die Altersversorgung der Intelligenz an wissenschaftlichen, künstlerischen, pädagogischen und medizinischen Einrichtungen der Deutschen Demokratischen Republik vom 26. September 1951 (GBl. S. 879)

i. d. F. der 2. DB vom 11. Juni 1959
(GBl. I S. 612)

G 11 32 Verordnung zur Änderung der Verordnung über die Altersversorgung der Intelligenz an wissenschaftlichen, künstlerischen, pädagogischen und medizinischen Einrichtungen der Deutschen Demokratischen Republik vom 13. Mai 1959
(GBl. I Nr. 32 S. 521)

G. 11 33 Zweite Durchführungsbestimmung zur Verordnung über die Altersversorgung der Intelligenz an wissenschaftlichen, künsterischen, pädagogischen und medizinischen Einrichtungen der Deutschen Demokratischen Republik vom 11. Juni 1959
(GBl. I S. 612)

G 11 34 Verordnung über die Neuregelung von Ansprüchen auf zusätzliche Altersversorgung der Intelligenz vom 1. März 1962

G 11 35 Richtlinie zum Abschluß von Altersversorgungen der Intelligenz für Mitarbeiter in staatlichen Einrichtungen des Gesundheits- und Sozialwesens vom 1. Juli 1976
(VuM MfGe Nr. 8 S. 41)
i. d. F. des Hinweises zur dieser Richtlinie vom 1. Juli 1977
(VuM MfGe Nr. 8 S. 72)

G 11 35 01 Bekanntmachung des Musters für einen Antrag auf zusätzliche Altersversorgung der Intelligenz vom 1. Juli 1976
(VuM MfGe Nr. 9 S. 50)

G 13 **Arbeitsstreitigkeiten, Konfliktkommissionen**

G 13 01 Beschluß des Staatsrates der Deutschen Demokratischen Republik über die Wahl und Tätigkeit der Konfliktkommissionen – Konfliktkommissionsordnung – vom 4. Oktober 1968
(GBl. I Nr. 16 S. 287)

G 14 **Neuererwesen**

G 14 01 Verordnung über die Förderung der Tätigkeit der Neuerer und Rationalisatoren in der Neuererbewegung – Neuererverodnung – vom 22. Dezember 1971
(GBl. II 1972 Nr. 1 S. 1)

G 14 02 Erste Durchführungsbestimmung zur Neuererverordnung – Vergütung für Neuerungen und Erfindungen – vom 22. Dezember 1971
(GBl. II 1972 Nr. 1 S. 11)

i. d. F. der Dritten Durchführungsbestimmung zur Neuererverordnung — Vergütung für Erfindungen bei Übergabe an andere Staaten und bei Überweisung einer Vergütung aus anderen Staaten — vom 15. Mai 1975 (GBl. I Nr. 25, S. 450)

G **14** 03	Zweite Durchführungsbestimmung zur Neuererverordnung — Aufgaben der Leiter beim Abschluß von Neuerervereinbarungen — vom 25. Juni 1974 (GBl. I Nr. 35 S. 333)
G **14** 04	Dritte Durchführungsbestimmung zur Neuererverordnung — Vergütung für Erfindungen bei Übergabe an andere Staaten und bei Überweisung einer Vergütung aus anderen Staaten — vom 15. Mai 1975 (GBl. I Nr. 25 S. 450)
G **14** 05	Vierte Durchführungsbestimmung zur Neuererverordnung — Festsetzung von Vergütungen — vom 8. Juli 1977
G **14** 06	Anordnung über die Ermittlung des Nutzens zur Vergütung von Neuerungen und Erfindungen vom 20. Juli 1972 (GBl. II Nr. 48 S. 550)
G **14** 07	Richtlinie zur Weiterentwicklung der Neuererbewegung im staatlichen Gesundheits- und Sozialwesen vom 27. Juni 1972 (VuM MfGe Nr. 12 S. 89)
G **14** 08	Anweisung über Maßnahmen zur Organisation der Verbreitung und Nachnutzung von Neuerungen im staatlichen Gesundheits- und Sozialwesen vom 10. März 1975 VuM MfGe Nr. 9 S. 60)
G **14** 09	Mitteilung über die Veröffentlichung von überbetrieblich benutzbaren Neuerungen vom 15. Mai 1976 (VuM MfGe Nr. 6 S. 30)
G **14** 10	Anordnung über die Würdigung erfinderischer Leistungen durch Bezeichnung einer Erfindung mit dem Namen des Erfinders vom 28. April 1978 (GBl. I Nr. 15 S. 178)

Arbeitsgesetzbuch der Deutschen Demokratischen Republik

vom 16. Juni 1977

(GBl. I Nr. 18 S. 185)

Inhaltsverzeichnis

In der Deutschen Demokratischen Republik wird die entwickelte sozialistische Gesellschaft gestaltet und werden grundlegende Voraussetzungen für den allmählichen Übergang zum Kommunismus geschaffen. Alle politische Macht in der Deutschen Demokratischen Republik wird von den Werktätigen in Stadt und Land ausgeübt. Sie beruht auf dem gesellschaftlichen Eigentum an den Produktionsmitteln und der ungeteilten Herrschaft der sozialistischen Produktionsverhältnisse.

Entsprechend dem ökonomischen Grundgesetz des Sozialismus besteht die Hauptaufgabe bei der Gestaltung der entwickelten sozialistischen Gesellschaft in der weiteren Erhöhung des materiellen und kulturellen Lebensniveaus des Volkes auf der Grundlage eines hohen Engwicklungstempos der sozialistischen Produktion, der Erhöhung der Effektivität, des wissenschaftlich-technischen Fortschritts und des Wachstums der Arbeitsproduktivität. Die Verwirklichung der Hauptaufgabe in ihrer untrennbaren Einheit von Wirtschafts- und Sozialpolitik vollzieht sich entscheidend in der Arbeit, der wichtigsten Sphäre des gesellschaftlichen Lebens. Frei von Ausbeutung und Unterdrückung ist die Arbeit im Sozialismus bewußte, schöpferische Tätigkeit. Die sozialistischen Arbeitsverhältnisse sind durch kameradschaftliche Zusammenarbeit und gegenseitige Hilfe zwischen den Werktätigen und den Arbeitskollektiven gekennzeichnet. Die Arbeit dient im Sozialismus der steten Mehrung des gesellschaftlichen Reichtums im Interesse der Arbeiterklasse und der ganzen Gesellschafts sowie jedes einzelnen.

Das Recht als Ausdruck der Macht der Arbeiterklasse ist in seiner Gesamtheit darauf gerichtet, den Sinn des Sozialismus, alles für das Wohl des Volkes zu tun, auf ständig höherer Stufe zu verwirklichen. Das Arbeitsrecht als Teil des einheitlichen Rechts hat die Aufgabe, die Beziehungen der Werktätigen im Arbeitsprozeß entsprechend dem sozialistischen Charakter der Arbeit und den von Anschauungen der Arbeiterklasse bestimmten Prinzipien der sozialistischen Moral zu gestalten. Es trägt dazu bei, die schöpferischen Fähigkeiten und Initiativen der Werktätigen zur Erhöhung der Qualität und Effektivität der Arbeit, vollen Nutzung des wissenschaftlich-technischen Fortschritts und Steigerung der Arbeitsproduktivität im sozialistischen Wettbewerb zu entfalten sowie das sozialistische Leistungsprinzip durchzusetzen. Es verfolgt das Ziel, die Arbeits- und Lebensbedingungen planmäßig zu verbessern und die soziale Sicherheit und Geborgenheit der Werktätigen und ihrer Familien zu gewährleisten sowie die demokratischen Rechte und Freiheiten zu verwirklichen. Es fördert die Kollektivität und sozialistische Gemeinschaftsarbeit sowie das verantwortungsbewußte Handeln der Werktätigen zur Durchsetzung von Ordnung, Disziplin und Sicherheit.

Das Arbeitsgesetzbuch ist die grundlegende, in sich geschlossene Regelung des sozialistischen Arbeitsrechts. Es bringt die großen Errungenschaften der Arbeiterklasse zumAusdruck und gewährleistet hohe Rechtssicherheit. Es legt die für alle Werktätigen und Betriebe einheitlich geltenden Rechte und Pflichten fest. Mit ihm werden die verfassungsmäßig garantierten Rechte der Gewerkschaften als der umfassendsten Klassenorganisation der Arbeiterklasse zur Wahrnehmung der Interessen der Werktätigen in Staat, Wirtschaft und Gesellschaft weiter ausgestaltet.

Das Arbeitsgesetzbuch verpflichtet die Betriebe und Werktätigen, ihre wechselseitigen Beziehungen in Wahrnehmung ihrer gesellschaftlichen Verantwortung entsprechend den Aufgaben des Arbeitsrechts und dem Inthalt dieses Gesetzes zu gestalten.

1. Kapitel

Grundsätze des sozialistischen Arbeitsrechts

§ 1 Aufgaben des Arbeitsrechts

(1) Die Hauptaufgabe bei der Gestaltung der entwickelten sozialistischen Gesellschaft besteht in der weiteren Erhöhung des materiellen und kulturellen Lebensniveaus des Volkes auf der Grundlage eines hohen Entwicklungstempos der sozialistischen Produktion, der Erhöhung der Effektivität, des wissenschaftlich-technischen Fortschritts und des Wachstums der Arbeitsproduktivität. Der Verwirklichung der Hauptaufgabe in ihrer Einheit von Wirtschafts- und Sozialpolitik dient auch das Arbeitsrecht der Deutschen Demokratischen Republik.
(2) Das Arbeitsrecht gestaltet die verfassungsmäßig garantierten Grundrechte, wie das Recht auf Arbeit, auf Mitbestimmung und Mitgestaltung, auf Lohn nach Qualität und Quantität der Arbeit, auf Bildung, auf Freizeit und Erholung, auf Schutz der Gesundheit und der Arbeitskraft, auf Teilnahme am kulturellen Leben, auf Fürsorge im Alter und bei Invalidität sowie auf materielle Sicherheit bei Krankheit und Unfällen, für die Werktätigen weiter aus. Es fördert die verantwortungsbewußte Wahrnehmung der Grundrechte und der ehrenvollen Pflicht zur Leistung gesellschaftlich nützlicher Tätigkeit durch die Werktätigen.

§ 2

(1) Das Arbeitsrecht garantiert, daß die Werktätigen ständig entsprechend den gesellschaftlichen Erfordernissen und der persönlichen Qualifikation freiwillig und bewußt am gesellschaftlichen Arbeitsprozeß teilnehmen können. Es ist auf die Entwicklung und rationelle Nutzung des gesellschaftlichen Arbeitsvermögens, auf die Entfaltung von Schöpfertum und Initiative und die Schaffung solcher Arbeitsbedingungen gerichtet, die die Arbeitsfreude und Einsatzbereitschaft der Werktätigen fördern und ihnen hohe Leistungen zum Wohle der ganzen sozialistischen Gesellschaft und jedes einzelnen ermöglichen.
(2) Das Arbeitsrecht gewährleistet, daß die Werktätigen das politische, wirtschaftliche, soziale und kulturelle Leben im Betrieb mitgestalten und immer umfassender und sachkundiger vor allem durch die Gewerkschaften und deren Organe an der Leitung und Planung mitwirken können.
(3) Das Arbeitsrecht trägt zur konsequenten Verwirklichung des Prinzips „Jeder nach seinen Fähigkeiten, jedem nach seiner Leistung" bei. Es sichert, daß den Werktätigen Lohn nach Qualität und Quantität der Arbeit gezahlt wird und daß Mann und Frau, Erwachsene und Jugendliche bei gleicher Arbeitsleistung gleichen Lohn erhalten.
(4) Das Arbeitsrecht ist darauf gerichtet, die Arbeits- und Lebensbedingungen der Werk-

tätigen in den Betrieben planmäßig zu verbessern, insbesondere den Schutz der Gesundheit und Arbeitskraft zu erhöhen, die soziale und gesundheitliche sowie geistig-kulturelle Betreuung auszubauen und die Voraussetzungen für die sinnvolle Freizeitgestaltung und Erholung der Werktätigen zu erweitern. Es garantiert den Werktätigen die materielle Versorgung bei Krankheit, Invalidität und im Alter.

(5) Das Arbeitsrecht fördert die allseitige Entwicklung der sozialistischen Persönlichkeit und das der sozialistischen Lebensweise entsprechende Verhalten und Handeln der Werktätigen in den Betriebs- und Arbeitskollektiven. Es trägt dazu bei, daß die Werktätigen gewissenhaft und ehrlich arbeiten, ihre Verantwortung in vollem Umfange wahrnehmen, das sozialistische Eigentum schützen und mehren und sich in ihren kollektiven Beziehungen noch stärker von gegenseitiger Achtung und Unterstützung, von kameradschaftlicher Hilfe und Rücksichtnahme leiten lassen. Jeder Werktätige hat die Pflicht, die sozialistische Arbeitsdisziplin gewissenhaft einzuhalten.

Förderung und Schutz der Frauen, der Jugend und bestimmter Personengruppen

§ 3

Der sozialistische Staat gewährleistet, daß überall solche Bedingungen geschaffen werden, die es den Frauen ermöglichen, ihrer gleichberechtigten Stellung in der Arbeit und in der beruflichen Entwicklung immer besser gerecht zu werden und ihre berufliche Tätigkeit noch erfolgreicher mit ihren Aufgaben als Mutter und in der Familie zu vereinbaren. Das Arbeitsrecht trägt zur planmäßigen Verbesserung der Arbeits- und Lebensbedingungen der Frauen bei. Es sichert die besondere Förderung und den Schutz der Frauen bei Aufnahme und Ausübung einer beruflichen Tätigkeit sowie die materielle Versorgung bei Mutterschaft.

§ 4

Der sozialistische Staat fördert die allseitige Entwicklung der Jugend und ihre kommunistische Erziehung. Er schafft die Bedingungen für die Herausbildung allseitig entwickelter Persönlichkeiten, die ihre Fähigkeiten und Begabungen zum Wohle der sozialistischen Gesellschaft entfalten, sich durch Arbeitsliebe und Verteidigungsbereitschaft, Gemeinschaftsgeist und das Streben nach hohen kommunistischen Idealen auseichnen. Der sozialistische Staat unterstützt die Tätigkeit der Freien Deutschen Jugend. Er sichert den Einfluß der Arbeitskollektive in den Betrieben auf die klassenmäßige Erziehung der Schuljugend durch die umfassende Verwirklichung des Prinzips der Verbindung von Unterricht und produktiver Arbeit. Das Arbeitsrecht trägt dazu bei, der werktätigen Jugend Verantwortung zu übertragen, ihre Initiative und Schöpferkraft im sozialistischen Wettbewerb zu entfalten sowie ihre Arbeits-, Lern- und Lebensbedingungen planmäßig zu verbessern. Es sichert den Einsatz der Jugend entsprechend ihrem Wissen und Können, ihre berufliche Entwicklung und Weiterbildung in Übereinstimmung mit den gesellschaftlichen Erfordernissen sowie ihre Teilnahme an der Leitung und Planung im Betrieb. Es gewährleistet den besonderen Schutz der Jugendlichen im Arbeitsprozeß.

§ 5

Kämpfer gegen den Faschismus und Verfolgte des Faschismus, ehemalige Angehörige der bewaffneten Organe der Deutschen Demokratischen Republik, Werktätige im höheren Lebensalter und Werktätige, deren Arbeitsfähigkeit gemindert ist, werden bei der Aufnahme und Ausübung einer Tätigkeit besonders gefördert und geschützt. Altersrentnern ist die weitere berufliche Tätigkeit nach ihren Fähigkeiten und Wünschen zu sichern.

Rechte der Gewerkschaften

§ 6

(1) Die Werktätigen haben das Recht, sich zur Wahrung ihrer Interessen in den freien Gewerkschaften zusammenzuschließen und aktiv zu betätigen.
(2) Der sozialistische Staat gewährleistet, daß sich die Gewerkschaften, vereinigt im Freien Deutschen Gewerkschaftsbund, zur Wahrnehmung ihrer verfassungsmäßigen Rechte entsprechend ihrer Satzung und ihren Beschlüssen frei und ungehindert betätigen können. Die gewerkschaftliche Tätigkeit steht unter dem Schutz des sozialistischen Staates. Alle Staatsorgane, wirtschaftsleitenden Organe und Betriebe sind verpflichtet, die Tätigkeit der Gewerkschaften zu fördern und eng mit ihnen zusammenzuarbeiten. Wer die gewerkschaftliche Tätigkeit behindert, wird zur Verantwortung gezogen.
(3) Die Gewerkschaften tragen als Interessenvertreter der Werktätigen eine große Verantwortung für die allseitige Stärkung der sozialistischen Gesellschaftsordnung und die stabile Entwicklung der sozialistischen Wirtschaft. Die Gewerkschaften organisieren im sozialistischen Wettbewerb die Mitglieder der Arbeitskollektive zum Kampf um hohe Leistungen bei der Erfüllung der volkswirtschaftlichen Aufgaben und wirken für die ständige Verbesserung der Arbeits- und Lebensbedingungen der Werktätigen. Sie befähigen die Werktätigen, ihr Recht auf Mitwirkung an der Leitung und Planung bewußt und sachkundig wahrzunehmen. Durch ihre gesamte Tätigkeit festigen sie die sozialistische Einstellung der Werktätigen zur Arbeit und das der sozialistischen Lebensweise entsprechende Verhalten und Handeln der Werktätigen. Die Gewerkschaften unterstützen die Werktätigen bei der politischen und fachlichen Weiterbildung und fördern ein reges geistig-kulturelles und sportliches Leben.

§ 7

(1) Die Gewerkschaften nehmen an der Vorbereitung und Ausarbeitung der Fünfjahrpläne und der jährlichen Volkswirtschaftspläne teil. Sie fördern die Initiative der Werktätigen zur gezielten Überbietung der staatlichen Aufgaben. Die Gewerkschaften haben das Recht, zu den Planentwürfen Vorschläge zu unterbreiten und Stellung zu nehmen.

(2) Die Leiter der Staatsorgane, wirtschaftsleitenden Organe und Betriebe sind verpflichtet, die Vorschläge und Stellungsnahmen der Gewerkschaften für die weitere Arbeit an den Planentwürfen gründlich auszuwerten, in die Planverteidigung einzubeziehen und über die Verwirklichung der Vorschläge den betreffenden Vorständen oder Leitungen der Gewerkschaften Rechenschaft zu legen. Können Vorschläge nicht oder erst zu einem späteren Zeitpunkt verwirklicht werden, ist das zu begründen. Die Vorstände und Leitungen der Gewerkschaften haben das Recht, gegen die Ablehnung von Vorschlägen beim übergeordneten Staatsorgan oder wirtschaftsleitenden Organ Einspruch zu erheben.

§ 8

(1) Die Gewerkschaften wirken bei der Gestaltung und Verwirklichung des sozialistischen Arbeitsrechts mit. Der Bundesvorstand des Freien Deutschen Gewerkschaftsbundes ist berechtigt, der Volkskammer und dem Ministerrat Vorschläge für die Weiterentwicklung des sozialistischen Arbeitsrechts zu unterbreiten. Die Zentralvorstände der Industriegewerkschaften und Gewerkschaften sind berechtigt, den Ministern und den Leitern der anderen zentralen Staatsorgane Vorschläge für besondere arbeitsrechtliche Regelungen in den Zweigen bzw. Bereichen der Volkswirtschaft zu unterbreiten. Die Gewerkschaften besitzen das Recht der gesellschaftlichen Kontrolle über die Wahrung der gesetzlich garantierten Rechte der Werktätigen.
(2) Die Gewerkschaften haben das Recht, über alle die Arbeits- und Lebensbedingungen der Werktätigen betreffenden Fragen mit Staatsorganen, wirtschaftsleitenden Organen und Betriebsleitern Vereinbarungen abzuschließen.
(3) Der Freie Deutsche Gewerkschaftsbund übt durch die Arbeitsschutzinspektionen die Kontrolle über den Gesundheits- und Arbeitsschutz in den Betrieben aus.
(4) Der Freie Deutsche Gewerkschaftsbund leitet die Sozialversicherung der Arbeiter und Angestellten.

Gestaltung und Verwirklichung des Arbeitsrechts

§ 9

(1) Der Ministerrat erläßt im Rahmen seiner Verantwortung die zur Durchführung dieses Gesetzes erforderlichen arbeitsrechtlichen Bestimmungen in Übereinstimmung mit dem Bundesvorstand des Freien Deutschen Gewerkschaftsbundes oder vereinbart sie mit ihm. Er sichert die Einbeziehung der Werktätigen und ihrer Gewerkschaften sowie der anderen gesellschaftlichen Organisationen in die Ausarbeitung und Verwirklichung der Rechtsvorschriften. Der Ministerrat analysiert die Wirksamkeit des Arbeitsrechts und gewährleistet dessen Übereinstimmung mit den Erfordernissen der weiteren Gestaltung der entwickelten sozialistischen Gesellschaft.
(2) Der Ministerrat gewährleistet die strikte Verwirklichung des sozialistischen Arbeitsrechts durch die ihm unterstellten Staatsorgane, die wirtschaftsleitenden Organe und die Betriebe.

§ 10

(1) Die Minister und die Leiter der anderen zentralen Staatsorgane haben gemeinsam mit den Zentralvorständen der Industriegewerkschaften und Gewerkschaften für die Werktätigen ihrer Verantwortungsbereiche die notwendigen arbeitsrechtlichen Bestimmungen in Rahmenkollektivverträgen zu vereinbaren.
(2) Die Minister und die Leiter der anderen zentralen Staatsorgane sind berechtigt, in Übereinstimmung mit dem Bundesvorstand des Freien Deutschen Gewerkschaftsbundes bzw. den Zentralvorständen der Industriegewerkschaften und Gewerkschaften arbeitsrechtliche Bestimmungen, die über ihren Verantwortungsbereich hinaus gelten, zu erlassen, wenn das in Rechtsvorschriften vorgesehen ist oder sie durch den Ministerrat hierzu besonders beauftragt sind.
(3) Die Minister und die Leiter der anderen zentralen Staatsorgane haben in Zusammenarbeit mit den Zentralvorständen der Industriegewerkschaften und Gewerkschaften die Übereinstimmung der Rahmenkollektivverträge und der von ihnen erlassenen arbeitsrechtlichen Bestimmungen mit den Erfordernissen der gesellschaftlichen Entwicklung zu gewährleisten.

§ 11

Die zentralen Organe gesellschaftlicher Organisationen und sozialistischer Genossenschaften können mit den zuständigen Zentralvorständen der Industriegewerkschaften und Gewerkschaften für die bei ihnen beschäftigten Werktätigen die notwendigen arbeitsrechtlichen Bestimmungen in Rahmenkollektivverträgen vereinbaren. Anderen Organen und Einrichtungen kann diese Befugnis durch das für die Bestätigung und Registrierung von Rahmenkollektivverträgen zuständige zentrale Staatsorgan in Übereinstimmung mit dem zuständigen Zentralvorstand der Industriegewerkschaft bzw. Gewerkschaft erteilt werden.

§ 12

Die Betriebsleiter treffen gemeinsam mit den Betriebsgewerkschaftsleitungen entsprechend den betrieblichen Bedingungen die notwendigen arbeitsrechtlichen Regelungen, soweit das in diesem Gesetz und anderen Rechtsvorschriften einschließlich der Rahmenkollektivverträge vorgesehen ist. Die betrieblichen Regelungen müssen den Rechtsvorschriften entsprechen.

§ 13

Die Minister und die Leiter der anderen zentralen Staatsorgane, die örtlichen Räte, die Leiter der wirtschafsleitenden Organe und die Betriebsleiter sichern in ihrem Verantwortungsbereich die Verwirklichung des Arbeitsrechts unter Mitwirkung der Werktätigen und ihrer Gewerkschaften sowie der anderen gesellschaftlichen Organisationen. Sie haben zu gewährleisten, daß die Leiter und leitenden Mitarbeiter in ihren Verantwortungsbereichen die zur Verwirklichung des Arbeitsrechts erforderliche Qualifikation besitzen und arbeitsrechtlichen Bestimmungen den Werktätigen erläutert werden.

§ 14

Rahmenkollektivverträge

(1) In den Rahmenkollektivverträgen sind die besonderen Bestimmungen über den Arbeitslohn, die Arbeitszeit und den Erholungsurlaub sowie weitere arbeitsrechtliche Bestimmungen, insbesondere im Zusammenhang mit der Intensivierung der Produktion, für die Werktätigen der Zweige bzw. Bereiche der Volkswirtschaft, für bestimmte Personengruppen oder für bestimmte Gebiete zu vereinbaren.
(2) Die Rahmenkollektivverträge einschließlich der Nachträge werden mit der Bestätigung und Registrierung durch das zuständige zentrale Staatsorgan rechtswirksam. Sie treten mit dem Tag der Bestätigung und Registrierung in Kraft, soweit nichts anderes vereinbart ist, und gelten bis zum Inkrafttreten eines neuen Rahmenkollektivvertrages bzw. Nachtrages.
(3) Rahmenkollektivverträge sind neu abzuschließen, wenn die Anwendung der in ihnen enthaltenen Bestimmungen durch Ergänzung, Änderung oder Aufhebung wesentlich beeinträchtigt ist.
(4) Die Minister und die Leiter der anderen zentralen Staatsorgane, die zentralen Organe gesellschaftlicher Organisationen und sozialistischer Genossenschaften und die zum Abschluß von Rahmenkollektivverträgen befugten Organe oder Einrichtungen haben die Rahmenkollektivverträge einschließlich der Nachträge zu veröffentlichen. Sie sind den Gewerkschaftsleitungen durch die Betriebe kostenlos zur Verfügung zu stellen. Sie müssen den Werktätigen zugänglich sein.

Geltungsbereich

§ 15

(1) Das Arbeitsgesetzbuch gilt für alle Arbeiter und Angestellten, einschließlich Heimarbeiter, und Lehrlinge (Werktätige) in den sozialistischen Betrieben. Es findet Anwendung auf die zwischen den Werktätigen und den sozialistischen Betrieben durch Arbeits- oder Lehrvertrag, Berufung oder Wahl begründeten Arbeitsrechtsverhältnisse.
(2) Das Arbeitsgesetzbuch findet auch Anwendung auf die Arbeitsrechtsverhältnisse der Werktätigen in Betrieben und Einrichtungen anderer Eigentumsformen und auf Arbeitsrechtsverhältnisse, die zwischen Bürgern begründet werden, soweit dafür keine besonderen Rechtsvorschriften bestehen. Die Anordnung über die arbeitsrechtliche Stellung der in kirchlichen Einrichtungen beschäftigten Arbeiter und Angestellten vom 18. Januar 1958 wird nicht geändert.

(3) Besonderheiten können für

a) Zivilbeschäftigte im Bereich der bewaffneten Organe,
b) Werktätige, die im Auftrag ihres Betriebes bzw. des zuständigen Staatsorgans außerhalb der Deutschen Demokratischen Republik tätig sind,
c) Rehabilitanden,
d) Absolventen von Hoch- und Fachschulen,
e) Schüler und Studenten, die während der Ferien arbeiten, geregelt werden.

§ 16

Das Arbeitsgesetzbuch findet auch Anwendung auf Arbeitsrechtsverhältnisse zwischen

a) Bürgern der Deutschen Demokratischen Republik und in der Deutschen Demokratischen Republik tätigen internationalen Organisationen bzw. in der Deutschen Demokratischen Republik tätigen Betrieben anderer Staaten,
b) Bürgern anderer Staaten, die ihren ständigen Wohnsitz in der Deutschen Demokratischen Republik haben, und in der Deutschen Demokratischen Republik tätigen internationalen Organisationen,
c) Bürgern anderer Staaten und Betrieben der Deutschen Demokratischen Republik, wenn sich der Arbeitsort in der Deutschen Demokratischen Republik befindet.

Das gilt nicht, wenn völkerrechtliche Verträge oder Rechtsvorschriften der Deutschen Demokratischen Republik etwas anderes vorsehen.

§ 17

(1) Betriebe im Sinne dieses Gesetzes sind alle volkseigenen Betriebe und Kombinate sowie sozialistischen Genossenschaften.
(2) Als Betriebe im Sinne dieses Gesetzes gelten Staatsorgane und wirtschafsleitende Organe sowie rechtlich selbständige staatliche Einrichtungen, gesellschaftliche Organisationen und ihre selbständigen Einrichtungen.
(3) Als Betriebe im Sinne dieses Gesetzes gelten auch

a) Betriebsteile von volkseigenen Betrieben und Kombinaten, wenn der Leiter des Betriebsteiles vom Direktor des Betriebes bzw. Kombinates mit der Wahrnehmung aller Aufgaben, die sich für den Betriebsleiter aus diesem Gesetz ergeben, im Statut des Kombinates, in Ordnungen des Kombinates bzw. Betriebes oder in Einzelfällen schriftlich beauftragt wurde,
b) nichtrechtsfähige Organe und Einrichtungen, für die es durch den zuständigen Minister, Leiter eines anderen zentralen Staatsorgans, Vorsitzenden des Rates des Bezirkes, Kreises bzw. Stadtbezirkes oder durch das zentrale Organ einer gesellschaftlichen Organisation ausdrücklich festgelegt ist.

(4) Als Betriebe im Sinne dieses Gesetzes gelten auch Handwerks- und Gewerbebetriebe sowie Organisationen und Vereinigungen, die nach den für ihre Tätigkeit geltenden Rechtsvorschriften, Statuten oder Satzungen rechtsfähig sind und Arbeitsrechtsverhältnisse mit Werktätigen begründen.

2. Kapitel

Leitung des Betriebes und Mitwirkung der Werktätigen

Verantwortung des Betriebsleiters und der leitenden Mitarbeiter

§ 18

Der Betriebsleiter leitet die Arbeit des Betriebskollektivs mit dem Ziel, die geplanten Aufgaben des Betriebes zu erfüllen und gezielt zu überbieten, die Entwicklung der Werktätigen zu sozialistischen Persönlichkeiten zu fördern und ihre Arbeits- und Lebensbedingungen ständig zu verbessern. Er trägt die Verantwortung dafür, daß die Werktätigen ihre Fähigkeiten voll entfalten und ihre Arbeit immer effektiver, produktiver und zu ihrer persönlichen Zufriedenheit gestalten können und ihr Denken und Handeln von den Idealen der Arbeiterklasse geprägt wird. Der Betriebsleiter hat die Bewegung „Sozialistisch arbeiten, lernen und leben“ zu fördern und zu gewährleisten, daß die Werktätigen aktiv an der Leitung und Planung mitwirken können und die Gewerkschaft ihr Mitbestimmungsrecht im Betrieb voll wahrnehmen kann. Er hat mit der Gewerkschaft, der Freien Deutschen Jugend und anderen gesellschaftlichen Organisationen im Betrieb eng zusammenzuarbeiten.

§ 19

(1) Der Betriebsleiter hat das Betriebskollektiv rechtzeitig über die Erfordernisse zur Erfüllung der Aufgaben des Betriebes und über besondere Probleme zu informieren. Dabei sind die politischen und ökonomischen Zusammenhänge zu erläutern und die Fragen der Werktätigen zu beantworten. Der Betriebsleiter hat die Initiativen der Werktätigen auf die Lösung der Schwerpunktaufgaben zu lenken und über die besten Lösungswege mit den Werktätigen zu beraten.
(2) Der Betriebsleiter ist verpflichtet, vor den Werktätigen des Betriebes Rechenschaft zu legen, insbesondere über den Stand der Erfüllung der geplanten Aufgaben, des sozialistischen Wettbewerbs und der Verpflichtungen aus dem Betriebskollektivvertrag. Die Rechenschaftslegung ist in Zusammenarbeit mit der Betriebsgewerkschaftsleitung vorzubereiten und durchzuführen. Sie erfolgt insbesondere in Gewerkschaftsmitgliederversammlungen bzw. Vertrauensleutevollversammlungen.

§ 20

(1) Der Betriebsleiter hat die Vorschläge und Stellungnahmen der Betriebsgewerkschaftorganisation und ihrer Organe, der Freien Deutschen Jugend und anderer gesellschaftlicher Organisationen im Betrieb auszuwerten. Über die Verwirklichung der Vorschläge ist Rechenschaft zu legen. Können Vorschläge nicht oder erst zu einem späteren Zeitpunkt verwirklicht werden, ist das zu begründen.
(2) Der Betriebsleiter hat Vorschläge und Anliegen der Werktätigen auszuwerten und für die Verbesserung der Arbeit zu nutzen. Für die Bearbeitung der Vorschläge und Anliegen der Werktätigen gelten die Rechtsvorschriften über Eingaben.

§ 21

Die leitenden Mitarbeiter leiten in ihren Verantwortungsbereichen die Arbeit der Arbeitskollektive nach den gleichen Grundsätzen, wie sie für den Betriebsleiter festgelegt sind. Die Aufgabenbereiche und Befugnisse der leitenden Mitarbeiter legt der Betriebsleiter fest.

Tätigkeit der Gewerkschaften im Betrieb

§ 22

(1) Die Betriebsgewerkschaftsorganisation und ihre Organe vertreten die Interessen der Werktätigen im Betrieb.
(2) Die Betriebsgewerkschaftsorganisation und ihre Organe verwirklichen die verfassungsmäßigen Rechte der Gewerkschaften im Betrieb, indem sie insbesondere

a) unter aktiver Teilnahme aller Werktätigen an der Ausarbeitung anspruchsvoller und und realer Pläne mitwirken,
b) den Inhalt der Betriebskollektivverträge mit festlegen, eine kontinuierliche Arbeit zu deren Verwirklichung leisten und die Erfüllung der Verpflichtungen kontrollieren,
c) die Bewegungen „Sozialistisch arbeiten, lernen und leben" fördern,
d) den sozialistischen Wettbewerb zur Erfüllung und gezielten Überbietung der Planaufgaben organisieren und führen und dabei vor allem die sozialistische Gemeinschaftsarbeit, die Neuererbewegung und die Bewegung „Messe der Meister von morgen" fördern,
e) bei der Intensivierung der Produktion mitwirken und Einfluß darauf nehmen, daß die Maßnahmen zur Steigerung der Arbeitsproduktivität mit der Verbesserung der Arbeits- und Lebensbedingungen der Werktätigen verbunden werden,
f) bei der Gestaltung der Lohnbedingungen, der Verwendung des Lohnfonds, Prämienfonds, Kultur- und Sozialfonds und des Leistungsfonds sowie bei der Auszeichnung der Werktätigen mitbestimmen,

g) bei der Erhöhung der politischen und fachlichen Qualifikation der Werktätigen, der kommunistischen Erziehung der Jugend sowie der Berufsausbildung der Lehrlinge mitwirken, die geistig-kulturelle Arbeit entfalten und die sportliche Tätigkeit entwickeln,
h) die Arbeitszeit- und Urlaubsplanung mitbestimmen, die Arbeiterversorgung und den Bau von sozialen und kulturellen Einrichtungen kontrollieren, den Bau und die Modernisierung von Wohnungen unterstützen sowie bei der Vergabe von Wohnungen mitwirken,
i) auf die Verbesserung des Gesundheits- und Arbeitschutzes Einfluß nehmen, die Einhaltung der Arbeitsschutzvorschriften kontrollieren und die Aufgaben der Sozialversicherung im Betrieb erfüllen,
j) die Einhaltung der sozialistischen Arbeitsdisziplin fördern und die Massenkontrolle über die Wahrung der Gesetzlichkeit sowie über die Gewährleistung von Ordnung, Disziplin und Sicherheit oragnisieren,
k) bei der Vorbereitung, beim Abschluß, bei der Änderung sowie bei der Auflösung von Arbeitsverträgen, bei Beurteilungen und bei anderen Personalangelegenheiten mitwirken bzw. mitbestimmen,

(3) Der Betrieb hat die notwendigen sachlichen Voraussetzungen für die Tätigkeit der Betriebsgewerkschaftsorganisation zu schaffen.

§ 23

Die Gewerkschaftsmitgliederversammlungen bzw. Vertrauensleutevollversammlungen haben das Recht, zu grundlegenden Fragen der Entwicklung des Betriebes und der Arbeits- und Lebensbedingungen der Werktätigen Stellung zu nehmen und vom Betriebsleiter Informationen und Rechenschaft zu verlangen.

§ 24

(1) Die betrieblichen Gewerkschaftsleitungen haben das Recht,

a) Betriebskollektivverträge und andere Vereinbarungen mit dem Betriebsleiter abzuschließen,
b) zu Fragen der Leitung und Planung des Betriebes Vorschläge zu unterbreiten und Stellungnahmen abzugeben,
c) die in diesem Gesetz oder anderen Rechtsvorschriften geforderte Zustimmung zu Entscheidungen des Betriebsleiters zu erteilen oder abzulehnen,
d) vom Betriebsleiter bzw. von leitenden Mitarbeitern Informationen und Rechenschaft zu verlangen,
e) die Kontrolle über die Wahrung der Rechte der Werktätigen auszuüben.

(2) Die Vorsitzenden der zuständigen betrieblichen Gewerkschaftsleitungen haben das Recht, an Arbeitsberatungen der Leiter teilzunehmen und in betriebliche Unterlagen, einschließlich der Personalakten, Einsicht zu nehmen.

(3) Bedarf eine Entscheidung des Betriebsleiters entsprechend diesem Gesetz oder anderen Rechtsvorschriften der Zustimmung der betrieblichen Gewerkschaftsleitung, ist die Zustimmung Voraussetzung für die Rechtswirksamheit der Entscheidung. Für die Rechtsunwirksamkeit einer fristgemäßen Kündigung oder fristlosen Entlassung wegen fehlender gewerkschaftslicher Zustimmung gilt § 60.
(4) Die betrieblichen Gewerkschaftsleitungen haben das Recht, bei mangelhafter Erfüllung der Aufgaben, bei Verletzung der sozialistischen Gesetzlichkeit und bei Mißachtung der Rechte und Vorschläge der Werktätigen und ihrer Gewerkschaften durch den Betriebsleiter oder leitende Mitarbeiter von dem übergeordneten Leiter zu fordern, daß die Betreffenden zur Verantwortung gezogen werden.
(5) Zuständige betriebliche Gewerkschafsleitung im Sinne dieses Gesetzes ist die Betriebsgewerkschaftsleitung, in Betrieben mit Abteilungsgewerkschaftsorganisationen die Abteilungsgewerkschaftsleitung, in Betrieben ohne Betriebsgewerkschaftsleitung die Ortsgewerkschaftsleitung.

§ 25

Die Vertrauensleute und die anderen Gewerkschaftsgruppenfunktionäre haben das Recht, in ihrem Tätigkeitsbereich zu Fragen der Leitung und Planung Vorschläge zu unterbreiten und Stellung zu nehmen sowie die Einhaltung der arbeitsrechtlichen Bestimmungen zu kontrollieren.

§ 26

(1) Den Vertrauensleuten und den anderen Gewerkschaftsgruppenfunktionären, den Mitgliedern der Abteilungsgewerkschaftsleitungen darf nur mit vorheriger Zustimmung der Betriebsgewerkschaftsleitung, den Mitgliedern der Betriebsgewerkschaftsleitung nur mit vorheriger Zustimmung des übergeordneten Gewerkschaftsvorstandes, den Mitgliedern von Gewerkschaftsvorständen nur mit voheriger Zustimmung des Vorstandes, dem sie angehören, fristgemäß gekündigt werden. Das gilt auch bei fristloser Entlassung. Eine Zustimmung ist in gleicher Weise erforderlich, wenn diesen Gewerkschaftsfunktionären länger als eine Woche eine Arbeit außerhalb des Bereiches übertragen werden soll, für den sie gewählt sind.
(2) Die Mitglieder der Konfliktkommissionen haben den gleichen Kündigungsschutz wie die Mitglieder der zuständigen betrieblichen Gewerkschaftsleitungen.

§ 27

Der Betriebsleiter und die leitenden Mitarbeiter sind verpflichtet, die Tätigkeit der gewerkschaftlichen Kommissionen, insbesondere der Ständigen Produktionsberatungen und der Neuereraktive, zu unterstützen. Sie haben auf Verlangen der zuständigen betrieblichen Gewerkschaftsleitung an den Beratungen der gewerkschaftlichen Kommissionen teilzunehmen und diesen die für ihre Tätigkeit notwendigen Unterlagen zur Verfügung zu stellen.

AAR 4. Lieferung

Betriebskollektivvertrag

§ 28

(1) Der Betriebskollektivvertrag ist zwischen dem Betriebsleiter und der Betriebsgewerkschaftsleitung abzuschließen.
(2) In den Betriebskollektivvertrag sind konkrete, abrechenbare und termingebundene Verpflichtungen des Betriebsleiters und der Betriebsgewerkschaftsleitung aufzunehmen. Das betrifft vor allem Verpflichtungen zur Entwicklung und Förderung schöpferischer Initiativen der Werktätigen im sozialistischen Wettbewerb für die Erfüllung und gezielte Überbietung der Planaufgaben, zur Verbesserung der Arbeits- und Lebesbedingungen sowie zur Entwicklung eines hohen Kultur- und Bildungsniveaus und zur Förderung der sportlichen Tätigkeit der Werktätigen. Außerdem sind in ihm die arbeitsrechtlichen Regelungen zu treffen, die entsprechend den Rechtsvorschriften im Betriebskollektivvertrag zu vereinbaren sind. Der Betriebskollektivvertrag muß den Rechtsvorschriften entsprechen. Festlegungen, die dagegen verstoßen, sind rechtsunwirksam.
(3) Für die Ausarbeitung des Betriebskollektivvertrages gelten die vom Ministerrat und vom Bundesvorstand des Freien Deutschen Gewerkschaftsbundes gemeinsam erlassenen Grundsätze.

§ 29

(1) Der Betriebsleiter hat in Zusammenarbeit mit der Betriebswerkschaftsleitung die Mitwirkung der Werktätigen an der Ausarbeitung des Betriebskollektivvertrages zu sichern. Die Ausarbeitung ist mit der Plandiskussion zu verbinden. Der Entwurf des Betriebskollektivvertrages ist nach umfassender Diskussion mit den Werktätigen der Gewerkschaftsmitgliederversammlung bzw. Vertrauensleutevollversammlung zur Beratung und Beschlußfassung vorgelegen.
(2) Der Betriebsleiter und die Betriebsgewerkschaftsleitung legen im Zusammenhang mit der Berichterstattung über die Planerfüllung und die Wettbewerbsergebnisse Rechenschaft über die Erfüllung der Verpflichtungen des Betriebskollektivvertrages vor der Gewerkschaftsmitgliederversammlung bzw. der Vertrauensleutevollversammlung.
(3) Der Betriebsleiter und die leitenden Mitarbeiter haben auf Verlangen vor den betrieblichen Gewerkschaftsleitungen über die Erfüllung ihrer Verpflichtungen aus dem Betriebskollektivvertrag Rechenschaft zu legen.

§ 30

Frauenförderungsplan

(1) Die Maßnahmen zur Förderung der schöpferischen Fähigkeiten der Frauen im Arbeitsprozeß, zur politischen und fachlichen Aus- und Weiterbildung und zur planmäßigen Vorbereitung auf den Einsatz in leitende Funktionen sowie zur Verbesserung ihrer Arbeits- und Lebensbedingungen sind im Frauenförderungsplan festzulegen.

(2) Der Frauenförderungsplan ist zwischen dem Betriebsleiter und der Betriebsgewerkschaftsleitung als Teil des Betriebskollektivvertrages zu vereinbaren.
(3) Der Betriebsleiter hat in Zusammenarbeit mit der Betriebsgewerkschaftsleitung die Mitwirkung der Frauen an der Ausarbeitung des Frauenförderungsplanes zu sichern. Über die Erfüllung des Frauenförderungsplanes ist vor den Frauen Rechenschaft zu legen.

§ 31 Jugendförderungsplan

(1) Zur Verwirklichung der staatlichen Aufgaben sozialistischer Jugendpolitik ist im Betrieb in Übereinstimmung mit den im Plan enthaltenen jugendpolitischen Aufgaben jährlich ein Jugendförderungsplan auszuarbeiten. Er wird durch den Betriebsleiter in Kraft gesetzt.
(2) Der Jugendförderungsplan ist im Zusammenwirken mit der Leitung der Grundorganistion der Freien Deutschen Jugend sowie in Abstimmung mit der Betriebsgewerkschaftsleitung, den Leitungen der Betriebssportgemeinschaft und der Gesellschaft für Sport und Technik vorzubereiten und mit der Jugend zu beraten. Er ist im Betrieb zu veröffentlichen.
(3) Der Betriebsleiter hat über die Verwirklichung des Jugendförderungsplanes vor der Jugend Rechenschaft zu legen und auf Verlangen vor der Leitung der Grundorganisation der Freien Deutschen Jugend sowie der Betriebsgewerkschaftsleitung zu berichten.

Plandiskussion

§ 32

(1) Der Betriebsleiter hat gemeinsam mit der Betriebsgewerkschaftsleitung die Plandiskussion so zu organisieren, daß die schöpferischen Initiativen der Werktätigen auf die Erschließung von Reserven zur Erreichung und gezielten Überbietung der staatlichen Aufgaben und die Übernahme entsprechender Verpflichtungen gelenkt werden. Den Arbeitskollektiven sind konkrete Aufgaben vorzugeben sowie die Schwerpunkte und Lösungswege zur Überbietung der staatlichen Aufgaben und die mit der Übernahme hoher Verpflichtungen verbundenen Vorteile materieller Anerkennung zu erläutern.
(2) Der Betriebsleiter hat zu sichern, daß die Vorschläge und Anregungen der Werktätigen ausgewertet und für die weitere Arbeit am Planentwurf genutzt werden. Verpflichtungen zur Überbietung der staatlichen Aufgaben sind mit den Gegenplänen volkswirtschaftlich wirksam zu machen. Hierüber hat der Betriebleiter vor der Betriebsgewerkschaftsleitung Rechenschaft zu legen. Werden Vorschläge aus der Plandiskussion nicht verwirklicht, ist dies gegenüber den Werktätigen zu begründen.

§ 33

(1) Die Gewerkschaftsmitgliederversammlung bzw. die Vertrauensleutevollversammlung und die Betriebsgewerkschaftsleitung haben das Recht, zum Planentwurf Stellung zu nehmen.

(2) Der Betriebsleiter ist verpflichtet, die gewerkschaftlichen Stellungnahmen für die weitere Arbeit am Planentwurf auszuwerten, in die Planverteidigung vor dem übergeordneten Organ einzubeziehen und über die Verwirklichung der in ihnen enthaltenen Vorschläge Rechenschaft zu legen. Das gleiche gilt für Vorschläge der Leitung der Grundorganisation der Freien Deutschen Jugend. Können Vorschläge nicht oder erst zu einem späteren Zeitpunkt verwirklicht werden, ist dies zu begründen.
(3) Der Vorsitzende der Betriebsgewerkschaftsleitung hat das Recht, an der Planverteidigung vor dem übergeordneten Organ teilzunehmen.

Sozialistischer Wettbewerb

§ 34

(1) Die Gewerkschaften organisieren den sozialistischen Wettbewerb als umfassendsten Ausdruck des Schöpfertums der Werktätigen bei der Gestaltung der entwickelten sozialistischen Gesellschaft. Die Teilnahme am sozialistischen Wettbewerb ist für jedes Arbeitskollektiv und jeden Werktätigen eine ehrenvolle Verpflichtung.
(2) Der sozialistische Wettbewerb ist auf die Erfüllung und gezielte Überbietung der Volswirtschaftspläne gerichtet, die von entscheidender Bedeutung für die Verbesserung der Arbeits- und Lebensbedingungen und der Effektivität der Produktion sind. Er dient der Entwicklung sozialistischer Persönlichkeiten und der Herausbildung einer sozialistischen Lebensweise. Mit dem sozialistischen Wettbewerb lenken die Gewerkschaften die Initiative der Werktätigen darauf, die Intensivierung der Produktion zu vertiefen, die Produktions- und Effektivitätsziele des Planes allseitig zu erfüllen und weitere Reserven für die Erhöhung der Leistungsfähigkeit und für die Steigerung der Arbeitsproduktivität zu erschließen. Dazu richten sie die Wettbewerbsziele vor allem auf die Beschleunigung des wissenschaftlich-technischen Fortschritts, auf die sozialistische Rationalisierung, rationelle Nutzung des gesellschaftlichen Arbeitsvermögens, hohe Qualitätsarbeit, den sparsamen Einsatz von Material, Energie, Roh- und Hilfsstoffen, die Senkung der Kosten sowie auf die Festigung von Ordnung, Disziplin und Sicherheit.
(3) Die Leitungen der Grundorganisationen der Freien Deutschen Jugend in den Betrieben haben das Recht, gemeinsam mit den betrieblichen Gewerkschaftsleitungen die Aktivität der Jugend im sozialistischen Wettbewerb zu entwickeln und dazu geeignete Vorschläge zu unterbreiten.

§ 35

Der Betriebsleiter ist verpflichtet, die Voraussetzungen für die wirksame Führung des sozialistischen Wettbewerbs durch die Gewerkschaften und für die Erfüllung der Wettbewerbsziele zu schaffen. Er hat

a) die Ziele des Wettbewerbs vorzugeben und die Betriebsgewerkschaftsleitung bei der Ausarbeitung der Wettbewerbsbeschlüsse und deren Erläuterung zu unterstützen,

b) durch Planaufschlüsselung und Vorgabe beeinflußbarer Kennziffern bis auf das Arbeitskollektiv bzw. den Arbeitsplatz, durch qualifizierte Arbeit mit dem Haushaltsbuch, durch Sicherung einer hohen Kontinuität des Produktionsablaufes und durch Maßnahmen der wissenschaftlichen Arbeitsorganisation Voraussetzungen dafür zu schaffen, daß die Werktätigen konkrete meß- und abrechenbare Verpflichtungen übernehmen, erfüllen und gezielt überbieten können,
c) die sozialistische Gemeinschaftsarbeit zu entwickeln, die sozialistischen Kollektive bei der Erarbeitung und Verwirklichung ihrer Verpflichtungen zu unterstützen und gemeinsam mit der Leitung der Grundorganisation der Freien Deutschen Jugend und der Betriebsgewerkschaftsleitung Jugendbrigaden zu bilden und Jugendobjekte zu übergeben,
d) die öffentliche Führung des Wettbewerbs, den Vergleich der Leistungen, den Austausch der besten Erfahrungen, die regelmäßige Abrechnung der Wettbewerbsergebnisse und die moralische und materielle Anerkennung der Wettbewebsleistungen zu gewährleisten.

Die erforderlichen Maßnahmen sind im Betriebslkollektivvertrag zu vereinbaren.

Neuererbewegung

§ 36

(1) Die Werktätigen haben das Recht auf aktive Teilnahme an der Neuererbewegung und auf moralische und materielle Anerkennung ihrer Neuererleistungen.
(2) Die betrieblichen Gewerkschaftsleitungen fördern die schöpferische Mitwirkung der Werktätigen in der Neuererbewegung vor allem als Bestandteil des sozialistischen Wettbewerbs. Sie üben die Kontrolle über die Durchsetzung der Ergebnisse der Neuerertätigkeit und die Wahrung der Rechte der Neuerer in den Betrieben aus.
(3) Einzelheiten über die Organisierung der Neuererbewegung und die moralische und materielle Anerkennung von Neuererleistungen werden in Rechtsvorschriften geregelt.

§ 37

(1) Der Betriebsleiter ist verpflichtet, die Voraussetzungen für die bewußte Teilnahme der Werktätigen an der Neuererbewegung zu schaffen und die Einhaltung der Rechte der Neuerer zu gewährleisten. Er hat in Zusammenarbeit mit den betrieblichen Gewerkschaftsleitungen

a) die Initiative der Werktätigen in der Neuererbewegung planmäßig zu fördern und auf die Intensivierung der Produktion, vorrangig auf die Lösung von Aufgaben des wissenschaftlich-technischen Fortschritts und der sozialistischen Rationalisierung, sowie auf die Verbesserung der Arbeits- und Lebensbedingungen zu lenken,
b) die kollektive Neuerertätigkeit von Arbeitern und Angehörigen der Intelligenz unter Einbeziehung der jungen Werktätigen zu organisieren,

c) die Mitwirkung der Werktätigen an der Leitung und Planung der Neuererbewegung durch Neuererkonferenzen, Tage der Neuerer und andere Formen zu fördern,
d) die Neuerer bei der Erarbeitung und Durchsetzung von Neuerungen umfassend zu unterstützen,
e) gemeinsam mit der Leitung der Grundorganisation der Freien Deutschen Jugend die schöpferische Aktivität der Jugend in der Bewegung „Messe der Meister von morgen" zu organisieren.

(2) Der Betriebsleiter ist verpflichtet, regelmäßig den Entwicklungsstand der Neuererbewegung zu analysieren und die Ergebnisse in die Rechenschaftslegungen einzubeziehen. Er hat zu sichern, daß alle Neuerungen auf ihre überbetriebliche Nutzbarkeit geprüft werden. Neuerungen mit überbetrieblichem Charakter sind nach erfolgreicher Erprobung anderen für die Nutzung in Frage kommenden Betrieben anzubieten. Anwendbare Neuerungen aus anderen Betrieben sind zu nutzen.

3. Kapitel

Abschluß, Änderung und Auflösung des Arbeitsvertrages

Begründung von Arbeitsrechtsverhältnissen

§ 38

(1) Die Begründung eines Arbeitsrechtsverhältnisses ist zwischen dem Werktätigen und dem Betrieb zu vereinbaren (Arbeitsvertrag).
(2) Die Begründung von Arbeitsrechtsverhältnissen zur Wahrnehmung besonders verantwortlicher staatlicher oder gesellschaftlicher Funktionen erfolgt durch Berufung oder Wahl, soweit es in Rechtsvorschriften oder in Beschlüssen zentraler Organe gesellschaftlicher Organisationen vorgesehen ist.

§ 39

(1) Die Begründung eines Arbeitsrechtsverhältnisses durch Arbeitsvertrag mit Jugendlichen ist zulässig, wenn diese bei Aufnahme der Tätigkeit das 16. Lebensjahr vollendet und ihre Pflicht zum Besuch der zehnklassigen allgemeinbildenden polytechnischen Oberschule erfüllt haben. Mit Jugendlichen, die das 14. Lebensjahr vollendet haben und aus den verschiedensten Ursachen nach Entscheidung durch den Direktor vorzeitig die zehnklassige allgemeinbildende polytechnische Oberschule verlassen, können Arbeitsrechtsverhältnisse durch Arbeitsvertrag begründet werden.
(2) Mit Schülern, die das 14. Lebensjahr vollendet haben, können zur Ausübung einer freiwilligen, produktiven Tätigkeit während eines Teils der Ferien Arbeitsrechtsverhältnisse begründet werden. Die zulässigen Tätigkeiten und besondere Schutzvorschriften werden in Rechtsvorschriften festgelegt.

Inhalt und Abschluß des Arbeitsvertrages

§ 40

(1) Im Arbeitsvertrag sind die Arbeitsaufgabe, der Arbeitsort und der Tag der Arbeitsaufnahme zu vereinbaren (notwendiger Vertragsinhalt). Weitere Vereinbarungen können im Rahmen der arbeitsrechtlichen Bestimmungen getroffen werden.
(2) Als Arbeitsort soll der Betrieb und bei Betrieben mit mehreren örtlich getrennten Betriebsteilen der Bestriebsteil, in dem der Werktätige seine Arbeitsaufgaben zu erfüllen hat, vereinbart werden. Die Vereinbarung mehrerer örtlich getrennter Betriebsteile bzw. territorialer Bereiche als Arbeitsort kann erfolgen, wenn es die Erfüllung der vereinbarten Arbeitsaufgaben erfordert.

§ 41

(1) Der Arbeitsvertrag kommt durch übereinstimmende Willenserklärungen des Werktätigen und des Betriebes über den notwendigen Vertragsinhalt zustande. Sollen im Arbeitsvertrag weitere Vereinbarungen getroffen werden, muß sich die Willensübereinstimmung auch auf diese beziehen.
(2) Willensübereinstimmung liegt vor, wenn die vom Werktätigen bzw. Betrieb abgegebene Erklärung vom anderen Partner sofort oder in der festgelegten Frist ohne Einschränkung und Zusätze angenommen wird. Wird ein angebotener Vertragsabschluß mit Einschränkungen oder Zusätzen oder verspätet angenommen, liegt Willensübereinstimmung vor, wenn der andere Partner damit einverstanden ist.
(3) Arbeitsverträge mit Jugendlichen bis zur Vollendung des 18. Lebensjahres bedürfen der vorherigen schriftlichen Zustimmung der Erziehungsberechtigten.

§ 42

Der Betrieb ist verpflichtet, die mit dem Werktätigen getroffenen Vereinbarungen in einen schriftlichen Arbeitsvertrag aufzunehmen. Außerdem sind im schriftlichen Vertrag mindestens die für die vereinbarte Arbeitsaufgabe zutreffende Lohn- oder Gehaltsgruppe und die Dauer des Erholungsurlaubs anzugeben. Der Vertrag ist dem Werktätigen unverzüglich, spätestens am Tage der Arbeitsaufnahme auszuhändigen.

§ 43

(1) Der Werktätige ist durch den Betrieb vor Abschluß des Arbeitsvertrages über die Rechte und Pflichten aus dem Arbeitsrechtsverhältnis, insbesondere über den Inhalt der Arbeitsaufgabe, die zutreffende Lohn- oder Gehaltsgruppe und Lohnform, die Arbeitszeit und den Erholungsurlaub, zu informieren.
(2) Der Betrieb hat die zuständige betriebliche Gewerkschaftsleitung vom beabsichtigten Abschluß eines Arbeitsvertrages zu verständigen. Vertreter der betrieblichen Gewerkschaftsleitung bzw. der Vertrauensmann sind berechtigt, am Einstellungsgespräch teilzunehmen.

Rechtsfolgen bei Mängeln des Arbeitsvertrages

§ 44

(1) Der Arbeitsvertrag muß den arbeitsrechtlichen Bestimmungen entsprechen. Werden im Arbeitsvertrag davon abweichende Vereinbarungen oder Festlegungen getroffen, sind sie unwirksam. An ihre Stelle treten die Rechte und Pflichten entsprechend den zutreffenden arbeitsrechtlichen Bestimmungen.
(2) Hat der Betrieb dem Werktätigen beim Abschluß des Arbeitsvertrages eine höhere als die rechtlich zulässige Lohn- oder Gehaltsgruppe zugesagt, ist er verpflichtet, dem Werktätigen unverzüglich eine zumutbare andere Arbeit anzubieten, die der zugesagten Lohn- oder Gehaltsgruppe entspricht. Soweit erforderlich, sind dem Werktätigen Qualifizierungsmaßnahmen vorzuschlagen. Der Betrieb ist verpflichtet, dem Werktätigen bis zur Übernahme der anderen Arbeit die Differenz zwischen der rechtlich zulässigen und der zugesagten Lohn- oder Gehaltsgruppe zu zahlen. Lehnt der Werktätige die Übernahme der anderen Arbeit oder erforderliche Qualifizierungsmaßnahmen ab, besteht dieser Anspruch nicht.
(3) Betriebsleiter und leitende Mitarbeiter sind für rechtswidrige Lohnfestlegungen nach den Bestimmungen der §§ 260 bis 266 materiell verantwortlich zu machen.

§ 45

Ist im Arbeitsvertrag eine Arbeitsaufgabe vereinbart, die der Werktätige auf Grund von Rechtsvorschriften bzw. einer gerichtlichen Entscheidung nicht ausüben oder mit der ihn der Betrieb entsprechend den Rechtsvorschiften nicht beschäftigen darf, schließt ein nichtbefugter Mitarbeiter des Betriebes einen Arbeitsvertrag ab oder fehlt die zum Abschluß des Vertrages in Rechtsvorschriften geforderte Zustimmung, ist der Mangel zu beseitigen. Kann das nicht erfolgen, ist der Arbeitsvertrag nach den Bestimmungen der §§ 51 bis 55 und 57 bis 59 aufzulösen.

§ 46

Einzelvertrag

(1) Mit Angehörigen der Intelligenz können in Anerkennung ständiger hervorragender Leistungen bei der weiteren Gestaltung der entwickelten sozialistischen Gesellschaft im Arbeitsvertrag besondere Rechte und Pflichten vereinbart werden (Einzelvertrag). Der Einzelvertrag bedarf der Zustimmung des zuständigen zentralen Staatsorgans.
(2) Einzelheiten zum Abschluß von Einzelverträgen werden in Rechtsvorschriften geregelt.

Befristeter Arbeitsvertrag

§ 47

(1) Der Arbeitsvertrag kann befristet abgeschlossen werden

a) bis zur Dauer von 6 Monaten, wenn für den Betrieb zeitweilig ein höherer Arbeitskräftebedarf besteht,
b) für die erforderliche Zeit, wenn Aushilfskräfte für Werktätige eingestellt werden, die von der Arbeit freigestellt sind.

(2) In Rechtsvorschriften können für bestimmte Bereiche oder Personengruppen besondere Regelungen für den Abschluß befristeter Arbeitsverträge festgelegt werden.
(3) Ein befristeter Arbeitsvertrag bis zur Dauer von 2 Wochen bedarf nicht der schriftlichten Ausfertigung.

§ 48

(1) Die Dauer des gefristeten Arbeitsvertrages ist bei Vertragsabschluß durch einen Termin zu bestimmen. In diesem Fall endet der Arbeitsvertrag zum vereinbarten Termin. Ist die Festlegung eines Termins nicht möglich, kann die Dauer durch den Zweck der vereinbarten Arbeit begrenzt werden. In diesem Fall hat der Betrieb die Beendigung der Arbeit dem Werktätigen eine Woche vorher schriftlich mitzuteilen.
(2) Ist der Werktätige bereit, nach Beendigung eines befristeten Arbeitsvertrages gemäß § 47 Abs. 1 Buchst. b weiterzuarbeiten, ist die Weiterbeschäftigung mit ihm in einem unbefristeten Arbeitsvertrag zu vereinbaren. Ist die Weiterbeschäftigung nicht möglich, hat der Betrieb den Werktätigen bei der Aufnahme einer zumutbaren Arbeit in einem anderen Betrieb zu unterstützen.

§ 49

Änderungsvertrag

(1) Die im Arbeitsvertrag getroffenen Vereinbarungen können nur durch Vertrag geändert werden. Der Änderungsvertrag kann auch befristet werden. Der Betrieb ist verpflichtet, die zuständige betriebliche Gewerkschaftsleitung vom beabsichtigten Abschluß eines Änderungsvertrages zu verständigen. Er hat den Änderungsvertrag schriftlich auszufertigen. Im übrigen gelten die §§ 40 bis 43, 44 Abs. 1 und 45 entsprechend.
(2) Wird ein Änderungsvertrag im Zusammenhang mit Rationalisierungsmaßnahmen oder Strukturveränderungen erforderlich, ist der Betrieb verpflichtet, diesen rechtzeitig, mindestens 3 Monate vor Eintritt der Veränderungen, mit dem Werktätigen abzuschließen.

§ 50

Delegierungsvertrag

(1) Der zeitweilige Einsatz von Werktätigen in einem anderen Betrieb im Rahmen der sozialistischen Hilfe oder zur Lösung volkswirtschaftlicher Schwerpunktaufgaben ist zwischen dem Werktätigen, dem Einsatzbetrieb und dem delegierenden Betrieb zu vereinbaren (Delegierungsvertrag).
(2) Im Delegierungsvertrag sind Beginn und Ende des Einsatzes, Arbeitsaufgabe und Arbeitsort zu vereinbaren. Die beteiligten Betriebe sind verpflichtet, die zuständigen betrieblichen Gewerkschaftsleitungen vom beabsichtigten Abschluß eines Delegierungsvertrages zu verständigen. Der delegierende Betrieb hat den Vertrag schriftlich auszufertigen. Ein Delegierungsvertrag bis zur Dauer von 2 Wochen bedarf nicht der schriftlichen Ausfertigung. Im übrigen gelten die §§ 40 bis 43, 44 Abs. 1 und 45 entsprechend.
(3) Während der Delegierung bleiben die Rechte und Pflichten aus dem Arbeitsrechtsverhältnis mit dem delegierenden Betrieb bestehen, soweit in Rechtsvorschriften oder im Delegierungsvertrag nichts anderes festgelegt ist.
(4) Während der Delegierung erhält der Werktätige Lohn entsprechend der im Delegierungsvertrag vereinbarten Arbeitsaufgabe und den für den Einsatzbetrieb geltenden arbeitsrechtlichen Bestimmungen. Er hat mindestens Anspruch auf den im delegierenden Betrieb erzielten Durchschnittslohn.
(5) Der Delegierungsvertrag kann vorzeitig durch Vereinbarung zwischen dem Werktätigen und dem Einsatzbetrieb oder durch fristgemäße Kündigung aufgelöst werden. Die Bestimmungen über die Auflösung eines befristeten Arbeitsvertrages finden entsprechende Anwendung. Die fristgemäße Kündigung durch den Einsatzbetrieb ist auch zulässig, wenn der für die Delegierung maßgebliche Grund nicht mehr gegeben ist. Nach Beendigung der Tätigkeit im Einsatzbetrieb ist der Werktätige im delegierenden Betrieb entsprechend den Vereinbarungen im Arbeitsvertrag weiterzubeschäftigen.

Aufhebungsvertrag und Überleitungsvertrag

§ 51

(1) Ist die Auflösung eines Arbeitsvertrages erforderlich, soll sie durch Vereinbarung zwischen dem Werktätigen und dem Betrieb (Aufhebungsvertrag) oder durch Vereinbarung zur Überleitung des Werktätigen in einen anderen Betrieb zwischen dem bisherigen Betrieb, dem Werktätigen und dem übernehmenden Betrieb (Überleitungsvertrag) erfolgen.
(2) Bei Auflösung des Arbeitsvertrages auf Initiative des Betriebes ist dieser verpflichtet, dem Werktätigen einen Überleitungsvertrag über eine zumutbare andere Arbeit anzubieten. Der Abschluß eines Aufhebungsvertrages auf Initiative des Betriebes setzt voraus, daß der Betrieb dem Werktätigen einen Änderungsvertrag über die Aufnahme einer zumutbaren anderen Arbeit oder, soweit das nicht möglich ist, einen Überleitungsvertrag angeboten und der Werktätige dieses Angebot abgelehnt hat.

§ 52

(1) Im Aufhebungsvertrag ist der Tag der Auflösung des Arbeitsvertrages zu vereinbaren.
(2) Der Betrieb ist verpflichtet, die zuständige betriebliche Gewerkschaftsleitung vom beabsichtigten Abschluß eines Aufhebungsvertrages zu verständigen. Er hat den Aufhebungsvertrag schriftlich unter Angabe der Gründe auszufertigen. Im übrigen gelten die §§ 41 und 43 Abs. 2 Satz 2 entsprechend.

§ 53

(1) Im Überleitungsvertrag sind
der Tag der Auflösung des Arbeitsvertrages zwischen dem bisherigen Betrieb und dem Werktätigen

sowie

der Beginn der Tätigkeit, die Arbeitsaufgabe und der Arbeitsort im neuen Betrieb zu vereinbaren. Weitere Vereinbarungen, wie Verpflichtungen der Betriebe zur Vorbereitung des Werktätigen auf seine neue Arbeitsaufgabe einschließlich notwendiger Qualifizierungsmaßnahmen und zur Unterstützung bei Wohnungswechsel, können im Rahmen der arbeitsrechtlichen Bestimmungen getroffen werden.
(2) Wird ein Überleitungsvertrag im Zusammenhang mit Rationalisierungsmaßnahmen oder Strukturveränderungen erforderlich, hat der bisherige Betrieb zu gewährleisten, daß dieser rechtzeitig, mindestens 3 Monate vor Beginn der neuen Tätigkeit, abgeschlossen wird.
(3) Der bisherige Betrieb ist verpflichtet, den Abschluß des Überleitungsvertrages insbesondere durch eine Aussprache zwischen den beteiligten Partnern vorzubereiten. Die beteiligten Betriebe sind verpflichtet, die zuständigen betrieblichen Gewerkschaftsleitungen vom beabsichtigten Abschluß eines Überleitungsvertrages zu verständigen. Der Vertrag ist schriftlich unter Angabe der Gründe auszufertigen. Im übrigen gelten die §§ 40 bis 45 entsprechend.

§ 54

Fristgemäße Kündigung

(1) Der Arbeitsvertrag kann durch den Werktätigen und durch den Betrieb fristgemäß gekündigt werden. Jugendliche bis zur Vollendung des 18. Lebensjahres dürfen nur mit vorheriger schriftlicher Zustimmung der Erziehungsberechtigten kündigen.
(2) Der Betrieb darf einen zeitlich unbegrenzten Arbeitsvertrag nur fristgemäß kündigen, wenn

a) es infolge Änderung der Produktion, der Struktur oder des Stellen- bzw. Arbeitskräfteplanes des Betriebes notwendig ist,

b) der Werktätige für die vereinbarte Arbeitsaufgabe nicht geeignet ist,

c) Mängel des Arbeitsvertrages durch die Beteiligten nicht beseitigt werden können (§ 45).

Die fristgemäße Kündigung durch den Betrieb setzt voraus, daß er dem Werktätigen einen Änderungsvertrag über die Aufnahme einer zumutbaren anderen Arbeit oder, soweit das nicht möglich ist, einen Überleitungsvertrag angeboten und der Werktätige dieses Angebot abgelehnt hat.

(3) Der Betrieb darf einen befristeten Arbeitsvertrag nur fristgemäß kündigen, wenn

a) der Werktätige für die vereinbarte Arbeitsaufgabe nicht geeignet ist,

b) Mängel des Arbeitsvertrages durch die Beteiligten nicht beseitigt werden können (§ 45).

Die fristgemäße Kündigung durch den Betrieb setzt voraus, daß die Übernahme einer zumutbaren anderen Arbeit im Betrieb mit dem Werktätigen nicht vereinbart werden kann.

(4) Die fristgemäße Kündigung durch den Betrieb bedarf der Schriftform unter gleichzeitiger Angabe der Gründe. Werktätige sollen ebenfalls schriftlich unter Angabe der Gründe kündigen.

§ 55

Kündigungsfristen und -termine

(1) Die Kündigungsfrist beträgt mindestens 2 Wochen. Im Arbeitsvertrag können Kündigungsfristen bis zu 3 Monaten und als Kündigungstermin das Monatsende vereinbart werden.

(2) Für bestimmte Personengruppen können in Rechtsvorschriften besondere Kündigungsfristen und -termine festgelegt werden.

§ 56

Fristlose Entlassung

(1) Bei schwerwiegender Verletzung der sozialistischen Arbeitsdisziplin oder staatsbürgerlicher Pflichten kann der Werktätige fristlos entlassen werden, wenn die Weiterbeschäftigung im Betrieb nicht mehr möglich ist. Die fristlose Entlassung ist in der Regel nur nach erfolglos gebliebenen Erziehungs- bzw. Disziplinarmaßnahmen vorzunehmen.

(2) Die fristlose Entlassung bedarf der Schriftform unter gleichzeitiger Angabe der Gründe.

(3) Der Betrieb ist verpflichtet, den Werktätigen bei der Aufnahme einer anderen Arbeit zu unterstützen.

§ 57

Gewerkschaftliche Zustimmung

(1) Jede vom Betrieb ausgesprochene fristgemäße Kündigung und fristlose Entlassung bedarf der vorherigen Zustimmung der zuständigen betrieblichen Gewerkschaftsleitung.
(2) Bei der fristlosen Entlassung kann ausnahmsweise die Zustimmung innerhalb einer Woche nach erfolgter Entlassung nachgeholt werden.
(3) Verweigert die zuständige betriebliche Gewerkschaftsleitung die Zustimmung, entscheidet auf Antrag des Betriebes die übergeordnete Gewerkschaftsleitung bzw. der übergeordnete Vorstand endgültig.
(4) Der Betrieb ist verpflichtet, den Werktätigen über die Zustimmung zu unterrichten.

Besonderer Kündigungsschutz

§ 58

Der Betrieb darf

a) Kämpfern gegen den Faschismus und Verfolgten des Faschismus,
b) Schwangeren, stillenden Müttern, Müttern mit Kindern bis zu einem Jahr, Müttern während der Zeit der Freistellung nach dem Wochenurlaub gemäß § 246 Absätze 1 und 2 und alleinstehenden Werktätigen mit Kindern bis zu 3 Jahren,
c) Werktätigen während der Dauer des Grundwehrdienstes, des Dienstverhältnisses als Soldat, Unteroffizier oder Offizier auf Zeit und des Reservistenwehrdienstes,
d) Werktätigen während der Dauer der Arbeitsunfähigkeit wegen Krankheit, Arbeitsunfall, Berufskrankheit, während Quarantäne sowie während des Erholungsurlaubs

nicht fristgemäß kündigen.

§ 59

(1) Zur fristgemäßen Kündigung und fristlosen Entlassung von

a) Schwerbeschädigten, Tuberkulosekranken und -rekonvaleszenten sowie Rahabilitanten,
b) Werktätigen ab 5. Jahr vor Erreichen des Rentenalters,
c) Jugendlichen bis zur Vollendung des 18. Lebensjahres und Facharbeitern bis zum Ende des ersten Jahres nach Lehrabschluß

durch den Betrieb ist die vorherige schriftliche Zustimmung des für den Betrieb zuständigen Rates des Kreises bzw. Stadtbezirkes erforderlich. Die Kündigungsfrist für fristgemäße Kündigungen durch den Betrieb beträgt mindestens einen Monat.
(2) Zur fristlosen Entlassung von Kämpfern gegen den Faschismus oder Verfolgten des Faschismus, Schwangeren, stillenden Müttern, Müttern mit Kindern bis zu einem Jahr, Müttern während der Zeit der Freistellung nach dem Wochenurlaub gemäß § 246 Absätze 1 und 2 und alleinstehenden Werktätigen mit Kindern bis zu 3 Jahren ist eben-

falls die Zustimmung des für den Betrieb zuständigen Rates des Kreises bzw. Stadtbezirkes erforderlich.
(3) Bei der fristlosen Entlassung kann die Zustimmung des Rates des Kreises bzw. des Stadtbezirkes ausnahmsweise innerhalb einer Woche nach erfolgter Entlassung nachgeholt werden.
(4) Der Betrieb ist verpflichtet, den Werktätigen über die Zustimmung zu unterrichten.

§ 60

Einspruchsrecht

(1) Der Werktätige hat das Recht, gegen einen Änderungsvertrag, einen Aufhebungsvertrag, eine Vereinbarung über die Auflösung des Arbeitsvertrages im Überleitungsvertrag, eine fristgemäße Kündigung oder eine fristlose Entlassung Einspruch bei der Konfliktkommission bzw. der Kammer für Arbeitsrecht des Kreisgerichts einzulegen. Er muß in jedem Fall Einspruch einlegen, wenn er die Rechtsunwirksamkeit herbeiführen will.
(2) Bei einer fristgemäßen Kündigung und bei einer fristlosen Entlassung beträgt die Einspruchsfrist 2 Wochen. Sie beginnt jeweils einen Tag nach Zugang. Gegen einen Änderungsvertrag und einen Überleitungsvertrag kann der Werktätige bis zum Ablauf von 3 Monaten nach Aufnahme der anderen Arbeit, gegen einen Aufhebungsvertrag bis zum Ablauf von 3 Monaten nach Abschluß des Aufhebungsvertrages Einspruch einlegen.
(3) Wird ein Änderungsvertrag, ein Aufhebungsvertrag, eine Vereinbarung über die Auflösung des Arbeitsvertrages im Überleitungsvertrag, eine fristgemäße Kündigung oder eine fristlose Entlassung rechtskräftig aufgehoben, ist der Werktätige zu den bisherigen Bedingungen weiterzubeschäftigen. Der entgangene Verdienst ist ihm in Höhe des Durchschnittslohnes nachzuzahlen. Auf den Durchschnittslohn ist anzurechnen, was der Werktätige anderweitig verdient oder aus ungerechtfertigten Gründen zu verdienen unterlassen hat.

§ 61

Berufung

(1) Die Berufung erfolgt durch die in Rechtsvorschriften oder in Beschlüssen zentraler Organe gesellschaftlicher Organisationen festgelegten Leiter bzw. Organe im Einverständnis mit dem Werktätigen.
(2) Dem Werktätigen ist über die Berufung eine Urkunde auszuhändigen. Sie hat insbesondere die Funktion, in die der Werktätige berufen wurde, sowie den Zeitpunkt ihrer Übernahme zu enthalten.
(3) Dem Werktätigen sind mindestens die zutreffende Gehaltsgruppe und die Dauer des Erholungsurlaubs schriftlich mitzuteilen. Mit ihm können Vereinbarungen im Rahmen der arbeitsrechtlichen Bestimmungen getrofften werden.

Abberufung

§ 62

(1) Arbeitsrechtsverhältnisse, die durch Berufung begründet werden, enden durch Abberufung. Bedarf die Abberufung der Zustimmung durch ein übergeordnetes Organ, ist die Zustimmung die Voraussetzung für die Wirksamkeit der Abberufung.
(2) Für Abberufungen gilt eine Frist von einem Monat. In der Vereinbarung gemäß § 61 Abs. 3 kann eine längere Frist festgelegt werden. Im Einverständnis mit dem Werktätigen kann bei der Abberufung von der vorgesehenen Frist abgewichen werden.
(2) Die Abberufung ohne Einhaltung einer Frist (fristlose Abberufung) ist nur zulässig, wenn die im § 56 für die fristlose Entlassung genannten Gründe vorliegen.

§ 63

(1) Der Werktätige hat das Recht, einen Antrag auf Abberufung zu stellen. Über den Antrag ist innerhalb eines Monats unter Berücksichtigung der gesellschaftlichen und persönlichen Interessen zu entscheiden.
(2) Dem Antrag muß entsprochen werden, wenn der Werktätige aus gesundheitlichen, altersmäßigen oder anderen zwingenden Gründen seine Funktion nicht mehr ausüben kann.

§ 64

(1) Vor der Abberufung ist die Stellungnahme der Betriebsgewerkschaftsleitung einzuholen. Das gilt nicht bei Abberufungen durch den Staatsrat, den Vorsitzenden des Ministerrates, die örtlichen Räte und die gewählten Organe gesellschaftlicher Organisationen.
(2) Die Abberufung bedarf der Schriftform unter gleichzeitiger Angabe der Gründe. Der von der Entscheidung Betroffene ist über das Beschwerderecht zu informieren.
(3) Der Betrieb hat dem Werktätigen bei einer fristgemäßen Abberufung so rechtzeitig eine zumutbare andere Arbeit anzubieten, daß er sie bei Beendigung des Arbeitsrechtsverhältnisses aufnehmen kann. Bei fristloser Abberufung ist der Betrieb verpflichtet, den Werktätigen bei der Aufnahme einer anderen Arbeit zu unterstützen.

§ 65

Beschwerderecht

(1) Gegen die Abberufung oder die Ablehnung des Antrages des Werktätigen auf Abberufung kann Beschwerde eingelegt werden. Die Beschwerde ist schriftlich oder mündlich unter Angabe der Gründe innerhalb eines Monats nach Bekanntgabe der Entscheidung bei dem Leiter oder dem Organ einzulegen, von dem die Entscheidung getroffen wurde. Über die Beschwerde ist innerhalb von 2 Wochen nach ihrem Eingang zu entscheiden. Wird der Beschwerde nicht oder nicht in vollem Umfang stattgegeben, ist sie innerhalb dieser Frist dem übergeordneten Leiter oder dem übergeordneten Organ zur

Entscheidung zuzuleiten. Der Einreicher der Beschwerde ist davon zu informieren. Der übergeordnete Leiter oder das übergeordnete Organ hat innerhalb eines weiteren Monats endgültig zu entscheiden. Die Beschwerde hat keine aufschiebende Wirkung. Kann in Ausnahmefällen eine Entscheidung innerhalb der Frist nicht getroffen werden, ist rechtzeitig ein Zwischenbescheid unter Angabe der Gründe sowie des voraussichtlichen Abschlußtermins zu geben. Entscheidungen über Beschwerden haben schriftlich zu ergehen, sind zu begründen und den Einreichern der Beschwerden auszuhändigen oder zuzusenden. Sofern in Statuten der gesellschaftlichen Organisationen andere Regelungen enthalten sind, gelten diese.
(2) Die Bestimmungen des Abs. 1 gelten nicht bei Abberufung oder Ablehnung des Antrages auf Abberufung durch den Staatsrat, den Vorsitzenden des Ministerrates, die Minister und Leiter der anderen zentralen Staatsorgane und die Räte der Bezirke.
(3) Die Konfliktkommissionen und die Gerichte sind für die Entscheidung von Streitfällen über die Berufung und Abberufung nicht zuständig. Sie entscheiden jedoch über andere Arbeitsstreitfälle aus diesen Arbeitsrechtsverhältnissen, soweit ihre Zuständigkeit durch Rechtsvorschriften nicht ausgeschlossen ist.

§ 66

Wahl

Arbeitsrechtsverhältnisse, die durch Wahl begründet werden, enden grundsätzlich durch Zeitablauf. Im übrigen gelten für die Begründung und Beendigung dieser Arbeitsrechtsverhältnisse sinngemäß die Bestimmungen der §§ 61 bis 65 mit Ausnahme der §§ 63 Abs. 1 Satz 2, 64 Abs. 1 und 65 Absätze 1 und 2.

Beurteilung

§ 67

(1) Der Betrieb ist verpflichtet, eine Beurteilung anzufertigen, wenn

a) das Arbeitsrechtsverhältnis oder Lehrverhältnis beendet wird oder sich der Werktätige zum Studium bewirbt,
b) der Werktätige die Beendigung des Arbeitsrechtsverhältnisses beabsichtigt, eine andere Arbeitsaufgabe bzw. eine Tätigkeit in einem anderen Arbeitskollektiv übernimmt,
c) der Werktätige in anderen Fällen ein berechtigtes Interesse nachweist und die Anfertigung verlangt.

Die Beurteilung ist dem Werktätigen unverzüglich auszuhändigen, spätestens 2 Wochen nach Mitteilung des Werktätigen, daß eine Beurteilung benötigt wird.
(2) Leistungseinschätzungen müssen dem Werktätigen zur Kenntnis gegeben werden. Sie sind dem Werktätigen auf Verlangen auszuhändigen. Im übrigen gelten die nachfolgenden Bestimmungen über die Beurteilung sinngemäß.

§ 68

(1) In der Beurteilung sind die Tätigkeit, die Leistungen und die Entwicklung des Werktätigen während der gesamten Zugehörigkeit zum Betrieb zusammenfassend einzuschätzen. Die Beurteilung muß wahrheitsgemäß sein und Aussagen über die wesentlichen, charakteristischen und ständigen Verhaltensweisen des Werktätigen enthalten.
(2) Der Betrieb hat zu sichern, daß die Beurteilung im Arbeitskollektiv beraten wird und der Werktätige an der Beratung teilnehmen kann.
(3) Der Betrieb ist verpflichtet, die zuständige betriebliche Gewerkschaftsleitung über die vorgesehene Beratung zu verständigen. Vertreter der betrieblichen Gewerkschaftsleitung haben das Recht, an der Beratung teilzunehmen und ihre Auffassung zur Beurteilung darzulegen.

§ 69

Der Werktätige hat das Recht, gegen den Inhalt der Beurteilung Einspruch bei der Konfliktkommission bzw. der Kammer für Arbeitsrecht des Kreisgerichts einzulegen. Die Einspruchsfrist beträgt 3 Monate. Sie beginnt nach Aushändigung der Beurteilung.

§ 70

Ausweis für Arbeit und Sozialversicherung

(1) Der Betrieb hat im Ausweis für Arbeit und Sozialversicherung die erforderlichen Eintragungen entsprechend den Rechtsvorschriften vorzunehmen.
(2) Der Werktätige hat auf Verlangen den Ausweis für Arbeit und Sozialverischerung vorzulegen. Der Ausweis bleibt im Besitz des Werktätigen.

4. Kapitel

Arbeitsorganisation und sozialistische Arbeitsdisziplin

Grundsätze

§ 71

(1) Der Betrieb ist verpflichtet, solche Arbeitsbedingungen zu schaffen, die den Werktätigen hohe Arbeitsleistungen ermöglichen, die bewußte Einstellung zur Arbeit und das Schöpfertum fördern, die Arbeitsfreude erhöhen und zur Entwicklung sozialistischer Persönlichkeiten sowie zur sozialistischen Lebensweise beitragen. Er hat dazu den Arbeitsprozeß unter aktiver Teilnahme der Werktätigen nach arbeitswissenschaftlichen Erkenntnissen zu gestalten und alle Voraussetzungen für eine hohe Arbeitsdisziplin, für Ordnung und Sicherheit im Arbeitsprozeß zu schaffen. Die Initiativen der Werktätigen zur An-

wendung der wissenschaftlichen Arbeitsorganisation sind zu fördern sowie moralisch und materiell anzuerkennen.
(2) Der Betrieb hat zu sichern, daß bei der Vorbereitung von Investitionen und der Entwicklung von Erzeugnissen und Verfahren die Erkenntnisse und Methoden der wissenschaftlichen Arbeitsorgnisation mit dem Ziel angewendet werden, Voraussetzungen für eine effektive und persönlichkeitsfördernde Arbeit der Werktätigen zu schaffen.

§ 72

(1) Die Arbeitskollektive im Betrieb sind unter Einhaltung bestehender Besetzungsnormative so zu bilden, daß die Erfüllung und gezielte Überbietung der Planaufgaben des Kollektivs gewährleistet ist und die Entwicklung der Kollektivität und des Kollektivbewußtseins gefördert wird.
(2) Die Arbeit ist so zu organisieren, daß innerhalb des Arbeitskollektivs eine leistungs- und persönlichkeitsfördernde Arbeitsteilung und Zusammenarbeit der Werktätigen besteht. Dabei ist zu gewährleisten, daß die Werktätigen entsprechend der vereinbarten Arbeitsaufgabe eingesetzt werden und ihnen eine andere Arbeit nur in Ausnahmefällen übertragen wird.

§ 73

Arbeitsaufgaben

(1) Der Betrieb hat die Arbeitsaufgaben so zu gestalten, daß die vorhandenen Produktionskapazitäten und das Arbeitsvermögen der Werktätigen effektiv genutzt werden, die Werktätigen ihre Kenntnisse und Fähigkeiten entfalten können und die schöpferischen Elemente der Arbeit zunehmen.
(2) Der Betrieb hat den Inhalt der Arbeitsaufgaben einschließlich der Verantwortungsbereiche der Werktätigen eindeutig zu bestimmen und in Funktionsplänen oder in anderer geeigneter Form schriftlich festzulegen. Die für den Werktätigen zutreffende Festlegung ist ihm bei der Vereinbarung der Arbeitsaufgabe bekanntzugeben und zu erläutern.
(3) Der Betriebsleiter und die leitenden Mitarbeiter haben den Werktätigen klare Aufträge zu erteilen und sie zu deren Lösung zu befähigen und anzuleiten. Sie haben Bedingungen zu schaffen, die es den Werktätigen ermöglichen, ihre Arbeitsaufgabe durch Erweiterung ihrer Kenntnisse, Fähigkeiten und Fertigkeiten im Arbeitsprozeß ständig effektiver zu erfüllen.

§ 74

Organisation am Arbeitsplatz

(1) Der Betrieb hat die Organisation am Arbeitsplatz, die materiell-technische Versorgung der Arbeitsplätze, die Arbeitsmethoden und -verfahren, die innerbetriebliche Arbeitsteilung und Kooperation, die Arbeitskultur und das kollektive Zusammenwirken der Werktätigen im Arbeitsprozeß planmäßig zu vervollkommnen.

(2) Die Arbeit ist so zu organisieren, daß die Werktätigen ihre Arbeitsaufgaben kontinuierlich erfüllen können. Bei Störungen im Arbeitsablauf sind die Ursachen der damit verbundenen Warte- und Stillstandszeiten unter Mitwirkung der Werktätigen unverzüglich aufzudecken und Maßnahmen zu ihrer Beseitigung zu treffen.
(3) Der Betrieb hat planmäßig gesundheitsgefährdende Arbeitsbedingungen an den Arbeitsplätzen zu vermindern und die Anzahl der Arbeitsplätze mit körperlich schweren sowie einseitig belastenden Arbeiten einzuschränken.
(4) Der Betrieb hat unter Nutzung aller Möglichkeiten Arbeitsplätze einzurichten, die für den Einsatz von Frauen, Jugendlichen, Werktätigen im höheren Lebensalter und Werktätigen, deren Arbeitsfähigkeit gemindert ist, geeignet sind. Das schließt die Schaffung von geschützten Arbeitsplätzen und Betriebsabteilungen für Rehabilitanden ein.

Arbeitsnormen und andere Kennzahlen der Arbeitsleistung

§ 75

(1) Arbeitsnormen und andere Kennzahlen der Arbeitsleistung sind gemeinsam mit den Werktätigen auszuarbeiten und einzuführen. Der Betrieb hat die Vorschläge der Werktätigen zur Verbesserung der Technik, Technologie, Produktions- und Arbeitsorganisation zu nutzen.
(2) Vorschläge der Werktätigen zur Senkung des Zeitaufwandes, die zur Veränderung von Arbeitsnormen oder anderen Kennzahlen der Arbeitsleistung führen, sind entsprechend den arbeitsrechtlichen Bestimmungen materiell anzuerkennen. Liegen die Voraussetzungen für eine Neuererleistung vor, ist Neuerervergütung entsprechend den Rechtsvorschriften zu zahlen.

§ 76

(1) Der Betrieb hat die Arbeitsbedingungen in Anwendung technischer Kenngrößen der Arbeitsmittel und Arbeitsgegenstände, zweckmäßger Technologien, moderner Formen der Produktions- und Arbeitsorganisation, rationeller Arbeitsmethoden und anderer Erkenntnisse der wissenschaftlichen Arbeitsorganisation sowie der Arbeitshygiene zu gestalten. Auf dieser Grundlage sind Arbeitsnormen und andere Kennzahlen der Arbeitsleistung festzulegen. Die den Arbeitsnormen und anderen Kennzahlen der Arbeitsleistung zugrunde liegenden Bedingungen sind in Arbeitscharakteristiken oder in anderer geeigneter Form zu erfassen. Diese sind den Werktätigen bekanntzugeben.
(2) Für Arbeiten, die in einem Wirtschaftszweig bzw. -bereich oder in mehreren Betrieben unter gleichen technisch-technologischen, erzeugnismäßigen und arbeitsorganisatorischen Bedingungen verrichtet werden, sind durch die zuständigen Staatsorgane bzw. wirtschafsleitenden Organe überbetriebliche Grundlagen der Arbeitsnormung, wie Zeitnormative, auszuarbeiten. Sie bedürfen der Zustimmung der zuständigen Zentralvorstände der Industriegewerkschaften und Gewerkschaften bzw. der von ihnen beauftragten Vorstände. Überbetriebliche Zeitnormative sind zur Übertragung guter Arbeitserfahrungen bei der Ausarbeitung von betrieblichen Arbeitsnormen und anderen Kennzahlen der Arbeitsleistung zu nutzen.

§ 77

(1) Arbeitsnormen und andere Kennzahlen der Arbeitsleistung sind für Arbeiten festzulegen, bei denen die Werktätigen die Möglichkeit haben, Menge und Qualität des Arbeitsergebnisses zu beeinflussen, und bei denen diese Faktoren mit vertretbarem Aufwand meßbar sind. Die Arbeitsnormen und anderen Kennzahlen der Arbeitsleistung müssen von den Werktätigen, die über die erforderliche Qualifikation verfügen, nach ausreichender Einarbeitung bei voller Nutzung der Arbeitszeit erfüllt werden können. Sie müssen abrechenbar sein.
(2) Der Betriebsleiter und die leitenden Mitarbeiter sind verpflichtet, die Werktätigen bei der Aneignung der für die Erfüllung der Arbeitsnormen und der anderen Kennzahlen der Arbeitsleistung notwendigen Arbeitserfahrungen zu unterstützen. Erfüllt ein Werktätiger diese nicht, sind unverzüglich die Ursachen zu untersuchen und gemeinsam mit dem Werktätigen geeignete Maßnahmen zur Sicherung der Normerfüllung zu treffen.
(3) Ist bei Einführung neuer Technik oder neuer Technologie eine Einarbeitungszeit erforderlich, sind in Abhängigkeit vom Schwierigskeitsgrad und Einarbeitungsaufwand gestaffelte Einarbeitungsnormen festzulegen. Diese Normen dürfen während der festgelegten Geltungsdauer nicht zum Nachteil der Werktätigen verändert werden.
(4) Arbeitsnormen und andere Kennzahlen der Arbeitsleistung sind bei vorübergehender Änderung der ihnen zugrunde liegenden Bedingungen, wie Einsatz anderer Roh- oder Hilfsstoffe, Anwendung anderer Verfahren, für die betreffende Zeit entsprechend zu verändern.

§ 78

(1) Arbeitsnormen und andere Kennzahlen der Arbeitsleistung werden vom Betriebsleiter mit Zustimmung der zuständigen betrieblichen Gewerkschaftsleitung in Kraft gesetzt. Sie sind den Werktätigen in der Regel mindestens 2 Wochen vor dem Inkrafttreten bekannzugeben.
(2) Arbeitsnormen und andere Kennzahlen der Arbeitsleistung sind bei Veränderung der technischen, technologischen oder organisatorischen Bedingungen des Arbeitsprozesses entsprechend dem Grundsatz „Neue Technik – neue Normen“ zu ändern.

§ 79

Arbeitsklassifizierung

Der Betrieb hat gemeinsam mit den Werktätigen bei Veränderungen der Arbeitsbedingungen durch Einführung neuer Technik und Technologien sowie bei der Verbesserung der Arbeitsorganisation zu gewährleisten, daß die Arbeit inhaltsreicher wird und entsprechende Arbeitsaufgaben festgelegt werden. Auf dieser Grundlage sind die Anforderungen an die Qualifikation und Verantwortung der Werktätigen sowie auftretende Arbeitserschwernisse zu ermitteln und mit den Werktätigen die erforderlichen Qualifizierungsmaßnahmen zu vereinbaren sowie Maßnahmen zur schrittweisen Beseitigung der Arbeitserschwernisse zu treffen.

Arbeitspflichten der Werktätigen

§ 80

(1) Der Werktätige hat seine Arbeitspflichten mit Umsicht und Initiative wahrzunehmen. Er ist insbesondere verpflichtet, seine Arbeitsaufgabe ordnungs- und fristgemäß zu erfüllen, die Arbeitszeit und die Produktionsmittel voll zu nutzen, die Arbeitsnormen und anderen Kennzahlen der Arbeitsleistung zu erfüllen, Geld und Material sparsam zu verwenden, Qualitätsarbeit zu leisten, das sozialistische Eigentum vor Beschädigung und Verlust zu schützen und die Bestimmungen über den Gesundheits- und Arbeitschutz und den Brandschutz sowie über Ordnung, Disziplin und Sicherheit einzuhalten.
(2) Für Bereiche, in denen wegen der Art ihrer Aufgaben und der Bedeutung für den sozialistischen Staat besondere Anforderungen an die Werktätigen gestellt werden (z. B. Staatsorgane, Verkehrs- und Nachrichtenwesen), können Rechtsvorschriften über besondere Rechte und Pflichten und die Verantwortlichkeit dieser Werktätigen erlassen werden.

§ 81

(1) Der Betriebsleiter und die leitenden Mitarbeiter haben den Kampf der Arbeitskollektive um die Festigung von Ordnung, Disziplin und Sicherheit zu fördern.
(2) Bei Verstößen gegen die sozialistische Arbeitsdisziplin ist durch kritische Auseinandersetzung in den Arbeitskollektiven erzieherisch auf den Betreffenden einzuwirken.

Weisungsrecht

§ 82

(1) Der Betriebsleiter ist gegenüber allen Betriebsangehörigen, die leitenden Mitarbeiter sind gegenüber den ihnen unterstellten Mitarbeitern weisungsberechtigt. Darüber hinaus sind Mitarbeiter weisungsberechtigt, soweit das in Rechtsvorschriften bzw. in der Arbeitsordnung festgelegt ist.
(2) Weisungen sind zulässig zur Konkretisierung der im Arbeitsvertrag vereinbarten Bedingungen, insbesondere der Arbeitsaufgabe und des Verhaltens der Werktätigen im Zusammenhang mit der Arbeit. Weisungen, mit denen für den Werktätigen weitergehende Arbeitspflichten begründet werden sollen, sind nur zulässig, soweit dies in Rechtsvorschriften ausdrücklich festgelegt ist. Weisungen müssen den Rechtsvorschriften entsprechen.
(3) Einzelheiten zur Ausübung des Weisungsrechts sind in der Arbeitsordnung zu regeln.

§ 83

(1) Der Werktätige ist verpflichtet, Weisungen mit Umsicht und Initiative auszuführen.
(2) Der Werktätige kann die Ausführung einer Weisung ablehnen, wenn sie von einem nicht dazu Befugten erteilt wurde. Das gleiche gilt, wenn durch eine Weisung Arbeitspflichten begründet werden sollen, die über die sich aus dem Arbeitsvertrag oder den Rechtsvorschriften ergebenden Pflichten hinausgehen. Er ist verpflichtet, Weisungen nicht zu befolgen, wenn deren Durchführung eine Straftat darstellt. Die Ablehnung der Ausführung einer Weisung ist dem Anweisenden oder dem übergeordneten Leiter unverzüglich mitzuteilen.

Vorübergehende Übertragung einer anderen Arbeit

§ 84

(1) Die vorübergehende Übertragung einer Tätigkeit, die nicht zur vereinbarten Arbeitsaufgabe gehört, oder einer Tätigkeit an einem anderen Arbeitsort (andere Arbeit) ist unter Berücksichtigung der gesellschaftlichen und persönlichen Interessen sowie der Qualifikation des Werktätigen in den nachfolgend geregelten Ausnahmefällen zulässig. Für Quarantäne gelten besondere Rechtsvorschriften.
(2) Die andere Arbeit soll möglichst der Lohn- oder Gehaltsgruppe der vereinbarten Arbeitsaufgabe und der Lohnform des Werktätigen entsprechen.

§ 85

(1) Im Sinne der kamaradschaftlichen Zusammenarbeit und der gegenseitigen Hilfe kann dem Werktätigen eine andere Arbeit im Betrieb (einschließlich eines anderen Betriebsteiles am selben Ort) oder in einem anderen Betrieb am selben Ort übertragen werden, wenn das zur Erfüllung wichtiger betrieblicher oder volkswirtschaftlicher Aufgaben erforderlich ist. Die Übertragung einer anderen Arbeit darf in diesen Fällen die Dauer von 4 Wochen im Kalenderjahr nicht überschreiten. Die Übertragung einer anderen Arbeit im Betrieb über 4 Wochen hinaus ist nur mit Einverständnis des Werktätigen zulässig. Beim Einsatz von Werktätigen in einem anderen Betrieb am selben Ort über 4 Wochen hinaus ist ein Delegierungsvertrag gemäß § 50 abzuschließen.
(2) Die Übertragung einer anderen Arbeit in einem Betriebsteil an einem anderen Ort ist nur mit Einverständnis des Werktätigen zulässig.
(3) Werktätigen ab 5. Jahr vor Erreichen des Rentenalters darf eine andere Arbeit nur mit ihrem Einverständnis übertragen werden.

§ 86

Ist der Werktätige infolge Betriebsstörungen, Warte- und Stillstandszeiten daran gehindert, seine Arbeitsaufgebe zu erfüllen, kann ihm eine andere Arbeit im Betrieb oder, wenn das nicht möglich ist, in einem anderen Betrieb am selben Ort übertragen werden.

Das gleiche gilt, wenn in der Person des Werktätigen liegende Gründe es erfordern, ihn im Interesse der Einhaltung des Gesundheits- und Arbeitsschutzes oder der Hygienebestimmungen vorübergehend anderweitig einzusetzen.

§ 87

(1) In Rechtsvorschriften kann für bestimmte Gruppen von Werktätigen festgelegt werden, daß ihnen aus wichtigen Gründen eine andere Arbeit am selben oder an einem anderen Ort bis zur Dauer von 6 Monaten, bei Lehrkräften und Erziehern für die Dauer des Schuljahres bzw. Lehrjahres, übertragen werden kann. § 85 Abs. 3 gilt auch in diesen Fällen.
(2) Für Richter und Staatsanwälte gelten besondere Rechtsvorschriften.

§ 88

Die ununterbrochene Übertragung einer anderen Arbeit im Betrieb für länger als 2 Wochen bedarf der Zustimmung der zuständigen betrieblichen Gewerkschaftsleitung. Die Übertragung einer anderen Arbeit in einem anderen Betrieb am selben Ort bedarf in jedem Fall dieser Zustimmung.

§ 89

(1) Wird einem Arbeiter eine andere Arbeit übertragen, für die eine höhere Lohn- oder Gehaltsgruppe gilt, hat er Anspruch auf Lohn nach der höheren Gruppe.
(2) Wird einem Arbeiter eine andere Arbeit übertragen, für die eine niedrigere Lohn- oder Gehaltgruppe gilt, ist der Lohn für die erreichte Leistung nach der für die vereinbarte Arbeitsaufgabe geltenden Lohngruppe zu berechnen.
(3) Der Arbeiter hat mindestens Anspruch auf seinen bisherigen Durchschnittslohn.

§ 90

(1) Wird einem Angestellten eine andere Arbeit in einer höheren Gehaltsgruppe länger als 4 Wochen übertragen, ist ihm für die gesamte Dauer dieser Tätigkeit eine Gehaltszulage zu zahlen. Bei Urlaubsvertretungen wird keine Gehaltszulage gewährt.
(2) Die Höhe der Gehaltszulage richtet sich nach der Leistung des Angestellten bei der Erfüllung der übertragenen Arbeit. Sie wird vom Betriebsleiter mit Zustimmung der zuständigen betrieblichen Gewerkschaftsleitung festgelegt. Die Gehaltszulage beträgt mindestens 50% der Differenz zwischen

a) dem Tarifgehalt der mit ihm vereinbarten Arbeitsaufgabe und dem Tarifgehalt der übertragenen anderen Arbeit,
b) den Anfangsgehältern bei Tarifen mit Von-Bis-Spannen, wobei das Gehalt des zu Vertretenden nicht überschritten werden darf,
c) den Anfangsgehältern bei Tarifen mit Steigerungssätzen.

(3) Trifft für einen Angestellten bei Übertragung einer anderen Arbeit in einer höheren Gehaltsgruppe die erweiterte materielle Verantwortlichkeit gemäß § 262 Abs. 1 Buchst. b zu, ist ihm in jedem Fall für die Dauer dieser Tätigkeit Gehalt nach der höheren Gehaltsgruppe zu zahlen.
(4) Wird einem Angestellten eine andere Arbeit in einer niedrigeren Gehaltsgruppe übertragen, hat er Anspruch auf seinen bisherigen Durchschnittslohn.

Arbeitsordnung

§ 91

(1) Zur Gewährleistung einer hohen Effektivität der Arbeit, zur Festigung der Arbeitsmoral- und -disziplin, zur Durchsetzung von Ordnung und Sicherheit sowie zur Entwicklung sozialistischer Kollektivbeziehungen ist im Betrieb eine Arbeitsordnung zu schaffen.
(2) In der Arbeitsordnung sind auf der Grundlage der Rechtsvorschriften insbesondere festzulegen

a) Anforderungen für leitende Mitarbeiter und alle anderen Werktätigen, die eine straffe Ordnung und Disziplin, den ordnungsgemäßen Arbeitsablauf im Betrieb, die Zusammenarbeit in den Arbeitskollektiven sowie den Gesundheits- und Arbeitsschutz und den Brandschutz gewährleisten,
b) Einzelheiten zur Ausübung des Weisungsrechts und der Disziplinarbefugnis,
c) Maßnahmen zur sicheren Aufbewahrung des persönlichen Eigentums der Werktätigen, das sie im Zusammenhang mit der Arbeit und der gesellschaftlichen Tätigkeit in den Betrieb mitbringen,
d) Regeln für die Nutzung betrieblicher Einrichtungen zur kulturellen und sportlichen Betätigung und zur sozialen Betreuung der Werktätigen.

§ 92

(1) Die Arbeitsordnung ist vom Betriebsleiter unter Mitwirkung der Werktätigen auszuarbeiten und mit Zustimmung der Betriebsgewerkschaftsleitung zu erlassen.
(2) Die Arbeitsordnung ist den Werktätigen zur Kenntnis zu geben und muß ihnen zugänglich sein.

Auszeichnungen

§ 93

(1) Werktätige werden für hervorragende Arbeitsleistungen, insbesondere im sozialistischen Wettbewerb, für vorbildliche Arbeitsmoral und Arbeitsdisziplin und für langjährige gute Arbeit im Betrieb durch staatliche oder betriebliche Auszeichnungen geehrt.
(2) Betriebliche Auszeichnungen sind insbesondere

a) schriftliche Belobigung,
b) Ehrenurkunden,

c) Würdigung der Leistungen an der Ehrentafel des Betriebes oder des Bereiches,
d) betriebliche Titel, z. B. „Brigade der vorbildlichen Qualitätsarbeit“, „Bester Meister“, „Bester Neuerer“,
e) Geld- oder Sachprämien.

Betriebliche Auszeichnungen für vorbildliche Erfüllung der Arbeitsaufgaben werden im Betriebskollektivvertrag vereinbart.
(3) Staatliche Auszeichnungen, die durch den Betriebsleiter verliehen werden, und betriebliche Auszeichnungen bedürfen der Zustimmung der zuständigen betrieblichen Gewerkschaftsleitung. Die Vorschläge sind im Arbeitskollektiv zu beraten. Auszeichnungen sind im Anschluß an vollbrachte Leistungen öffentlich und in würdiger Form vorzunehmen.

§ 94

(1) Werktätige, die staatliche Auszeichnungen erhalten haben, sind vom Betrieb in ihrer beruflichen Entwicklung besonders zu fördern.
(2) Staatliche Auszeichnungen sind vom Betrieb im Ausweis für Arbeit und Sozialversicherung des Werktätigen einzutragen.

5. Kapitel

Lohn und Prämie

Grundsätze

§ 95

(1) Der sozialistische Staat gewährleistet, daß das materielle und kulturelle Lebensniveau der Werktätigen hauptsächlich über das Arbeitseinkommen erhöht und das Leistungsprinzip als Grundprinzip der Verteilung im Sozialismus konsequent durchgesetzt wird sowie das Arbeitseinkommen der Werktätigen in Übereinstimmung mit der Entwicklung der Volkswirtschaft gemäß ihrer Leistung planmäßig wächst. Dem dient die leistungsorientierte Lohnpolitik, die die schöpferische Initiative der Werktätigen zur Steigerung der Arbeitsproduktivität fördert. Sie schließt die schrittweise Erhöhung der unteren Einkommen im Zusammenhang mit der wachsenden Qualifikation und Leistung der Werktätigen ein.
(2) Die Werktätigen erhalten als Hauptbestandteil ihres Arbeitseinkommens Lohn entsprechend den Anforderungen ihrer Arbeitsaufgabe an die Qualifikation und Verantwortung, der tatsächlichen Arbeitszeit, den erzielten Arbeitsergebnissen nach Menge und Qualität sowie den Bedingungen ihrer Arbeit. Zusätzlich zum Lohn werden den Werktätigen für hohe individuelle und kollektive Arbeitsleistungen Prämien gewährt.

(3) Die Ansprüche der Werktätigen auf Lohn und Prämie ergeben sich aus den entsprechenden arbeitsrechtlichen Bestimmungen und, soweit in Rechtsvorschriften zugelassen, aus den individuellen Festlegungen für den einzelnen Werktätigen.

§ 96

Der sozialistische Staat garantiert vollbeschäftigten Werktätigen einen monatlichen Mindestbruttolohn, dessen Höhe vom Ministerrat in Übereinstimmung mit dem Bundesvorstand des Freien Deutschen Gewerkschaftsbundes festgelegt wird. Teilbeschäftigte haben einen der vereinbarten Dauer der Arbeitszeit entsprechenden Anspruch.

Tariflohn

§ 97

Entsprechend den unterschiedlichen Anforderungen der Arbeitsaufgaben an die Qualifikation und Verantwortung der Werktätigen und den zweigspezifischen allgemeinen Produktions- und Arbeitsbedingungen werden für die Lohn- und Gehaltsgruppen Tariflöhne festgelegt. Die Festlegung erfolgt durch den Ministerrat gemeinsam mit dem Bundesvorstand des Freien Deutschen Gewerkschaftsbundes. Ihre Anwendung wird in den Rahmenkollektivverträgen vereinbart.

§ 98

(1) Enthalten Tarifregelungen für Lohn- und Gehaltsgruppen Von-Bis-Spannen, ist im Rahmenkollektivvertrag zu vereinbaren, in welcher Form die Spannen für die Leistungsstimulierung zu verwenden sind.
(2) Die Festlegung eines höheren Lohnes innerhalb der Von-Bis-Spanne zur materiellen Anerkennung hoher Leistungen erfolgt durch den Betriebsleiter mit Zustimmung der zuständigen betrieblichen Gewerkschaftsleitung. Das gleiche gilt für die Gewährung eines zeitweiligen aufgabengebundenen Zuschlages innerhalb der Von-Bis-Spanne bei vorübergehend höheren Arbeitsanforderungen. Für die Gewährung von Gehaltsprämien innerhalb der Von-Bis-Spanne gilt § 103 Abs. 3.

§ 99

Bei Tarifen mit Steigerungssätzen ist in den Tarifregelungen festzulegen, unter welchen Voraussetzungen der Werktätige Anspruch auf den jeweiligen Steigerungssatz hat.

Eingruppierung

§ 100

Zur Eingruppierung der Arbeitsaufgaben sind zwischen den zuständigen zentralen Staatsorganen und den Zentralvorständen der zuständigen Industriegewerkschaften und Gewerkschaften Eingruppierungsunterlagen als Bestandteile der Rahmenkollektivverträge zu vereinbaren.

§ 101

(1) Die Lohn- bzw. Gehaltsgruppe für die mit dem Werktätigen vereinbarte Arbeitsaufgabe ergibt sich aus den Eingruppierungsunterlagen. Wird eine Arbeitsaufgabe von den Eingruppierungsunterlagen nicht unmittelbar erfaßt, ist die zutreffende Lohn- bzw. Gehaltsgruppe entsprechend den rahmenkollektivvertraglichen Festlegungen zwischen dem Betriebsleiter und der Betriebsgewerkschaftsleitung zu vereinbaren.
(2) Die im Betrieb vorhandenen Arbeitsaufgaben sind mit den zutreffenden Lohn- bzw. Gehaltsgruppen und der erforderlichen Qualifikation in einer Liste oder in anderer geeigneter Form zu erfassen.
(3) Für eine Arbeitsaufgabe ist auch dann nur eine Lohn- bzw. Gehaltsgruppe festzulegen, wenn sie Teilaufgaben mit unterschiedlichem Kompliziertheitsgrad enthält. Für bestimmte Bereiche kann in den Rahmenkollektivverträgen eine andere Regelung getroffen werden, wenn es die Besonderheit der Arbeit erfordert.

§ 102

(1) Der Werktätige hat Anspruch auf Lohn nach der Lohn- oder Gehaltsgruppe der vereinbarten Arbeitsaufgabe.
(2) Der Betrieb ist verpflichtet, mit dem Werktätigen eine Arbeitsaufgabe zu vereinbaren, für die er den erforderlichen Qualifikationsgrad eines entsprechenden Ausbildungsberufes besitzt. Ist der erforderliche Qualifikationsgrad noch nicht vorhanden, hat der Betrieb den Werktätigen für die Qualifizierung zu gewinnen und ihm den Abschluß eines entsprechenden Qualifizierungsvertrages anzubieten.
(3) In Rechtsvorschriften kann festgelegt werden, daß Werktätige mit langjähriger Berufserfahrung den erfoderlichen Qualifikationsgrad nicht besonders nachweisen müssen, wenn sie durch ihre Leistungen zeigen, daß sie die für die Ausführung der Arbeitsaufgabe festgelegte Qualifikation besitzen.

Lohnformen

§ 103

(1) Zur Stimulierung hoher Leistungen der Werktätigen ist diejenige Lohnform anzuwenden, die bei der jeweiligen Art der Arbeit, Technik, Technologie und Produktions- und Arbeitsorganisation das materielle Interesse der einzelnen Werktätigen und der

Arbeitskollektive am wirksamsten auf die Intensivierung der Produktion, einen hohen Nutzeffekt der Arbeit und die ständige Steigerung der Arbeitsproduktivität lenkt.
(2) Soweit das Arbeitsergebnis gemessen und abgerechnet werden kann, ist der Stücklohn oder eine Prämienlohnform anzuwenden. Diese Lohnformen sind so zu gestalten, daß die Werktätigen daran interessiert sind, die Menge und Qualität der Erzeugnisse zu erhöhen, die Grundfonds effektiver auszulasten sowie Energie, Roh- und Hilfsstoffe sparsam zu verbrauchen. Die Lohnformen müssen für die Werktätigen übersichtlich und verständlich sein. Aus ihnen muß der Werktätige ersehen können, welche Arbeitsnormen oder andere Kennzahlen der Arbeitsleistung der Lohnberechnung zugrunde gelegt werden und welchen Lohn er in Abhängigkeit von der Erfüllung dieser Leistungsmaßstäbe erhält.
(3) Für Angestellte können leistungsabhängige Gehaltsprämien festgelegt werden, wenn ihr Arbeitsergebnis auf der Grundlage von Kennzahlen der Arbeitsleistung meßbar und abrechenbar ist und der Rahmenkollektivvertrag das vorsieht.

§ 104

(1) Die Ausarbeitung der Lohnform erfolgt gemeinsam mit den Werktätigen. Die Lohnform und der Termin ihrer Einführung wird zwischen dem Betriebsleiter und der zuständigen betrieblichen Gewerkschaftsleitung vereinbart.
(2) Für Arbeiten, die in einem Wirtschaftszweig bzw. -bereich oder in mehreren Betrieben ganz oder teilweise unter den gleichen Bedingungen zu verrichten sind, kann im Rahmenkollektivvertrag vereinbart werden, daß eine bestimmte Lohnform einheitlich gilt oder daß bei der Festlegung der Lohnform im Betrieb bestimmte Normative und Grundsätze anzuwenden sind.

§ 105

(1) Der Termin der Einführung einer neuen Lohnform oder einer Lohnformveränderung ist den Werktätigen mindestens 2 Wochen vorher bekanntzugeben. Der Betrieb ist verpflichtet, den Werktätigen Inhalt und Auswirkungen der Lohnform zu erläutern und die Voraussetzungen dafür zu schaffen, daß die Werktätigen unter den neuen Bedingungen bei gleicher Leistung nicht weniger als bisher verdienen.
(2) Wird die Frist gemäß Abs. 1 nicht eingehalten, haben die Werktätigen für die Dauer von 2 Wochen, vom Tag der Bekanntgabe ab gerechnet, mindestens Anspruch auf den Durchschnittslohn.

§ 106

Bei technischen, technologischen, produktions- oder arbeitsorganisatorischen Veränderungen und bei Veränderung anderer Bedingungen, die der Lohnform zugrunde liegen, ist die geltende Lohnform zu überprüfen und soweit erforderlich, zu verändern. Die Bestimmungen der §§ 104 und 105 gelten entsprechend.

§ 107

Bei Anwendung von Stücklohn oder Prämienlohnformen besteht Anspruch auf Lohn nach der Erfüllung der Arbeitsnormen und anderer Kennzahlen der Arbeitsleistung entsprechend der Lohnform. Bei Anwendung des Zeitlohnes besteht Anspruch auf Tariflohn für die tatsächliche Arbeitszeit.

§ 108

Bei Anwendung von Arbeitsnormen oder anderen Kennzahlen der Arbeitsleistung für ein Arbeitskollektiv hat der Werktätige Anspruch auf Lohn nach der für ihn gemäß den §§ 101 und 102 zutreffenden Lohngruppe, seiner tatsächlichen Arbeitszeit und nach der vom Kollektiv erreichten Erfüllung der Leistungsmaßstäbe. Haben einzelne Kollektivmitglieder durch herausragende Arbeitsleistungen einen besonders hohen Anteil an der Leistung des Kollektivs, kann der Betriebsleiter nach Beratung im Kollektiv die Lohnhöhe der Mitglieder des Kollektivs nach ihrem persönlichen Anteil an der kollektiven Leistung festlegen.

§ 109

Differenzierung des Lohnes nach der Qualität des Arbeitsergebnisses

(1) Ist die Qualität des Arbeitsergebnisses nicht in der Lohnform berücksichtigt, erhält der Werktätige bei schuldhaft (fahrlässig oder vorsätzlich) verursachtem Ausschuß keinen Lohn. Bei schuldhaft verursachter Qualitätsminderung richtet sich der Lohn nach dem Grad der Brauchbarkeit des Arbeitsergebnisses bzw. nach festgelegten Qualitätsstufen oder nach dem durch Nacharbeit erreichten Grad der Brauchbarkeit.

(2) Werktätige, die Ausschuß oder Qualitätsminderung fahrlässig verursachen und dadurch im betreffenden Monat insgesamt nicht 50% ihres monatlichen Durchschnittslohnes erreichen, haben Anspruch auf Lohn in dieser Höhe, mindestens jedoch auf den Mindestlohn.

(3) Die schuldhafte Verursachung von Ausschuß oder Qualitätsminderung durch den Werktätigen hat der Betrieb nachzuweisen. Bei der Prüfung des Verschuldens sind der Werktätige und der Vertrauensmann zu hören. Erforderlichenfalls ist der Gütekontrolleur oder ein anderer Sachkundiger hinzuzuziehen. Gewährt der Betrieb dem Werktätigen gemäß Abs. 1 keinen oder nur geringeren Lohn, hat er ihm die Gründe dafür, einschließlich der Begründung des Verschuldens, unverzüglich nach Feststellung, spätestens jedoch mit der Lohnabrechnung, mitzuteilen.

§ 110

Lohnansprüche bei Nichterfüllung von Leistungsmaßstäben

Kann der Werktätige seinen bisherigen Durchschnittslohn nicht erreichen, weil sich die Bedingungen, die den Arbeitsnormen oder den anderen Kennzahlen der Arbeitsleistung zugrunde liegen, zeitweilig geändert haben, z. B. durch Einsatz anderer Roh- und Hilfsstoffe, ist ihm ein Ausgleich bis zum Durchschnittslohn zu zahlen, wenn gemäß § 77 Abs. 4 keine neuen Leistungsmaßstäbe festgelegt werden.

Erschwerniszuschläge

§ 111

(1) Bei besonderen Arbeitserschwernissen erhält der Werktätige für die Dauer der Arbeit unter diesen Bedingungen einen Erschwerniszuschlag. Die Arbeiten, für die Erschwerniszuschläge zu zahlen sind, und die Höhe der Zuschläge sind in den Rahmenkollektivverträgen (Katalog der Erschwerniszuschläge) zu vereinbaren.
(2) Treffen mehrere Erschwerniszuschläge zusammen, ist nur der höchste Zuschlag zu zahlen.

§ 112

(1) Regelt der Rahmenkollektivvertrag die Höhe des Erschwerniszuschlages in Form einer Von-Bis-Spanne, ist die genaue Höhe des Zuschlages zwischen dem Betriebsleiter und der Betriebsgewerkschaftsleitung entsprechend den betrieblichen Bedingungen zu vereinbaren.
(2) Die Arbeiten, für die im Betrieb Erschwerniszuschläge gezahlt werden, und die Höhe der Zuschläge sind in einer Liste zu erfassen. Die Liste der Erschwerniszuschläge ist Anlage des Betriebskollektivvertrages.
(3) Zuschläge für Arbeitserschwernisse, die im Katalog der Erschwerniszuschläge nicht vorgesehen sind, dürfen zwischen dem Betriebsleiter und der Betriebsgewerkschaftsleitung nur vereinbart werden, wenn das übergeordnete Staatsorgan bzw. wirtschaftsleitende Organ und das zuständige Gewerkschaftsorgan zugestimmt haben.

Lohnansprüche bei Arbeitsausfall

§ 113

Bei berufspraktischer Unterweisung während der Arbeitszeit besteht Anspruch auf den Durchschnittslohn, wenn dieser auf Grund der Unterweisung nicht erreicht werden kann.

§ 114

Ist der Werktätige infolge Betriebsstörungen, Warte- und Stillstandszeiten daran gehindert, seine Arbeitsaufgabe zu erfüllen, hat ihm der Betrieb vorübergehend eine andere Arbeit gemäß § 86 zu übertragen. Ist das nicht möglich, erhält der Werktätige einen Ausgleich in Höhe des Durchschnittslohnes. In den Rahmenkollektivverträgen können andere Regelungen vereinbart werden, wenn es die besonderen Bedingungen der Arbeit oder der Lohngestaltung erfordern,

§ 115

Ist der Werktätige auf Grund von Naturereignissen, Verkehrsstörungen oder anderen von ihm nicht zu vertretenden Umständen daran gehindert, pünktlich zur Arbeit zu erscheinen, und erfolgt keine Nacharbeit, erhält der Werktätige für die ausfallende Arbeitszeit den Durchschnittslohn. Der Betriebsleiter kann mit Zustimmung der zuständigen betrieblichen Gewerkschaftsleitung festlegen, daß die ausgefallene Arbeitszeit nachgearbeitet wird, wenn es für den Werktätigen zumutbar ist.

Prämien

§ 116

(1) Zur materiellen Stimulierung und Anerkennung hoher individueller und kollektiver Leistungen bei der Erfüllung und gezielten Überbietung der Volkswirtschaftspläne im sozialistischen Wettbewerb, vor allem bei der Intensivierung, der Steigerung der Arbeitsproduktivität, der Erhöhung der Qualität und Effektivität der Arbeit, der Durchsetzung des wissenschaftlich-technischen Fortschritts und der Verbesserung der Arbeits- und Lebensbedingungen, werden den Werktätigen Prämien aus dem Prämienfonds entsprechend den dafür geltenden Rechtsvorschriften gewährt.
(2) Die im Betrieb zur Anwendung kommenden Prämienformen, wie Jahresendprämien, auftragsgebundene Prämien, Initiativprämien und Zielprämien, und die Prämienbedingungen sind im Betriebskollektivvertrag zu vereinbaren.
(3) Über die Gewährung von Prämien und deren Höhe entscheidet der Betriebsleiter mit Zustimmung der zuständigen betrieblichen Gewerkschaftsleitung nach Beratung im Arbeitskollektiv. Bei Kollektivprämien muß sich die Entscheidung auch auf die Höhe der Prämie für das einzelne Kollektivmitglied erstrecken.

§ 117

(1) Anspruch auf Jahresendprämie besteht, wenn

die Zahlung von Jahresendprämien für das Arbeitskollektiv, dem der Werktätige angehört, im Betriebskollektivvertrag vereinbart ist,

der Werktätige und das Arbeitskollektiv, dem er angehört, die vorgegebenen Leistungskriterien in der festgelegten Mindesthöhe erfüllt haben und

der Werktätige während des gesamten Planjahres Angehöriger des Betriebes war.

(2) Anspruch auf anteilige Jahresendprämie besteht in folgenden Fällen:

a) Beendigung einer Tätigkeit bei Berufung oder Wahl in hauptamtliche Funktionen staatlicher Organe oder gesellschaftlicher Organisationen; Wiederaufnahme einer Tätigkeit nach Beendigung dieser Funktion,

b) Aufnahme des Ehrendienstes in den bewaffneten Organen der Deutschen Demokratischen Republik; Wiederaufnahme der Tätigkeit nach Beendigung des Ehrendienstes,
c) Aufnahme einer Tätigkeit nach Beendigung der Berufsausbildung,
d) Aufnahme eines Direktstudiums an einer Hoch- oder Fachschule; Aufnahme einer Tätigkeit nach Abschluß des Studiums,
e) Betriebswechsel auf Grund gesellschaftlicher Erfordernisse,
f) Beendigung der Berufstätigkeit bei Erreichen des Rentenalters oder Eintritt der Invalidität; Wiederaufnahme bzw. Beendigung einer Tätigkeit im Rentenalter oder während der Invalidität,
g) Beginn der Freistellung nach dem Wochenurlaub entsprechend § 246; Wiederaufnahme einer Tätigkeit nach dieser Freistellung;
h) Tod des Werktätigen.

Der Betriebsleiter entscheidet mit Zustimmung der zuständigen betrieblichen Gewerkschaftsleitung über die Gewährung der anteiligen Jahresendprämie in weiteren gesellschaftlich gerechtfertigten Fällen.
(3) War der Werktätige während des Planjahres wegen Krankheit vorübergehend arbeitsunfähig, erhält er Jahresendprämie entsprechend seiner in diesem Jahr erbrachten Gesamtleistung.
(4) Bei schwerwiegender Verletzung der sozialistischen Arbeitsdisziplin oder der staatsbürgerlichen Pflichten kann die Jahresendprämie entsprechend den Rechtsvorschriften gemindert werden oder entfallen.

§ 118

(1) Die Voraussetzungen für die Gewährung und die Höhe der Jahresendprämie sind entsprechend den Rechtsvorschriften im Betriebskollektivvertrag zu vereinbaren.
(2) Die Jahresendprämie für den einzelnen Werktätigen wird vom Betriebsleiter nach Beratung im Arbeitskollektiv festgelegt. Die Festlegung bedarf der Zustimmung der zuständigen betrieblichen Gewerkschaftsleitung.
(3) Schwangerschafts- und Wochenurlaub, Arbeitsunfähigkeit wegen Arbeitsunfall oder Berufskrankheit sowie Freistellungen von der Arbeit zur Wahrnehmung staatlicher und gesellschaftlicher Funktionen, zur Pflege erkrankter Kinder, zur Ableistung des Reservistenwehrdienstes, zur Teilnahme an Einsätzen im Interesse der Gewährleistung von Ordnung und Sicherheit, zur Durchführung des Dienstes in den Kampfgruppen der Arbeiterklasse sowie im Rahmen der Zivilverteidigung, zur Teilnahme an Lehrgängen und Schulungen führen nicht zur Minderung der Jahresendprämie. Für diese Zeit ist dem Werktätigen als Erfüllung der Leistungskristerien die Durchschnittsleitung seines Arbeitskollektivs anzurechnen. Das gleiche gilt für andere Freistellungen, für die das in Rechtsvorschriften geregelt ist.

§ 119

(1) Die Leistungsziele für die Gewährung auftragsgebundener Prämien sowie deren Höhe und die Zahlungstermine werden zwischen dem Betriebsleiter und der zuständigen betrieblichen Gewerkschaftsleitung nach Beratung im Kollektiv, für das die Prämie vorgesehen ist, vereinbart. Die Mitglieder des Kollektivs haben Anspruch auf die in der Vereinbarung vorgesehene Prämie, wenn die festgelegten Voraussetzungen erfüllt wurden.
(2) Die auftragsgebundene Prämie für das einzelne Mitglied des Kollektivs wird entsprechend den ihm vorgegebenen Leistungskriterien bzw. der Einschätzung seiner Leistung vom Betriebsleiter nach Beratung im Arbeitskollektiv festgelegt. Die Festlegung bedarf der Zustimmung der zuständigen betrieblichen Gewerkschaftsleitung.
(3) Für die Gewährung der auftragsgebundenen Prämie gelten im übrigen die Bestimmungen des § 117 Absätze 2 bis 4 und § 118 Abs. 3 sinngemäß. Anspruch auf anteilige auftragsgebundene Prämie besteht auch, wenn der Werktätige eine andere Arbeit im Betrieb übernimmt.

§ 120

Für die Erschließung volkswirtschaftlicher Reserven, für die Einsparung von Material und Rohstoffen und für sonstige besondere Leistungen können die Werktätigen entsprechend den Rechtsvorschriften prämiiert werden.

§ 121

Überbrückungsgeld

(1) Werktätige, die infolge Rationalisierungsmaßnahmen oder Strukturveränderungen eine andere Arbeit im Betrieb oder in Abstimmung mit dem zuständigen örtlichen Rat in einem anderen Betrieb übernehmen und dadurch in absehbarer Zeit ihren bisherigen Durchschnittslohn auch durch Qualifizierungsmaßnahmen nicht wieder erreichen können, erhalten ein einmaliges Überbrückungsgeld in Höhe der Jahressumme der voraussichtlichen Minderung des Durchschnittslohnes. Bei Übernahme einer Arbeit in einem anderen Betrieb wird das Überbrückungsgeld vom bisherigen Betrieb gezahlt.
(2) In Rechtsvorschriften kann festgelegt werden, daß Werktätige bei Vorliegen besonderer Bedingungen ein höheres Überbrückungsgeld erhalten.

§ 122

Entschädigungszahlungen

Der Werktätige erhält Entschädigungszahlungen für die im Zusammenhang mit der Arbeit auftretenden notwendigen Mehraufwendungen, insbesondere bei Montageeinsätzen, Dienstreisen, angeordneter Teilnahme an Lehrgängen und Schulungen, arbeitsbedingter doppelter Haushaltsführung und Wohnungswechsel im Interesse des Betriebes. Einzelheiten werden in Rechtsvorschriften geregelt.

§ 123

Berechnung des Durschnittslohnes

Der Durchschnittslohn wird auf der Grundlage des in der gesetzlichen bzw. vereinbarten Arbeitszeit des vorangegangenen Kalenderjahres erzielten Lohnes berechnet. Einzelheiten der Berechnung des Durchschnittslohnes werden in Rechtsvorschriften geregelt.

Lohnabrechnung und -auszahlung

§ 124

(1) Die Lohnabrechnungsperiode ist der Kalendermonat.
(2) Zur Sicherung einer richtigen Lohnberechnung hat der Werktätige die Arbeitsauftragsscheine oder anderen Unterlagen mit Beendigung der betreffenden Arbeit, spätstens 2 Wochen danach, abzurechnen. Das Verfahren der Abrechnung ist in der Arbeitsordnung zu regeln. Überschreitet der Werktätige schuldhaft die Arbrechnungsfrist, erhält er für die auf die Arbeit entfallende Zeit den Tariflohn.
(3) Werden innerhalb einer Lohnabrechnungsperiode Abschlagszahlungen vorgenommen, haben diese mindestens 90% des Nettolohnes der letzten Lohnzahlungsperiode zu betragen.
(4) Der Betrieb hat alle in einer Lohnabrechnungsperiode entstandenen Ansprüche des We.ktätigen innerhalb des nächsten Monats, in Ausnahmefällen bis zum Ablauf des darauffolgenden Monats, abzurechnen und auszuzahlen.
(5) Bei der Lohnzahlung ist dem Werktätigen ein verständlicher Nachweis über die Lohnberechnung auszuhändigen und auf Verlangen zu erläutern.

§ 125

(1) Die Lohnzahlungsperioden und die Lohnzahltage sind in der Arbeitsordnung festzulegen.
(2) Fällt der Lohnzahltag auf einen gesetzlichen Feiertag, ist der Lohn am Tag vorher zu zahlen. Fällt der Zahltag auf einen Freitag, Sonnabend oder Sonntag, ist der Lohn spätestens am vorhergehenden Donnerstag zu zahlen.
(3) Der Lohn ist während der Arbeitszeit zu zahlen. Ausnahmen können in den Rahmenkollektivverträgen vereinbart werden. Befindet sich der Werktätige am Lohnzahltag nicht im Betrieb, ist ihm der Lohn an diesem Tag auf Kosten des Betriebes zuzustellen, wenn der Werktätige es wünscht.
(4) Soweit der Werktätige seinen Lohn auf ein Konto überweisen läßt, ist der Betrieb verpflichtet, die Überweisung so rechtzeitig vorzunehmen, daß der Werktätige am Zahltag über den Lohn verfügen kann.

§ 126

Lohnrückforderung

(1) Der Betrieb kann zuviel ausgezahlten Lohn zurückfordern, wenn

a) bei Vorauszahlungen die Voraussetzungen für den Anspruch nicht eingetreten sind,

b) vom Werktätigen verursachte Ausschußarbeit oder Qualitätsminderung erst nach Abschluß der Lohnabrechnungsperiode festgestellt wird,

c) Lohn fehlerhaft errechnet oder unrichtig ausgezahlt wurde.

Das gleiche gilt für die Rückforderung von Prämien, Ausgleichs- und Entschädigungszahlungen.

(2) Zahlt der Werktätige zuviel erhaltenen Lohn nicht freiwillig zurück oder erklärt er sich nicht schriftlich hierzu bereit, ist die Rückforderung innerhalb von 2 Monaten nach Auszahlung bei der Konfliktkommission bzw. der Kammer für Arbeitsrecht des Kreisgerichts geltend zu machen.

(3) Hat der Werktätige die Überzahlung schuldhaft verursacht oder war sie so erheblich und dadurch offensichtlich, daß er sie erkennen mußte, kann die Rückforderung bis zum Ablauf der Frist nach § 128 erfolgen. Hat er die Überzahlung durch eine Straftat verursacht, gelten die weitergehenden Fristen für die Verjährung der Strafverfolgung.

(4) Nach Ablauf der Fristen gemäß den Absätzen 2 und 3 erlischt der Anspruch auf Rückforderung.

§ 127

Lohneinbehaltung

(1) Der Betrieb ist berechtigt und verpflichtet, vom Lohn des Werktätigen Lohnsteuern und Sozialversicherungsbeiträge entsprechend den Rechtsvorschriften einzubehalten und abzuführen.

(2) Weitere Lohneinbehaltungen sind nur zulässig

a) auf Grund einer Pfändungsanordnung,

b) auf Grund eines vollstreckbaren Titels über einen Anspruch des Betriebes gegen den Werktätigen,

c) bei Lohnabtretungen der Werktätigen, die für den Betrieb nach den Rechtsvorschriften verbindlich sind,

d) nach Vereinbarung zwischen dem Werktätigen und dem Betrieb.

Lohn darf nur im Rahmen der Pfändungsbestimmungen einbehalten werden.

§ 128
Verjährung

(1) Die Ansprüche des Werktätigen auf Arbeitseinkommen sowie die Rückzahlungsansprüche des Betriebes unterliegen der Verjährung. Die Verjährungsfrist beträgt 3 Jahre. Die Frist beginnt am 1. Tag des Monats, der dem Tag folgt, an dem der Anspruch geltend gemacht werden kann.

(2) Mit Ablauf der Verjährungsfrist kann die Erfüllung des Anspruchs nicht mehr mit Hilfe der Organe zur Entscheidung von Arbeitsstreitfällen durchgesetzt werden. In Ausnahmefällen können die Organe zur Entscheidung von Arbeitsstreitfällen den Betrieb verpflichten, Ansprüche des Werktätigen auf Arbeitseinkommen auch nach eingetretener Verjährung zu erfüllen, wenn dafür schwerwiegende Gründe vorliegen und es im Interesse des Werktätigen dringend geboten erscheint.

(3) Die Verjährungsfrist beginnt erneut bei

a) schriftlicher Anerkennung des Anspruchs,
b) Einigung über den Anspruch vor einem Organ zur Entscheidung von Arbeitsstreitfällen,
c) teilweiser Erfüllung des Anspruchs.

(4) In die Verjährungsfrist wird nicht eingerechnet die Zeit

a) von der Geltendmachung eines Anspruchs vor einem Organ zur Entscheidung von Arbeitsstreifällen bis zur rechtskräftigen Entscheidung oder Rücknahme des Antrages bzw. der Klage,
b) in der eine Rechtsverfolgung nicht möglich ist.

(5) Eine nach Ablauf der Verjährungsfrist erbrachte Leistung kann nicht mit der Begründung zurückgefordert werden, daß der Anspruch verjährt war.

6. Kapitel

Berufsausbildung

Grundsätze
§ 129

(1) Die Berufsausbildung wird vom sozialistischen Staat geleitet und erfolgt unmittelbar in Betrieben und Einrichtungen der Berufsausbildung. Sie ist als planmäßiger und systematisch gestalteter Bildungs- und Erziehungsprozeß zu verwirklichen. Sie wird in Einheit von praxisverbundener theoretischer und berufspraktischer Ausbildung durchgeführt und baut auf den Bildungs- und Erziehungsergebnissen der allgemeinbildenden polytechnischen Oberschule auf.

(2) Das Ziel der Ausbildung besteht darin, die Lehrlinge im vereinbarten Ausbildungsberuf zu allseitig entwickelten, klassenbewußten und hochqualifizierten Facharbeitern

heranzubilden. In den Klassen Berufsausbildung mit Abitur erwerben die Lehrlinge gleichzeitig mit der Facharbeiterqualifikation die Hochschulreife.
(3) Die Berufsausbildung erfolgt im Rahmen eines Lehrverhältnisses als Arbeitsrechtsverhältnis besonderer Art.
(4) Die Lehrlinge sind auf der Grundlage der staatlichen Lehrpläne so auszubilden und zu erziehen, daß sie das Ausbildungsziel in der festgelegten Zeit erreichen und im Lern- und Arbeitsprozeß produktive Leistungen erbringen. Das schließt ein, die effektivsten Ausbildungsmethoden anzuwenden, die Lehrlinge an der modernen Technik auszubilden sowie ihnen die fortgeschrittensten Arbeitserfahrungen und Arbeitsmethoden zu vermitteln und sie in erfahrene Arbeitskollektive einzubeziehen.
(5) Die Ausbildungsberufe und die Ausbildungsdauer werden in Rechtsvorschriften über die Systematik der Ausbildungsberufe festgelegt.

§ 130

(1) Der Betrieb trägt für die Leitung und Planung der Berufsausbildung die Verantwortung. Zur Erfüllung seiner Aufgaben in der Berufsausbildung, Berufsberatung und Gewinnung des Facharbeiternachwuchses hat der Betrieb eng mit dem Rat des Kreises bzw. Stadtbezirkes, den zuständigen Organen der Gewerkschaften, der Freien Deutschen Jugend und anderer gesellschaftlicher Organisationen sowie mit den Erziehungsberechtigten zusammenzuarbeiten. Er ist für die Erfüllung der staatlichen Lehrpläne verantwortlich. Der Betrieb hat die erforderlichen Voraussetzungen, vor allem die materiellen, personellen und finanziellen Bedingungen, zu schaffen, damit die Lehrlinge den vereinbarten Ausbildungsberuf erlernen können.
(2) Der Betrieb hat alle Voraussetzungen zu schaffen, daß der gemeinsam von den betrieblichen Gewerkschaftsleitungen und der Leitung der Grundorganisation der Freien Deutschen Jugend organisierte Berufswettbewerb als Bestandteil des sozialistischen Wettbewerbs geführt wird und die Lehrlinge hohe Ergebnisse beim Lernen und Arbeiten erreichen. Der Betrieb hat die schöpferische Initiative der Lehrlinge vor allem in der Bewegung „Messe der Meister von morgen“ zu fördern.

Rechte und Pflichten des Betriebes und des Lehrlings

§ 131

(1) Der Betrieb hat dem Lehrling auf der Grundlage der staatlichen Lehrpläne solides, anwendungsbereites Wissen und Können zu vermitteln und ihn zur schöpferischen Arbeit im Beruf zu befähigen. Zur Erreichung des Ausbildungszieles hat der Betrieb dem Lehrling lehrplangerechte Arbeiten zu übertragen, damit er mit der Beendigung der Berufsausbildung, die an einen Facharbeiter gestellten Leistungsanforderungen erreicht.
(2) Die Lehrlinge sind über die Anforderungen, die sich aus der Durchführung der theo-

retischen und berufspraktischen Ausbildung, des Berufswettbewerbs und der außerunterrichtlichen Tätigkeit ergeben, regelmäßig im Lehrjahr zu informieren.
(3) Erfolgt die theoretische Ausbildung des Lehrlings in einer Einrichtung der Berufsbildung außerhalb des Betriebes, ist der Betrieb verpflichtet, mit dieser Einrichtung zusammenzuarbeiten.
(4) Wird der Lehrling zur Ausbildung in einen anderen Betrieb delegiert, ist für die Erfüllung der sich aus dem Lehrverhältnis ergebenden Rechte und Pflichten gegenüber dem Lehrling der Betrieb verantwortlich, der den Lehrvertrag abgeschlossen hat.

§ 132

(1) Der Lehrling hat das Recht, sich umfassende berufliche Kenntnisse, Fähigkeiten und Fertigkeiten anzueigenen und seine Allgemeinbildung zu vervollkommnen.
(2) Der Lehrling ist berechtigt, an der Leitung und Planung des Bildungs- und Erziehungsprozesses und der Erfüllung der betrieblichen Aufgaben mitzuwirken sowie am sozialistischen Berufswettbewerb und an der Bewegung „Messe der Meister von morgen" aktiv teilzunehmen.

§ 133

(1) Der Lehrling hat die Pflicht, nach hohen Leistungen beim Lernen und Arbeiten zu streben, die Festlegungen zur Gewährleistung von Ordnung, Disziplin und Sicherheit strikt einzuhalten und die Weisungen der Leiter, Lehrkräfte und Erzieher sowie der Lehrfacharbeiter zu befolgen. Er hat regelmäßig an der theoretischen und berufspraktischen Ausbildung teilzunehmen.
(2) Der Lehrling ist verpflichtet, während des Lehrverhältnisses an der vormilitärischen Ausbildung teilzunahmen, sich militärpolitische und militärfachliche Kenntnisse und Fähigkeiten anzueignen bzw. an den Maßnahmen der Zivilverteidigung mitzuwirken.

§ 134

Begründung des Lehrverhältnisses

(1) Die Begründung des Lehrverhältnisses ist zwischen dem Jugendlichen und dem Betrieb zu vereinbaren (Lehrvertrag).
(2) Ein Lehrvertrag kann mit Jugendlichen abgeschlossen werden, die bei Beginn der Berufsausbildung das 16. Lebensjahr vollendet haben. Der Abschluß eines Lehrvertrages ist auch mit Jugendlichen zulässig, die das 14. Lebensjahr vollendet haben und aus den verschiedensten Ursachen nach Entscheidung durch den Direktor vorzeitig die zehnklassige allgemeinbildendende polytechnische Oberschule verlassen.

(3) Für den Lehrvertrag gelten die Bestimmungen über den Abschluß, die Änderung und die Auflösung des Arbeitsvertrages entsprechend, woweit nachfolgend nichts anderes bestimmt ist.

Inhalt und Abschluß des Lehrvertrages

§ 135

(1) Im Lehrvertrag sind zu vereinbaren:

a) der Ausbildungsberuf und die Spezialisierungsrichtung entsprechend der Systematik der Ausbildungsberufe bzw. die Ausbildung auf Teilgebieten von Ausbildungsberufen,

b) der Beginn des Lehrverhältnisses,

c) der jeweilige Ausbildungsort der theoretischen und berufspraktischen Ausbildung.

(2) Im Lehrvertrag können weitere Vereinbarungen im Rahmen der Rechtsvorschriften getroffen werden.

(3) Der Betrieb kann mit dem Lehrling vereinbaren, daß die Berufsausbildung ganz oder teilweise in einem anderen Betrieb durchgeführt wird, wenn das zur Erreichung des Ausbildungszieles notwendig ist und dadurch eine höhere Effektivität bei der Ausbildung erreicht werden kann.

(4) Im Lehrvertrag sind das Ausbildungsziel, die grundlegenden Rechte und Pflichten des Betriebes und des Lehrlings, die Ausbildungsdauer, die Höhe des Lehrlingsentgelts und die Dauer des Erholungsurlaubs anzugeben.

§ 136

(1) Der Lehrvertrag bedarf der Schriftform. Dem Lehrling ist der Lehrvertrag unverzüglich nach Abschluß auszuhändigen.

(2) Die zuständige betriebliche Gewerkschaftsleitung und die Leitung der Grundorganisation der Freien Deutschen Jugend sind durch den Betrieb vom beabsichtigten Abschluß des Lehrvertrages zu verständigen. Das gleiche gilt für eine beabsichtigte Änderung, Verlängerung oder vorzeitige Auflösung des Lehrvertrages.

§ 137

Änderung des Lehrvertrages

(1) Die im Lehrvertrag getroffenen Vereinbarungen können durch Vertrag geändert werden, wenn das aus wichtigen persönlichen oder betrieblichen Gründen erforderlich ist. Der Änderungsvertrag bedarf der Schriftform.

(2) Zum Abschluß des Änderungsvertrages ist die vorherige Zustimmung des für den Betrieb zuständigen Rates des Kreises bzw. Stadtbezirkes erforderlich.

§ 138

Verlängerung des Lehrvertrages

(1) Kann der Lehrling aus gesundheitlichen oder anderen gesellschaftlich gerechtfertigten Gründen zeitweilig nicht am Bildungs- und Erziehungsprozeß teilnehmen und wird dadurch das Erreichen des Ausbildungszieles gefährdet, hat der Betrieb dem Lehrling die Verlängerung des Lehrvertrages anzubieten. Der Lehrvertrag kann bis zur Dauer von 2 Jahren verlängert werden.
(2) Der Betrieb hat die Verlängerung des Lehrvertrages auch anzubieten, wenn der Lehrling die Facharbeiterprüfung nicht bestanden hat. Der Lehrvertrag kann bis zur Dauer von 6 Monaten verlängert werden.
(3) Die Verlängerung des Lehrvertrages ist zwischen dem Lehrling und dem Betrieb zu vereinbaren. Sie bedarf der Schriftform.

Auflösung des Lehrvertrages

§ 139

Der Lehrvertrag endet entsprechend der für den Ausbildungsberuf bestimmten Ausbildungsdauer zu den in Rechtsvorschriften festgelegten Terminen. Bei Verlängerung endet der Lehrvertrag mit Ablauf der vereinbarten Ausbildungdauer.

§ 140

(1) Der Betrieb ist verpflichtet, dem Lehrling mindestens 6 Monate vor Beendigung des Lehrvertrages den Abschluß des Arbeitsvertrages mit einer dem Ausbildungsberuf entsprechenden Arbeitsaufgabe im Betrieb anzubieten.
(2) Kann dem Lehrling im Ausnahmefall keine dem Ausbildungsberuf entsprechende Arbeit im Betrieb angeboten werden, hat der Betrieb in Zusammenarbeit mit dem für ihn zuständigen Rat des Kreises bzw. Stadtbezirkes die Aufnahme einer dem Ausbildungsberuf entsprechenden zumutbaren Arbeit in einem anderen Betrieb zu ermöglichen. Bis zu diesem Zeitpunkt ist der junge Facharbeiter im Betrieb zu beschäftigen und entsprechend seinem Ausbildungsberuf als Facharbeiter zu entlohnen.
(3) Bei nichtbestandener Facharbeiterprüfung ist der Betrieb verpflichtet, dem Werktätigen eine seinen Fähigkeiten entsprechende Arbeit im Betrieb anzubieten. Ist dies nicht möglich, hat der Betrieb in Abstimmung mit dem für ihn zuständigen Rat des Kreises bzw. Stadtbezirkes dem Werktätigen eine zumutbare Arbeit in einem anderen Betrieb anzubieten.

§ 141

(1) Der Lehrvertrag kann in Ausnahmefällen vorzeitig aufgelöst werden, wenn hierfür wichtige persönliche oder betriebliche Gründe vorliegen und eine Änderung des Lehrvertrages nicht zustande kommt.

(2) Die vorzeitige Auflösung soll zwischen dem Lehrling und dem Betrieb vereinbart werden (Aufhebungsvertrag). Der Aufhebungsvertrag bedarf der Schriftform unter gleichzeitiger Angabe der Gründe.
(3) Der Lehrvertrag kann vom Betrieb durch fristgemäße Kündigung vorzeitig aufgelöst werden. Die fristgemäße Kündigung ist zulässig, wenn der Lehrling aus gesundheitlichen oder fachlichen Gründen oder auf Grund wiederholter grober Verletzung der sozialistischen Arbeitsdisziplin bzw. schwerwiegender Verletzung staatsbürgerlicher Pflichten für den vereinbarten Ausbildungsberuf nicht geeignet ist. Eine fristlose Entlassung des Lehrlings ist ausgeschlossen.
(4) Bei vorzeitiger Auflösung des Lehrvertrages ist der Betrieb verpflichtet, in Abstimmung mit dem für den Betrieb zuständigen Rat des Kreises bzw. Stadtbezirkes dem Jugendlichen die Aufnahme einer anderen beruflichen Ausbildung oder, wenn das nicht möglich ist, einer zumutbaren Arbeit anzubieten. Das gilt auch bei vorzeitiger Auflösung des Lehrvertrages auf Initiative des Lehrlings.
(5) Die vorzeitige Auflösung des Lehrvertrages bedarf der vorherigen Zustimmung des für den Betrieb zuständigen Rates des Kreises bzw. Stadtbezirkes. Die Zustimmung ist durch den Betrieb einzuholen.

§ 142

Jugendliche bis zur Vollendung des 18. Lebensjahres bedürfen zum Abschluß, zur Änderung und zur Verlängerung des Lehrvertrages sowie zum Abschluß eines Aufhebungsvertrages der vorherigen schriftlichen Zustimmung der Erziehungsberechtigten.

§ 143

Lehrlingsentgelt

(1) Lehrlinge haben Anspruch aus monatliches Lehrlingsentgelt. Sie erhalten Prämien entprechend den arbeitsrechtlichen Bestimmungen.
(2) Während der berufspraktischen Ausbildung erhalten Lehrlinge Zuschläge zum Lehrlingsentgelt entsprechend den Rechtsvorschriften.
(3) Bei der materiellen Verantwortlichkeit des Lehrlings gilt anstelle des monatlichen Tariflohnes das monatliche Lehrlingsentgelt.

§ 144

Auf das Lehrverhältnis finden die Bestimmungen über die vorübergehende Übertragung einer anderen Arbeit und die erweiterte materielle Verantwortlichkeit bei Verlust von Geld, anderen Zahlungsmitteln oder von Sachwerten keine Anwendung.

7. Kapitel

Aus- und Weiterbildung

Grundsätze

§ 145

(1) Die Aus- und Weiterbildung der Werktätigen im Arbeitsrechtsverhältnis dient der Erweiterung und dem Erwerb hoher Kenntnisse und Fertigkeiten zur Erfüllung der vertraglich vereinbarten bzw. einer vorgesehenen anderen Arbeitsaufgabe. Sie wird in Übereinstimmung mit den Aufgaben und der Entwicklung des Betriebes durchgeführt. Durch die Aus- und Weiterbildung werden die Werktätigen befähigt, die Effektivität ihrer Arbeit zu erhöhen und mit größerer Sachkenntnis schöpferisch an der Leitung des Betriebes mitzuwirken. Sie trägt zur Entwicklung sozialistischer Persönlichkeiten bei.
(2) Die Aus- und Weiterbildung der Werktätigen erfolgt auf der Grundlage der neuesten wissenschaftlichen Erkenntnisse und der fortgeschrittensten Erfahrungen der Praxis in Einheit von beruflich-fachlicher und politisch-ideologischer Bildung und Erziehung. Sie wird im Arbeitsprozeß und in Einrichtungen der Aus- und Weiterbildung durchgeführt.

§ 146

(1) Der Betrieb ist für die rechtzeitige und kontinuierliche Aus- und Weiterbildung der Werktätigen entsprechend dem Betriebsplan verantwortlich. Die im Zusammenhang mit Rationalisierungsmaßnahmen oder Strukturveränderungen notwendige Aus- und Weiterbildung der Werktätigen ist so zu planen und durchzuführen, daß die Werktätigen bei der Übernahme einer neuen oder veränderten Tätigkeit die erforderliche Qualifikation besitzen.
(2) Der Betrieb hat die erforderlichen Voraussetzungen, vor allem die materiellen, personellen und finanziellen Bedingungen, für die erfolgreiche Durchführung der Aus- und Weiterbildung zu schaffen.
(3) Bei der Vorbereitung, Durchführung und Kontrolle der Aus- und Weiterbildung der Werktätigen haben der Betriebsleiter und die leitenden Mitarbeiter mit den betrieblichen Gewerkschaftsleitungen zusammenzuarbeiten. Die betrieblichen Gewerkschaftsleitungen haben das Recht, geeignete Werktätige für die Aus- und Weiterbildung vorzuschlagen und die Durchführung der Qualifizierungsmaßnahmen zu kontrollieren.

§ 147

(1) Der Betrieb hat Werktätige für geplante Qualifizierungsmaßnahmen zu gewinnen. Hierbei sind die Eignung für die vorgesehene Tätigkeit, die Persönlichkeitsentwicklung, die Qualifikation, die Berufs- und Lebenserfahrungen sowie das Leistungsvermögen und die Interessen der Werktätigen zu berücksichtigen.

(2) Der Betrieb hat Werktätige, die sich für die Übernahme einer anderen Arbeitsaufgabe qualifizieren, nach erfolgreicher Beendigung der dazu vereinbarten Aus- oder Weiterbildung entsprechend ihrer Qualifikation und ihren Fähigkeiten sowie unter Berücksichtigung der gesellschaftlichen Erfordernisse einzusetzen.

§ 148

(1) Bei der Aus- und Weiterbildung sind Frauen besonders zu fördern. Vor allem sind Produktionsarbeiterinnen planmäßig zu Facharbeiterinnen zu qualifizieren. Es sind mehr Frauen zu Ausübung leitender Funktionen zu befähigen. Im Frauenförderungsplan sind entsprechende Maßnahmen zu vereinbaren.
(2) Die Jugend ist vorrangig in die Weiterbildung einzubeziehen. Für gesellschaftlich aktive und bewährte junge Werktätige sind unter Mitwirkung der Leitung der Grundorganisation der Freien Deutschen Jugend besondere Förderungsmaßnahmen festzulegen.

§ 149

(1) Jeder Werktätige hat im Interesse der effektiven Teilnahme am Arbeitsprozeß die ehrenvolle Pflicht, sich entsprechend den höheren Anforderungen, die sich aus der gesellschaftlichen Entwicklung, insbesondere dem wissenschaftlich-technischen Fortschritt, ergeben, ständig weiterzubilden.
(2) Der Werktätige ist verpflichtet, an Qualifizierungsmaßnahmen teilzunehmen, die zu seiner Arbeitsaufgabe gehören.

Rechte und Pflichten bei der Aus- und Weiterbildung

§ 150

(1) Der Betrieb ist verpflichtet, mit Werktätigen, die an der betrieblich geplanten Aus- und Weiterbildung teilnehmen sollen, Qualifizierungsgespräche zu führen. In den Gespächen sind vor allem die Notwendigkeit, das Ziel und die Durchführung der Aus- und Weiterbildung und der Einsatz des Werktätigen zu erörtern.
(2) Der Betrieb ist verpflichtet, Werktätige, die an der Aus- und Weiterbildung teilnehmen, durch die individuelle Gestaltung der Arbeitszeit, durch Freistellung von der Arbeit, Patenschaften, Erfahrungsaustausch, Erstattung persönlicher Aufwendungen und durch andere geeignete Maßnahmen entsprechend den Rechtsvorschriften und den im Betriebskollektivvertrag und Qualifizierungsvertrag getroffenen Festlegungen zu unterstützen. Gute Leistungen der Werktätigen in der Aus- und Weiterbildung sind ideell und entsprechend den betrieblichen Möglichkeiten materiell anzuerkennen.
(3) Dem Werktätigen ist über eine erfolgreich beendete Aus- oder Weiterbildung ein schriftlicher Nachweis auszuhändigen.

§ 151

Der Werktätige ist verpflichtet, die Aus- oder Weiterbildung gewissenhaft durchzuführen, insbesondere die Lehrveranstaltungen regelmäßig zu besuchen, hohe Lernergebnisse anzustreben und an den vorgesehenen Prüfungen teilzunehmen. Er hat die Freistellung von der Arbeit und die vom Betrieb zur Verfügung gestellten Mittel für die Qualifizierung zu nutzen.

§ 152

Kosten der Aus- und Weiterbildung

(1) Die Kosten für die Schaffung und Unterhaltung von Einrichtungen der Aus- und Weiterbildung der Werktätigen hat der Betrieb entsprechend den Rechtsvorschriften zu tragen. Diese Kosten dürfen dem Werktätigen nicht auferlegt werden.

(2) Die in Rechtsvorschriften festgelegten Gebühren für die Teilnahme an einem Studium oder anderen Qualifizierungsmaßnahmen, die Reisekosten für die Teilnahme an Qualifizierungsveranstaltungen sowie die Kosten für die Anschaffung der notwendigen Literatur und persönlichen Arbeitsmittel sind vom Werktätigen zu tragen.

(3) Bei der Aus- und Weiterbildung im Zusammenhang mit Rationalisierungsmaßnahmen oder Strukturveränderungen hat der Betrieb dem Werktätigen die im Abs. 2 genannten Gebühren und Kosten zu erstatten. Das gleiche gilt für bestimmte Qualifizierungsmaßnahmen, an denen der Werktätige auf Grund von Rechtsvorschriften oder Weisungen teilzunehmen hat. Im Betriebskollektivvertrag oder im Qualifizierungsvertrag kann festgelegt werden, daß dem Werktätigen auch in anderen Fällen Gebühren und Kosten ganz oder teilweise erstattet werden. Bei der Festlegung sind die sozialen Bedingungen, die Studienleistungen sowie die gesellschaftliche Bedeutung der Qualifizierungsmaßnahme zu berücksichtigen.

Qualifizierungsvertrag

§ 153

(1) Die Teilnahme an der geplanten Aus- oder Weiterbildung ist zwischen dem Betrieb und dem Werktätigen zu vereinbaren (Qualifizierungsvertrag). Die im Qualifizierungsvertrag vereinbarten Rechte und Pflichten sind Bestandteil des Arbeitsrechtsverhältnisses.

(2) Der Betrieb ist verpflichtet, Qualifizierungsverträge schriftlich auszufertigen, wenn

a) die Qualifizierung der Vorbereitung auf eine andere Arbeitsaufgabe dient,
b) der Werktätige zum Facharbeiter oder Meister ausgebildet bzw. zum Fern- oder Abendstudium an Hoch- oder Fachschulen vom Betrieb delegiert wird,
c) für die Dauer der Aus- oder Weiterbildung eine Änderung der im Arbeitsvertrag vereinbarten Rechte und Pflichten erfolgen soll.

(3) Qualifizierungsverträge sind nicht erforderlich für Qualifizierungsmaßnahmen gemäß § 149 Abs. 2.

§ 154

(1) Im Quaifizierungsvertrag sind Ziel, Beginn und Ende sowie Art der Durchführung der Aus- oder Weiterbildung zu vereinbaren.
(2) Im Qualifizierungsvertrag können weitere Vereinbarungen getroffen werden, wie Arbeitszeitverlagerungen, stundenweise Freistellung von der Arbeit, wenn diese zur Durchführung der Qualifizierungsmaßnahmen notwendig und die planmäßige Erfüllung der betrieblichen Aufgaben gewährleistet ist, Einsatz von Betreuern, Information und Rechenschaftslegung über die Erfüllung des Qualifizierungsvertrages.
(3) In den schriftlichen Qualifizierungsvertrag sind die für den Werktätigen zutreffenden Bestimmungen über Freistellung von der Arbeit, Höhe der Ausgleichszahlung und andere arbeitsrechtliche Ansprüche aufzunehmen.
(4) Der schriftliche Qualifizierungsvertrag ist unverzüglich auszufertigen und dem Werktätigen auszuhändigen.

§ 155

Die im Qualifizierungsvertrag getroffenen Vereinbarungen können nur durch Vertrag geändert werden. Der Betrieb ist verpflichtet, die Änderung von Qualifizierungsverträgen gemäß § 153 Abs. 2 unverzüglich schriftlich auszufertigen und dem Werktätigen auszuhändigen.

§ 156

(1) Der Qualifizierungsvertrag endet mit Erreichen des vereinbarten Qualifizierungszieles oder mit Ablauf der vereinbarten Zeit. Wird das Qualifizierungsziel bis zum vereinbarten Endtermin nicht erreicht, kann die Verlängerung des Qualifizierungsvertrages vereinbart werden. Kann der Werktätige aus gesundheitlichen oder anderen gesellschaftlich gerechtfertigten Gründen zeitweilig nicht an der Qualifizierung teilnehmen und erreicht er dadurch das Qualifizierungsziel nicht zum vereinbarten Endtermin, hat ihm der Betrieb eine Verlängerung des Qualifizierungsvertrages anzubieten. Mit der Auflösung des Arbeitsvertrages endet gleichzeitig der Qualifizierungsvertrag.
(2) Ist die vorzeitige Auflösung des Qualifizierungsvertrages erforderlich, soll sie zwischen dem Werktätigen und dem Betrieb vereinbart werden. Der Betrieb ist verpflichtet, diese Vereinbarung bei Qualifizierungsverträgen gemäß § 153 Abs. 2 schriftlich auszufertigen.
(3) Der Qualifizierungsvertrag kann durch den Werktätigen und den Betrieb gekündigt werden. Er endet mit Zugang der Kündigung.
(4) Die Kündigung des Qualifizierungsvertrages durch den Betrieb ist nur zulässig, wenn der Werktätige

a) sich für die Arbeitsaufgabe, für die er sich qualifiziert, als ungeeignet erweist,
b) seine Pflichten aus dem Qualifizierungsvertrag, andere Arbeitspflichten oder staatsbürgerliche Pflichten grob verletzt,

c) trotz umfassender Hilfe ungenügende Lernergebnisse erreicht,
d) wegen Strukturveränderungen in absehbarer Zeit nicht wie geplant im Betrieb eingesetzt werden kann, eine zumutbare Arbeit entspechend der vorgesehenen Qualifikation in einem anderen Betrieb ablehnt und wenn es die gesellschaftlichen Interessen erfordern.

Die Kündigung bedarf der Schriftform unter gleichzeitiger Angabe der Gründe.

§ 157

(1) Der Betrieb hat die zuständige betriebliche Gewerkschaftsleitung vom vorgesehenen Abschluß, von der beabsichtigten Änderung oder vorzeitigen Auflösung des Qualifizierungsvertrages zu verständigen. Vertreter der betrieblichen Gewerkschaftsleitung bzw. der Vertrauensmann sind berechtigt, an Gesprächen mit Werktätigen über ihre Qualifizierung teilzunehmen.
(2) Die Kündigung des Qualifizierungsvertrages durch den Betrieb bedarf der vorherigen Zustimmung der zuständigen betrieblichen Gewerkschaftsleitung.

§ 158

Der Werktätige hat das Recht, gegen die Kündigung eines Qualifizierungsvertrages innerhalb von 2 Wochen nach Zugang Einspruch bei der Konfliktkommission bzw. der Kammer für Arbeitsrecht des Kreisgerichts einzulegen.

§ 159

Jugendliche bis zur Vollendung des 18. Lebensjahres bedürfen zum Abschluß, zur Änderung und zur vorzeitigen Auflösung einschließlich der Kündigung des Qualifizierungsvertrages der vorherigen schriftlichen Zustimmung der Erziehungsberechtigten.

8. Kapitel

Arbeitszeit

§ 160

Dauer der Arbeitszeit

(1) Die Politik des sozialistischen Staates ist auf den weiteren schrittweisen Übergang zur 40-Stunden-Arbeitswoche durch die Verkürzung der täglichen Arbeitszeit ohne Lohnminderung bei Beibehaltung der 5-Tage-Arbeitswoche gerichtet.
(2) Die Dauer der wöchentlichen Arbeitszeit wird entsprechend dem Entwicklungstempo der sozialistischen Produktion, der Erhöhung der Effektivität, des wissenschaftlich-

technischen Fortschritts und des Wachstums der Arbeitsproduktivität durch den Ministerrat in Übereinstimmung mit dem Bundesvorstand des Freien Deutschen Gewerkschaftsbundes in Rechtsvorschriften festgelegt.
(3) Für Mehrschichtarbeiter und vollbeschäftigte Mütter mit mehreren Kindern bis zu 16 Jahren bzw. mit einem schwerstgeschädigten Kind sowie für Werktätige, die besonders schwere Arbeit leisten oder unter bestimmten gesundheitsgefährdenden Bedingungen arbeiten, gilt entsprechend den Rechtsvorschriften eine kürzere Arbeitszeit als für die übrigen Werktätigen. Für die durch Verkürzung entfallende Arbeitszeit erhält der Werktätige den Durchschnittslohn.
(4) Mit Alters- und Invalidenrentnern ist auf deren Wunsch Teilbeschäftigung zu vereinbaren. Frauen, die auf Grund besonderer familiärer Verpflichtungen vorübergehend verhindert sind, ganztägig zu arbeiten, ist entsprechend den betrieblichen Bedingungen für die erforderliche Zeit die Möglichkeit zu geben, ihr Recht auf Arbeit durch Teilbeschäftigung wahrzunehmen.

5-Tage-Arbeitswoche

§ 161

(1) Für die Werktätigen gilt die 5-Tage-Arbeitswoche.
(2) Die wöchentliche Arbeitszeit ist auf die Arbeitstage Montag bis Freitag zu verteilen, soweit nachfolgend nichts anderes bestimmt wird.

§ 162

(1) Für Werktätige, die im Dreischichtsystem oder in einem durchgehenden Schichtsystem arbeiten, ist auf der Grundlage der durchschnittlichen wöchentlichen Arbeitszeit eine solche Arbeitszeitregelung festzulegen, die diesen Werktätigen im Prinzip die gleiche zusammenhängende arbeitsfreie Zeit wie den anderen Werktätigen sichert.
(2) Werktätigen der Bereiche, die für die Versorgung und Betreuung der Bevölkerung verantwortlich sind, deren wöchentliche Arbeitszeit nicht auf die Arbeitstage Montag bis Freitag verteilt werden und denen der arbeitsfreie Sonnabend nicht gewährt werden kann, ist der arbeitsfreie Tag an einem anderen Werktag der Woche zu gewähren, der nicht mit dem Sonntag zusammenhängen muß. Die erforderlichen Arbeitszeitregelungen sind in den Rahmenkollektivverträgen zu vereinbaren.
(3) In Zweigen bzw. Bereichen der Volkswirtschaft, in denen auf Grund der Vegetation und anderer Besonderheiten der Arbeit (z. B. in der Landwirtschaft, Schiffahrt, Hochseefischerei) den Werktätigen nicht in jeder Woche ein arbeitsfreier Werktag gewährt werden kann, ist die Arbeitszeit so festzulegen, daß ihnen im Jahresdurchschnitt die gleiche arbeitsfreie Zeit gewährt wird wie anderen Werktätigen. Die erforderlichen Arbeitszeitregelungen sind in den Rahmenkollektivverträgen zu vereinbaren.
(4) Für Werktätige, deren wöchentliche Arbeitszeit nicht regelmäßig auf die Arbeitstage Montag bis Freitag verteilt werden kann, ist die jährliche Mindestzahl der arbeitsfreien

Tage, die zusammenhängend mit einem Sonntag zu gewähren sind, in den Rahmenkollektivverträgen zu vereinbaren.
(5) Für die Lehrer der allgemeinbildenden und berufsbildenden Schulen, die Lehrer in den Einrichtungen der Aus- und Weiterbildung der Werktätigen sowie die Lehrkräfte der Universitäten, Hoch- und Fachschulen gilt die 6-Tage-Unterrichtswoche.

Verteilung der Arbeitszeit

§ 163

(1) Die wöchentliche Arbeitszeit ist gleichmäßig auf die Arbeitstage zu verteilen.
(2) Eine unterschiedliche Dauer der täglichen Arbeitszeit darf nur festgelegt werden, wenn es das Schichtsystem, die Versorgung und Betreuung der Bevölkerung, die Verkehrsbedingungen oder die Vegetation und andere Besonderheiten der Arbeit erfordern. Die tägliche Arbeitszeit darf 10 Stunden nicht überschreiten. In begründeten Fällen können in den Rahmenkollektivverträgen andere Höchstgrenzen vereinbart werden.

§ 164

Für Werktätige kann eine unterschiedliche Dauer der wöchentlichen Arbeitszeit festgelegt werden, wenn es das Schichtsystem, die Versorgung und Betreuung der Bevölkerung, die Verkehrsbedingungen oder die Vegetation und andere Besonderheiten der Arbeit erfordern. Die Arbeitszeit der einzelnen Woche darf 56 Stunden nicht überschreiten. Die Arbeitszeit muß sich innerhalb von 6 Wochen ausgleichen. In begründeten Fällen können in den Rahmenkollektivverträgen andere Höchstgrenzen vereinbart werden.

§ 165

Arbeitspausen

(1) Die tägliche Arbeitszeit ist zur Erholung der Werktätigen durch ausreichende Pausen zu unterbrechen. Die Dauer und die Anzahl sind nach der Art und den Bedingungen der Arbeit festzulegen. Der Werktätige darf nicht länger als $4^1/_2$ Stunden hintereinander ohne Pause arbeiten.
(1) Die Mindestdauer einer Pause beträgt 15 Minuten. Die Pause zur Einnahme der Hauptmahlzeit muß mindestens 30 Minuten betragen.
(3) Ist die Einhaltung der im Abs. 1 genannten Pausen infolge der ununterbrochenen Produktion oder der Arbeit im Dreischichtsystem nicht möglich, sind dem Werktätigen während der täglichen Arbeitszeit Kurzpausen zu gewähren. Die Kurzpausen müssen für vollbeschäftigte Werktätige zusammen mindestens 20 Minuten betragen. Sie gelten als Arbeitszeit. Für diese Zeit erhält der Werktätige den Durchschnittslohn.

§ 166
Arbeitsfreie Zeit

(1) Die arbeitsfreie Zeit zwischen 2 Arbeitswochen hat in der Regel mindestens 48 Stunden zu umfassen.
(2) Die arbeitsfreie Zeit eines Werktätigen zwischen 2 Arbeitsschichten hat in der Regel mindestens 12 Stunden zu betragen.
(3) Für Jugendliche unter 18 Jahren muß die arbeitsfreie Zeit zwischen 2 Arbeitsschichten mindestens 13 Stunden betragen.

§ 167
Arbeitszeitplan

(1) Beginn und Ende der täglichen Arbeitszeit und der Pausen der Werktätigen sind im Betrieb so festzulegen, daß die Planaufgaben erfüllt, die Produktionsmittel, insbesondere die moderne Technik, voll genutzt, die Forderungen des Gesundheits- und Arbeitsschutzes verwirklicht und günstige Bedingungen für die Teilnahme am Berufsverkehr, für die Unterbringung der Kinder entsprechend den Öffnungszeiten der Vorschuleinrichtungen, die Erholung, die Weiterbildung und die kulturelle und sportliche Betätigung der Werktätigen geschaffen werden. Der Betrieb hat die vorgesehenen Regelungen mit den zuständigen örtlichen Räten und Verkehrsbetrieben abzustimmen.
(2) Die betriebliche Regelung der Arbeitszeit ist in Arbeitszeitplänen zwischen dem Betriebsleiter und der zuständigen betrieblichen Gewerkschaftsleitung zu vereinbaren. Der Betrieb ist verpflichtet, die Arbeitszeitpläne den Werktätigen mindestens eine Woche vor dem Inkrafttreten bekanntzugeben.
(3) Für Werktätige mit schöpferischen wissenschaftlichen und künstlerischen Tätigkeiten kann in den Rahmenkollektivverträgen vereinbart werden, daß sie zur besseren Erfüllung ihrer Aufgaben ihre Arbeitszeit ganz oder teilweise eigenverantwortlich einteilen.

Sonntags- und Feiertagsarbeit

§ 168

(1) Sonn- und Feiertage sind Tage der Arbeitsruhe.
(2) Gesetzliche Feiertage sind der 1. Januar, Karfreitag, Ostersonntag, 1. Mai, Pfingstsonntag, Pfingstmontag, 7. Oktober sowie 25. und 26. Dezember.
(3) Arbeit an Sonn- und Feiertagen ist zulässig, wenn es die Versorgung und Betreuung der Bevölkerung, der ununterbrochene Produktionsablauf, die volle Ausnutzung von Anlagen oder die Durchführung volkswirtschaftlich besonders wichtiger Aufgaben erfordern.
(4) Als Sonntags- bzw. Feiertagsarbeit gilt die Arbeit von 0.00 Uhr bis 24.00 Uhr und bei Schichtarbeit die gesamte Schicht des Werktätigen, die an diesen Tagen in der Zeit zwischen 0.00 Uhr und 24.00 Uhr beginnt. In den Rahmenkollektivverträgen können abweichende Regelungen vereinbart werden.

§ 169

(1) Für Sonntagsarbeit, die nicht im Arbeitszeitplan vorgesehen war, ist ein Zuschlag von 50% und für Arbeit an Feiertagen ein Zuschlag von 100% des Tariflohnes zu zahlen.
(2) Für die durch Feiertage ausfallende Arbeitszeit erhalten die Werktätigen einen Ausgleich in Höhe des Tariflohnes.

Nachtarbeit

§ 170

(1) Als Nachtarbeit gilt die Arbeit, die in der Zeit von 22.00 Uhr bis 6.00 Uhr geleistet wird. In Ausnahmefällen können im Arbeitszeitplan Abweichungen bis zu 30 Minuten vorgesehen werden.
(2) Die Beschäftigung von Jugendlichen unter 18 Jahren in der Zeit von 18.00 Uhr bis 6.00 Uhr ist verboten. Lehrlinge ab Vollendung des 16. Lebensjahres können in dieser Zeit beschäftigt werden, wenn es die Ausbildung erfordert. Die Beschäftigung dieser Lehrlinge in der Zeit von 22.00 Uhr bis 6.00 Uhr ist nur mit vorheriger Zustimmung der Erziehungsberechtigten, des Betriebsarztes und der zuständigen betrieblichen Gewerkschaftsleitung zulässig.
(3) Tuberkulosekranke und -rekonvaleszenten, Altersrentner und Rehabilitanden können Nachtarbeit ablehnen. Das gleiche gilt für andere Werktätige, wenn sie pflegebedürftige Haushaltsangehörige zu betreuen haben und die Betreuung nicht anderweitig gesichert ist. Die Pflegebedürftigkeit ist durch ärztliche Bescheinigung nachzuweisen.
(4) Schwerbeschädigte dürfen nur unter Berücksichtigung der Art und des Grades ihres Körperschadens zur Nachtarbeit herangezogen werden. Nachtarbeit ist für Schwerbeschädigte nicht zulässig, wenn ärztlich festgestellt wird, daß sie diese auf Grund ihres Körperschadens nicht leisten können.
(5) Für Schwangere, stillende Mütter und Frauen mit Kindern im Vorschulalter gilt § 243.

§ 171

(1) Für Nachtarbeit von mindestens 6 Stunden je Schicht wird eine Schichtprämie entsprechend den Rechtsvorschriften gezahlt. In den Rahmenkollektivverträgen können andere Regelungen vereinbart werden, wenn es die Besonderheiten der Arbeit erfordern.
(2) Besteht kein Anspruch auf Schichtprämie, ist für Nachtarbeit ein Zuschlag von 10% des Tariflohnes zu zahlen. Ist die Nachtarbeit dem Werktätigen nicht mindestens 48 Stunden vor Beginn angekündigt, worden, beträgt der Zuschlag 50% des Tariflohnes.
(3) Besteht Anspruch auf Nachtzuschlag in Höhe von 50% des Tariflohnes und ist der Zuschlag höher als die Schichtprämie, ist dieser Zuschlag als Schichtprämie zu zahlen.

Überstundenarbeit

§ 172

(1) Überstundenarbeit darf nur in Ausnahmefällen und mit Zustimmung der zuständigen betrieblichen Gewerkschaftsleitung angeordnet werden.
(2) Ausnahmefälle gemäß Abs. 1 sind:

a) Notfälle (z. B. Katastrophen, Verkehrs- und Betriebsstörungen, unmittelbare Gefahren, die abzuwenden oder zu beseitigen sind),
b) saisonbedingte Bergung und Verarbeitung von Nahrungsgütern,
c) besondere wichtige betriebliche Aufgaben zur Versorgung und Betreuung der Bevölkerung,
d) unaufschiebbare Arbeiten zur Aufrechterhaltung der Produktion und zur termingerechten Erfüllung besonders wichtiger betrieblicher Planaufgaben.

(3) Überstundenarbeit gemäß Abs. 2 Buchstaben b bis d ist dem Werktätigen in der Regel mindestens 48 Stunden vorher anzukündigen.

§ 173

(1) Überstundenarbeit dürfen der Betriebsleiter und die nach der Arbeitsordnung befugten leitenden Mitarbeiter anordnen.
(2) Die zur Anordnung von Überstundenarbeit erforderliche Zustimmung der zuständigen betrieblichen Gewerkschaftsleitung ist vor der Anordnung einzuholen. Im Antrag auf die Zustimmung ist die Notwendigkeit der Überstundenarbeit eingehend zu begründen. Die nachträgliche Einholung der Zustimmung ist nur zulässig, wenn Überstunden in Notfällen oder auf Arbeitsstellen, die außerhalb des Sitzes des Betriebes liegen, notwendig waren.

§ 174

(1) Für den Werktätigen dürfen für 2 aufeinanderfolgende Tage nicht mehr als 4 und jährlich nicht mehr als 120 Überstunden angeordnet werden.
Ausgenommen sind Überstunden bei Notfällen. Für einzelne Bereiche können in den Rahmenkollektivverträgen für die jährliche Überstundenzahl andere Höchstgrenzen vereinbart werden.
(2) Für Jugendliche von 16 bis 18 Jahren sind für 2 aufeinanderfolgende Tage nicht mehr als 2 und jährlich nicht mehr als 60 Überstunden zulässig.

§ 175

(1) Für Jugendliche unter 16 Jahren und für Lehrlinge ist Überstundenarbeit verboten.
(2) Tuberkulosekranke und -rekonvaleszenten, Altersrentner und Rehabilitanden können Überstundenarbeit ablehnen. Das gleiche gilt für andere Werktätige, wenn sie pflegebedürftige Haushaltsangehörige zu betreuen haben und die Betreuung nicht anderweitig

AAR 4. Lieferung

gesichert ist. Die Pflegebedürftigkeit ist durch ärztliche Bescheinigung nachzuweisen.
(3) Schwerbeschädigte dürfen nur unter Berücksichtigung der Art und des Grades ihres Körperschadens zur Überstundenarbeit herangezogen werden. Überstundenarbeit ist für Schwerbeschädigte nicht zulässig, wenn ärztlich festgestellt wird, daß sie diese auf Grund ihres Körperschadens nicht leisten können.
(4) Für Schwangere, stillende Mütter und Frauen mit Kindern im Vorschulalter gilt § 243.

§ 176

(1) Überstundenarbeit ist jede auf Anordnung geleistete Arbeit, die über die in den Arbeitszeitplänen festgelegte tägliche Arbeitszeit hinausgeht. In den Rahmenkollektivverträgen können abweichende Regelungen vereinbart werden, wenn es die Eigenart der Arbeit erfordert.
(2) Bei Teilbeschäftigten liegt dann Überstundenarbeit vor, wenn die gesetzliche wöchentliche Arbeitszeit überschritten wird.
(3) Überstunden bis zur Dauer von 30 Minuten gelten als halbe Überstunden und bei einer Dauer von über 30 Minuten als volle Überstunden. In den Rahmenkollektivverträgen können abweichende Regelungen vereinbart werden.

§ 177

(1) Für Überstundenarbeit ist ein Zuschlag von 25% des Tariflohnes zu zahlen.
(2) Hat der Werktätige Anspruch auf Bezahlung der Überstundenarbeit, kann ihm für Überstundenarbeit entsprechende Freizeit gewährt werden, wenn er damit einverstanden ist. Der Überstundenzuschlag ist auch in diesem Fall zu zahlen.

§ 178

(1) Betriebsleiter, leitende Mitarbeiter und andere Mitarbeiter mit besonders hoher Verantwortung haben keinen Anspruch auf Lohn und Zuschläge für die über die gesetzliche Arbeitszeit hinaus geleistete Arbeit sowie auf Zuschläge für Sonntags-, Feiertags- und Nachtarbeit. Für Sonntags- und Feiertagsarbeit wird entsprechende Freizeit gewährt. Dieser Personenkreis ist in den Rahmenkollektivverträgen zu vereinbaren.
(2) Angestellte, die nicht im Abs. 1 erfaßt sind und deren Arbeitsaufgaben Hoch- bzw. Fachschulqualifikation erfordern, haben keinen Anspruch auf Lohn und Zuschläge für Überstundenarbeit sowie auf Zuschläge für Sonntags-, Feiertags- und Nachtarbeit. Ihnen wird für Überstunden-, Sonntags- und Feiertagsarbeit entsprechende Freizeit gewährt.
(3) Für Meister, Lehrkräfte, Erzieher, Ärzte, Künstler und andere Gruppen von Angestellten können in Rechtsvorschriften besondere Regelungen getroffen werden.

§ 179

Treffen mehrere Zuschläge aus Überstunden-, Sonntags-, Feiertags- oder Nachtarbeit zusammen, wird nur der höchste Zuschlag gewährt.

§ 180

Arbeitsbereitschaft

(1) Wenn es zur Versorgung und Betreuung der Bevölkerung, zur Sicherung des ungestörten Produktionsablaufes oder zur Einleitung von Maßnahmen bei unvorhergesehenen Ereignissen notwendig ist, kann festgelegt werden, daß sich der Werktätige im Betrieb oder außerhalb des Betriebes über seine Arbeitszeit hinaus zur Arbeit bereitzuhalten hat. Planmäßige Arbeitsbereitschaft ist im Arbeitszeitplan zu vereinbaren. Die Anordnung von außerplanmäßiger Arbeitsbereitschaft bedarf der Zustimmung der zuständigen betrieblichen Gewerkschaftsleitung.
(2) Die Arbeitsbereitschaft ist zu vergüten. Das gilt nicht für den im § 178 Abs. 1 erfaßten Personenkreis, soweit Rahmenkollektivverträge keine anderen Regelungen enthalten. Anstelle einer Vergütung kann in den Rahmenkollektivverträgen eine angemessene Freizeitgewährung vereinbart werden.
(3) Während der Arbeitsbereitschaft geleistete Arbeit ist wie Überstundenarbeit zu behandeln.
(4) In den Rahmenkollektivverträgen ist die Höchstdauer und die Vergütung der Arbeitsbereitschaft zu vereinbaren.
(5) Die Bestimmungen der §§ 175 und 243 gelten für Arbeitsbereitschaft entsprechend.

Freistellung von der Arbeit

§ 181

Der Werktätige hat Anspruch auf Freistellung von der Arbeit, soweit das in diesem Gesetz oder in anderen Rechtsvorschriften festgelegt ist. Ist der Anspruch terminlich nicht eindeutig bestimmt, hat der Betrieb die Zeit der Freistellung so festzulegen, daß der Zweck der Freistellung erfüllt wird und die Wünsche des Werktätigen weitgehend berücksichtigt werden.

§ 182

(1) Eine Freistellung von der Arbeit erfolgt zur Wahrnehmung staatlicher und gesellschaftlicher Funktionen, soweit deren Ausübung außerhalb der Arbeitszeit nicht möglich ist.
(2) Eine Freistellung von der Arbeit erfolgt zur

a) Teilnahme an Aus- und Weiterbildungsmaßnahmen, die im staatlichen Interesse liegen,

b) Ableistung des Reservistenwehrdienstes und zur Erfüllung der Pflichten, die sich für Wehrpflichtige außerhalb des Wehrdienstes ergeben, entsprechend den Rechtsvorschriften,
c) Teilnahme an Einsätzen im Interesse der Gewährleistung von Ordnung und Sicherheit, zur Durchführung des Dienstes in den Kampfgruppen der Arbeiterklasse sowie im Rahmen der Zivilverteidigung und der vormilitärischen Ausbildung, soweit diese Aufgaben nicht außerhalb der Arbeitszeit durchzuführen sind,
d) Teilnahme an Lehrgängen und Veranstaltungen zur politischen und fachlichen Weiterbildung, soweit diese nicht außerhalb der Arbeitszeit durchgeführt werden können,
e) Teilnahme an Lehrveranstaltungen und Prüfungen im Fern- und Abendstudium entsprechend den Rechtsvorschriften und zur Qualifizierung entsprechend den Festlegungen im Qualifizierungsvertrag gemäß § 154 Abs. 2,
f) Mitwirkung an der Vorbereitung und Durchführung von gesellschaftlichen, sportlichen und kulturellen Veranstaltungen entsprechend den Rechtsvorschriften.

(3) Jugendliche sind zur Erfüllung der gesetzlichen Berufsschulpflicht im erforderlichen Umfang von der Arbeit freizustellen. Die Freistellung hat für einen vollen Arbeitstag zu erfolgen, wenn die Berufsschulzeit, einschließlich der Fahr- und Wegezeit, mindestens 6 Stunden beträgt.

(4) Für die Dauer der Freistellung wird ein Ausgleich in Höhe des Durchschnittslohnes gezahlt. Das gilt nicht bei Freistellungen zur Aus- und Weiterbildung, wenn Stipendien gewährt werden. Bei Ableistung des Reservistenwehrdienstes richtet sich die Höhe der Ausgleichszahlung nach den hierfür geltenden Rechtsvorschriften.

§ 183

(1) Eine Freistellung von der Arbeit erfolgt, wenn der Werktätige

a) auf Grund arbeitsrechtlicher oder anderer Bestimmungen im Zusammenhang mit seiner Tätigkeit oder in Erfüllung staatsbürgerlicher Pflichten ärztlich untersucht oder behandelt wird,
b) infolge eines Arbeitsunfalls oder einer Berufskrankheit oder wegen des Verdachts einer Berufskrankheit medizinische Behandlung in Anspruch nehmen oder ärztlich untersucht werden muß,
c) sich in Rechtsvorschriften festgelegten oder angeordneten Untersuchungen, Gesundheitskontrollen bzw. medizinischen Behandlungsmaßnahmen bei übertragbaren Krankheiten sowie in Rechtsvorschriften festgelegten oder staatlich allgemein empfohlenen Schutzimpfungen oder anderen Schutzanwendungen unterzieht,

soweit die medizinische Betreuung während der Arbeitszeit stattfinden muß. Für die Dauer der Freistellung erhält der Werktätige einen Ausgleich in Höhe des Durchschnittslohnes.

(2) Eine Freistellung von der Arbeit erfolgt, wenn der Werktätige während der Arbeitszeit sofort einen Arzt in Anspruch nehmen muß. Für die Dauer der Freistellung erhält der Werktätige einen Ausgleich in Höhe des Tariflohnes.
(3) Muß der Werktätige andere ärztliche Untersuchungen und notwendige Behandlungsmaßnahmen während der Arbeitszeit in Anspruch nehmen, hat der Betrieb ihm die Möglichkeit zu geben, die ausfallende Arbeitszeit vor- bzw. nachzuarbeiten. Ist die Vor- bzw. Nacharbeit aus betrieblichen Gründen nicht möglich oder für den Werktätigen nicht zumutbar, erhält der Werktätige für die ausfallende Arbeitszeit einen Ausgleich in Höhe des Tariflohnes. Die Entscheidung darüber, ob die Vor- bzw. Nacharbeit für den Werktätigen zumutbar ist, trifft der Betriebsleiter mit Zustimmung der zuständigen betrieblichen Gewerkschaftsleitung.
(4) Für die Freistellung von der Arbeit zur Schwangeren- und Mütterberatung gilt § 248.

§ 184

(1) Eine Freistellung von der Arbeit erfolgt:

a) bei eigener Eheschließung und bei Niederkunft der Ehefrau für die Dauer eines Arbeitstages,
b) bei Wohnungswechsel mit eigenem Haushalt innerhalb des Wohnortes für die Dauer eines Arbeitstages, nach einem anderen Wohnort für die Dauer von 2 Arbeitstagen,
c) für Werktätige, die physisch schwerst- oder psychisch schwergeschädigte Haushaltsangehörige zur medizinischen Betreuung in den vom Arzt oder von der zuständigen Fürsorgeeinrichtung bescheinigten Fällen begleiten müssen, für die erforderliche Zeit,
d) beim Tod des Ehegatten, eines Elternteils, eines Kindes oder eines zum Haushalt gehörenden Familienmitgliedes für die Dauer von 2 Arbeitstagen.
e) für Werktätige, die vor ein Gericht oder ein staatliches Untersuchungs-, Kontroll- oder Aufsichtsorgan oder ein für die Durchführung von Ordnungsstrafverfahren zuständiges Organ geladen werden, für die erforderliche Zeit.

Für die Dauer der Freistellung erhält der Werktätige einen Ausgleich in Höhe des Tariflohnes.
(2) Bei Ladung vor ein Gericht, ein staatliches Untersuchungs-, Kontroll- oder Aufsichtsorgan oder ein für die Durchführung von Ordnungsstrafverfahren zuständiges Organ wird die Ausgleichszahlung nicht gewährt, wenn der Werktätige

a) den ausgefallenen Arbeitslohn durch das betreffende Organ erstattet erhält,
b) wegen einer von ihm begangenen Straftat, Verfehlung oder Ordnungswidrigkeit geladen wurde,
c) Kläger oder Verklagter bzw. Antragsteller oder Antragsgegner in zivil- oder familienrechtlichen Streitfällen ist.

§ 185

(1) Vollbeschäftigte werktätige Frauen mit eigenem Haushalt erhalten monatlich einen Hausarbeitstag, wenn

a) sie verheiratet sind,
b) Kinder bis zu 18 Jahren zum Haushalt gehören,
c) pflegebedürftige Familienangehörige zum Haushalt gehören und die Pflegebedürftigkeit ärztlich bescheinigt ist,
d) sie das 40. Lebensjahr vollendet haben.

(2) Der Hausarbeitstag ist im laufenden Monat zu gewähren und zu nehmen. Zwischen der werktätigen Frau und dem Betrieb wird der Tag, an dem der Hausarbeitstag genommen wird, vereinbart.

(3) Der Hausarbeitstag wird im laufenden Monat nicht gewährt, wenn die werktätige Frau der Arbeit unentschuldigt ferngeblieben ist. Hat die werktätige Frau im laufenden Monat den Hausarbeitstag bereits in Anspruch genommen, wird dieser im darauffolgenden Monat nicht gewährt.

(4) Der Hausarbeitstag wird auch

a) vollbeschäftigten alleinstehenden Vätern mit Kindern bis zu 18 Jahren, wenn es die Betreuung des Kindes bzw. der Kinder erfordert,
b) vollbeschäftigten Männern bei ärztlich bescheinigter Pflegebedürftigkeit der Ehefrau, wenn es die Erfüllung der Aufgaben im Haushalt erfordert,

gewährt. Die Entscheidung trifft der Betriebsleiter mit Zustimmung der zuständigen betrieblichen Gewerkschaftsleitung.

(5) Für die durch den Hausarbeitstag ausfallende Arbeitszeit wird ein Ausgleich in Höhe des Tariflohnes gezahlt. Eine Abgeltung des Hausarbeitstages in Geld ist nicht zulässig.

§ 186

(1) Werktätige sind von der Arbeit freizustellen, wenn es zur ärztlich bescheinigten Pflege ihres erkrankten Kindes oder zum Arztbesuch ihres Kindes erforderlich ist. Das gleiche gilt, wenn die Betreuung des Kindes wegen vorübergehender Quarantäne für die Kinderkrippe oder den Kindergarten erforderlich und durch andere nicht möglich ist.

(2) Alleinstehende Werktätige erhalten bei Freistellung zur Pflege ihres erkrankten Kindes von der Sozialversicherung eine Unterstützung in Höhe von 90% des Nettodurchschnittsverdienstes bis zu 2 Arbeitstagen.

(3) Müssen alleinstehende Werktätige länger von der Arbeit fernbleiben, zahlt die Sozialversicherung im Anschluß an die im Abs. 2 genannte Leistung eine Unterstützung in Höhe des Krankengeldes, auf das der Werktätige bei eigener Arbeitsunfähigkeit wegen Krankheit ab 7. Woche der Arbeitsunfähigkeit Anspruch hat.

(4) Die Dauer der Unterstützung gemäß Abs. 3 und die Gewährung einer Unterstützung in weiteren Fällen wird in Rechtsvorschriften geregelt.

§ 187

(1) Werktätige sind für die erforderliche Zeit von der Arbeit freizustellen, wenn bei Erkrankung des Ehegatten die notwendige Betreuung der zum Haushalt gehörenden Kinder durch diesen entsprechend ärztlicher Bescheinigung oder durch andere nicht möglich ist.
(2) Werktätige, deren Ehegatte nicht berufstätig ist, erhalten für die Dauer der Freistellung, längstens für 4 Wochen im Kalenderjahr, eine Unterstützung von der Sozialversicherung in Höhe des Krankengeldes, auf das sie bei eigener Arbeitsunfähigkeit wegen Krankheit ab 7. Woche der Arbeitsunfähigkeit Anspruch haben.

§ 188

Werktätige können in Ausnahmefällen aus dringenden familiären oder anderen gerechtfertigten Gründen stunden- oder tageweise unbezahlt freigestellt werden.

9. Kapitel

Erholungsurlaub

Grundsätze

§ 189

Zur Verwirklichung des Rechts auf Erholungsurlaub sind die Betriebe verpflichtet, durch die effektive Nutzung und den planmäßigen Ausbau von Erholungsmöglichkeiten in enger Zusammenarbeit mit dem Freien Deutschen Gewerkschaftsbund immer bessere Voraussetzungen zu schaffen, damit die Werktätigen ihren Erholungsurlaub unter vorbildlichen gesundheitlichen, kulturellen und sozialen Bedingungen verbringen können. Dabei ist die Familienerholung besonders zu unterstützen.

§ 190

(1) Alle Werktätigen erhalten jährlich einen bezahlten Erholungsurlaub.
(2) Die Dauer des Erholungsurlaubs ergibt sich aus dem Grundurlaub sowie Zusatzurlaub, der entsprechend den in Rechtsvorschriften festgelegten Voraussetzungen gewährt wird.

Zusatzurlaub

§ 191

(1) Werktätige, die überwiegend besonderen Arbeitserschwernissen oder Arbeitsbelastungen ausgesetzt sind oder eine besonders verantwortliche Tätigkeit ausüben, erhalten einen arbeitsbedingten Zusatzurlaub. Besteht aus mehreren Gründen Anspruch auf arbeitsbedingten Zusatzurlaub, wird nur der höchste Zusatzurlaub gewährt.

(2) Die Tätigkeiten, für die arbeitsbedingter Zusatzurlaub zu gewähren ist, und die Dauer des Zusatzurlaubs sind in den Rahmenkollektivverträgen (Urlaubskatalog) zu vereinbaren.
(3) Die Tätigkeiten, für die im Betrieb auf der Grundlage des Urlaubskatalogs arbeitsbedingter Zusatzurlaub gewährt wird, und die Dauer des Zusatzurlaubs sind in einer Liste zu erfassen. Die Liste des arbeitsbedingten Zusatzurlaubs ist Anlage des Betriebskollektivvertrages.

§ 192

Für bestimmte Personengruppen wird entsprechend den Rechtsvorschriften Zusatzurlaub gewährt.

§ 193

Schwerbeschädigte, Tuberkulosekranke und -rekonvaleszenten sowie Blinde haben Anspruch auf einen Zusatzurlaub. Der Zusatzurlaub wird nur aus einem der genannten Gründe gewährt.

§ 194

Erholungsurlaub für Kämpfer gegen den Faschismus und Verfolgte des Faschismus

Kämpfer gegen den Faschismus und Verfolgte des Faschismus haben Anspruch auf einen erhöhten jährlichen Erholungsurlaub.

§ 195

Anteilurlaub

(1) Werktätige, die nur während eines Teils des Kalenderjahres in einem Arbeitsrechtsverhältnis stehen, erhalten einen entsprechenden Anteilurlaub.
(2) Scheidet ein Werktätiger aus dem Betrieb aus, ist ihm auf Verlangen der zustehende Anteilurlaub zu gewähren. Wird der Anteilurlaub nicht genommen, hat ihn der nachfolgende Betrieb zu gewähren.
(3) Wird ein Werktätiger fristlos entlassen bzw. fristlos abberufen, ist ihm der aus diesem Arbeitsrechtsverhältnis zustehende Anteilurlaub vom Nachfolgebetrieb zu gewähren, wenn er innerhalb des Kalenderjahres ein anderes Arbeitsrechtsverhältnis begründet.

Gewährung des Erholungsurlaubs

§ 196

(1) Der Erholungsurlaub ist innerhalb des Kalenderjahres zu gewähren und zu nehmen. Aus dringenden betrieblichen Gründen oder auf Wunsch des Werktätigen kann festgelegt werden, daß der Erholungsurlaub bis zum 31. März des folgenden Jahres angetreten wird.
(2) Für die Gewährung des Erholungsurlaubs im Zusammenhang mit dem Schwangerschafts- und Wochenurlaub gilt § 245.

§ 197

(1) Beginn und Ende des Erholungsurlaubs sind im Urlaubsplan des Betriebes festzulegen. Der Betrieb ist verpflichtet, die Urlaubszeit der Werktätigen so festzulegen, daß der Erholungsurlaub auf alle Monate des Jahres verteilt und die planmäßige Erfüllung der betrieblichen Aufgaben gesichert wird sowie die Wünsche der Werktätigen weitgehend berücksichtigt werden. Dem Werktätigen sind zur Sicherung einer ausreichenden Erholung mindestens 3 Wochen des jährlichen Erholungsurlaubs zusammenhängend zu gewähren.
(2) Der Urlaubsplan ist vom Betrieb zu Beginn des Jahres aufzustellen. Er bedarf der Zustimmung der zuständigen betrieblichen Gewerkschaftsleitung.
(3) Der Urlaubsplan ist für den Betrieb und für den Werktätigen verbindlich. Änderungen des Urlaubsplanes aus zwingenden betrieblichen Gründen sind nur mit Zustimmung der zuständigen betrieblichen Gewerkschaftsleitung zulässig.

§ 198

(1) Eine Unterbrechung oder vorfristige Beendigung des Erholungsurlaubs darf nur aus zwingenden betrieblichen Gründen und mit Zustimmung der zuständigen betrieblichen Gewerkschaftsleitung angeordnet werden.
(2) Bei angeordneter Unterbrechung oder vorfristiger Beendigung hat der Werktätige Anspruch auf Verlängerung des Erholungsurlaubs bis zu 2 Arbeitstagen. Die Dauer der Urlaubsverlängerung legt der Betriebsleiter mit vorheriger Zustimmung der zuständigen betrieblichen Gewerkschaftsleitung fest.
(3) Die durch die Unterbrechung oder vorfristige Beendigung des Erholungsurlaubs entstehenden unvermeidbaren Kosten sind dem Werktätigen vom Betrieb zu erstatten. Das gilt auch, wenn die im Urlaubsplan festgelegte Urlaubszeit des Werktätigen aus betrieblichen Gründen geändert wird.

§ 199

Urlaubsvergütung

(1) Für die Zeit des Erholungsurlaubs erhält der Werktätige eine Urlaubsvergütung in Höhe des Durchschnittslohnes. Die Urlaubsvergütung wird für die durch den Erholungsurlaub tatsächlich ausfallende Arbeitszeit gewährt.
(2) Die Urlaubsvergütung ist auf Antrag vor Antritt des Erholungsurlaubs zu zahlen.

§ 200

Abgeltung des Erholungsurlaubs in Geld

Anspruch auf Abgeltung des Erholungsurlaubs in Geld besteht nur dann, wenn

a) die Gewährung des Erholungsurlaubs infolge Invalidität nicht mehr möglich ist,
b) der Werktätige den Erholungsurlaub bis zum 31. März des folgenden Jahres infolge ärztlich bescheinigter Arbeitsunfähigkeit, Quarantäne oder Freistellung von der Arbeit nicht antreten konnte,
c) bei befristeten Arbeitsrechtsverhältnissen der Erholungsurlaub infolge ärztlich bescheinigter Arbeitsunfähigkeit, Quarantäne oder Freistellung von der Arbeit bis zur Beendigung des Arbeitsrechtsverhältnisses nicht genommen werden kann.

10. Kapitel

Gesundheits- und Arbeitschutz

Grundsätze

§ 201

(1) Der Betrieb ist verpflichtet, den Schutz der Gesundheit und Arbeitskraft der Werktätigen vor allem durch die Gestaltung und Erhaltung sicherer, erschwernisfreier sowie die Gesundheit und Leistungsfähigkeit fördernder Arbeitsbedingungen zu gewährleisten. Der Betriebsleiter und die leitenden Mitarbeiter sind verpflichtet, die Erfordernisse des Gesundheits- und Arbeitsschutzes sowie Brandschutzes als Bestandteil der Leitung und Planung des Reproduktionsprozesses zu verwirklichen. Dabei haben sie die aktive Mitwirkung der Werktätigen zu fördern.
(2) Die betrieblichen Gewerkschaftsleitungen, die ehrenamtlichen Arbeitschutzinspektoren, die Arbeitsschutzkommissionen und die Arbeitsschutzobleute haben das Recht, Arbeitsmittel, Arbeitsverfahren und Arbeitsstätten zur Verwirklichung des Gesundheits -und Arbeitsschutzes zu überprüfen, Ermittlungen und Untersuchungen über Ursachen von Arbeitsunfällen, Berufskrankheiten, sonstigen arbeitsbedingten Erkrankungen und Arbeitserschwernissen durchzuführen und die Beseitigung von Mängeln zu fordern. Sie sind berechtigt, zu Projekten für neue oder zu rekonstruierende Arbeitsmittel und Arbeitsstätten Erläuterungen zu verlangen, Stellung zu nehmen, die Gewährleistung des Gesundheits- und Arbeitsschutzes zu fordern und Vorschläge zu seiner weiteren Verbesserung zu unterbreiten. Der Betriebsleiter hat der zuständigen betrieblichen Gewerkschaftsleitung die Einsichtnahme in die entsprechenden wissenschaftlich-technischen Arbeitsunterlagen zu ermöglichen.
(3) Der Betrieb hat entsprechend den Rechtsvorschriften Einrichtungen des Betriebs-

gesundheitswesens zu schaffen und zu unterhalten. Zur Erfüllung seiner Pflichten im Gesundheits- und Arbeitsschutz hat der Betriebsleiter mit dem Leiter der Einrichtung des Betriebsgesundheitswesens eng zusammenzuarbeiten. Der Betrieb hat die Einrichtung des Betriebsgesundheitswesens bei der Verwirklichung ihrer Aufgaben zu unterstützen.

§ 202

(1) Die Anforderungen, die bei der Gestaltung und Anwendung von Arbeitsmitteln, Arbeitsverfahren und Arbeitsstätten zur Gewährleistung sicherer und gesunder Arbeitsbedingungen zu erfüllen sind, werden in Rechtsvorschriften festgelegt.
(2) Die Rechtsvorschriften des Gesundheits- und Arbeitsschutzes sowie Brandschutzes sind durch betriebliche Regelungen zu konkretisieren, soweit es entsprechend den Bedingungen des Betriebes zur Gewährleistung sicherer und gesunder Arbeitsbedingungen erforderlich ist. Die Regelungen sind unter Teilnahme der Werktätigen auszuarbeiten, mit dem Leiter der Einrichtung des Betriebsgesundheitswesens abzustimmen und vom Betriebsleiter mit Zustimmung der Betriebsgewerkschaftsleitung zu erlassen.

§ 203

(1) Der Betrieb hat den Krankenstand und das Unfallgeschehen gemeinsam mit den betrieblichen Gewerkschaftsleitungen und der Einrichtung des Betriebsgesundheitswesens regelmäßig zu untersuchen und auszuwerten und erforderliche Maßnahmen zur Beseitigung der Ursachen und begünstigenden Bedingungen durchzuführen sowie die Entwicklung der gesunden Lebensführung zu fördern. Dabei sind die Erfahrungen der Arbeitskollektive und der Gesundheitshelfer zu berücksichtigen.
(2) Der Betriebsleiter hat gemeinsam mit dem Leiter der Einrichtung des Betriebsgesundheitswesens und Vertretern der Betriebsgewerkschaftsleitung monatliche Kontrollberatungen durchzuführen.

§ 204

In den Betrieben sind zur Wahrnehmung von Aufgaben auf dem Gebiet des Gesundheits- und Arbeitsschutzes Sicherheitsinspektoren einzusetzen oder Sicherheitsinspektionen bzw. andere Organe zu bilden, die den Betriebsleiter bei der Erfüllung seiner Pflichten im Gesundheits- und Arbeitsschutz unterstützen und ihm direkt unterstellt sind. Einzelheiten werden in Rechtsvorschriften geregelt.

Arbeitsmittel, Arbeitsverfahren und Körperschutzmittel

§ 205

(1) Der Betrieb ist verpflichtet, Arbeitsmittel, Arbeitsverfahren und Arbeitsstätten so zu entwickeln, zu projektieren, zu konstruieren, herzustellen, zu errichten, in Betrieb zu nehmen, zu unterhalten und instand zu setzen, daß die geforderte Arbeitssicherheit gewährleistet ist. Körperlich schwere und gesundheitsgefährdende Arbeit ist planmäßig

einzuschränken, Arbeitsmittel, Arbeitsverfahren und Arbeitsstätten sind zunehmend sicherer und erschwernisfrei zu gestalten.
(2) Die Inbetriebnahme und Nutzung von Arbeitsmitteln, Arbeitsverfahren und Arbeitsstätten bedürfen der Zustimmung, Beaufsichtigung oder Überwachung durch die zuständigen staatlichen Organe, soweit dafür besondere Rechtsvorschriften bestehen.
(3) Der Betrieb hat entsprechend den Erfordernissen des Gesundheits- und Arbeitsschutzes die Arbeitsmittel, Arbeitsverfahren und Arbeitsstätten in bestimmten Zeitabständen zu überprüfen und planmäßig zu verbessern.

§ 206

(1) Den Werktätigen sind durch den Betrieb die erforderlichen Körperschutzmittel kostenlos zur Verfügung zu stellen. Der Betrieb hat die ständige Verwendungsfähigkeit und den bestimmungsgemäßen Einsatz der Körperschutzmittel zu sichern.
(2) Die Werktätigen sind verpflichtet, die ihnen zur Verfügung gestellten Körperschutzmittel zweckentsprechend zu verwenden und pfleglich zu behandeln.

Arbeitsmedizinische Betreuung

§ 207

Werktätige, die eine körperlich schwere oder gesundheitsgefährdende Arbeit übernehmen sollen, sind vor Aufnahme der Tätigkeit und in regelmäßigen Abständen entsprechend den Rechtsvorschriften ärztlich zu untersuchen. Das gleiche gilt für Werktätige, die eine Tätigkeit ausüben, für die die ständige gesundheitliche Überwachung in Rechtsvorschriften festgelegt ist. Die Untersuchungen sind für die Werktätigen kostenlos.

§ 208

Der Betrieb hat zu gewährleisten, daß Werktätige mit besonderen Arbeitsbeanspruchungen, Werktätige ab 5. Jahr vor Erreichen des Rentenalters und Werktätige, deren Gesundheitszustand es erfordert, in die arbeitsmedizinische Dispensairebetreuung einbezogen werden.

§ 209

(1) Wird ärztlich festgestellt, daß ein Werktätiger für die vereinbarte Arbeitsaufgabe gesundheitlich nicht mehr geeignet ist, darf er mit dieser nicht weiter beschäftigt werden. Der Betrieb hat ihm eine seinen Fähigkeiten und seiner gesundheitlichen Eignung entsprechende zumutbare andere Arbeit im Betrieb oder, wenn das nicht möglich ist, in einem anderen Betrieb anzubieten.
(2) Ist der Werktätige auf Grund einer arbeitsbedingten Gesundheitsschädigung für die vereinbarte Arbeitsaufgabe gesundheitlich nicht mehr geeignet und übernimmt er die angebotene andere Arbeit, hat der Betrieb eine erforderliche Qualifizierung zu gewährleisten und dem Werktätigen die Qualifizierungskosten zu erstatten.

(3) Werktätigen im höheren Lebensalter, die aus Altersgründen eine andere Tätigkeit übernehmen möchten, hat der Betrieb eine ihren Fähigkeiten und ihrer gesundheitlichen Eignung entsprechende zumutbare andere Arbeit im Betrieb oder, wenn das nicht möglich ist, in einem anderen Betrieb anzubieten.

§ 210

Besonderer Schutz der werktätigen Frauen und Jugendlichen

(1) Die Gesundheit und Arbeitskraft der Frauen und der Jugendlichen unter 18 Jahren werden besonders geschützt.
(2) Die Arbeitsbedingungen sind entsprechend den physischen und physiologischen Besonderheiten der Frau und dem körperlichen Entwicklungsstand der Jugendlichen zu gestalten.
(3) Jugendliche dürfen nur beschäftigt werden, wenn vorher ärztlich festgestellt ist, daß sie für die Tätigkeit gesundheitlich geeignet sind. Während ihrer Beschäftigung sind sie regelmäßig, mindestens einmal jährlich, zu untersuchen.
(4) Frauen und Jugendliche dürfen nicht mit körperlich schweren oder gesundheitsgefährdenden Arbeiten beschäftigt werden. Diese Arbeiten sind in Rechtsvorschriften festzulegen.

Befähigung der Werktätigen im Gesundheits- und Arbeitsschutz

§ 211

(1) Der Betrieb hat zu sichern, daß die Werktätigen die zur Ausübung ihrer Tätigkeit erforderlichen Kenntnisse, Fähigkeiten und Fertigkeiten im Gesundheits- und Arbeitsschutz sowie Brandschutz besitzen. Den Werktätigen sind die zutreffenden Bestimmungen zugänglich zu machen und zu erläutern. Das Streben der Werktätigen nach gesunder Lebensführung ist durch Vermittlung des notwendigen Wissens zu unterstützen.
(2) Die Werktätigen sind verpflichtet, die für ihre Tätigkeit erforderlichen Kenntnisse, Fähigkeiten und Fertigkeiten im Gesundheits- und Arbeitsschutz sowie Brandschutz zu erwerben und die notwendigen Prüfungen abzulegen.

§ 212

Werktätige, an die auf Grund ihrer Arbeitsaufgabe erhöhte Anforderungen zur Verwirklichung des Gesundheits- und Arbeitsschutzes sowie Brandschutzes gestellt sind, wie Projektanten, Konstrukteure, Technologen und Lehrkräfte, haben sich über die für ihre speziellen Aufgaben zutreffenden Bestimmungen und Erkenntnisse zu informieren und diese bei der Ausübung ihrer Tätigkeit zu berücksichtigen.

§ 213

(1) Der Betrieb hat die leitenden Mitarbeiter zur Durchsetzung des Gesundheits- und Arbeitsschutzes sowie Brandschutzes und zur Förderung der gesunden Lebensführung in ihren Verantwortungsbereichen zu befähigen und ihre ständige Weiterbildung zu sichern.

Der Betriebsleiter und die leitenden Mitarbeiter sind verpflichtet, sich über die für ihre Bereiche zutreffenden Bestimmungen ständig zu informieren.
(2) In Bereichen der Produktion und Produktionsvorbereitung sowie in anderen Bereichen mit erhöhten Anforderungen auf dem Gebiet des Gesundheits- und Arbeitsschutzes sowie Brandschutzes dürfen als leitende Mitarbeiter nur Werktätige beschäftigt werden, die ihre Befähigung auf diesem Gebiet nachgewiesen haben.
(3) Die Befähigung ist regelmäßig in Abständen von 2 bis 4 Jahren und bei grundlegenden Veränderungen der Technik, Technologie und Arbeitsorganisation erneut nachzuweisen.

§ 214

Arbeiten, zu deren Ausführung nach den Rechtsvorschriften eine besondere Berechtigung erforderlich ist, dürfen nur solchen Werktätigen übertragen werden, die diese Berechtigung besitzen.

§ 215

(1) Die Werktätigen sind in regelmäßigen Abständen über die für sie zutreffenden Rechtsvorschriften und betrieblichen Festlegungen auf dem Gebiet des Gesundheits- und Arbeitsschutzes sowie Brandschutzes, über Maßnahmen und Methoden zur Abwendung möglicher arbeitsbedingter Gefahren sowie über das zur Vermeidung von Schäden erforderliche Verhalten zu belehren. Darüber hinaus sind Belehrungen durchzuführen bei Arbeitsaufnahme, bei vorübergehender Übertragung einer anderen Arbeit, bei Veränderung der Arbeitsbedingungen sowie nach besonderen Vorkommnissen. Die Durchführung der Belehrungen ist schriftlich nachzuweisen und vom übergeordneten Leiter zu kontrollieren.
(2) Die Belehrungen sind während der Arbeitszeit durchzuführen. Wenn es die Technologie erfordert, können sie außerhalb der Arbeitszeit stattfinden. Für die Zeit der Belehrung erhalten die Werktätigen den Durchschnittslohn.

§ 216
Schonarbeit

(1) Wird ärztlich festgestellt, daß der Werktätige wegen vorübergehender Minderung der Arbeitsfähigkeit oder zum vorbeugenden Gesundheitsschutz die vereinbarte Arbeitsaufgabe unter den bisherigen Bedingungen zeitweilig nicht ausführen kann, hat der Betrieb durch Einschränkung der Arbeitsaufgabe, Veränderung der Bedingungen am Arbeitsplatz oder Veränderung der Arbeitszeit die Weiterbeschäftigung des Werktätigen mit dieser Arbeitsaufgabe zu ermöglichen oder ihm eine zumutbare andere Arbeit zu übertragen (Schonarbeit).
(2) Die Dauer der Schonarbeit wird durch den behandelnden Arzt in Abstimmung mit dem Betrieb festgelegt und kann bis zu 12 Wochen betragen. Mit Zustimmung der Ärzteberatungskommission kann die Dauer der Schonarbeit bis zu weiteren 12 Wochen verlängert werden.
(3) Bei Schonarbeit erhält der Werktätige mindestens den Durchschnittslohn.

Arbeitsunfälle und Berufskrankheiten

§ 217

(1) Der Betrieb hat Unfallgefahren bei der Arbeit und andere arbeitsbedingte Gesundheitsgefährdungen zu beseitigen oder, wenn das nicht sofort möglich ist, weitestgehend zu mindern.
(2) Die Werktätigen haben festgestellte Mängel im Gesundheits- und Arbeitsschutz sowie Brandschutz und Arbeitsunfälle unverzüglich zu melden und bei Feststellung von Unfallgefahren erste Sicherungsmaßnahmen, wie Kenntlichmachung und Absichern der Gefahrenstelle, zu ergreifen.
(3) Die Arbeit ist einzustellen, wenn das Leben von Werktätigen unmittelbar gefährdet ist oder wenn die unmittelbare Gefahr einer erheblichen Gesundheitsschädigung besteht.
(4) Der Betrieb hat zu sichern, daß Werktätigen bei Verletzungen und plötzlichen Erkrankungen unverzüglich Erste Hilfe geleistet wird.

§ 218

Der Betrieb hat Arbeitsunfälle und Berufskrankheiten im Zusammenwirken mit den betrieblichen Gewerkschaftsleitungen und der Einrichtung des Betriebsgesundheitswesens unverzüglich zu untersuchen und ihre Ursachen und begünstigenden Bedingungen zu beseitigen. Die Ergebnisse der Untersuchungen und die erforderlichen Maßnahmen sind schriftlich festzulegen und im Arbeitskollektiv auszuwerten.

§ 219

(1) Der Betrieb ist verpflichtet, dem Werktätigen bei Schädigung seiner Gesundheit durch Arbeitsunfall oder Berufskrankheit Unterstützung und Hilfe zu gewähren. Er hat ihm, wenn er seine bisherige Tätigkeit nicht mehr ausüben kann, eine seinen Fähigkeiten und seiner gesundheitlichen Eignung entsprechende zumutbare andere Arbeit im Betrieb oder, wenn das nicht möglich ist, in einem anderen Betrieb anzubieten.
(2) Beim Tode eines Werktätigen durch Arbeitsunfall oder Berufskrankheit ist den Hinterbliebenen Hilfe zu gewähren. Sie sind, soweit sie nicht berufstätig sind und eine Arbeit aufnehmen möchten, dabei zu unterstützen.
(3) Für die materielle Sicherheit bei Arbeitsunfall und Berufskrankheit gelten weiterhin die Bestimmungen über Schadenersatzleistungen des Betriebes (§§ 267 bis 269) und über Sach- und Geldleistungen der Sozialversicherung (§§ 280 bis 290).

§ 220

(1) Ein Arbeitsunfall ist die Verletzung eines Werktätigen im Zusammenhang mit dem Arbeitsprozeß. Die Verletzung muß durch ein plötzliches, von außen einwirkendes Ereignis hervorgerufen worden sein.

(2) Als Arbeitsunfall gilt auch ein Unfall auf einem mit der Tätigkeit im Betrieb zusammenhängenden Weg zur und von der Arbeitsstelle.
(3) Den Arbeitsunfällen sind Unfälle bei organisierten gesellschaftlichen, kulturellen oder sportlichen Tätigkeiten gleichgestellt. Einzelheiten werden in Rechtsvorschriften festgelegt.
(4) Durch Ausübung des Dienstes bei den bewaffneten Organen bzw. der Zollverwaltung der Deutschen Demokratischen Republik erlittene Körper- und Gesundheitsschäden gelten als Folge eines Arbeitsunfalles bzw. einer Berufskrankheit.
(5) Ein Unfall, als dessen Ursache Alkoholmißbrauch des Werktätigen festgestellt wird, gilt nicht als Arbeitsunfall.

§ 221

Eine Berufskrankheit ist eine Erkrankung, die durch arbeitsbedingte Einflüsse bei der Ausübung bestimmter beruflicher Tätigkeiten bzw. Arbeitsaufgaben hervorgerufen wird und die in der „Liste der Berufskrankheiten" genannt ist. Einzelheiten werden in Rechtsvorschriften festgelegt.

§ 222

Die Entscheidung, ob ein Arbeitsunfall bzw. eine Berufskrankheit vorliegt, trifft die Betriebsgewerkschaftsleitung bzw. die Verwaltung der Sozialversicherung beim Kreisvorstand des Freien Deutschen Gewerkschaftsbundes.

11. Kapitel

Geistig-kulturelles und sportliches Leben und soziale Betreuung der Werktätigen im Betrieb

Geistig-kulturelles Leben, Körperkultur und Sport

§ 223

(1) Zur Verwirklichung des Rechts auf Teilnahme am kulturellen Leben, an Körperkultur und Sport ist der Betrieb verpflichtet,

a) die geistig-kulturelle und sportliche Betätigung der Werktätigen des Betriebes, ihre weltanschauliche, ökonomische und ästhetische Bildung und Erziehung sowie die Entwicklung des geistig-kulturellen Lebens mit der Bewegung „Sozialistisch arbeiten, lernen und leben" zu fördern,
b) die betrieblichen Gewerkschaftsleitungen und Arbeitskollektive bei der Erhöhung des Niveaus des geistig-kulturellen Lebens zu unterstützen und alle Bedingungen für die Förderung des kulturellen Schöpfertums der Werktätigen zu schaffen,
c) die regelmäßige sportliche Betätigung der Werktätigen zu fördern und die Grundorganisation des Deutschen Turn- und Sportbundes der DDR, insbesondere die Betriebssportgemeinschaft, bei der Erfüllung ihrer Aufgaben zu unterstützen,

d) die Bedingungen für eine vielseitige kulturelle, sportliche und touristische Betätigung der Jugend, insbesondere zur Förderung der Freizeitgestaltung in den Jugendkollektiven, unter Nutzung der Initiativen der Jugend zu schaffen.

(2) Der Betriebsleiter hat die Aufgaben zur planmäßigen Entwicklung des geistig-kulturellen und sportlichen Lebens gemeinsam mit der Betriebsgewerkschaftsleitung, der Leitung der Grundorganisation der Freien Deutschen Jugend und des Deutschen Turn- und Sportbundes der DDR sowie der anderen gesellschaftlichen Organisationen zu lösen. Dabei ist eng mit den örtlichen Volksvertretungen und deren Räten zusammenzuarbeiten.

(3) Den Familienangehörigen der Werktätigen ist entspechend den betrieblichen Bedingungen die Möglichkeit zu geben, am geistig-kulturellen und sportlichen Leben des Betriebes teilzunehmen.

§ 224

(1) Der Betrieb hat zu gewährleisten, daß die betrieblichen Kultur-, Jugend- und Sporteinrichtungen und die finanziellen Fonds zur Entwicklung des geistig-kulturellen und sportlichen Lebens zweckentsprechend eingesetzt und effektiv genutzt werden. Die kulturellen und sportlichen Interessen der Jugend sind besonders zu berücksichtigen.

(2) Der Betrieb hat die materiellen, finanziellen und personellen Voraussetzungen für die Unterhaltung und Instandhaltung der betrieblichen Kultur-, Jugend- und Sporteinrichtungen zu schaffen und die dafür erforderlichen Maßnahmen in den Plan aufzunehmen. Er hat im Rahmen seiner Möglichkeiten den planmäßigen Ausbau dieser Einrichtungen zu gewährleisten.

(3) Betriebe ohne ausreichende eigene Kultur-, Jugend- und Sporteinrichtungen haben im Zusammenwirken mit den örtlichen Volksvertretungen und deren Räten sowie mit anderen Betrieben zu gewährleisten, daß ihre Werktätigen deren Einrichtung zur kulturellen und sportlichen Betätigung nutzen können. Dazu sind entsprechende Vereinbarungen abzuschließen.

§ 225

(1) Der Werktätige hat das Recht, am geistig-kulturellen und sportlichen Leben des Betriebes teilzunehmen, es mitzugestalten und die betrieblichen Kultur-, Jugend- und Sporteinrichtungen zu nutzen.

(2) Der Werktätige ist verpflichtet, die Einrichtungen pfleglich zu behandeln und Weisungen hinsichtlich der Benutzug einzuhalten. Er soll bei der Schaffung und Erhaltung der Einrichtungen mitwirken.

§ 226

(1) Die Kultureinrichtungen des Betriebes, wie Kulturhäuser, Klubs und Bibliotheken, stehen der Betriebsgewerkschaftsorganisation unentgeltlich zu Verfügung. Die Betriebsgewerkschaftsleitung leitet die kulturpolitische Arbeit, bestimmt den Leiter sowie die kulturpolitischen Mitarbeiter und entscheidet über die Nutzung der Einrichtungen.

(2) Die Werktätigen des Betriebes, die Grundorganisation der Freien Deutschen Jugend, die Grundorganisation des Deutschen Turn- und Sportbundes der DDR und andere gesellschaftliche Organisationen im Betrieb sind berechtigt, die Kultur- und Sporteinrichtungen des Betriebes unentgeltlich zu nutzen. Das gilt auch für Werktätige anderer Betriebe, die Vereinbarungen gemäß § 224 Abs. 3 abgeschlossen haben.

Soziale Betreuung

§ 227
Grundsätze

Die soziale Betreuung der Werktätigen ist Aufgabe des Betriebes. Sie ist gemeinsam mit der Betriebsgewerkschaftsleitung und den Leitungen anderer gesellschaftlicher Organisationen planmäßig entsprechend den sozial-politischen Erfordernissen unter besonderer Berücksichtigung der Schichtarbeiter, der Werktätigen mit mehreren Kindern, der Werktätigen im höheren Lebensalter und der Werktätigen mit geminderter Arbeitsfähigkeit zu verwirklichen. Dabei ist eng mit den örtlichen Volksvertretungen und deren Räten sowie mit anderen Betrieben zusammenzuarbeiten.

§ 228
Arbeiterversorgung

(1) Der Betrieb hat die Versorgung der Werktätigen im Betrieb nach ernährungswissenschaftlichen Grundsätzen mit einer vollwertigen warmen Hauptmahlzeit und einer Zwischenverpflegung sowie mit Erfrischungen zu sichern. Er hat insbesondere für Schichtarbeiter eine den spezifischen Arbeitsbeanspruchungen entsprechende Versorgung zu gewährleisten. Betriebe ohne ausreichende Versorgungseinrichtungen haben die Versorgung ihrer Werktätigen durch andere Betriebe in Zusammenarbeit mit den örtlichen Volksvertretungen und deren Räten vertraglich zu sichern.
(2) Der Betrieb ist verpflichtet, im Zusammenwirken mit den örtlichen Volksvertretungen und deren Räten und mit Dienstleistungs- und Versorungsbetrieben den Werktätigen die Inanspruchnahme von Dienstleistungen und den Einkauf von Waren des täglichen Bedarfs zu erleichtern.

§ 229
Soziale und sanitäre Einrichtungen

Der Betrieb ist verpflichtet, soziale und sanitäre Einrichtungen, wie Speiseräume, Umkleideräume, Waschanlagen und Ruheräume, entsprechend den hygienischen Normativen und den Erfordernissen des Gesundheits- und Arbeitsschutzes zu schaffen bzw. zu gestalten. Bei allen Investitions- und Rationalisierungsvorhaben ist die Einhaltung dieser Normative zu sichern.

§ 230

Berufsverkehr

Der Betrieb hat mit den örtlichen Volksvertretungen und deren Räten sowie den Verkehrsbetrieben eng zusammenzuarbeiten, um den Werktätigen günstige Bedingungen im Berufsverkehr zu sichern.

§ 231

Wochenend- und Naherholung

Den Werktätigen sind die betrieblichen Erholungseinrichtungen für die Wochenend- und Naherholung zur Verfügung zu stellen. Dabei sind Schichtarbeiter und Werktätige mit Kindern vorrangig zu berücksichtigen. In den Erholungseinrichtungen sind den Werktätigen Voraussetzungen für ihre geistig-kulturelle und sportliche Betätigung zu schaffen.

§ 232

Unterstützung bei der Wohnraumversorgung

Der Betrieb fördert entsprechend seinen Möglichkeiten die Versorgung der Werktätigen mit Wohnraum. Er hilft vor allem Arbeitern, Familien mit Kindern und jungen Eheleuten bei der Verbesserung ihrer Wohnverhältnisse. Der Betrieb ist insbesondere verpflichtet,

a) die Werktätigen, die infolge Rationalisierungsmaßnahmen oder Strukturveränderungen planmäßig eine Arbeit an einem anderen Ort aufnehmen, bei der Wohnraumbeschaffung und beim Umzug,
b) die Werktätigen beim Bau bzw. Um- und Ausbau von Wohnungen, vor allem im Rahmen des genossenschaftlichen Arbeiterwohnungsbaus, sowie beim Bau von Eigenheimen

zu unterstützen.

Betreuung der Kinder von Betriebangehörigen und sozialistische Erziehung der Schuljugend

§ 233

(1) Der Betrieb hat in Zusammenarbeit mit den örtlichen Volksvertretungen und deren Räten an der planmäßigen Schaffung und Unterhaltung von Kindereinrichtungen mitzuwirken. Er hat die Werktätigen bei der Unterbringung der Kinder in den Kindereinrichtungen zu unterstützen.
(2) Der Betrieb hat die Werktätigen bei der Sicherung der Pflege erkrankter Kinder zu unterstützen und dabei mit den Organen des Gesundheitswesens zusammenzuarbeiten.

§ 234

(1) Der Betrieb ist verpflichtet, unter Ausnutzung aller Möglichkeiten den Kindern seiner Werktätigen eine erholsame Feriengestaltung in Betriebsferienlagern oder durch andere Formen der Kinderferienerholung zu sichern.
(2) Die betrieblichen Kultur-, Jugend- und Sporteinrichtungen stehen für die außerunterrichtliche Tätigkeit und Freizeitgestaltung der Schüler unentgeltlich zur Verfügung.

§ 235

Betreuung der Wehrpflichtigen

Der Betrieb hat die zum aktiven Wehrdienst einberufenen Betriebsangehörigen in würdiger Form zu verabschieden und mit ihnen und ihren Angehörigen enge Verbindung zu halten. Vorbildliche Leistungen von Betriebsangehörigen während ihres aktiven Wehrdienstes sind zu würdigen. Den Angehörigen ist die erforderliche Hilfe und Unterstützung zu gewähren. Sie sind in das gesellschaftliche Leben des Betriebes einzubeziehen.

§ 236

Betreuung der Arbeitsveteranen

Der Betrieb ist verpflichtet, die Arbeitsveteranen in das geistig-kulturelle Leben des Betriebes sowie in die soziale Betreuung einzubeziehen. Die Arbeitsveteranen haben das Recht, die Einrichtungen des Betriebsgesundheitswesens in Anspruch zu nehmen und am Werkküchenessen im Betrieb teilzunehmen. Sie sind bei der Vergabe von Ferienplätzen zu berücksichtigen. Der Betrieb hat ihnen entsprechend seinen Möglichkeiten bei der Instandhaltung ihrer Wohnung Hilfe zu gewähren.

§ 237

Finanzierung des geistig-kulturellen und sportlichen Lebens und der sozialen Betreuung

(1) Zur Förderung des geistig-kulturellen und sportlichen Lebens und zur sozialen Betreuung der Werktätigen wird im Betrieb entsprechend den Rechtsvorschriften ein Kultur- und Sozialfonds gebildet.
(2) Die vorgesehene Verwendung der Mittel des Kultur- und Sozialfonds ist im Betriebskollektivvertrag zu vereinbaren. Auf dieser Grundlage entscheidet über die Verwendung der Mittel im einzelnen der Betriebsleiter mit Zustimmung der zuständigen betrieblichen Gewerkschaftsleitung.
(3) Ist in Rechtsvorschriften die Finanzierung von Maßnahmen auf dem Gebiet des geistig-kulturellen und sportlichen Lebens sowie der sozialen Betreuung der Werktätigen aus anderen Fonds zugelassen, bedarf die Verwendung dieser Mittel der Zustimmung der Betriebsgewerkschaftsleitung.

§ 238

Finanzielle Unterstützungen

Betriebsangehörige können auf Antrag aus dem Kultur- und Sozialfonds finanzielle Unterstützungen erhalten, wenn es ihre soziale Lage erfordert. Über die Gewährung entscheidet der Betriebsleiter mit Zustimmung der zuständigen betrieblichen Gewerkschaftsleitung.

§ 239

Sicherung mitgebrachter Gegenstände

Der Betrieb ist verpflichtet, für die von den Werktätigen im Zusammenhang mit der Arbeit und der gesellschaftlichen Tätigkeit in den Betrieb mitgebrachten Gegenstände ordentliche und sichere Aufbewahrungsmöglichkeiten bereitzustellen. Das gilt nicht für Kraftfahrzeuge. Soweit der Betrieb Parkmöglichkeiten zur Verfügung stellt, sind die Einzelheiten in der Arbeitsordnung festzulegen.

12. Kapitel

Besondere Rechte der werktätigen Frau und Mutter

§ 240

Grundsatz

(1) Der Betrieb ist verpflichtet, werktätigen Frauen mit Kindern durch die planmäßige Entwicklung der Arbeits- und Lebensbedingungen immer bessere Möglichkeiten zu schaffen, ihre berufliche Tätigkeit und Entwicklung mit ihren Aufgaben als Mutter und in der Familie zu vereinbaren.
(2) Für die Dauer der Arbeitszeit vollbeschäftigter Mütter mit mehreren Kindern bis zu 16 Jahren bzw. mit einem schwerstgeschädigten Kind gilt § 160 Abs. 3.

§ 241

Aus- und Weiterbildung

(1) Für Frauen, zu deren Haushalt Kinder bis zu 16 Jahren gehören, werden in Rechtsvorschriften besondere Maßnahmen zur Förderung und Unterstützung bei der Aus- und Weiterbildung festgelegt.
(2) Der Betrieb ist verpflichtet, Frauen, zu deren Haushalt Kinder bis zu 16 Jahren gehören, bei der Aus- und Weiterbildung jede erforderliche Unterstützung gemäß den Bestimmungen des § 150 Abs. 2 zu gewähren. Bei Rationalisierungsmaßnahmen und Strukturveränderungen hat der Betrieb Voraussetzungen dafür zu schaffen, daß die erforderliche Qualifizierung der Frauen soweit wie möglich während der Arbeitszeit stattfindet.

Besonderer Schutz der werktätigen Frau im Interesse der Mutterschaft

§ 242

(1) Schwangere, stillende Mütter und Mütter mit Kindern im Alter bis zu einem Jahr dürfen nicht mit Arbeiten beschäftigt werden, die in besonderen Rechtsvorschriften festgelegt sind.
(2) Schwangere, stillende Mütter und Mütter mit Kindern im Alter bis zu einem Jahr dürfen nicht mit Arbeiten beschäftigt werden, die nach Feststellung des Betriebsarztes oder des Arztes der Schwangerenberatung das Leben oder die Gesundheit der Frau bzw. des Kindes gefährden könnten.
(3) In den Fällen der Absätze 1 und 2 hat der Betrieb für die betreffende Zeit der Werktätigen eine andere zumutbare Arbeit zu übertragen. Für diese Arbeit erhält die Werktätige mindestens den Durchschnittslohn.

§ 243

(1) Nacht- und Überstundenarbeit ist für Schwangere und stillende Mütter verboten.
(2) Frauen, zu deren Haushalt Kinder im Vorschulalter gehören, können Nacht- und Überstundenarbeit ablehnen.

§ 244

(1) Frauen erhalten Schwangerschaftsurlaub für die Dauer von 6 Wochen vor der Entbindung und Wochenurlaub für die Dauer von 20 Wochen nach der Entbindung. Bei Mehrlingsgeburten oder komplizierten Entbindungen beträgt der Wochenurlaub 22 Wochen.
(2) Bei vorzeitiger Entbindung verlängert sich der Wochenurlaub um die Zeit des nicht in Anspruch genommenen Schwangerschaftsurlaubs. Bei verspäteter Entbindung wird der Schwangerschaftsurlaub bis zum Tag der Entbindung verlängert.
(3) Befindet sich das Kind nach Ablauf von 6 Wochen nach der Entbindung noch in stationärer Behandlung oder beginnt zu einem späteren Zeitpunkt vor Ablauf des Wochenurlaubs eine stationäre Behandlung des Kindes, hat die Mutter das Recht, den Wochenurlaub zu unterbrechen und im Interesse der Pflege des Kindes die restliche Zeit des Wochenurlaubs ab Beendigung des stationären Aufenthaltes des Kindes in Anspruch zu nehmen. Der restliche Wochenurlaub muß spätestens ein Jahr nach der Unterbrechung angetreten werden.
(4) Für die Dauer des Schwangerschafts- und Wochenurlaubs erhalten die Frauen Schwangerschafts- und Wochengeld in Höhe des Nettodurchschnittsverdienstes von der Sozialversicherung.

§ 245

(1) Frauen ist auf Verlangen der jährliche Erholungsurlaub vor dem Schwangerschaftsurlaub oder unmittelbar im Anschluß an den Wochenurlaub zu gewähren.
(2) Mütter, die nach dem Wochenurlaub das Recht auf Freistellung gemäß § 246 Abs. 1 in Anspruch nehmen, erhalten für das Kalenderjahr, in dem die Freistellung beginnt, den vollen Jahresurlaub.

Freistellung nach dem Wochenurlaub

§ 246

(1) Mütter sind auf Verlangen nach dem Wochenurlaub bis zum Ende des 1. Lebensjahres des Kindes von der Arbeit freizustellen.
(2) Kann dem Antrag der Mutter auf einen Krippenplatz nicht entsprochen werden, ist sie berechtigt, über das 1. Lebensjahr des Kindes hinaus bis zur Bereitstellung eines Krippenplatzes, längstens bis zum Ende des 3. Lebensjahres des Kindes, Freistellung in Anspruch zu nehmen.
(3) Die Freistellung gemäß den Absätzen 1 und 2 kann auch von anderen Werktätigen in Anspruch genommen werden, wenn sie anstelle der Mutter die Erziehung und Betreuung des Kindes übernehmen.
(4) Mütter erhalten während der Freistellung bei Vorliegen bestimmter Voraussetzungen entsprechend den Rechtsvorschriften eine monatliche Mütterunterstützung von der Sozialversicherung. Liegen die Voraussetzungen nicht vor, erfolgt die Freistellung ohne Ausgleichszahlung.

§ 247

(1) Während der Freistellung von der Arbeit gemäß § 246 haben die Frauen das Recht auf soziale Betreuung durch den Betrieb. Der Betrieb hat die Voraussetzungen zu schaffen, daß die Frauen die Zeit der Freistellung zur Aus- und Weiterbildung nutzen können. Die Betriebszugehörigkeit wird durch die Freistellung nicht unterbrochen.
(2) Nach Ablauf der Freistellung ist der Betrieb verpflichtet, die Frau entsprechend den Vereinbarungen im Arbeitsvertrag weiterzubeschäftigen. Verlangt die Frau die Wiederaufnahme der Arbeit vor Ablauf der vorgesesehenen Freistellungszeit, hat der Betrieb innerhalb von 2 Wochen die Weiterbeschäftigung entsprechend den Vereinbarungen im Arbeitsvertrag zu sichern.

§ 248

Freistellung zur Schwangeren- und Mütterberatung

(1) Eine Freistellung von der Arbeit erfolgt, wenn entsprechend den Rechtsvorschriften
a) die Frau die Schwangerenberatung aufsucht,
b) der Werktätige sein Kind der Mütterberatung vorstellt

und die Betreuung durch diese Einrichtungen außerhalb der Arbeitszeit nicht möglich ist.
(2) Für die Dauer der Freistellung wird ein Ausgleich in Höhe des Durchschnittslohnes gezahlt.

§ 249

Stillpausen

Stillenden Müttern sind bei Vorlage einer Stillbescheinigung täglich 2 Stillpausen von je 45 Minuten zu gewähren. Die Stillpausen können zusammenhängend zu Beginn oder Ende der täglichen Arbeitszeit genommen werden. Für diese Zeit erfolgt eine Ausgleichszahlung in Höhe des Durchschnittslohnes.

§ 250

Besonderer Kündigungsschutz

Für Schwangere und Mütter gilt ein besonderer Kündigungsschutz entsprechend den Bestimmungen der §§ 58 und 59.

§ 251

Vergünstigungen für alleinstehende Väter

Die für vollbeschäftigte werktätige Mütter geltenden Bestimmungen über die Dauer der Arbeitszeit und des Erholungsurlaubs finden auch für vollbeschäftigte alleinstehende Väter Anwendung, wenn es die Betreuung des Kindes bzw. der Kinder erfordert. Die Entscheidung trifft der Betriebsleiter mit Zustimmung der zuständigen betrieblichen Gewerkschaftsleitung.

13. Kapitel

Arbeitsrechtliche Verantwortlichkeit der Werktätigen

Grundsätze

§ 252

(1) Der Betrieb hat bei Arbeitspflichtverletzungen und Schäden am sozialistischen Eigentum unverzüglich die Ursachen und begünstigenden Bedingungen unter Mitwirkung der Werktätigen aufzudecken und zu beseitigen sowie Maßnahmen festzulegen, um weitere Arbeitspflichtverletzungen und Schäden zu vermeiden.
(2) Werktätige, die schuldhaft (fahrlässig oder vorsätzlich) gegen die Arbeitsdisziplin verstoßen bzw. das sozialistische Eigentum geschädigt haben, können disziplinarisch bzw. materiell zur Verantwortung gezogen werden, wenn die nach diesem Gesetz erforderlichen Voraussetzungen vorliegen.

(3) Fahrlässig handelt, wer aus mangelnder Sorgfalt, Leichtfertigkeit, Gleichgültigkeit oder ähnlichen Gründen seine Arbeitspflichten verletzt bzw. das sozialistische Eigentum schädigt, obwohl er die Möglichkeit zum pflichtgemäßen Verhalten bzw. zur Verhütung des Schadens hatte.
(4) Vorsätzlich handelt, wer seine Arbeitspflichten bewußt verletzt bzw. das sozialistische Eigentum bewußt schädigt oder sich mit diesen Folgen seines Handelns bewußt abfindet.

§ 253

Bei der Anwendung der disziplinarischen und materiellen Verantwortlichkeit ist die Gesamtheit aller Umstände zu beachten. Dazu gehören die Art und Weise der Begehung der Arbeitspflichtverletzung, ihre gesellschaftlichen Folgen, Ursachen und Bedingungen, die Höhe des Schadens und seine volkswirtschaftlichen Auswirkungen, die Art und Schwere der Schuld, die bisherigen Leistungen des Werktätigen, sein Verhalten vor und nach der Arbeitspflichtverletzung bzw. dem Eintritt des Schadens und die bisherigen erzieherischen Maßnahmen.

Disziplinarische Verantwortlichkeit

§ 254

(1) Wenn ein Werktätiger seine Arbeitspflichten schuldhaft verletzt und andere Formen der Erziehung nicht ausreichen, kann eine der folgenden Disziplinarmaßnahmen ausgesprochen werden:

Verweis
strenger Verweis
fristlose Entlassung.

Für die fristlose Entlassung gelten die Bestimmungen der §§ 56, 57 und 59.
(2) Eine Disziplinarmaßnahme darf nur vom Disziplinarbefugten ausgesprochen werden.
(3) Disziplinarbefugter ist der Betriebsleiter. Für den Ausspruch eines Verweises oder strengen Verweises kann die Disziplinarbefugnis leitenden Mitarbeitern übertragen werden. Die Übertragung ist in der Arbeitsordnung festzulegen.

§ 255

(1) Über den Ausspruch einer Disziplinarmaßnahme ist in einem Disziplinarverfahren zu entscheiden. Bei einer fristlosen Entlassung kann von einem Disziplinarverfahren abgesehen werden, wenn sich der Werktätige in einem anderen rechtlich geregelten Verfahren verantworten mußte.
(2) Über die Einleitung eines Disziplinarverfahrens entscheidet der Disziplinarbefugte. Sie ist dem betreffenden Werktätigen unter Angabe der ihm zur Last gelegten Arbeitspflichtverletzung mitzuteilen. Die zuständige betriebliche Gewerkschaftsleitung ist davon zu verständigen.

(3) Der Disziplinarbefugte ist berechtigt, bei Arbeitspflichtverletzungen einen Antrag bei der Konfliktkommission auf Durchführung eines erzieherischen Verfahrens zu stellen, wenn er es für angemessen hält.

§ 256

(1) Der Disziplinarbefugte hat ein Disziplinarverfahren unmittelbar nach Bekanntwerden der Arbeitspflichtverletzung einzuleiten, den Sachverhalt umfassend aufzuklären und das Verfahren in der Regel innerhalb eines Monats abzuschließen.
(2) Ein Disziplinarverfahren darf nicht mehr eingeleitet werden, wenn seit der Arbeitspflichtverletzung eine Frist von 5 Monaten vergangen ist. Wird die Arbeitspflichtverletzung als Ordnungswidrigkeit, Verfehlung oder Straftat verfolgt, kann ein Disziplinarverfahren noch innerhalb von 2 Wochen nach Kenntnis der abschließenden Entscheidung des zuständigen Organs eingeleitet werden.
(3) Der Disziplinarbefugte hat das Disziplinarverfahren unter Mitwirkung der Werktätigen so durchzuführen, daß der Werktätige seine Fehler erkennen kann und künftig seine Arbeitspflichten ordnungsgemäß wahrnimmt.
(4) Der Werktätige ist im Disziplinarverfahren zu hören. Kann er nicht gehört werden, ist ihm Gelegenheit zur schriftlichen Stellungnahme zu geben. Das Disziplinarverfahren kann auch durchgeführt werden, wenn der Werktätige die Möglichkeit der mündlichen bzw. schriftlichen Stellungnahme nicht wahrnimmt.
(5) Das Disziplinarverfahren ist unter Mitwirkung eines Vertreters der zuständigen betrieblichen Gewerkschaftsleitung oder des Vertrauensmannes durchzuführen.
(6) Kann der Werktätige wegen der ihm zur Last gelegten Arbeitspflichtverletzung nicht mit der vereinbarten Arbeitsaufgabe weiterbeschäftigt werden, ist der Betrieb berechtigt, ihm bis zum Abschluß des Disziplinarverfahrens eine andere Arbeit zu übertragen. Für die Entlohnung finden die Bestimmungen der §§ 89 und 90 Anwendung.

§ 257

(1) Das Disziplinarverfahren ist ohne Ausspruch einer Disziplinarmaßnahme zu beenden, wenn der erzieherische Zweck bereits durch das Verfahren erreicht wurde. Es ist einzustellen, wenn festgestellt wurde, daß der Werktätige keine Arbeitspflichtverletzung begangen oder nicht schuldhaft gehandelt hat. Dem Werktätigen ist die Beendigung bzw. Einstellung mitzuteilen.
(2) Die im Ergebnis des Disziplinarverfahrens ausgesprochene Disziplinarmaßnahme bedarf der Schriftform unter gleichzeitiger Angabe der Gründe.
(3) Der Werktätige hat das Recht, gegen eine ausgesprochene Disziplinarmaßnahme innerhalb von 2 Wochen nach Zugang Einspruch bei der Konfliktkommission bzw. Kammer für Arbeitsrecht des Kreisgerichts einzulegen.

§ 258

(1) Verweis und strenger Verweis erlöschen mit Ablauf eines Jahres, eine fristlose Entlassung erlischt mit Ablauf von 2 Jahren nach ihrem Ausspruch. Der Disziplinarbefugte kann die Disziplinarmaßnahme vorzeitig löschen, wenn der Werktätige eine vorbildliche Arbeitsdisziplin gezeigt hat.
(2) Erlischt eine Disziplinarmaßnahme, gilt sie von diesem Zeitpunkt ab als nicht ausgesprochen. Die durch eine fristlose Entlassung erfolgte Beendigung des Arbeitsrechtsverhältnisses wird dadurch nicht rückgängig gemacht.
(3) Erlischt eine Disziplinarmaßnahme, ist die Eintragung aus der Personalakte zu entfernen und zu vernichten. Der Werktätige ist darüber zu informieren.
(4) Die zuständige betriebliche Gewerkschaftsleitung bzw. Gewerkschaftsgruppe kann dem Disziplinarbefugten die vorzeitige Löschung einer Disziplinarmaßnahme vorschlagen.

§ 259

In Rechtsvorschriften über besondere Rechte, Pflichten und Verantwortlichkeit der Werktätigen gemäß § 80 Abs. 2 kann die disziplinarische Verantwortlichkeit anders geregelt werden.

Materielle Verantwortlichkeit

§ 260

(1) Der Werktätige ist dem Betrieb zum Ersatz des Schadens verpflichtet, wenn er durch Verletzung seiner Arbeitspflichten schuldhaft einen Schaden verursacht.
(2) Schadenersatz ist in Geld zu leisten. Das gilt nicht, wenn der Werktätige den Schaden auf Grund einer Vereinbarung mit dem Betrieb selbst behebt.

§ 261

(1) Schaden ist jede Minderung des dem Betrieb anvertrauten sozialistischen Eigentums. Hierzu gehören der Verlust von Geld und Sachen, notwendige Kosten für die Beseitigung von Beschädigungen, entgangene Geldforderungen und entstandene Zahlungsverpflichtungen.
(2) Für einen fahrlässig verursachten Schaden ist der Werktätige bis zur Höhe des monatlichen Tariflohnes, den er zum Zeitpunkt des Schadenseintritts erhalten hat, materiell verantwortlich.
(3) Für einen vorsätzlich verursachten Schaden ist der Werktätige in voller Höhe materiell verantwortlich.

§ 262

(1) Für einen fahrlässig verursachten Schaden ist der Werktätige bis zur Höhe des Dreifachen seines monatlichen Tariflohnes materiell verantwortlich (erweiterte materielle Verantwortlichkeit), wenn er den Schaden herbeigeführt hat durch

a) den Verlust von Werkzeugen, Körperschutzmitteln oder anderen Gegenständen, die ihm vom Betrieb zur alleinigen Benutzung gegen schriftliche Bestätigung übergeben wurden,
b) den Verlust von Geld, anderen Zahlungsmitteln oder von Sachwerten, die er ständig oder zeitweilig allein in Gewahrsam hat.

(2) Die materielle Verantwortlichkeit gemäß Abs. 1 Buchst. b setzt voraus, daß der Betrieb den Werktätigen über die erweiterte materielle Verantwortlichkeit nachweisbar belehrt, sichere Aufbewahrungsmöglichkeiten zur Verfügung gestellt und die Sicherheitsbestimmungen eingehalten hat und daß nur der Werktätige Zugang zu den anvertrauten Werten hatte. In den Rahmenkollektivverträgen kann vereinbart werden, daß die materielle Verantwortlichkeit gemäß Abs. 1 Buchst. b auch Anwendung findet, wenn ein Werktätiger vereinbarungsgemäß mit einem anderen Werktätigen Geld, andere Zahlungsmittel oder Sachwerte ständig in Gewahrsam hat und die Arbeitsaufgabe das erfordert.
(3) Der Schaden gemäß Abs. 1 Buchstaben a und b gilt als vom Werktätigen fahrlässig verursacht, wenn der Betrieb nachgewiesen hat, daß alle im Abs. 1 Buchstaben a und b und im Abs. 2 geforderten Voraussetzungen erfüllt wurden und der Schaden nicht durch andere Umstände eingetreten sein kann.

§ 263

Für einen fahrlässig verursachten Schaden ist der Werktätige bis zur vollen Höhe materiell verantwortlich, wenn der Schaden durch eine unter Alkoholeinfluß begangene Arbeitspflichtverletzung herbeigeführt wurde und diese gleichzeitig eine Straftat darstellt, für die der Werktätige strafrechtlich zur Verantwortung gezogen wurde.

§ 264

(1) Haben mehrere Werktätige gemeinsam einen Schaden am sozialistischen Eigentum verursacht, ist jeder nach Art und Umfang seiner Beteiligung und der Art und dem Grad seines Verschuldens materiell verantwortlich. Soweit der Anteil des einzelnen nicht festzustellen ist, sind sie im gleichen Verhältnis materiell verantwortlich.
(2) Haben mehrere Werktätige durch eine gemeinschaftlich begangene Straftat vorsätzlich einen Schaden verursacht, kann der Betrieb den gesamten Schadenersatz von einem Beteiligten voll oder von mehreren Beteiligten in beliebigen Anteilen verlangen. Durch die Konfliktkommission bzw. das Gericht kann in Ausnahmefällen der Anteil jedes Beteiligten nach den Bestimmungen des Abs. 1 festgelegt werden.

§ 265

(1) Die materielle Verantwortlichkeit des Werktätigen ist ausgeschlossen, wenn sie nicht innerhalb von 3 Monaten nach Bekanntwerden des Schadens und des Verursachers, spätestens jedoch innerhalb von 2 Jahren nach dem Eintritt des Schadens, geltend gemacht wird. Wird die Schädigung des sozialistischen Eigentums durch schuldhafte Arbeitspflichtverletzung als Straftat verfolgt, kann die materielle Verantwortlichkeit noch innerhalb von 3 Monaten nach Kenntnis der abschließenden Entscheidung des zuständigen Organs geltend gemacht werden.
(2) Die materielle Verantwortlichkeit des Werktätigen ist vor der Konfliktkommission bzw. der Kammer für Arbeitsrecht des Kreisgerichts oder im Strafverfahren geltend zu machen. Das ist nicht erforderlich bei Schäden bis zu 10% des monatlichen Tariflohnes des Werktätigen, wenn dieser sich schriftlich zum Ersatz des Schadens verpflichtet hat.
(3) Die zuständige betriebliche Gewerkschaftsleitung ist von der Geltendmachung der materiellen Verantwortlichkeit zu informieren.

§ 266

(1) Der Betrieb kann auf den Schadenersatzanspruch verzichten, wenn der Werktätige einen angemessenen Teil der Schadensersatzsumme vereinbarungsgemäß gezahlt hat und durch vorbildliche Arbeitsdisziplin erwarten läßt, daß er künftig das sozialistische Eigentum achten wird.
(2) Mit der Verzichtserklärung erlischt der Schadenersatzanspruch des Betriebes in der angegebenen Höhe. Der Verzicht ist dem Werktätigen unter Angabe der Gründe schriftlich mitzuteilen.

14. Kapitel

Schadenersatzleistungen des Betriebes

Schadenersatz bei Arbeitsunfall und Berufskrankheit

§ 267

(1) Bei einem Arbeitsunfall gemäß § 220 Abs. 1 oder einer Berufskrankheit hat der Betrieb dem Werktätigen den dadurch entstandenen Schaden zu ersetzen.
(2) Eine Schadenersatzpflicht bei einem Arbeitsunfall besteht nicht, wenn der Werktätige trotz ordnungsgemäßer Belehrung, Unterweisung und Kontrolle aus grober Mißachtung seiner Pflichten im Gesundheits- und Arbeitsschutz diese vorsätzlich verletzt, dadurch der Arbeitsunfall herbeigeführt worden ist und der Betrieb dafür keine Ursache gesetzt hat.

§ 268

(1) Der Schadenersatzanspruch des Werktätigen umfaßt

a) die entgangenen und noch entgehenden auf Arbeit beruhenden Einkünfte, einschließlich der Minderung der Rentenansprüche,
b) die notwendigen Mehraufwendungen, insbesondere zur Wiederherstellung der Gesundheit und Arbeitsfähigkeit und zur Teilnahme am Arbeitsprozeß und am gesellschaftlichen Leben,
c) den Sachschaden.

(2) Auf den Anspruch gegen den Betrieb werden die Leistungen der Sozialversicherung, Leistungen aus der zusätzlichen Altersversorgung der Intelligenz und aus sonstigen Versorgungen angerechnet, die der Werktätige im Zusammenhang mit dem Arbeitsunfall bzw. der Berufskrankheit erhält. Das gleiche gilt für Einkünfte, die der Werktätige auf Grund ihm zumutbarer Arbeit erhält oder trotz Zumutbarkeit zu verdienen unterläßt (z. B. Ablehnung einer beruflichen Rehabilitation oder eines Qualifizierungs-, Änderungs- oder Überleitungsvertrages).
(3) Leistungen der Staatlichen Versicherung der Deutschen Demokratischen Republik aus Versicherungsverhältnissen zugunsten des Werktätigen oder seiner Hinterbliebenen haben auf die Höhe des Anspruchs keinen Einfluß.

§ 269

(1) Tritt infolge eines Arbeitsunfalles gemäß § 220 Abs. 1 oder einer Berufskrankheit der Tod des Werktätigen ein, ist der Betrieb verpflichtet, den Hinterbliebenen den durch Verlust des gesetzlichen Unterhaltsanspruchs entstandenen Schaden zu ersetzen. Der Betrieb hat die Bestattungskosten zu tragen.
(2) Die Bestimmungen der §§ 267 Abs. 2 und 268 Absätze 2 und 3 finden entsprechende Anwendung.

Schadenersatz in anderen Fällen

§ 270

(1) Verletzt der Betrieb Pflichten aus dem Arbeitsrechtsverhältnis oder bei der Vorbereitung des Arbeitsvertrages und wird dadurch dem Werktätigen Schaden zugefügt, hat der Betrieb dem Werktätigen den entstandenen Schaden zu ersetzen.
(2) Die Verpflichtung zum Schadenersatz entfällt, wenn der Betrieb die Umstände, die zum Schaden geführt haben, trotz Ausnutzung aller ihm durch die sozialistischen Produktionsverhältnisse gegebenen Möglichkeiten nicht abwenden konnte.
(3) Für den Umfang des Schadenersatzanspruchs finden die Bestimmungen der §§ 268 und 269 sinngemäß Anwendung.

§ 271

(1) Setzt sich der Werktätige aus gesellschaftlicher Verantwortung dafür ein, im Interesse des Betriebes Schäden zu verhüten oder zu mindern oder Gefahren abzuwehren, hat er Anspruch gegenüber dem Betrieb auf Ersatz der Aufwendungen, die er den Umständen nach für erforderlich halten konnte, sowie auf Entschädigung für eingetretene Nachteile.
(2) Verwendet der Werktätige mit betrieblicher Genehmigung persönliches Eigentum zur Erfüllung seiner Arbeitsaufgabe, hat der Betrieb ihm Schadenersatz zu leisten, wenn das persönliche Eigentum dabei beschädigt oder zerstört wird. Anspruch auf Schadenersatz besteht in dem Umfang nicht, in dem der Werktätige nach den Bestimmungen der §§ 260 bis 264 materiell verantwortlich wäre.

§ 272

Verjährung

Schadenersatzansprüche gegenüber dem Betrieb unterliegen der Verjährung. Die Verjährungsfrist beträgt 3 Jahre. Die Frist beginnt am 1. Tag des Monats, der dem Tag folgt, an dem der Anspruchsberechtigte Kenntnis vom Schaden und vom Ersatzpflichtigen erlangt. Hat der Betrieb Schadenersatz in Form wiederkehrender Leistungen zu gewähren, verjähren nur die fällig gewordenen Teilleistungen. Im übrigen gelten die Bestimmungen des § 128 Absätze 2 bis 5.

§ 273

Ersatzansprüche an Dritte

Soweit der Betrieb Schadenersatz leistet, gehen Schadenersatzansprüche des Werktätigen gegenüber Dritten auf den Betrieb über. Weitergehende zivilrechtliche Ansprüche des Werktätigen gegen den Schädiger werden dadurch nicht berührt.

15. Kapitel

Sozialversicherung der Arbeiter und Angestellten

Leitung der Sozialversicherung der Arbeiter und Angestellten durch den Freien Deutschen Gewerkschaftsbund

§ 274

(1) Die Sozialversicherung der Arbeiter und Angestellten ist ein wichtiger Bestandteil sozialistischer Sozialpolitik. Sie gewährt als Pflicht- und freiwillige Versicherung Sach- und Geldleistungen bei Krankheit, Arbeitsunfall und Mutterschaft sowie Rentenleistungen bei Invalidität, Arbeitsunfall, im Alter und für Hinterbliebene mit dem Ziel,

die Werktätigen, Rentner und deren Familienangehörige umfassend sozial zu betreuen.
(2) Die Sozialversicherung der Arbeiter und Angestellten wird vom Freien Deutschen Gewerkschaftsbund geleitet. Sie ist ein wichtiges Arbeitsgebiet der Gewerkschaften bei der allseitigen Vertretung der Interessen der Werktätigen. Die Leitung erfolgt entsprechend den Prinzipien des demokratischen Zentralismus durch die gewählten Organe des Freien Deutschen Gewerkschaftsbundes, der Industriegewerkschaften und Gewerkschaften auf der Grundlage der Verfassung der Deutschen Demokratischen Republik, der Satzung und Beschlüsse des Freien Deutschen Gewerkschaftsbundes sowie der Gesetze und anderer Rechtsvorschriften.

§ 275

(1) Die Betriebsgewerkschaftsleitungen führen in den Betrieben die Aufgaben des Freien Deutschen Gewerkschaftsbundes auf dem Gebiet der Sozialversicherung durch. Sie treffen in den ihnen durch Rechtsvorschriften und Richtlinien des Bundesvorstandes des Freien Deutschen Gewerkschaftsbundes übertragenen Fällen die notwendigen Entscheidungen, sofern der Betrieb die Geldleistungen der Sozialversicherung auszahlt.
(2) Die Betriebsgewerkschaftsleitungen kontrollieren, daß

a) die Betriebe die sich aus den Rechtsvorschriften und Betriebskollektivverträgen auf dem Gebiet der Sozialversicherung ergebenden Verpflichtungen, insbesondere bei der richtigen Berechnung und Auszahlung der Geldleistungen der Sozialversicherung sowie bei der termingerechten Abführung der Sozialversicherungsbeiträge und der Unfallumlage, erfüllen und gemeinsam mit dem Betriebsgesundheitswesen den vorbeugenden Gesundheitsschutz verbessern,
b) die Betriebsleiter regelmäßig den Krankenstand und das Unfallgeschehen im Betrieb auswerten und Maßnahmen zur Beseitigung von Krankenheits- und Unfallursachen festlegen.

(3) Die Betriebsgewerkschaftsleitungen lösen ihre Aufgaben mit Hilfe der Räte für Sozialversicherung und der in den Gewerkschaftsgruppen gewählten Bevollmächtigten für Sozialversicherung. Sie gewährleisten die aktive Mitwirkung der Werktätigen an der Leitung und Durchführung der Aufgaben der Sozialversicherung.

§ 276

Beim Freien Deutschen Gewerkschaftsbund besteht eine Verwaltung der Sozialversicherung des FDGB. Sie führt im Auftrag des Bundesvorstandes sowie der Bezirks-, Kreis- bzw. Stadtvorstände des Freien Deutschen Gewerkschaftsbundes die Aufgaben der Sozialversicherung der Arbeiter und Angestellten durch. Sie gewährt die Geldleistungen und trifft die notwendigen Entscheidungen in den ihr durch Rechtsvorschriften und Richtlinien des Bundesvorstandes des Freien Deutschen Gewerkschaftsbundes übertragenen Fällen, sofern die Geldleistungen nicht im Betrieb ausgezahlt werden. Sie ist verantwortlich für die Berechnung und Auszahlung der Renten.

§ 277

Verantwortung der Betriebe

(1) Die Betriebe sind verpflichtet, die erforderlichen Voraussetzungen für die Durchführung der Aufgaben auf dem Gebiet der Sozialversicherung im Betrieb zu schaffen und die Betriebsgewerkschaftsleitungen sowie die Räte und Bevollmächtigten für Sozialversicherung bei der Erfüllung ihrer Aufgaben zu unterstützen. Die Betriebsleiter sorgen gemeinsam mit den Betriebsgewerkschaftsleitungen für eine umfassende Aufklärung der Werktätigen des Betriebes über die freiwillige Zusatzrentenversicherung und für die Werbung aller in Frage kommenden Werktätigen.
(2) Die Betriebe sind zur termingemäßen Abführung der Sozialversicherungsbeiträge und der Unfallumlage verpflichtet. Betriebe, in denen Geldleistungen der Sozialversicherung ausgezahlt werden, sind für deren ordnungsgemäße Berechnung und Auszahlung verantwortlich.

Pflichtversicherung, Versicherungsschutz und Beiträge

§ 278

(1) Alle Werktätigen sind während der Dauer eines Arbeitsrechtsverhältnisses bei der Sozialversicherung der Arbeiter und Angestellten pflichtversichert. Sie und ihre Familienangehörigen erhalten umfassenden Versicherungsschutz und haben Anspruch auf die in diesem Gesetz und anderen Rechtsvorschriften festgelegten Sach- und Geldleistungen sowie Rentenleistungen. Die Befreiung von der Sozialpflichtversicherung bei Tätigkeiten mit geringfügigem Umfang wird besonders geregelt.
(2) Werktätige, deren Bruttoverdienst die Höchstgrenze für die Beitragspflicht zur Sozialversicherung von 600 M im Kalendermonat übersteigt, können entsprechend den Rechtsvorschriften der freiwilligen Zusatzrentenversicherung beitreten. Sie sichern sich damit einen Anspruch auf Zusatzrente sowie auf Krankengeld gemäß § 282 Abs. 2.

§ 279

(1) Die für die Leistungen der Sozialversicherung bereitgestellten und ständig steigenden finanziellen Mittel sind mit hoher Effektivität zur materiellen, sozialen und gesundheitlichen Betreuung der Werktätigen, Rentner und deren Familienangehörigen zu verwenden.
(2) Die Ausgaben der Sozialversicherung der Arbeiter und Angestellten werden durch den sozialistischen Staat, durch Beiträge und Unfallumlage der Betriebe sowie durch Beiträge der Werktätigen finanziert. Die Höhe der Beiträge und der Unfallumlage wird in Rechtsvorschriften geregelt.

Sach- und Geldleistungen der Sozialversicherung

§ 280

Zur Erhaltung und Wiederherstellung der Gesundheit und Leistungsfähigkeit sowie bei Mutterschaft gewährt die Sozialversicherung den Werktätigen und ihren anspruchsberechtigten Familienangehörigen unentgeltlich insbesondere folgende Sachleistungen:

a) ärztliche und zahnärztliche Behandlung sowie stationäre Behandlung in Krankenhäusern und anderen Gesundheitseinrichtungen ohne zeitliche Begrenzung,
b) Arzneimittel sowie andere Heil- und Hilfsmittel,
c) prophylaktische Kuren sowie Heil- und Genesungskuren.

§ 281

Die Sozialversicherung gewährt folgende Geldleistungen:

a) Krankengeld bei vorübergehender Arbeitsunfähigkeit wegen Krankheit, Arbeitsunfall und Berufskrankheit sowie bei Quarantäne,
b) Schwangerschafts- und Wochengeld,
c) Mütterunterstützung,
d) Unterstützung für alleinstehende Werktätige bei Pflege erkrankter Kinder,
e) Unterstützung für Werktätige mit Kindern bei Erkrankung des nichtberufstätigen Ehegatten,
f) Bestattungsbeihilfe.

§ 282

(1) Werktätige, die auf Grund ärztlich bescheinigter Arbeitsunfähigkeit wegen Krankheit von der Arbeit befreit sind, erhalten bis zur Dauer von 6 Wochen im Kalenderjahr Krankengeld in Höhe von 90% des auf einen Arbeitstag entfallenden Nettodurchschnittsverdienstes.
(2) Werktätige, deren monatlicher Bruttodurchschnittsverdienst die Höchstgrenze für die Beitragspflicht zur Sozialversicherung von 600 M nicht übersteigt, sowie Werktätige, die der freiwilligen Zusatzrentenversicherung angehören, erhalten ab 7. Woche der Arbeitsunfähigkeit wegen Krankheit im Kalenderjahr Krankengeld in folgender Höhe:

Werktätige	
ohne Kinder bzw. mit einem Kind	70%
mit 2 Kindern	75%
mit 3 Kindern	80%
mit 4 Kindern	85%
mit 5 und mehr Kindern	90%

des auf einen Arbeitstag entfallenden Nettodurchschnittsverdienstes.

(3) Werktätige mit 2 und mehr Kindern, deren monatlicher Bruttodurchschnittsverdienst die Höchstgrenze für die Beitragspflicht zur Sozialversicherung von 600 M übersteigt und die der freiwilligen Zusatzrentenversicherung nicht angehören, erhalten ab 7. Woche der Arbeitsunfähigkeit wegen Krankheit im Kalenderjahr Krankengeld in folgender Höhe:

Werktätige

mit 2 Kindern	65%
mit 3 Kindern	75%
mit 4 Kindern	80%
mit 5 und mehr Kindern	90%

des auf einen Arbeitstag entfallenden Nettodurchschnittsverdienstes.
(4) Werktätige ohne bzw. mit einem Kind, deren monatlicher Bruttodurchschnittsverdienst die Höchstgrenze für die Beitragspflicht zur Sozialversicherung von 600 M übersteigt und die der freiwilligen Zusatzrentenversicherung nicht angehören erhalten ab 7. Woche der Arbeitsunfähigkeit wegen Krankheit im Kalenderjahr Krankengeld in Höhe von 50% des auf einen Arbeitstag entfallenden beitragspflichtigen Bruttodurchschnittsverdienstes.
(5) Für die Dauer der stationären bzw. halbstationären Behandlung in einer Tuberkulose-Heilstätte oder einer gleichgestellten Einrichtung besteht ab 7. Woche der Arbeitsunfähigkeit im Kalenderjahr Anspruch auf ein um 10% des Nettodurchschnittsverdienstes höheres Krankengeld als im Abs. 2 festgelegt, maximal in Höhe von 90% des Nettodurchschnittsverdienstes.

§ 283

Lehrlinge, die auf Grund ärztlich bescheinigter Arbeitsunfähigkeit wegen Krankheit von der Teilnahme an der Berufsausbildung befreit sind, erhalten Krankengeld in Höhe des Nettolehrlingsentgelts.

§ 284

Kämpfer gegen den Faschismus und Verfolgte des Faschismus erhalten Krankengeld in Höhe des Nettodurchschnittsverdienstes. Das gilt auch bei Quarantäne.

§ 285

Werktätige, die auf Grund ärztlich bescheinigter Arbeitsunfähigkeit wegen Arbeitsunfall oder Berufskrankheit von der Arbeit befreit sind, erhalten Krankengeld in Höhe des Nettodurchschnittsverdienstes, Lehrlinge in Höhe des Nettolehrlingsentgelts.

§ 286

(1) Krankengeld wird auf Grund ärztlich bescheinigter Arbeitsunfähigkeit wegen Krankheit, Arbeitsunfall oder Berufskrankheit vom 1. Arbeitstag der Arbeitsbefreiung bis zur Wiederherstellung der Arbeitsfähigkeit bzw. bis zum Eintritt der Invalidität oder bis zur Festsetzung der Unfallrente, längstens für 78 Krankheitswochen, gezahlt.
(2) Krankengeld wird auch bei stationärer Behandlung in Krankenhäusern oder anderen Gesundheitseinrichtungen sowie bei Durchführung einer prophylaktischen Kur, einer Heil- oder Genesungskur gezahlt.
(3) Krankengeld wird für Arbeitstage gewährt.

§ 287

Bei ärztlich angeordnetem Fernbleiben vom Arbeitsplatz bzw. von der Berufsausbildung wegen Ansteckungsgefahr (Quarantäne) erhalten

a) Werktätige Krankengeld in Höhe von 90% des Nettodurchschnittsverdienstes,
b) Lehrlinge Krankengeld in Höhe des Nettolehrlingsentgelts

für die Dauer der Quarantäne, sofern während dieser Zeit nach den Rechtsvorschriften keine Verpflichtung zur Übernahme einer anderen Arbeit besteht.

§ 288

Die Berechnung des Nettodurchschnittsverdienstes und des beitragspflichtigen Bruttodurchschnittsverdienstes für die Gewährung von Geldleistungen der Sozialversicherung erfolgt auf der Grundlage des im vorangegangenen Kalenderjahr erzielten Verdienstes. Einzelheiten der Berechnung werden in Rechtsvorschriften geregelt.

§ 289

Die Erhaltung, Festigung und Wiederherstellung der Gesundheit liegt im sozialistischen Staat im Interesse jedes Werktätigen und der gesamten Gesellschaft. Jeder Werktätige hat zur Erhaltung, Festigung und Wiederherstellung seiner Gesundheit beizutragen. Er ist verpflichtet, bei Erkrankung die ärztlich verordneten Behandlungsmaßnahmen gewissenhaft zu befolgen, durch sein gesamtes Verhalten den Heilungsprozeß zu fördern und jeglichen Mißbrauch von Leistungen der Sozialversicherung zu unterlassen. Bei groben oder wiederholten Verstößen gegen diese Pflichten können die Betriebsgewerkschaftsleitungen bzw. die Verwaltungen der Sozialversicherung entsprechend den Rechtsvorschriften entscheiden, daß Leistungen der Sozialversicherung ganz oder teilweise nicht gewährt bzw. zurückgefordert werden.

§ 290

Rentenleistungen

Die Sozialversicherung gewährt aus der Pflichtversicherung und freiwilligen Zusatzrentenversicherung entsprechend den Rechtsvorschriften folgende Rentenleistungen:

a) Rente bei Erreichen der in Rechtsvorschriften festgelegten Altersgrenzen,
b) Rente bei Invalidität, bei Arbeitsunfall und Berufskrankheit sowie bei Wechsel des Arbeitsplatzes zur Vermeidung einer Berufskrankheit,
c) Rente an Hinterbliebene und Unterhaltsrente,
d) Pflege-, Sonderpflege- und Blindengeld,
e) Zusatzrente im Alter, bei Invalidität und an Hinterbliebene, wenn der Werktätige der freiwilligen Zusatzrentenversicherung beigetreten ist.

16. Kapitel

Kontrolle der Einhaltung des Arbeitsrechts

§ 291

Staatliche und betriebliche Kontrolle

(1) Die Minister, die Leiter der anderen zentralen Staatsorgane, die Leiter der wirtschaftsleitenden Organe und die Betriebsleiter haben im Rahmen ihrer Leitungstätigkeit die Einhaltung des Arbeitsrechts in ihren Verantwortungsbereichen zu kontrollieren. Sie sind verpflichtet, bei Verletzung arbeitsrechtlicher Bestimmungen die Gesetzlichkeit wiederherzustellen, die erforderlichen Maßnahmen zur Verhinderung künftiger Rechtsverletzungen zu treffen und die Verantwortlichen zur Rechenschaft zu ziehen.
(2) Die örtlichen Volksvertretungen und deren Räte tragen eine hohe Verantwortung für die strikte Einhaltung der sozialistischen Gesetzlichkeit, für die Festigung der Sicherheit und Ordnung im Territorium und üben hierzu die Kontrolle aus. Sie nutzen dabei die Kontrollergebnisse der Organe der Arbeiter-und-Bauern-Inspektion. Die Räte der Bezirke und Kreise bzw. Stadtbezirke kontrollieren die Einhaltung des Arbeitsrechts in ihrem Territorium unabhängig von der Unterstellung der Betriebe. Sie sind berechtigt, bei Verletzung arbeitsrechtlicher Bestimmungen vom zuständigen Leiter oder Organ die Wiederherstellung der Gesetzlichkeit zu verlangen. Sie können fordern, daß die Verantwortlichen auf der Grundlage der Rechtsvorschriften disziplinarisch bzw. materiell zur Verantwortung gezogen oder andere geeignete Erziehungsmaßnahmen angewendet werden.
(3) Die Staatsanwaltschaft sowie andere staatliche Kontroll- und Aufsichtsorgane kontrollieren im Rahmen der ihnen durch Rechtsvorschriften übertragenen Aufgaben und Befugnisse die Einhaltung des Arbeitsrechts.

§ 292

Gesellschaftliche Kontrolle

(1) Die Gewerkschaften üben durch ihre Vorstände und Leitungen und andere gewerkschaftliche Organe sowie durch den Einsatz von Arbeiterkontrolleuren die gesellschaftliche Kontrolle über die Einhaltung des Arbeitsrechts aus.
(2) Die Vorstände und Leitungen der Gewerkschaften sind berechtigt, von den zuständigen Leitern Auskünfte und Stellungnahmen anzufordern und in Unterlagen einzusehen. Sie können bei Verletzung arbeitsrechtlicher Bestimmungen fordern, daß die Gesetzlichkeit wiederhergestellt wird und die Verantwortlichen auf der Grundlage der Rechtsvorschriften disziplinarisch oder materiell zur Verantwortung gezogen, Ordnungsstrafverfahren eingeleitet oder andere geeignete Erziehungsmaßnahmen angewendet werden. Der zuständige Leiter hat innerhalb von 2 Wochen schriftlich mitzuteilen, was auf Grund der gewerkschaftlichen Forderung veranlaßt wurde bzw. aus welchen Gründen ihr nicht gefolgt werden kann.
(3) Die Leitungen der Freien Deutschen Jugend haben das Recht, gemeinsam mit den Vorständen und Leitungen der Gewerkschaften die Einhaltung der arbeitsrechtlichen Bestimmungen zur Förderung und zum Schutz der werktätigen Jugend zu kontrollieren.
(4) Die Gewerkschaften und die Leitungen der Freien Deutschen Jugend führen ihre Kontrollen über die Einhaltung des Arbeitsrechts in enger Zusammenarbeit mit den Organen der Arbeiter-und Bauern-Inspektion durch.

§ 293

Kontrolle des Gesundheits- und Arbeitsschutzes durch die Gewerkschaften

(1) Die Kontrolle über den Gesundheits- und Arbeitsschutz in den Betrieben wird vom Freien Deutschen Gewerkschaftsbund durch die Arbeitsschutzinspektionen ausgeübt.
(2) Zur Wahrnehmung ihrer Kontrollaufgaben haben die Arbeitsschutzinspektoren des Freien Deutschen Gewerkschaftsbundes das Recht, Arbeitsstätten, Betriebsanlagen und -einrichtungen jederzeit zu betreten, Einsicht in Unterlagen zu nehmen und Auskünfte zu verlangen sowie Ermittlungen über Ursachen von Gefährdungen für Leben und Gesundheit, von Arbeitsunfällen, Berufskrankheiten und sonstigen arbeitsbedingten Erkrankungen durchzuführen.
(3) Die Arbeitsschutzinspektoren sind berechtigt, dem Betriebsleiter Auflagen zur Durchsetzung des Gesundheits- und Arbeitsschutzes zu erteilen und ihn zu beauflagen, Arbeitsmittel einschließlich Anlagen unverzüglich stillzulegen, wenn das Leben von Werktätigen unmittelbar gefährdet ist oder die unmittelbare Gefahr einer erheblichen Gesundheitsschädigung besteht.

§ 294

Kontrolle des Gesundheits- und Arbeitsschutzes durch staatliche Organe

(1) Die Kontrolle, Anleitung und Überwachung auf bestimmten Gebieten des Gesundheits- und Arbeitsschutzes wird durch spezielle staatliche Organe ausgeübt. Sie haben im Rahmen ihrer in Rechtsvorschriften geregelten Zuständigkeit insbesondere das Recht, Arbeitsstätten, Betriebsanlagen und -einrichtungen jederzeit zu betreten, Einsicht in Unterlagen zu nehmen und Auskünfte zu verlangen, Ermittlungen durchzuführen und an Untersuchungen teilzunehmen. Sie sind berechtigt, dem Betriebsleiter Auflagen zur Durchsetzung des Gesundheits- und Arbeitsschutzes zu erteilen und ihn zu beauflagen, Arbeitsmittel einschließlich Anlagen unverzüglich stillzulegen, wenn das Leben von Werktätigen unmittelbar gefährdet ist oder die unmittelbare Gefahr einer erheblichen Gesundheitsschädigung besteht.
(2) Die staatlichen Organe des Gesundheits- und Arbeitsschutzes sind verpflichtet, mit den gewerkschaftlichen Kontrollorganen und den Organen der Arbeiter-und-Bauern-Inspektion eng zusammenzuarbeiten.

§ 295

Verantwortlichkeit bei Verletzung arbeitsrechtlicher Bestimmungen

Betriebsleiter und leitende Mitarbeiter, die schuldhaft arbeitsrechtliche Bestimmungen verletzen, werden entsprechend den Rechtsvorschriften disziplinarisch, materiell, ordnungsstrafrechtlich bzw. strafrechtlich zur Verantwortung gezogen.

17. Kapitel

Entscheidung von Arbeitsstreitfällen und von Streitfällen auf dem Gebiet der Sozialversicherung der Arbeiter und Angestellten

§ 296

Grundsätze

(1) Werktätige und Betriebe haben das Recht, die Hilfe der Organe zur Entscheidung von Arbeitsstreitfällen und Sozialversicherungsstreitfällen in Anspruch zu nehmen.
(2) Die Organe zur Entscheidung von Arbeitsstreitfällen und Sozialversicherungsstreitfällen haben die Aufgabe, zur Festigung und Entwicklung sozialistischer Arbeitsverhältnisse in den Betrieben beizutragen, indem sie Streitfälle untersuchen, entscheiden und auswerten. In ihrer gesamten Tätigkeit haben sie darauf hinzuwirken, das sozialistische Arbeitsrecht durchzusetzen, die gesetzlich garantierten Rechte der Werktätigen zu sichern, das Rechtsbewußtsein der Werktätigen zu erhöhen und dem Entstehen von Streitfällen, Rechtsverletzungen und Verstößen gegen die sozialistische Arbeitsmoral vorzubeugen.

(3) Die Untersuchung, Entscheidung und Auswertung von Arbeitsstreitfällen erfolgt unter Mitwirkung der Werktätigen und ihrer Gewerkschaften. Sozialversicherungsstreitfälle werden unmittelbar durch gewerkschaftliche Organe entschieden.
(4) Die Organe zur Entscheidung von Arbeitsstreitfällen und Sozialversicherungsstreitfällen haben die Beteiligten über ihre Rechte und Pflichten zu beraten und bei der Wahrnehmung ihrer Rechte zu unterstützen. Die Beteiligten an Streitfällen haben das Recht und die Pflicht, am Verfahren teilzunehmen und an der Feststellung des Sachverhalts aktiv mitzuwirken. Sie haben Anspruch darauf, von dem für die Entscheidung zuständigen Organ gehört zu werden. Alle Entscheidungen sind in der gesetzlich vorgeschriebenen Frist zu treffen und mit einem Hinweis auf bestehende Einspruchsmöglichkeiten zu versehen.
(5) Die Organe zur Entscheidung von Arbeitsstreitfällen und Sozialversicherungsstreitfällen haben Beteiligte an Streitfällen, die unverschuldet eine Frist zur Einlegung eines Einspruchs versäumen, auf Antrag von den nachteiligen Folgen der Fristversäumnis zu befreien. Ein verspäteter Einspruch eines Werktätigen kann auch dann als rechtzeitig eingelegt behandelt werden, wenn dafür schwerwiegende Gründe vorliegen und dies im Interesse des Werktätigen dringend geboten ist.

Organe zur Entscheidung von Arbeitsstreitfällen

§ 297

Arbeitsstreitfälle werden auf der Grundlage eines Antrages, eines Einspruchs oder einer Klage in einem rechtlich geregelten Verfahren durch

a) die Konfliktkommissionen,
b) die Kreisgerichte,
c) die Bezirksgerichte und
d) das Oberste Gericht

entschieden. Dazu bestehen bei den Kreisgerichten Kammern und bei den Bezirksgerichten sowie beim Obersten Gericht Senate für Arbeitsrecht.

§ 298

(1) Die Wahl, Zuständigkeit und Arbeitsweise der Konfliktkommissionen werden durch Rechtsvorschriften geregelt.
(2) Der Werktätige bzw. der Betrieb kann gegen einen Beschluß der Konfliktkommission in Arbeitsstreitfällen innerhalb von 2 Wochen nach Zugang Einspruch beim Kreisgericht einlegen.
(3) Gegen die Entscheidung des Kreisgerichts oder des Bezirksgerichts, wenn dieses als Gericht 1. Instanz entschieden hat, kann der Werktätige bzw. der Betrieb innerhalb von 2 Wochen nach Zustellung der Entscheidung Berufung einlegen.
(4) Die Tätigkeit der staatlichen Gerichte in Arbeitsrechtssachen wird durch Rechtsvorschriften geregelt.

Rechte der Gewerkschaften

§ 299

(1) Der Freie Deutsche Gewerkschaftsbund hat das Recht, dem Minister der Justiz die Vorschläge für die Wahl der Richter der Kammern und Senate für Arbeitsrecht der Kreis- und Bezirksgerichte zu unterbreiten.
(2) Die Schöffen der Kammern für Arbeitsrecht der Kreisgerichte werden in öffentlichen Versammlungen in den Betrieben durch die wahlberechtigten Werktätigen auf Vorschlag des Freien Deutschen Gewerkschaftsbundes gewählt. Die Schöffen der Senate für Arbeitsrecht der Bezirksgerichte werden auf Vorschlag des Freien Deutschen Gewerkschaftsbundes durch die Bezirkstage gewählt. Die Schöffen des Senats für Arbeitsrecht des Obersten Gerichts werden auf Vorschlag des Staatsrates durch die Volkskammer gewählt. Sie werden vom Bundesvorstand des Freien Deutschen Gewerkschaftsbundes dem Staatsrat vorgeschlagen.

§ 300

(1) Die zuständigen betrieblichen Gewerkschaftsleitungen haben das Recht, an der Durchführung und Auswertung von Beratungen der Konfliktkommissionen mitzuwirken und ihren Standpunkt zur Rechtsverletzung bzw. zum Rechtsstreit darzulegen.
(2) Die zuständigen betrieblichen Gewerkschaftsleitungen können vom Betriebsleiter bzw. von leitenden Mitarbeitern die Auswertung von Konfliktkommissionsberatungen und Gerichtsverfahren im Betrieb bzw. in Bereichen des Betriebes fordern.

§ 301

(1) Die Vorstände und Leitungen der Gewerkschaften haben das Recht, zur Wahrung der Rechte der Werktätigen in arbeitsrechtlichen Verfahren vor den Gerichten Prozeßvertretungen zu übernehmen.
(2) Die Vorstände und Leitungen der Gewerkschaften haben das Recht, in Arbeitsrechtssachen mitzuwirken, insbesondere Stellung zu nehmen, Empfehlungen zur Sachaufklärung zu geben und Beweisanträge zu stellen. Sie haben das Recht, eine Gerichtskritik sowie eine besondere Verfahrensauswertung durch das Gericht zu beantragen.
(3) Die Gerichte berichten den Vorständen des Freien Deutschen Gewerkschaftsbundes ihres Territoriums über Erfahrungen aus ihrer Tätigkeit und über die gewerkschaftliche Mitwirkung in Arbeitsrechtssachen sowie über die Anwendung des sozialistischen Arbeitsrechts in den Betrieben. Die Vorstände des Freien Deutschen Gewerkschaftsbundes haben das Recht, diese Berichterstattung in regelmäßigen Abständen zu verlangen.

Organe zur Entscheidung von Streitfällen auf dem Gebiet der Sozialversicherung der Arbeiter und Angestellten

§ 302

Streitfälle auf dem Gebiet der Sozialversicherung der Arbeiter und Angestellten sowie Streitfälle über die Anerkennung eines Unfalls als Arbeitsunfall bzw. einer Krankheit als Berufskrankheit werden in einem rechtlich geregelten Verfahren auf der Grundlage eines Einspruchs oder eines Antrages entschieden durch

a) Kreisbeschwerdekommissionen für Sozialversicherung des Freien Deutschen Gewerkschaftsbundes,
b) Bezirksbeschwerdekommissionen für Sozialversicherung des Freien Deutschen Gewerkschaftsbundes,
c) die Zentrale Beschwerdekommission für Sozialversicherung des Freien Deutschen Gewerkschaftsbundes.

§ 303

(1) Der Werktätige kann bei der Kreisbeschwerdekommission für Sozialversicherung des Freien Deutschen Gewerkschaftsbundes Einspruch gegen eine Entscheidung der Betriebsgewerkschaftsleitung oder der Verwaltung der Sozialversicherung beim Kreisvorstand des Freien Deutschen Gewerkschaftsbundes aus der Anwendung der Bestimmungen der Sozialversicherung der Arbeiter und Angestellten einlegen. Das gleiche gilt für den Betrieb bei Entscheidungen über die Anerkennung eines Unfalls als Arbeitsunfall oder einer Krankheit als Berufskrankheit. Der Einspruch ist innerhalb von 2 Wochen nach Zugang der Entscheidung einzulegen.

(2) Die Wahl, Aufgaben und Arbeitsweise der Beschwerdekommissionen für Sozialversicherung des Freien Deutschen Gewerkschaftsbundes werden durch eine gemeinsame Richtlinie des Ministerrates und des Bundesvorstandes des Freien Deutschen Gewerkschaftsbundes geregelt.

§ 304

Mitwirken des Staatsanwalts

Der Staatsanwalt ist befugt, bei den Konfliktkommissionen, Gerichten und Beschwerdekommissionen für Sozialversicherung des Freien Deutschen Gewerkschaftsbundes selbständig arbeits- bzw. sozialversicherungsrechtliche Verfahren einzuleiten. Er kann Einspruch bzw. Protest gegen Entscheidungen dieser Organe einlegen und in allen Verfahren mitwirken und Anträge stellen.

§ 305

Verfahrenskosten

(1) Alle Verfahren vor den Organen zur Entscheidung von Arbeitsstreitfällen und Sozialversicherungsstreitfällen sind gebührenfrei. Auslagen dieser Organe (z. B. Entschädigungen von Zeugen und Sachverständigen) werden den Beteiligten nicht in Rechnung gestellt).
(2) In arbeitsrechtlichen Verfahren vor den Konfliktkommissionen und Gerichten trägt jeder Beteiligte die ihm entstehenden Aufwendungen bzw. außergerichtlichen Kosten selbst. Unterliegt der Betrieb ganz oder teilweise, hat er dem Werktätigen die notwendigen Aufwendungen bzw. außergerichtlichen Kosten zu erstatten. In anderen Fällen kann der Betrieb dem Werktätigen Aufwendungen erstatten.
(3) In Verfahren vor den Beschwerdekommissionen für Sozialversicherung des Freien Deutschen Gewerkschaftsbundes sind dem Werktätigen die notwendigen Aufwendungen aus dem Haushalt der Sozialversicherung zu erstatten.

Das vorstehende, von der Volkskammer der Deutschen Demokratischen Republik am sechzehnten Juni neunzehnhundertsiebenundsiebzig beschlossene Gesetz wird hiermit verkündet.

Berlin, den sechzehnten Juni neunzehnhundertsiebenundsiebzig

Verordnung über Arbeitszeit und Erholungsurlaub

vom 29. Juni 1961

(GBl. II Nr. 41 S. 263)

i. d. F.

der VO über die durchgängige 5-Tage-Arbeitswoche und die Verkürzung der wöchentlichen Arbeitszeit bei gleichzeitiger Neuregelung der Arbeitszeit in einigen Wochen mit Feiertagen vom 3. Mai 1967
(GBl. II Nr. 38 S. 237),[1]

der AO Nr. 4 vom 20. Juli 1967
(GBl. II Nr. 70 S. 483)[2],

der Anpassungsverordung vom 13. Juni 1968
(GBl. II Nr. 62 S. 363)[3],

der Bekanntmachung vom 1. Juni 1973
(GBl. I Nr. 27 S. 268)[4]

und der Verordnung über den Erholungsurlaub vom 28. September 1978
(GBl. I Nr. 33 S. 365)

In Zusammenfassung der gesetzlichen Bestimmungen wird auf Grund des § 10 des Einführungsgesetzes vom 12. April 1961 zum Gesetzbuch der Arbeit der Deutschen Demokratischen Republik (GBl. I S. 49) zur Durchführung der Kapitel 6 und 7 sowie der §§ 125, 128 bis 131 und 138 bis 140 des Gesetzbuches der Arbeit der Deutschen Demokratischen Republik vom 12. April 1961 (GBl. I S. 27)[5] folgendes verordnet:

I.

Arbeitszeit

Die Gestaltung der Arbeitszeit

§ 1

(1) (aufgehoben)
(2) Die wöchentliche Arbeitszeit beträgt für Jugendliche bis zur Vollendung des 16. Lebensjahres 42 Stunden und für Jugendliche bis zur Vollendung des 18. Lebensjahres 45[6] Stunden.
(3) Für Werktätige, die besonders schwere Arbeit leisten oder unter gesundheitsgefährdenden Bedingungen arbeiten, gilt die in Anlage 1 festgelegte tägliche bzw. wöchentliche Arbeitszeit. Diese Verkürzung der Arbeitszeit bedarf der Genehmigung der übergeord-

neten zentralen Organe bzw. der Räte der Bezirke im Einvernehmen mit dem Zentral- bzw. Bezirksvorstand der zuständigen Industriegewerkschaft bzw. Gewerkschaft.
(4) Für die Differenz zwischen der gesetzlichen wöchentlichen Arbeitszeit und der in der Anlage 1 festgelegten verkürzten Arbeitszeit wird ein Ausgleich in Höhe des Tariflohnes gezahlt.

§ 2

(1) In den Arbeitszeitplänen sind der Beginn und das Ende der Arbeits- und Pausenzeiten festzulegen. Die Arbeitszeitpläne sind den Werktätigen mindestens eine Woche vor Inkrafttreten bekanntzugeben.
(2) (aufgehoben)
(3) Eine unterschiedliche Dauer der täglichen Arbeitszeit darf nur festgelegt werden, wenn es die Eigenart der betrieblichen Aufgaben (z. B. in Verkehrsbetrieben) erfordert. Dabei darf die tägliche Arbeitszeit in der Regel nicht über 10 Stunden ausgedehnt werden.
(4) In Betrieben, die an Werk- und Sonntagen arbeiten, darf in Ausnahmefällen die wöchentliche Arbeitszeit bis 56 Stunden betragen, wenn sonst ein normaler Schichtwechsel nicht möglich ist. Die Arbeitszeit muß sich innerhalb von 6 Wochen ausgleichen. In den Rahmenkollektivverträgen der Bereiche des Verkehrs- und Nachrichtenwesens kann für den Ausgleich eine Frist bis zu 6 Monaten festgelegt werden.

§ 3

(1) Die arbeitsfreie Zeit zwischen 2 Arbeitswochen soll in der Regel eine Ruhezeit von 36 Stunden umfassen.
(2) Die arbeitsfreie Zeit eines Jugendlichen muß zwischen 2 Arbeitsschichten mindestens 12 Stunden betragen.

§ 4

In Schichtbetrieben gilt als Feiertags- bzw. Sonntagsarbeit die Arbeit in den Schichten, die am Feiertag bzw. Sonntag in der Zeit von 0.00 bis 24.00 Uhr beginnen. Diese Regelung gilt sinngemäß für die Bezahlung der durch einen Feiertag ausfallenden Arbeitszeit. Abweichende Regelungen können in Rahmenkollektivverträgen festgelegt werden.

Die Überstundenarbeit

§ 5

(1) (aufgehoben)
(2) Während einer Dienstreise gilt nicht als Überstundenarbeit die Zeit, die der Werktätige zur Hin- und Rückreise verwendet und die Zeit der Abwesenheit vom dienstlichen oder tatsächlichen Wohnsitz, in der er nicht dem Dienstauftrag gemäß tätig ist. Als Über-

stundenarbeit gilt nur die Arbeitszeit, die in Durchführung eines Dienstauftrages am Auftragsort auf Anordnung über die vereinbarte Arbeitszeit hinaus geleistet wird. Für Kraftfahrer und Beifahrer gilt als Arbeitszeit die Fahr- und Wartezeit.

§ 6

Überstundenarbeit darf nur angeordnet werden

a) in Notfällen (z. B. bei Katastrophen, Verkehrs- und Betriebsstörungen oder sonstigen Gefahren, die es abzuwenden oder zu beseitigen gilt),
b) aus saison- oder naturbedingten Gründen (sofern der Arbeitsanfall nicht innerhalb der tätglichen festgelegten Arbeitszeit bewältigt werden kann).
c) bei besonders wichtigen betrieblichen Aufgaben, wenn diese ohne Überstundenarbeit nicht termingerecht erfüllt werden können. Die Überstundenarbeit ist den Werktätigen in der Regel mindestens 48 Stunden vorher anzukündigen.

§ 7

(1) Die zur Anordnung von Überstundenarbeit erfolderliche Zustimmung der zuständigen betrieblichen Gewerkschaftsleitung ist vor der Anordnung einzuholen. Die nachträgliche Einholung der Zustimmung ist nur zulässig, wenn Überstunden notwendig waren

a) zur Abwendung oder Beseitigung drohender Gefahren (§ 6 Buchst. a),
b) in Arbeitsorten, die außerhalb des Stammsitzes des Betriebes liegen.

(2) Im Antrag auf Zustimmung ist die Notwendigheit der Überstundenarbeit eingehend zu begründen.

§ 8

(1) Tuberkulosekranke und -rekonvaleszenten dürfen nur mit Zustimmung des Tuberkulose-Beratungsarztes zur Überstunden- und Nachtarbeit herangezogen werden.
(2) Schwerbeschädigte dürfen nur unter Berücksichtigung der Art und des Grades ihres Körperschadens zur Überstunden- oder Nachtarbeit herangezogen werden.

§ 9

(1) Soweit der Werktätige Anspruch auf Bezahlung der Überstundenarbeit hat, darf diese auch durch Freizeit abgegolten werden, wenn die Erfüllung der betrieblichen Aufgaben nicht beeinträchtigt wird und der Werktätige damit einverstanden ist. Der Überstundenzuschlag ist auch in diesem Falle zu zahlen.
(2) Überstunden bis zu einer Dauer von 30 Minuten gelten als halbe Überstunde und bei einer Dauer von über 30 Minuten als volle Überstunde. In Rahmenkollektivverträgen können hiervon abweichende Regelungen festgelegt werden.

Freistellung von der Arbeit

§ 10

Die Freistellungen von der Arbeit erfolgen durch den Betriebsleiter in Abstimmung mit der zuständigen betrieblichen Gewerkschaftsleitung. Die Notwendigkeit der Freistellung ist nachzuweisen.

§ 11

(außer Kraft gesetzt)

§ 12

(aufgehoben)

§ 13

Jugendliche sind zur Erfüllung der gesetzlichen Berufsschulpflicht im erforderlichen Umfange von der Arbeit freizustellen. Die Freistellung hat für einen vollen Arbeitstag zu erfolgen, wenn die Berufsschulzeit einschließlich der Fahr- und Wegezeiten 6 Stunden erreicht. Für die Zeit der Freistellung wird das Lehrlingsentgelt bzw. der Durchschnittsverdienst gezahlt.

§ 14

(1) Lehrlinge, die in Lehrlingswohnheimen wohnen oder die anderweitig am Arbeitsort untergebracht sind, erhalten insgesamt fünfmal im Jahr zum Wochenende oder zu den Feiertagen bzw. zum Jahresurlaub freie Tage zur Heimfahrt.
(2) Bei einer Reisezeit von 7 bis 15 Stunden für Hin- und Rückfahrt ist 1 freier Tag, bei einer Reisezeit von mehr als 15 Stunden sind 2 freie Tage zu gewähren.
(3) Die Fahrkosten werden entsprechend den gesetzlichen Bestimmungen über Reisekostenvergütung ersetzt.

II.

Der Erholungsurlaub

§§ 15–21

(außer Kraft gesetzt)

III.

Ordnungsstrafbestimmungen

§ 22

(1) Wer vorsätzlich oder fahrlässig als Betriebsleiter oder leitender Mitarbeiter den Bestimmungen über

a) die Einhaltung der Arbeitszeit
b) die Einhaltung der Grenzen der Überstunden
c) den besonderen Schutz der Werktätigen mit schwerer oder gesundheitsgefährdender Arbeit oder
d) den besonderen Schutz der Tuberkuloseerkrankten oder -rekonvaleszenten, Schwerbeschädigten, Frauen und Jugendlichen

zuwiderhandelt, kann mit Verweis oder Ordnungsstrafe von 10 bis 300 M belegt werden.
(2) Die Durchführung des Ordnungsstrafverfahrens obliegt den Vorsitzenden der Räte der Kreise und den Leitern der zuständigen Arbeitsschutzinspektionen.
(3) Für die Durchführung des Ordnungsstrafverfahrens und den Ausspruch von Ordnungsstrafmaßnahmen gilt das Gesetz vom 12. Januar 1968 zur Bekämpfung von Ordnungswidrigkeiten – OWG – (GBl. I S. 101).

IV.

Schlußbestimmungen

§ 23

(1) Durchführungsbestimmungen erläßt das *Komitee für Arbeit und Löhne*[7] im Einvernehmen mit den Leitern der zuständigen zentralen Organe des Staatsapparates und dem Bundesvorstand des Freien Deutschen Gewerkschaftsbundes.
(2) Änderungen bzw. Ergänzungen der Anlagen 1 und 3 zu dieser Verordnung können durch das *Komitee für Arbeit und Löhne*[7] auf Antrag der Leiter der zentralen Organe des Staatsapparates vorgenommen werden. Die Anträge sind im Einvernehmen mit dem Ministerium der Finanzen[8] und dem Bundesvorstand des Freien Deutschen Gewerkschaftsbundes einzureichen.
(3) (außer Kraft gesetzt)

§ 24

Diese Verordnung tritt am 1. Juli 1961 in Kraft.

Anlage 1

zu vorstehender Verordnung

Sicherung der durchgängigen 5-Tage-Arbeitswoche für Werktätige mit besonders schwerer oder gesundheitsgefährdender Arbeit

I.

Verkürzung der wöchentlichen Arbeitszeit infolge besonders schwerer oder gesundheitsgefährdender Arbeit

A

Als Arbeiten unter besonders schweren oder gesundheitsgefährdenden Bedingungen werden die nachstehend aufgeführten Berufe oder Tätigkeiten unter Beachtung der jeweils vorangestellten Grundsätze festgelegt:

a) Arbeiten, die das ständige Tragen einer Kolloid- oder Gasfiltermaske (nicht Gummi, Schwamm-, Grobstaub-Filtermaske oder Frischluftgerät) bei Gasen, Dämpfen oder Stäuben nachstehender Stoffe erfordern:	Wöchentliche Arbeitszeit 35 Stunden

1. Aluminium oder dessen Verbindungen
2. Antimon oder dessen Verbindungen
3. Aromatische Nitro- und Aminoverbindungen
4. Arsen oder dessen Verbindungen
5. Asbeststaub
6. Benzol oder dessen Homologen
7. Beryllium oder dessen Verbindungen
8. Blei oder dessen Verbindungen
9. Brom
10. Chlor
11. Fluor
12. Fluorwasserstoff
13. Halogen-Kohlenwasserstoff
14. Jod
15. Kadmium oder dessen Verbindungen
16. Kalkstickstoff
17. Kohlenmonoxyd
18. Mangan oder dessen Verbindungen

19. Nickelcarbonyl
20. Nitrose Gase
21. Phosgen
22. Phosphor oder dessen Verbindungen
23. Quarzstaub
24. Quecksilber oder dessen Verbindungen
25. Schwefelkohlenstoff
26. Schwefelwasserstoff
27. Thallium oder dessen Verbindungen
28. Thomasschlacke
29. Zyanwasserstoff
30. Andere Stoffe, die ähnliche gesundheitsgefährdende Eigenschaften aufweisen, wie die unter Ziffern 1 bis 29 genannten

(Zeitweise Benutzung der Kolloid- oder Gasfiltermasken berechtigt nicht zur Verkürzung der Arbeitszeit).

b) Arbeiten, die das ständige Tragen einer die Hautatmung behindernden Arbeitsschutzkleidung (Gummianzüge bei Nässe) erfordern:	Wöchentliche Arbeitszeit 35 Stunden vor Ort

1. Beschäftigung beim Abteufen von Schächten und im Steinkohlenbergbau bei ständiger Einwirkung von Nässe und starken Wasserzuflüssen aus den Firsten
2. Beschäftigung beim Abteufen von Schächten und im Braunkohlenbergbau unter Tage bei ständiger Einwirkung von Nässe und starken Wasserzuflüssen aus den Firsten
3. Beschäftigung beim Abteufen von Schächten und im Kali- und Steinsalzbergbau bei ständiger Einwirkung von Nässe und starken Wasserzuflüssen aus den Firsten
4. Beschäftigung beim Abteufen von Schächten und im Erzbergbau sowie im Bergbau der Baustoffindustrie bei ständiger Einwirkung von Nässe und starken Wasserzuflüssen aus den Firsten

c) Arbeiten unter höherem als atmosphärischem Druck:	Wöchentliche Arbeitszeit
1. Caissonarbeiter bei einem Überdruck bis 1,3 kp/cm²	41 Stunden am Arbeitsort
bei einem Überdruck bis 2,0 kp/cm²	29 Stunden am Arbeitsort
bei einem Übdruck bis 2,5 kp/cm²	23½ Stunden am Arbeitsort
bei einem Überdruck bis 2,9 kp/cm²	20½ Stunden am Arbeitsort
bei einem Überdruck bis 3,2 kp/cm²	16 Stunden am Arbeitsort
bei einem Überdruck bis 3,5 kp/cm²	14½ Stunden am Arbeitsort (In den Arbeitszeiten sind die Zeiten für das Ein- und Ausschleusen nicht enthalten) Dauert die Schicht länger als 4 Stunden, sind innerhalb der Arbeitszeit bezahlte Pausen von zusammen 30 Minuten zu gewähren
2. Taucher bei Tauchtiefen von 11 bis 20 m	Wöchentliche Arbeitszeit 43¾ Stunden Nach 4 Stunden Arbeitszeit ist eine bezahlte Pause von 30 Minuten zu gewähren
bei Tauchtiefen von über 20 bis 30 m	Wöchentliche Arbeitszeit 35 Stunden einschließlich Ab- und Aufstiegszeiten unter Beachtung der ASAO 623
bei Tauchtiefen über 30 m	wöchentliche Arbeitszeit 29 Stunden einschließlich Ab- und Aufstiegszeiten unter Beachtung der ASAO 623
d) Arbeiten im Bergbau unter Tage, die ständig oder überwiegend in beschwerlichem Umgebungsklima bei gleichzeitiger schwerer körperlicher Belastung durchgeführt werden:	Wöchentliche Arbeitszeit
1. An Betriebspunkten mit Trockentemperaturen über +30 °C, jedoch nicht über +36 °C, mit Feuchttemperaturen bis +25 °C und einer Wettergeschwindigkeit am Arbeitsplatz von mehr als 0,3 m/s	35 Stunden

2. An Betriebspunkten mit Trockentemperaturen bis +36 °C, mit Feuchttemperaturen über über +25 °C, jedoch nicht über +28 °C und einer Wettergeschwindigkeit am Arbeitsplatz von mindestens 0,5 m/s	35 Stunden
3. An Betriebspunkten, an denen die in den Ziffern 1 und 2 für die betreffenden Temperaturbereiche geforderten Mindestwettergeschwindigkeiten nicht erreicht werden	29 Stunden
4. An Betriebspunkten mit Feuchttemperaturen über +28 °C und einer Wettergeschwindigkeit am Arbeitsplatz von mindestens 0,5 m/s. Wird diese Mindestwettergeschwindigkeit nicht erreicht, so dürfen Arbeiten nur in Fällen der Not oder Gefahr unter Aufsicht verrichtet werden.	29 Stunden
Wird die Trockentemperatur von +36 °C oder die Feuchttemperatur von +30 °C am Arbeitsplatz überschritten, so dürfen Arbeiten nur in Fällen der Not oder Gefahr von Werktätigen im Alter bis zu 40 Jahren unter Aufsicht verrichtet werden.	In die tägliche Arbeitszeit nach den Ziffern 1 bis 4 sind erforderliche Abkühlungspausen einzurechnen, nicht aber die gesetzlich vorgeschriebenen Pausen und die auf dem Hin- und Rückweg zum und vom Betriebspunkt entfallende Zeit unter Tage.
An Betriebspunkten mit Trockentemperaturen über +30 °C und Feuchttemperaturen über +25 °C dürfen Werktätige nur arbeiten, wenn ihnen vor Arbeitsaufnahme durch ein bergbauärztliches Zeugnis gemäß den entsprechenden Richtlinien ausdrücklich bestätigt wird, daß sie zu Arbeiten an solchen Stellen tauglich sind. Diese Untersuchungen sind in halbjährlichen Abständen zu wiederholen.	Anzahl und Dauer der erforderlichen Abkühlungspausen sind vom Betriebsleiter im Einvernehmen mit den Leitern der Arbeitsschutzinspektion und Arbeitssanitätsinspektion festzulegen. Übersteigen in den der Fahrung zum oder vom Betriebspunkt dienenden Grubenbauen die Trockentemperaturen +30 °C oder die Feuchttemperaturen +25 °C, so ist dies bei der Festlegung der Abkühlungspausen besonders zu berücksichtigen

e) Arbeiten, die mit einer außergewöhnlichen einseitigen Belastung verbunden sind:	Wöchentliche Arbeitszeit
1. Fernschreiber in Großnetz-Fernschreibstellen, Telefonisten in Großnetz-Fernsprechvermittlungen sowie Telegrafisten und Betriebsfunker in stark ausgelasteten und besonders von den Ministerien zu benennenden Dienststellen der Deutschen Post und des Verkehrswesens, die ausschließlich diese Tätigkeit ausüben in: a) Telegrafenverteilungsämtern b) Telegrafendienststellen am Sitz eines Überweisungsfernamtes c) Telegrammaufnahmen durch Fernsprecher bei Telegrafendienststellen d) bei Telexhandvermittlungen, e) Telefonfernämtern f) Nebenstellenanlagen mit Handvermittlung über 100 Anschlüsse g) an Auskunftsplätzen in großen Fernämtern h) Funksendestellen i) Funkempfangsstellen	41 Stunden In der täglichen Arbeitszeit sind zwei bezahlte Pausen von je 20 Minuten zu gewähren.
2. Magnetophon-Schreiber beim Staatlichen Rundfunk-Komitee	wie unter Ziffer 1
3. Locher und Prüfer in Rechenstationen, die ausschließlich Lochungen vornehmen.	wie unter Ziffer 1
4. Beschäftigte der Abteilung Zündhütchen des VEB Sprengstoffwerk I Schönebeck (Elbe)	Wöchentliche Arbeitszeit 41 Stunden
5. Lichtsetzer Kartographie	41 Stunden
6. Stereoauswerter und Entzerrer Fotogrammetrie	35 Stunden
7. Beschäftigte des Meteorologischen Dienstes, die Routineauswertung am Stecometer durchführen	41 Stunden In der täglichen Arbeitszeit ist nach 4 Stunden eine bezahlte Pause von 20 Minuten zu gewähren
f) Beschäftigte des operativen Flugsicherungsdienstes der Interflug, die permanenten übermäßigen psycho-nervalen Beanspruchungen ausgesetzt sind	Wöchentliche Arbeitszeit 41 Stunden In der täglichen Arbeitszeit sind zwei bezahlte Pausen von je 20 Minuten zu gewähren

g) Arbeiten unter gesundheitsgefährdender Strahlungseinwirkung (Röntgen, Radium)
Beschäftigte, die überwiegend durch die Art ihrer Tätigkeit an Anlagen in Betrieben und Einrichtungen der Industrie einer gesundheitsgefährdenden Einwirkung von Röntgen- oder anderer ionisierender Strahlung ausgesetzt sind.

Beschäftigte, die überwiegend durch die Art ihrer Tätigkeit in Röntgen- und Radiumstationen oder anderen Einrichtungen des Gesundheitswesens einer gesundheitsgefährdenden Einwirkung von Röntgen- oder anderer ionisierender Strahlung ausgesetzt sind.

Wöchentliche Arbeitszeit 41 Stunden

B

Verkürzung der täglichen Gesamtarbeitszeit durch Einschalten mehrerer bezahlter Pausen neben der gesetzlich festgelegten Mittagspause für Werktätige, deren wöchentliche Arbeitszeit $43^3/_4$ Stunden bzw. für Werktätige, die im Dreischichtsystem arbeiten, 42 Stunden im Wochendurchschnitt beträgt:

a) Beschäftigte, die ständiger Hitzeeinwirkung aussetzt sind:

1. Offenmaurer, Monteure, Helfer, die ständig Schnell- oder Teilreparaturen in Industrieöfen mit Raumtemperaturen über +40 °C ausführen. Darunter fallen Schachtöfen, Martinöfen, Stoß- und Brammenöfen, Tieföfen, Konverter, Röstöfen, Drehrohröfen und Elektroöfen

2. Ofenmänner an Stoß-, Brammen- und Tieföfen sowie Walzer und Abnehmer an Walz- und Ziehgerüsten in Warmwalzwerken, die ständig unmittelbar der strahlenden Hitze ausgesetzt sind

3. Brandzerreißer in Kokereien

4. Schwefelofenreiniger in Schwelereien während des Einsatzes

Tägliche Pausen

Die Dauer der bezahlten zusätzlichen Pause beträgt in der Regel 15 Minuten je Stunde. Bei besonderen betrieblichen Bedingungen kann die Dauer der zwischen den Pausen liegenden Arbeitszeit verkürzt oder verlängert werden

5. Heißkoks-Redlerwärter in Unterflurräumen des Ofenhauses in Schwelereien	
6. Absticharbeiter an Karbidöfen	
7. Deckarbeiter an Karbidöfen mit Handbeschickung	Die Gesamtdauer der bezahlten zusätzlichen Pause darf jedoch je Stunde 15 Minuten nicht übersteigen
8. Heizungsmonteure und Helfer, Isolierer, Schweißer und Anstreicher bei Tätigkeiten in geschlossenen und engen Räumen bei einer Temperatur über +40 °C	
b) Beschäftigte, die ständig erheblicher Kälteeinwirkung ausgesetzt sind: Kühlhausarbeiter, soweit sie in den Kühlräumen tätig sind:	
bei Temperaturen von −10 °C bis −20 °C	Nach jeweils 50 Minuten Arbeitszeit sind bezahlte Pausen von je 10 Minuten zu gewähren
bei Raumtemperaturen von −21 °C bis −30 °C	Nach jeweils 45 Minuten Arbeitszeit sind bezahlte Pausen von je 15 Minuten gewähren
bei Raumtemperaturen unter −30 °C	Nach jeweils 40 Minuten Arbeitszeit sind bezahlte Pausen von je 20 Minuten zu gewähren
c) Stereoauswerter und Entzerrer des Geodätischen Dienstes	In der Vormittags- und Nachmittagsarbeitszeit sind bezahlte Pausen von je 15 Minuten zu gewähren

II.

1. Die Arbeitszeit nach Abschnitt I Teil A ist gleichmäßig auf 5 Arbeitstage der Woche zu verteilen. Eine Verteilung auf weniger als 5 Arbeitstage ist nicht gestattet.
2. Ergibt die gleichmäßige Verteilung der Arbeitszeit nach Abschnitt I Teil A auf 5 Arbeitstage eine tägliche Arbeitszeit von einzelnen Minuten, so kann zur Sicherung einer Arbeitszeit nach Stunden bzw. halben oder viertel Stunden an einzelnen Tagen

eine Auf- bzw. Abrundung vorgenommen werden. Dabei darf die Verlängerung der Arbeitszeit eines Tages nicht mehr als 10% der einheitlichen täglichen Arbeitszeit betragen. Die Einhaltung der gesetzlichen Arbeitszeit ist in jedem Falle zu sichern.

3. Ist eine gleichmäßige Verteilung der gesetzlichen wöchentlichen Arbeitszeit auf 5 Arbeitstage aus arbeitsmedizinischen Gründen nicht möglich, kann nach Abstimmung mit der zuständigen Arbeitssanitätsinspektion entsprechend den vom Ministerium für Gesundheitswesen herausgegebenen Grundsätzen festgelegt werden, daß die tägliche Arbeitszeit weniger als ein Fünftel der gesetzlichen wöchentlichen Arbeitszeit beträgt. Zur Einhaltung der gesetzlichen Wochenarbeitszeit ist in diesen Fällen in bestimmten Wochen an 6 Tagen zu arbeiten. In diesen Wochen kann die Arbeitszeit um ein Sechstel länger als in den übrigen Wochen sein.

Anlage 2

zu vorstehender Verordnung

(außer Kraft gesetzt)

Anlage 3 (Auszug)

zu vorstehender Verordnung

Verzeichnis der schweren und gesundheitsgefährdenden Arbeiten

B. Gesundheitsgefährdende Arbeiten

Arbeiten, bei denen durch die Art der Tätigkeit

1. eine Infektionsgefährdung charakteristisch ist, z. B. in Seuchen- und Tuberkuloseeinrichtungen und in Laboratorien, die zur Untersuchung tuberkulösen Materials sowie zum Arbeiten mit pathogenen Mikroorganismen zugelassen sind;
2. eine gesundheitsgefährdende Einwirkung von Röntgen- oder anderen ionisierenden Strahlen charakteristisch ist;
3. eine Einwirkung gesundheitsgefährdender Stoffe charakteristisch ist, z. B. durch folgende Stoffe:

   Alkali-Chromate,
   Arsen oder seine Verbindungen,
   Asbeststaub,
   Benzol oder seine Homologen,
   Blausäure,
   Blei oder seine Verbindungen,

Halogen-Kohlenwasserstoffe,
Kadmium oder seine Verbindungen,
Kalkstickstoffe,
Kohlenoxyd,
Mangan oder seine Verbindungen,
Methanol,
Nitro- und Aminoverbindungen des Benzols oder seiner Homologen und deren Abkömmlinge,
Nitro-Gase,
Phosphor oder seine Verbindungen,
Quarzstaub,
Quecksilber oder seine Verbindungen,
Schwefelkohlenstoff,
Schwefelwasserstoff,
Thomasmehl,

sofern die Beschäftigten bei Ausübung ihrer Arbeit tätsächlich gefährdet sind;

4. Arbeiten, bei denen die Beschäftigten mit angelegtem Atemschutzgerät arbeiten müssen.

[1]) § 1 Abs. 4 i. d. F. dieser VO, die am 28. 8. 1967 in Kraft trat; abgedruckt unter G 08 02. § 1 Abs. 1, § 2 Abs. 2, § 5 Abs. 1 und § 12 wurden durch diese VO aufgehoben.

[2]) Anlage 1 wurde durch diese AO, die am 28. 8. 1967 in Kraft trat, neu gefaßt.

[3]) § 22 i. d. F. der AnpassungsVO, die am 1. 7. 1968 in Kraft trat.

[4]) §§ 11 und 23 Abs. 3 sowie Anlage 2 wurden durch diese Bkm mit Wirkung vom 30. 6. 1973 außer Kraft gesetzt.

[5]) Jetzt: Arbeitsgesetzbuch der DDR; abgedruckt unter G 08 01.

[6]) Diese Regelung wurde durch die VO über die durchgängige 5-Tage-Arbeitswoche und die Verkürzung der wöchentlichen Arbeitszeit bei gleichzeitiger Neuregelung der Arbeitszeit in einigen Wochen mit Feiertagen vom 3. 5. 1967 (GBl. II Nr. 38 S. 237) — abgedruckt unter G 08 02 — gegenstandslos (vgl. § 1 dieser VO).

[7]) Jetzt: Staatssekretariat für Arbeit und Löhne.

[8]) Gem. § 3 Abs. 1 Ziff. 2 der VO über die Aufhebung bzw. Änderung gesetzlicher Bestimmungen auf dem Gebiet Arbeit und Löhne vom 5. 12. 1963 (GBl. II 1964 Nr. 3 S. 13) ist die Mitwirkung des Ministeriums der Finanzen und des Komitees für Arbeit und Löhne entfallen.

Verordnung über die durchgängige 5-Tage-Arbeitswoche und die Verkürzung der wöchentlichen Arbeitszeit bei gleichzeitiger Neuregelung der Arbeitszeit in einigen Wochen mit Feiertagen

vom 3. Mai 1967

(GBl. II Nr. 38 S. 237)

i. d. F. der VO über die Regelung der Arbeitszeit im Zusammenhang mit gesetzlichen Feiertagen vom 25. September 1968

(GBl. II Nr. 104 S. 829)[1]

Die auf dem VII. Parteitag der Sozialistischen Einheitspartei Deutschlands gezogene Bilanz über die politische, ökonomische und kulturelle Entwicklung der Deutschen Demokratischen Republik zeigt, daß auf allen Gebieten des gesellschaftlichen Lebens bedeutende Fortschritte erzielt wurden. Das ermöglicht die Einführung der durchgängigen 5-Tage-Arbeitswoche.

Die Vorbereitung und die Einführung der 5-Tage-Arbeitswoche stellt höhere Anforderungen an die sozialistische Leitungstätigkeit aller Staats- und Wirtschaftsorgane. Auf der Grundlage des wissenschaftlichen Arbeitsstudiums ist der effektivste Einsatz und die volle Auslastung der Technik sowie die zweckmäßigste Gestaltung der Technologie und der Produktionsorganisation bei der Einführung der durchgängigen 5-Tage-Arbeitswoche zu organisieren. Die volle Ausnutzung der Arbeitszeit und die Erhöhung der Arbeitsdisziplin sind wesentliche Voraussetzungen, die durchgängige 5-Tage-Arbeitswoche erfolgreich zu verwirklichen.

Die Übereinstimmung der persönlichen Interessen der Werktätigen mit den volkswirtschaftlichen Erfordernissen bei der durchgängigen 5-Tage-Arbeitswoche macht es erforderlich, daß die Arbeitszeit in einigen Wochen mit Feiertagen neu geregelt wird. Das führt zu einer Erhöhung der Kontinuität der Produktion und ermöglicht eine Verkürzung der wöchentlichen Arbeitszeit.

Zur Verwirklichung der Beschlüsse des VII. Parteitages der Sozialistischen Einheitspartei Deutschlands wird im Einvernehmen mit dem Bundesvorstand des Freien Deutschen Gewerkschaftsbundes folgendes verordnet:

§ 1

(1) In der Deutschen Demokratischen Republik wird für die Werktätigen die durchgängige 5-Tage-Arbeitswoche ab 28. August 1967 eingeführt.

(2) Die Arbeitszeit der Werktätigen, deren wöchentliche Arbeitszeit 45 Stunden beträgt, wird auf wöchentlich $43^3/_4$ Stunden und die Arbeitszeit der Werktätigen, die ständig im

Dreischicht- oder durchgehenden Schichtsystem arbeiten, von wöchentlich 44 Stunden auf 42 Stunden im Wochendurchschnitt verkürzt. Abweichende Festlegungen sind im § 7 Abs. 1 Buchstaben b) und d) geregelt.
(3) Die durchgängige 5-Tage-Arbeitswoche und die Verkürzung der wöchentlichen Arbeitszeit bei gleichzeitiger Neuregelung der Arbeitszeit in einigen Wochen mit Feiertagen gelten für die in einem Arbeitsrechtsverhältnis stehenden Werktätigen der Betriebe und Einrichtungen aller Eigentumsformen, der staatlichen Organe und Einrichtungen sowie der gesellschaftlichen Organisationen.

§ 2

Die durchgängige 5-Tage-Arbeitswoche wird wie folgt eingeführt:

1. Für die Werktätigen, die im Ein- oder Zweischichtsystem arbeiten, ist die wöchentliche Arbeitszeit von $43^3/_4$ Stunden gleichmäßig auf die Arbeitstage Montag bis Freitag zu verteilen. Die Arbeitszeit beträgt für die Werktätigen einheitlich an allen Tagen $8^3/_4$ Stunden.
2. Für die Werktätigen, die ständig im Dreischicht- oder durchgehenden Schichtsystem arbeiten, ist auf der Grundlage der durchschnittlichen wöchentlichen Arbeitszeit von 42 Stunden eine solche Arbeitszeitregelung einzuführen, die diesen Werktätigen im Prinzip die gleiche zusammenhängende arbeitsfreie Zeit wie den anderen Werktätigen sichert.

§ 3

(1) Für Werktätige der Bereiche, die für die Versorgung und Betreuung der Bevölkerung verantwortlich sind, deren tägliche Arbeitszeit nicht gemäß § 2 Ziff. 1 auf einheitlich $8^3/_4$ Stunden festgelegt werden und denen der arbeitsfreie Sonnabend nicht gewährt werden kann, ist der arbeitsfreie Tag an einem anderen Werktag der Woche zu gewähren, der nicht mit dem Sonntag zusammenhängen muß. Erforderliche spezifische Arbeitszeitregelungen sind in Rahmenkollektivverträgen von den zuständigen Vertragspartnern zu vereinbaren.
(2) Für die Werktätigen in den Bereichen, in denen auf Grund von Besonderheiten der Produktion (Arbeit) bzw. der Vegetationsperiode nicht in jeder Woche der arbeitsfreie Sonnabend gewährt werden kann, ist die Arbeitszeit so zu regeln, daß ähnliche Vergünstigungen für sie wirksam werden. Die spezifischen Arbeitszeitregelungen für diese Bereiche sind in Rahmenkollektivverträgen von den zuständigen Vertragspartnern zu vereinbaren.
(3) Die gesetzliche Arbeitszeit der Werktätigen in den Volkseigenen Gütern (VEG) und ihnen gleichgestellten Betrieben beträgt im Jahresdurchschnitt $43^3/_4$ Stunden wöchentlich. Die Verteilung der Arbeitszeit und die Gewährung arbeitsfreier Tage erfolgt durch den Direktor im Einvernehmen mit der BGL auf der Grundlage des Beschlusses der Belegschafts- bzw. Vertrauensleutevollversammlung. Zur Regelung der Arbeitszeit in den sozialistischen Genossenschaften der Landwirtschaft ist durch den Vorsitzenden des Landwirtschaftsrates der DDR eine Empfehlung herauszugeben.
(4) Schichtsysteme, die auf der Grundlage von Beschlüssen des Ministerrates eingeführt

wurden und nach denen innerhalb von zwei Wochen mehrere arbeitsfreie Tage im Rahmen der gesetzlichen Arbeitszeit gewährt werden (z. B. für Bau- und Montagearbeiter), können bestehen bleiben.

§ 4

Der Unterricht an den allgemeinbildenden und berufsbildenden Schulen und die Lehrveranstaltungen an den Universitäten, Hoch- und Fachschulen sind an sechs Werktagen in der Woche durchzuführen. Für die Lehrer der allgemeinbildenden und berufsbildenden Schulen, die hauptamtlichen Lehrer in den Einrichtungen der Erwachsenenqualifizierung sowie die Lehrkräfte der Universitäten, Hoch- und Fachschulen bleibt die bisherige Arbeitszeitregelung bestehen.

§ 5

(1) Die Verkürzung der wöchentlichen Arbeitszeit erfolgt bei gleicher Leistung ohne Lohnminderung. In den Betrieben und Einrichtungen sind durch verstärkte Rationalisierung, Verbesserung der Arbeitsorganisation und Ausschöpfung aller Reserven auf der Basis des wissenschaftlichen Arbeitsstudiums die Voraussetzungen dafür zu schaffen, daß die Werktätigen in der kürzeren wöchentlichen Arbeitszeit die Planaufgaben erfüllen und damit ihren bisherigen Lohn erhalten.

(2) Wenn die Lohnbedingungen es nicht zulassen, daß die Werktätigen in der kürzeren Arbeitszeit ihren bisherigen Lohn erreichen, wird für die ausfallende Arbeitszeit ein Lohnausgleich gezahlt. Die Tarife werden nicht verändert.

§ 6

(1) Die Monatslöhne, die Gehälter und die Lehrlingsentgelte bleiben unverändert.

(2) Werktätige, die im Zeitlohn arbeiten, erhalten als Ausgleich für die ausfallende Arbeitszeit den Tariflohn.

(3) Für Werktätige, die nach anderen Lohnformen arbeiten, gilt folgende Regelung:

a) Für im Stücklohn beschäftigte Werktätige, die während der gesamten Arbeitszeit nach technisch begründeten Arbeitsnormen arbeiten, ist — wenn sie ihren bisherigen Arbeitslohn unter Berücksichtigung der Festlegungen des § 5 Abs. 1 nicht erzielen können — die Lohnprämie bzw. der M-Betrag so zu erhöhen, daß diese Werktätigen ihren bisherigen Nettolohn auch in der verkürzten Arbeitszeit erarbeiten können.

b) Für im Stücklohn beschäftigte Werktätige, bei denen die Voraussetzungen nach a) nicht vorliegen und die bei Ausnutzung aller Reserven ihren bisherigen Arbeitslohn nicht oder nicht voll erreichen können, kann der M-Betrag bzw. die Lohnprämie je Arbeitsstunde entsprechend erhöht werden.

c) Für im Prämienlohn beschäftigte Werktätige ist sinngemäß entsprechend a) oder b) zu verfahren, so daß sich diese Werktätigen bei Erfüllung der Kennziffern ihren bisherigen Nettolohn erarbeiten können.

d) Die Betriebsleiter legen unter Berücksichtigung der Bestimmungen des § 5 Abs. 1 in Übereinstimmung mit den Betriebsgewerkschaftsleitungen fest, für welche Bereiche bzw. Arbeitsaufgaben und in welcher Höhe für die unter a) bis c) genannten Werktätigen Lohnausgleich zu zahlen ist.

(4) Für Werktätige, die bisher planmäßig an Tagen gemäß § 7 Abs. 2 dieser Verordnung gearbeitet haben und dafür Feiertagszuschläge gemäß § 69 des Gesetzbuches der Arbeit erhielten, ist mit Einführung der durchgängigen 5-Tage-Arbeitswoche und der Verkürzung der wöchentlichen Arbeitszeit bei gleichzeitiger Neuregelung der Arbeitszeit in einigen Wochen mit Feiertagen für das Jahr 1967 ein Ausgleich in der Entlohnung zu gewähren.

(5) Die Berechnungsgrundlage der gesetzlichen Zuschläge für Stundenlöhner, deren wöchentliche Arbeitszeit am 9. April 1966 von 45 Stunden auf 44 Stunden verkürzt wurde und mit Wirkung vom 28. August 1967 durchschnittlich wöchentlich 42 Stunden beträgt, ist der Tariflohn zusätzlich 7,14%. Die Berechnungsgrundlage der gesetzlichen Zuschläge für Stundenlöhner, deren wöchentliche Arbeitszeit von 45 Stunden auf $43^3/_4$ Stunden verkürzt wird, ist der Tariflohn zusätzlich 2,86%. Bei Ausgleichszahlungen in Höhe des Tarif- bzw. Zeitlohnes sind zusätzlich 7,14 % bzw. 2,86% zum Tariflohn bzw. Zeitlohn zu zahlen.

(6) Die sich aus der Einführung der durchgängigen 5-Tage-Arbeitswoche und der Verkürzung der wöchentlichen Arbeitszeit bei gleichzeitiger Neuregelung der Arbeitszeit in einigen Wochen mit Feiertagen ergebenden Veränderungen in der Entlohnung sind Veränderungen gemäß § 7 der Verordnung vom 21. Dezember 1961 über die Berechnung des Durchschnittsverdienstes und über die Lohnzahlung (GBl. II S. 551).

§ 7

(1) Zur Sicherung eines kontinuierlichen und rhythmischen Produktionsablaufes und der Verkürzung der wöchentlichen Arbeitszeit im Zusammenhang mit der Einführung der durchgängigen 5-Tage-Arbeitswoche erfolgt einer Neuregelung der gesetzlichen Feiertage.

a) Gesetzliche Feiertage sind

1. Januar	Pfingstsonntag
Karfreitag	Pfingstmontag
Ostersonntag	7. Oktober
1. Mai	25. und 26. Dezember.

Werktätige mit Anspruch auf Feiertagsbezahlung, die an diesen Feiertagen arbeiten, erhalten wie bisher den gesetzlichen Zuschlag für Feiertagsarbeit.

b), c) und d) (aufgehoben)

(2) a) Am Tag der Befreiung wird, wenn er auf einen Werktag fällt, wie an den anderen Werktagen der Woche gearbeitet.

b) An den Tagen

Ostermontag	Fronleichnam/Reformationstag
Himmelfahrt	und Bußtag

gilt, soweit diese Tage auf Werktage fallen, die gleiche Arbeitszeitregelung wie für die anderen Werktage. Werktätige, die an diesen Tagen während der Arbeitszeit an religiösen Veranstaltungen teilnehmen wollen, können dafür unbezahlte Freizeit in Anspruch nehmen.

§ 8

(1) Der Hausarbeitstag wird wie bisher gewährt.

(2) Vollbeschäftigte werktätige Frauen erhalten monatlich einen Hausarbeitstag, wenn

a) Kinder bis zu 18 Jahren zum eingenen Haushalt gehören,
b) pflegebedürftige Familienangehörige zum Haushalt gehören und die Pflegebedürftigkeit ärztlich bescheinigt ist.

(3) In den Betriebskollektivverträgen, Betriebsvereinbarungen bzw. Betriebsverträgen kann festgelegt werden, daß an vollbeschäftigte verheiratete werktätige Frauen mit eigenem Haushalt ohne Kinder ein Hausarbeitstag gewährt wird. Voraussetzung ist die Erfüllung des Produktionsplanes und die im Plan vorgesehene Steigerung der Arbeitsproduktivität. In Bereichen außerhalb der materiellen Produktion ist sinngemäß zu verfahren.

(4) Der Hausarbeitstag ist im laufenden Monat zu gewähren und zu nehmen. Zwischen der werktätigen Frau und dem Betrieb wird der Tag, an dem der Hausarbeitstag genommen wird, vereinbart.

(5) Der Hausarbeitstag wird im laufenden Monat nicht gewährt, wenn die werktätige Frau der Arbeit unentschuldigt ferngeblieben ist. Hat die werktätige Frau den Hausarbeitstag im laufenden Monat bereits in Anspruch genommen, wird dieser im darauffolgenden Monat nicht gewährt.

(6) Für die durch den Hausarbeitstag ausfallende Arbeitszeit wird ein Ausgleich in Höhe des Zeitlohnes gezahlt. Eine Abgeltung des Hausarbeitstages ist nicht zulässig.

(7) Lehrerinnen der allgemeinbildenden und berufsbildenden Schulen, hauptamtlichen Lehrerinnen in den Einrichtungen der Erwachsenenqualifizierung und weiblichen Lehrkräfte der Universitäten, Hoch- und Fachschulen wird der Hausarbeitstag nach den bisherigen Bestimmungen gewährt. Vollbeschäftigte Lehrerinnen bzw. weibliche Lehrkräfte, zu deren eigenem Haushalt Kinder im Alter von 16—18 Jahren gehören, werden in die Gewährung des Hausarbeitstages einbezogen.

§ 9

Der Erholungsurlaub wird wie bisher nach Werktagen gewährt. Werktage, die durch die durchgängige 5-Tage-Arbeitswoche arbeitsfrei werden, gelten bei der Urlaubsgewährung als Urlaubstage. Das gilt auch für die im § 7 Abs. 2 genannten Tage.

§ 10

(1) Durch verstärkte Rationalisierung, bessere Auslastung der Kapazitäten, volle Ausnutzung der Arbeitszeit, zweckmäßigste Arbeitsorganistion, höhere Arbeitsdisziplin und Verminderung der Ausfallzeiten ist zu sichern, daß die Überstundenarbeit eingeschränkt wird.
(2) Jede über die betrieblichen Arbeitszeitpläne hinaus geleistete Arbeit gilt als Überstundenarbeit und ist entsprechend dem Gesetzbuch der Arbeit abzugelten.
(3) Bei Teilbeschäftigten liegt dann Überstundenarbeit vor, wenn die für Vollbeschäftigte im Arbeitszeitplan festgelegte gesetzliche wöchentliche Arbeitszeit überschritten wird.
(4) Monatslöhnern und Gehaltsempfängern werden die Überstunden und die gesetzlichen Zuschläge bei wöchentlicher Arbeitszeit von $43^3/_4$ Stunden auf der Basis von $^1/_{190}$ und bei einer durchschnittlichen wöchentlichen Arbeitszeit von 42 Stunden auf der Basis von $^1/_{182}$ des Monatslohnes bzw. Gehaltes berechnet. In gleicher Weise erfolgt die Berechnung des Lohnes bzw. Gehaltes einer Arbeitsstunde.

§ 11

(1) Die Leiter der Staats- und Wirtschaftsorgane, die örtlichen Räte und Betriebsleiter sind für die Einführung der durchgängigen 5-Tage-Arbeitswoche innerhalb ihres Bereiches verantwortlich und treffen alle hierzu erforderlichen Maßnahmen im Einvernehmen mit den Gewerkschaften. Die volle Erfüllung der Planaufgaben für das Jahr 1967 ist zu gewährleisten. Der geplante Lohnfonds ist im Prinzip einzuhalten.
(2) Die Leiter der Staats- und Wirtschaftsorgane, die örtlichen Räte und die Betriebsleiter fördern und organisieren in Zusammenarbeit mit den Gewerkschaften die schöpferische Initiative der Werktätigen im sozialistischen Wettbewerb für die Verwirklichung der durchgängigen 5-Tage-Arbeitswoche.
(3) Die wirtschaftsleitenden Organe und Betriebe arbeiten bei der Verwirklichung der durchgängigen 5-Tage-Arbeitswoche mit den örtlichen Räten eng zusammen.

§ 12

(1) Die Versorgung und die soziale, kulturelle und gesundheitliche Betreuung der Bevölkerung ist an allen Tagen der Woche, auch an den arbeitsfreien Sonnabenden, durch die zuständigen Organe (Verkehrs- und Nachrichtenwesen, Gesundheits- und Sozialwesen, Versorgungswirtschaft, Volksbildung, Berufsbildung, Kultur u. a.) zu gewährleisten.
(2) Die örtlichen Räte legen fest, wie diese Aufgaben in den jeweiligen Bereichen gelöst werden müssen. Dabei ist zu sichern, daß die Bevölkerung an den Sonnabenden mit bestimmten Lebensmitteln, wie Milch-, Back- und Konditoreiwaren durch die entsprechenden Verkaufsstellen versorgt wird.

§ 13

Die Betriebe haben den Transportraum an allen 7 Tagen der Woche kontinuierlich in Anspruch zu nehmen und die Be- und Entladung zu gewährleisten.

§ 14

Die Betriebe haben die Arbeitszeitpläne mit den zuständigen Organen des Verkehrswesens abzustimmen, um eine stärkere Konzentration des Berufsverkehrs in den Spitzenzeiten zu vermeiden und zu sichern, daß für die Werktätigen keine zusätzlichen Wartezeiten auftreten.

§ 15

(1) Durchführungsbestimmungen erläßt der Leiter des Staatlichen Amtes für Arbeit und Löhne beim Ministerrat im Einvernehmen mit den Leitern der zuständigen zentralen staatlichen Organe und in Übereinstimmung mit dem Bundesvorstand des Freien Deutschen Gewerkschaftsbundes.
(2) Besondere Regelungen zur Durchführung dieser Verordnung in den Bereichen und Zweigen sind von den Leitern der zentralen staatlichen Organe in Übereinstimmung mit den Zentralvorständen der Industriegewerkschaften bzw. Gewerkschaften zu erlassen.

§ 16

(1) Diese Verordnung tritt am 28. August 1967 in Kraft. Der § 6 Abs. 6 – Berechnung des Durchschnittsverdienstes – ist ab 1. September 1967 anzuwenden.
(2) Gleichzeitig treten außer Kraft:

a) Verordnung am 22. Dezember 1965 über die „5-Tage-Arbeitswoche" für jede zweite Woche und die Verkürzung der Arbeitszeit (GBl. II S. 897);

b) Erste Durchführungsbestimmung vom 22. Dezember 1965 zur Verordnung über die „5-Tage-Arbeitswoche" für jede zweite Woche und die Verkürzung der Arbeitszeit (GBl. II S. 902);

c) Beschluß vom 31. Januar 1966 zur Ergänzung der Verordnung über die „5-Tage-Arbeitswoche" für jede zweite Woche und die Verkürzung der Arbeitszeit (GBl. II S. 83);

d) Verordnung vom 20. Mai 1952 über die Wahrung der Rechte der Werktätigen und über die Regelung der Entlohnung der Arbeiter und Angestellten (GBl. S. 377);

e) § 1 Abs. 1, § 2 Abs. 2, § 5 Abs. 1 und § 12 der Verordnung vom 29. Juni 1961 über Arbeitszeit und Erholungsurlaub (GBl. II S. 263);[1]

f) die dieser Verordnung entgegenstehenden früheren Landesrechtlichen Bestimmungen.

(3) § 1 Abs. 4 der Verordnung vom 29. Juni 1961 über Arbeitszeit und Erholungsurlaub (GBl. II S. 263) erhält folgende Fassung:[2]

„Für die Differenz zwischen der gesetzlichen wöchentlichen Arbeitszeit und der in der Anlage 1 festgelegten verkürzten Arbeitszeit wird ein Ausgleich in Höhe des Tariflohnes gezahlt."

[1]) § 7 Abs. 1 Buchstaben b bis d wurden durch die VO vom 25. 9. 1968, die am 1. 10. 1968 in Kraft trat, aufgehoben; abgedruckt unter G 08 04.

[2]) Abgedruckt unter G 08 01; die hier genannten Änderungen wurden dort berücksichtigt.

Hinweise für das Gesundheits- und Sozialwesen zur Vorbereitung und Durchführung der durchgängigen 5-Tage-Arbeitswoche und zur Verkürzung der wöchentlichen Arbeitszeit bei gleichzeitiger Neuregelung und Arbeitszeit in einigen Wochen mit Feiertagen

vom 19. Mai 1967

(VuM MfG Nr. 12 S. 79)

Die Durchführung der durchgängigen 5-Tage-Arbeitswoche und die Verkürzung der wöchentlichen Arbeitszeit bei gleichzeitiger Neuregelung der Arbeitszeit in einigen Wochen mit Feiertagen im Gesundheits- und Sozialwesen und den damit verbundenen größeren Möglichkeiten der Erholung, der Gesundheitsförderung und der Qualifizierung für die Mitarbeiter des Gesundheits- und Sozialwesens erfordern in allen Bereichen eine höhere Qualität der Arbeit und zweckentsprechende Maßnahmen, um die planmäßige Verbesserung der gesundheitlichen Betreuung der Bevölkerung sicherzustellen.
Das Ministerium für Gesundheitswesen und der Zentralvorstand der Gewerkschaft Gesundheitswesen geben dazu, aufbauend auf der Verordnung vom 3. 5. 1967 über die durchgängige 5-Tage-Arbeitswoche und die Verkürzung der wöchentlichen Arbeitszeit bei gleichzeitiger Neuregelung der Arbeitszeit in einigen Wochen mit Feiertagen (GBl. II Nr. 38 S. 237)[1] und der Direktive zur Vorbereitung und Einführung der durchgängigen 5-Tage-Arbeitswoche und zur Verkürzung der wöchentlichen Arbeitszeit bei gleichzeitiger Neuregelung der Arbeitszeit in einigen Wochen mit Feiertagen in der Volkswirtschaft der Deutschen Demokratischen Republik (GBl. II Nr. 38 S. 241), folgende gemeinsame Hinweise, die im Zusammenhang mit den Zweigspezifischen Hinweisen für den Wirtschaftszweig Gesundheits- und Sozialwesen zur Durchführung der Verordnung über die 5-Tage-Arbeitswoche für jede zweite Woche und die Verkürzung der Arbeitszeit vom 22. Dezember 1965 und der Direktive zur Vorbereitung und Einführung der 5-Tage-Arbeitswoche für jede zweite Woche und zur Verkürzung der Arbeitszeit in der Volkswirtschaft der DDR vom 22. Dezember 1965 vom 10. Januar 1966 (Verf. u. Mitt. Nr. 3/1966 S. 17) zu beachten sind.
Diese Hinweise sollen vor allem die örtlichen Organe mit den Grundsätzen vertraut machen, die in der Vorbereitung und bei der Einführung der durchgängigen 5-Tage-Arbeitswoche im Gesundheits- und Sozialwesen von besonderer Bedeutung sind.
Sie gelten entsprechend für die Leiter der dem Ministerium für Gesundheitswesen nachgeordneten Einrichtungen.

I

Die durchgängige 5-Tage-Arbeitswoche und die Verkürzung der wöchentlichen Arbeitszeit bei gleichzeitiger Neuregelung der Arbeitszeit in einigen Wochen mit Feiertagen gelten für alle in einem Arbeitsrechtsverhältnis stehenden Werktätigen der Einrichtungen des Gesundheits- und Sozialwesens.
Für die Beschäftigten im Gesundheits- und Sozialwesen mit einer bisherigen wöchentlichen Arbeitszeit von 45 Stunden erfolgt eine Arbeitszeitverkürzung auf wöchentlich $43^3/_4$ Stunden. Bereits bestehende gesetzlich festgelegte Arbeitszeitregelungen für bestimmte Beschäftigtengruppen (z. B. Röntgen/Radiologie sowie Jugendliche unter 16 Jahren) bleiben davon unberührt.
Für die im Verantwortungsbereich des Gesundheits- und Sozialwesens tätigen Erzieher und pädagogischen Hilfskräfte richten sich die Veränderungen der Arbeitszeit nach den Festlegungen des Ministeriums für Volksbildung.
Alle sich durch die Neuregelung der Arbeitszeit ergebenden arbeits- und tarifrechtlichen Veränderungen werden durch die Vertragspartner gesondert festgelegt.

II

Die Einführung der durchgängigen 5-Tage-Arbeitswoche setzt voraus, daß im Prinzip mit den zur Verfügung stehenden Arbeitskräften die im Volkswirtschafts- bzw. Perspektivplan festgelegten Aufgaben allseitig erfüllt werden.
Von den Leitern der Gesundheitseinrichtungen und den Mitarbeitern wird erwartet, daß die Qualität und Kontinuität der medizinischen und sozialen Betreuung der Bevölkerung auch bei durchgängiger 5-Tage-Arbeitswoche weiter verbessert wird, bei gleichzeitiger Berücksichtigung der Arbeits- und Lebensbedingungen der Mitarbeiter. Die Hauptmethode zur Lösung dieser Aufgaben ist die seit Jahren im Gesundheits- und Sozialwesen bewährte Vergleichsbewegung mit ihrem Kernstück, der sozialistischen Gemeinschaftsarbeit, in Verbindung mit der konsequenten Durchsetzung der Rationalisierungskonzeption des Ministeriums für Gesundheitswesen und deren Spezifizierung für den jeweiligen Fachbereich durch die Einrichtungen.
Dabei ist zu berücksichtigen, daß die zusätzliche Freizeit bei den Werktätigen und ihren Familienangehörigen zunehmend das Bedürfnis wecken wird, die Einrichtungen des staatlichen Gesundheitswesens außerhalb der Arbeitszeit aufzusuchen.
Hierzu sind folgende Voraussetzungen zu schaffen:

1. Die Bezirks- und Kreisärzte und die Leiter der Einrichtungen des Gesundheits- und Sozialwesens sind für die Vorbereitung und Einführung der durchgängigen 5-Tage-Arbeitswoche innerhalb ihres Bereiches verantwortlich und treffen alle hierzu erforderlichen Maßnahmen im Einvernehmen mit den zuständigen Gewerkschaftsorganen.
2. Das Bestellsystem ist bei der weiteren Verbesserung der medizinischen Betreuung in den ambulanten Gesundheitseinrichtungen einschließlich der des Beratungswesens so

auszubauen, daß es die allgemeinärztliche Tätigkeit sowie Spezialsprechstunden und die Dispensairebetreuung auch an den arbeitsfreien Sonnabenden einbezieht.

3. Die Vorsorgung der Bevölkerung mit Arzneimitteln, Erzeugnissen der Medizintechnik und des medizinischen Handwerks ist auch an den arbeitsfreien Wochenenden zu sichern.
4. Die Öffnungszeiten der Kinderkrippen müssen an die veränderten Arbeitszeiten der werktätigen Eltern angepaßt werden.

Das verlangt

- die volle Ausnutzung der Arbeitszeit für die im Arbeitsvertrag festgelegten Aufgaben und die Ausarbeitung und Bekanntgabe von Arbeitszeitplänen mit Pausenregelungen sowie Dienstplänen für jeden Beschäftigten,
- die Anpassung der Anzahl der Arbeitskräfte und deren Arbeitszeit an den Arbeitsanfall in den verschiedenen Wirtschaftsgruppen,
- die Analyse und Abstimmung der Leistungen der einzelnen Arbeitsbereiche und Wirtschaftsgruppen auf der Grundlage der Aufgabenstellung,
- die Verbesserung der Betriebs- und Arbeitsorganisation und den rationellen Einsatz der zur Verfügung stehenden technischen Hilfsmittel,
- die Durchführung der zusätzlichen Arbeitsleistungen (Z-Tätigkeiten) der Ärzte, Zahnärzte und Apotheker grundsätzlich außerhalb der gesetzlichen Arbeitszeit.

5. Die Möglichkeit der Werbung von Beschäftigten aus der zur Zeit nicht berufstätigen Bevölkerung ist verstärkt zu nutzen (bes. ehemalige Mitarbeiter des Gesundheits- und Sozialwesens, Rentner usw.).
6. In die Pläne der Einrichtungen und in die Betriebskollektivverträge sind besonders die im Abschnitt III angeführten Maßnahmen kontrollfähig aufzunehmen.

III

Um die Vorbereitung und Durchführung der durchgängigen 5-Tage-Arbeitswoche in den einzelnen Bereichen des Gesundheits- und Sozialwesens zu unterstützen, werden die in den Abschnitten I und II dargelegten allgemeinen Grundsätze durch die nachfolgenden speziellen Hinweise ergänzt.

1. Stationäre Versorgung, Feierabend- und Pflegeheime, medizinisch-diagnostische Einrichtungen und Einrichtungen des Blutspende- und Transfusionswesens

In diesen Bereichen ist überwiegend eine ununterbrochene personelle Besetzung erforderlich, die im Rahmen der gesetzlichen Arbeitszeit und durch Bereitschaftsdienst gesichert wird. Das erfordert, den Einsatz der Arbeitskräfte und -mittel wissenschaftlich begründet durchzuführen, um so den größtmöglichen medizinischen Nutzeffekt zu erreichen.

Dabei ist davon auszugehen, daß

- die Profilierung der Einrichtungen den Bedürfnissen entsprechend und auf der Grundlage eines bezirklichen Struktur- und Netzplanes weiter durchgesetzt wird; (Schaffung leistungsfähiger Abteilungen, Reduzierung von Mikrostationen)
- die Größe der Stationen gemäß den in den letzten Jahren in den zweigspezifischen Hinweisen zur Vorbereitung der Volkswirtschaftspläne getroffenen Festlegungen so bestimmt wird, daß mit geringstem Aufwand an Personal unter Einbeziehung aller arbeitsorganisatorischen Verbesserungen, wie z. B. der vollen oder teilweisen Anwendung des Stufenpflegesystems, des Hol- und Bringedienstes usw., die beste medizinische Betreuung der Patienten gewährleistet werden kann;
- eine sinnvolle Zentralisierung und gemeinschaftliche Nutzung der Diagnostik- und Therapieeinrichtungen erfolgt und vorhandene Befunde von ambulanten wie stationären Einrichtungen schneller übermittelt und in die Behandlung einbezogen werden;
- ein regelmäßiger Arbeitsrhythmus einschließlich der Visiten, z. B. durch Aufstellung von Arbeits- und Visitenplänen, eingehalten wird;
- durch die durchgehende Anwendung der wissenschaftlichen Diagnostik und Therapie in allen Fachgebieten mit ihren günstigen Auswirkungen auf die durchschnittliche Krankenhaus-Verweildauer deren weitere Senkung erzielt werden kann;
- ein hoher Bettenauslastungsgrad durch die Aufnahme und Entlassung von Patienten an allen Wochentagen einschließlich der Sonnabende gesichert ist;
- mit der Diagnostik bzw. Therapie für Patienten, die am Freitag und am Sonnabend eingewiesen werden, sofort begonnen werden kann;
- die Arbeitszeit der medizinisch-diagnostischen Einrichtungen und der Laboratorien der Hygiene-Institute dem Arbeitsanfall in den stationären und ambulanten Einrichtungen angepaßt wird.

2. Ambulante Versorgung

Die ambulante medizinische Betreuung muß sich auf alle Tage der Woche erstrecken.
Die Öffnungszeiten der ambulanten Einrichtungen einschließlich der für die Diagnostik und Physiotherapie sowie der Einrichtungen des Betriebsgesundheitswesens sind dem unterschiedlichen Bedarf, vor allem in Abstimmung mit der Arbeitszeit der im Territorium vorhandenen Betriebe anzupassen und entsprechend bekannt zu geben.
Die Sprechzeiten und Bereitschaftsdienste in staatlichen und nichtstaatlichen Einrichtungen sowie der niedergelassenen Ärzte, Zahnärzte und die Öffnungszeiten der Apotheken sind so festzulegen und zu koordinieren, daß die ständige ambulante medizinische Betreuung gewährleistet ist.
Dabei müssen die Werktätigen mehr als bisher die Gelegenheit erhalten, in Früh- und Spätsprechstunden, die sich den Erfahrungen nach besonders auf Montag, Dienstag und Freitag konzentrieren, medizinische Leistungen in Anspruch zu nehmen.

An den arbeitsfreien Sonnabenden sind vor allem die allgemeinärztlichen Sprechstunden, die Dispensairebetreuung, die Beratungstätigkeit insbesondere für Schwangere, Mutter und Kind und innerhalb des Bestellsystems, an diesen Tagen Wiederholungskonsultationen sowie planmäßige Hausbesuche durchzuführen.
Des weiteren ist besonders Wert darauf zu legen, daß an den arbeitsfreien Sonnabenden die Ärtze-Beratungskommissionen tätig sind.

3. Kinderkrippen und Dauerheime

Die Öffnungszeiten der Tages- und Wochenkrippen sind den Arbeitszeitregelungen der anderen Wirtschaftszweige anzupassen.
An arbeitsfreien Sonnabenden werden die Kinder in den Kinderkrippen betreut, deren Mütter und Väter an diesem Tag arbeiten oder Veranstaltungen zur Weiterbildung besuchen bzw. gesellschaftliche Aufgaben wahrnehmen.
In Anpassung an die örtlichen Verhältnisse und entsprechend der Anzahl der Kinder kann die Betreuung an diesen Tagen mit verringertem Arbeitskräfteeinsatz erfolgen.
Entsprechend den örtlichen Bedingungen kann bereits bei der Einweisung von Kindern, deren Eltern an den arbeitsfreien Sonnabenden die gleiche Arbeitszeitregelung haben, die Möglichkeit der Zusammenfassung in einer Krippe berücksichtigt werden. Auf diese Weise können bestimmte Krippen an jedem Sonnabend schließen und andere als durchgehende Tages- und Wochenkrippen profiliert werden.
Die maximale Öffnungszeit in Tageskrippen wird mit 13 Stunden beibehalten (6.00 bis 19.00 Uhr, sonnabends 6.00 bis 15.00 Uhr). Sie kann entsprechend den örtlichen Gegebenheiten verändert werden.
Die Abholzeiten der Kinder sind gemeinsam mit dem Elternaktiv und den Eltern entsprechend der Arbeitszeit von Vater und Mutter festzulegen.
In Dauerheimen sind die Arbeitszeiten mit dem Tagesablauf der Kinder in Übereinstimmung zu bringen.

4.1. Kur- und Bäderwesen

Die volle Versorgung der Kurpatienten muß in den Bädern und Sanatorien an allen Tagen grundsätzlich gewährleistet werden. Die medizinische Behandlung ist von Montag bis Sonnabend zu sichern. An den Sonnabenden sollten Behandlungen durchgeführt werden, die weniger Mitarbeiter erfordern. Bäderbehandlungen und Massagen können auf 5 Tage der Woche konzentriert werden.
An Sonn- und Feiertagen ist der Bereitschaftsdienst gemeinsam mit anderen Einrichtungen des Gesundheitswesens zu organisieren.

4.2. Kinderkureinrichtungen und Heime für soziale Betreuung

In diesen Einrichtungen ist die ununterbrochene Betreuung der Patienten bzw. Heimbewohner entsprechend den gesetzlichen Bestimmungen unbedingt zu sichern.
Für die in diesen Einrichtungen tätigen Erzieher und pädagogischen Hilfskräfte richten sich die Veränderungen der Arbeitszeit nach den Festlegungen des Ministeriums für Volksbildung.

5. Bildungs- und Erziehungsarbeit an den medizinischen Schulen

Die Bildungs- und Erziehungsarbeit an den medizinischen Schulen richtet sich nach der dazu gemeinsam erlassenen Direktive des Ministeriums für Volksbildung und des Staatlichen Amtes für Berufsausbildung zur Vorbereitung und Einführung der durchgängigen 5-Tage-Arbeitswoche und zur Verkürzung der wöchentlichen Arbeitszeit bei gleichzeitiger Neuregelung der Arbeitszeit in einigen Wochen mit Feiertagen bei der Durchführung der Bildungs- und Erziehungsarbeit in der Berufsausbildung (Verf. u. Mitt. des Ministeriums für Volksbildung und des Staatlichen Amtes für Berufsausbildung).
Diese Grundsätze gelten auch für die Arbeitszeitregelungen der Schüler in den Erwachsenenberufen (Hebammen, Diätassistentinnen, Physiotherapeuten, Masseure und Bademeister).
Die Bildungsstätten des Gesundheitswesens nutzen auch die arbeitsfreien Sonnabende für die Durchführung von Qualifizierungslehrgängen. Dabei sind auch Räume der Einrichtungen, Betriebe, Kulturhäuser usw. einzubeziehen und geeignete Dozenten zu gewinnen. Um den berufstätigen Hörern der Bildungsstätten die Teilnahme an allen Werktagen zu ermöglichen, ist der tägliche Unterrichtsbeginn den veränderten Arbeitszeiten der Werktätigen anzugleichen.

6. Versorgung mit Arzneimitteln sowie Erzeugnissen der Medizintechnik und des Medizinischen Handwerks

Die Bevölkerung ist auch an den arbeitsfreien Wochenenden mit Arzneimitteln, Erzeugnissen der Medizintechnik und des Medizinischen Handwerks zu versorgen.
Folgende Arbeitszeitregelungen sind möglich:

- Sofern sich mehrere Apotheken am Ort befinden, ist durch wechselseitiges Öffnen, bzw. sofern in einer Apotheke mehrere pharmazeutische Kräfte vorhanden sind, ist durch Wechseldienst den Mitarbeitern die entsprechende Freizeit zu gewähren;
- Sofern die ambulanten Einrichtungen des Gesundheitswesens an dem betreffenden Ort Freizeit auf andere Tage der Woche legen, haben sich die Apotheken dieser Regelung anzuschließen.

Beim Medizinischen Handwerk ist analog den Apotheken zu verfahren.

In Durchsetzung der Arbeitszeitregelungen in den Apotheken kann der Arzneimittelvorrat der ambulant arbeitenden Ärzte für den Sprechstundenbedarf erweitert werden. Das Staatliche Versorgungskontor für Pharmazie und Medizintechnik mit seinen Versorgungsdepots ist in die allgemeine Regelung einzubeziehen.
Durch eine Veränderung der Auslieferungszeiträume für Arzneimittel sind Arbeitskräftereserven für die Bildung von zeitweiligen Einsatzgruppen zur sofortigen Entladung von Transportmitteln zu gewinnen.

7. Verwaltung und Wirtschaft (gewerbliche Arbeiter und Angestellte)

Grundsätzlich ist die Arbeit für alle gewerblichen Arbeiter und Angestellten so zu organisieren und durchzuführen, daß sämtliche ihnen obliegenden Aufgaben in der gesetzlichen Arbeitszeit erfüllt werden. Dabei ist eine kontinuierliche Versorgung der Einrichtungen mit den jeweils zu erbringenden Leistungen zu sichern.
Das setzt voraus, daß die Arbeitszeit für die Beschäftigten der einzelnen Gruppen dieses Bereiches so festgelgt wird, daß sie mit dem tatsächlichen Arbeitsanfall und Leistungsbedarf der Einrichtungen übereinstimmt.
Für Beschäftigte, auf die an den freien Sonnabenden nicht verzichtet werden kann, sind die in den allgemeinen Grundsätzen festgelegten Regelungen anzuwenden.
Zur Realisierung dieser Hinweise ergeben sich im einzelnen z. B. folgende Möglichkeiten:

Kochküchen:

Durch Differenzierung des Speiseplanes nach unterschiedlichem Arbeitszeitaufwand, zielgerichtet für die Vorbereitung zum Wochenende, ergibt sich eine zeitweilig reduzierte Arbeitskräftebesetzung. Dabei sind die ernährungsphysiologischen Grundsätze und Hygienebestimmungen einzuhalten.

Energieversorgung, Be- und Entwässerung:

Soweit in Einrichtungen eigene Anlagen betrieben werden, ist es notwendig, eine gestaffelte Arbeitszeitregelung einzuführen.
In Bereichen mit jahreszeitlich bedingtem unterschiedlichem Arbeitsanfall (Heizung) kann den Beschäftigten ein Freizeitausgleich innerhalb eines längeren Zeitraumes gewährt werden.
Es sollte geprüft werden, inwieweit kombinierte Tätigkeiten in bestimmten Einrichtungen anzuwenden sind (z. B. Hausmeister-Heizer in kleineren Einrichtungen u. a.). Technischer Notdienst ist je nach dem Umfang der anfallenden Arbeiten als planmäßige Arbeitszeit bzw. als Bereitschaftsdienst einzurichten.

Transport, Gebäude- und Anlagenreinigung, Materialversorgung, Hausmeister, Pförtner, Nachtrichtenübermittlung

Gemäß dem Arbeitsumfang dieser Bereiche ist eine solche Arbeitszeitregelung festzulegen, die die Erfüllung der Versorgungsaufgaben sichert und gleichzeitig den entsprechenden Freizeitausgleich vorsieht.
Bei stärkerer Belastung einzelner Bereiche können im Rahmen der staatlichen Aufgabe (Arbeitskräfte und Lohn) zusätzlich Teilbeschäftigte eingestellt werden.
Zur Sicherung der Versorung der Einrichtungen muß durch den Großhandel die Anlieferung aller für den Betrieb notwendigen Materialien erfolgen. Dies ist erforderlichenfalls mit Hilfe des Vertragsrechts durchzusetzen.

[1]) Abgedruckt unter G 08 02.

Verordnung über die Regelung der Arbeitszeit im Zusammenhang mit gesetzlichen Feiertagen

vom 25. September 1968

(GBl. II Nr. 104 S. 829)

i. d. F. der VO zur Änderung der Verordnung über die Regelung der Arbeitszeit im Zusammenhang mit gesetzlichen Feiertagen

vom 3. November 1971

(GBl. II Nr. 76 S. 657)[1]

Zur besseren Gestaltung der Freizeit der Werktätigen im Zusammenhang mit der 5-Tage-Arbeitswoche und den gesetzlichen Feiertagen wird in Übereinstimmung mit dem Bundesvorstand des Freien Deutschen Gewerkschaftsbundes folgendes verordnet:

§ 1

Diese Verordnung gilt für die volkseigenen und ihnen gleichgestellten Betriebe, staatliche Organe und Einrichtungen, gesellschaftlichen Organisationen, Betriebe mit staatlicher Beteiligung und Privatbetriebe einschließlich Handwerksbetriebe.

§ 2

(1) Der Sonnabend nach Ostern und der Sonnabend nach Pfingsten werden arbeitsfreie Werktage.

(2) Zur kontinuierlichen Erfüllung der Planaufgaben haben die Betriebe im sozialistischen Wettbewerb, insbesondere durch eine bessere Ausnutzung des Arbeitszeitfonds und der Grundmittel, durch Rationalisierungsmaßnahmen und zweckmäßigste Produktionsorganisation, die Arbeitsproduktivität zusätzlich zu steigern und die Kosten zu senken.

(3) Für die durch den Karfreitag und den Pfingstmontag ausfallende Arbeitszeit erhalten die Werktätigen wie für die übrigen gesetzlichen Feiertage eine Ausgleichszahlung entsprechend den gesetzlichen Bestimmungen.

§ 3

(1) Liegt zwischen einem Sonntag und einem gesetzlichen Feiertag ein Arbeitstag (Montag) bzw. zwischen einem gesetzlichen Feiertag und einem arbeitsfreien Sonnabend ein Arbeitstag (Freitag), wird zentral festgelegt, für welche dieser Arbeitstage eine Vor- bzw. Nacharbeit erfolgt und an welchen arbeitsfreien Tagen zusammenhängend vor bzw. nachgearbeitet wird. Das gleiche gilt für die Verlagerung eines Teiles der Arbeitszeit des 24. De-

zember und 31. Dezember. Die Regelungen hierzu werden vom Leiter des Staatlichen Amtes für Arbeit und Löhne in Übereinstimmung mit dem Bundesvorstand des Freien Deutschen Gewerkschaftsbundes jährlich bekanntgegeben.

(2) Die Verlagerung der Arbeitszeit ist in die betrieblichen Arbeitszeitpläne aufzunehmen. Für die Vor- bzw. Nacharbeit besteht kein Anspruch auf Überstunden-, Sonntags- und Feiertagszuschläge. Anspruch auf Nachtzuschläge besteht nur, wenn Nachtarbeit nachts vor- bzw. nachgearbeitet wird.

(3) Die zuständigen örtlichen Staatsorgane haben gemeinsam mit den Betrieben

- die Erfüllung der Transportverpflichtungen, insbesondere der Be- und Entladung,
- den reibungslosen Berufsverkehr,
- die Unterbringung und Betreuung der Kinder

zu sichern.

(4) Abweichungen von den zentral festgelegten Regelungen sind nur zulässig, wenn es die materiell-technische Versorgung erfordert. Betriebe und Einrichtungen, bei denen das zutrifft, haben einen entsprechenden Antrag dem zuständigen Minister zur Entscheidung zu unterbreiten. Für Betriebe und Einrichtungen der bezirksgeleiteten Industrie und der örtlichen Versorgungswirtschaft entscheidet der Vorstitzende des Rates des Bezirkes. Den Anträgen ist eine Bestätigung des zuständigen örtlichen Staatsorgans beizufügen, aus der hervorgeht, daß die Erfordernisse des Abs. 3 gewährleistet sind.

§ 4

Die zentralen Regelungen über die Verlagerung der Arbeitszeit finden keine Anwendung für Betriebe bzw. Betriebsteile und Einrichtungen, die

- technologisch bedingt durchgängig arbeiten oder Aufgaben zur Sicherung des Verkehrs- und Nachrichtenwesens zu erfüllen haben. Für sie gelten die in den betrieblichen Arbeitszeitplänen enthaltenen Schichtregelungen;
- Aufgaben zur Betreuung und Versorgung der Bevölkerung zu erfüllen haben. Für sie sind die von den örtlichen Staatsorganen zur Sicherung der kontinuierlichen Versorgung der Bevölkerung getroffenen Festlegungen maßgebend.

§ 5

(1) Diese Verordnung tritt mit Wirkung vom 1. Oktober 1968 in Kraft.

(2) Gleichzeitig treten außer Kraft:

a) § 7 Abs. 1 Buchstaben b bis d der Verordnung vom 3. Mai 1967 über die durchgängige 5-Tage-Arbeitswoche und die Verkürzung der wöchentlichen Arbeitszeit bei gleichzeitiger Neuregelung der Arbeitszeit in einigen Wochen mit Feiertagen (GBl. II S. 237)

b) Abschnitt I Ziff. 3 Abs. 2 zweiter bis vierter Strichsatz der Direktive vom 3. Mai 1967 zur Vorbereitung und Einführung der durchgängigen 5-Tage-Arbeitswoche und zur Verkürzung der wöchentlichen Arbeitszeit bei gleichzeitiger Neuregelung der Arbeitszeit in einigen Wochen mit Feiertagen in der Volkswirtschaft der Deutschen Demokratischen Republik (GBl. II S. 241)

c) § 1 Abs. 3 der Zweiten Durchführungsbestimmung vom 27. Juni 1967 zur Verordnung über Arbeitszeit und Erholungsurlaub (GBl. II S. 444).

[1]) §§ 3 und 4 i. d. F. der Änderungsverordnung, die am 1. 1. 1972 in Kraft trat.

Verordnung über die weitere schrittweise Einführung der 40-Stunden-Arbeitswoche

vom 29. Juli 1976

(GBl. I Nr. 29 S. 385)

In Verwirklichung des gemeinsamen Beschlusses des Zentralkomitees der Sozialistischen Einheitspartei Deutschlands, des Bundesvorstandes des Freien Deutschen Gewerkschaftsbundes und des Ministerrates der Deutschen Demokratischen Republik über die weitere planmäßige Verbesserung der Arbeits- und Lebensbedingungen der Werktätigen im Zeitraum 1976–1980 vom 27. Mai 1976 wird in Übereinstimmung mit dem Bundesvorstand des Freien Deutschen Gewerkschaftsbundes folgendes verordnet:

§ 1

Diese Verordnung gilt für die in einem Arbeitsrechtsverhältnis stehenden Werktätigen in Betrieben und Einrichtungen aller Eigentumsformen, staatlichen und wirtschaftsleitenden Organen sowie gesellschaftlichen Organisationen.

§ 2

(1) Für Werktätige, die im Drei- oder durchgehenden Schichtsystem arbeiten, wird die wöchentliche Arbeitszeit von 42 Stunden auf 40 Stunden verkürzt.
(2) Für Werktätige, die im Zweischichtsystem arbeiten, wird die wöchentliche Arbeitszeit von $43^3/_4$ Stunden auf 42 Stunden verkürzt.

§ 3

(1) Für alle vollbeschäftigten werktätigen Mütter, zu deren eigenem Haushalt 2 Kinder bis zu 16 Jahren gehören, wird die wöchentliche Arbeitszeit auf 40 Stunden verkürzt. Diese verkürzte Arbeitszeit gilt auch für vollbeschäftigte werktätige Mütter, die in ihrem Haushalt ein schwerstgeschädigtes Kind mit Anspruch auf Pflegegeld der Stufen III oder IV, auf Sonderpflegegeld oder Blindengeld der Stufen IV bis VI bzw. ein blindes oder praktisch blindes Kind ab Vollendung des 3. Lebensjahres zu versorgen haben.
(2) Der Anspruch auf die 40-Stunden-Arbeitswoche endet mit Ablauf des Kalendermonats, in dem die im Abs. 1 geforderten Voraussetzungen entfallen.

§ 4

Die Verkürzung der wöchentlichen Arbeitszeit auf 40 bzw. 42 Stunden gilt auch für Schichtarbeiter gemäß § 2 und werktätige Mütter gemäß § 3, die infolge schwerer oder gesundheitsgefährdender Arbeit nach der Anordnung Nr. 4 vom 20. Juli 1967 zur Verordnung über Arbeitszeit und Erholungsurlaub (GBl. II Nr. 70 S. 483)[1] verkürzt arbeiten, soweit nicht bereits eine kürzere wöchentliche Arbeitszeit festgelegt ist.

§ 5

(1) Mit der Verkürzung der wöchentlichen Arbeitszeit sind in den Betrieben mit den zuständigen betrieblichen Gewerkschaftsleitungen solche Arbeitszeitregelungen zu vereinbaren, die den Interessen der Werktätigen entsprechen und die Produktionsbedingungen berücksichtigen.
(2) Die Betriebe haben die sich aus der Verkürzung der wöchentlichen Arbeitszeit ergebenden Fragen der Gestaltung des Berufsverkehrs mit den zuständigen örtlichen Staatsorganen bis zum 20. Oktober 1976 abzustimmen.

§ 6

(1) Die Verkürzung der wöchentlichen Arbeitszeit erfolgt ohne Lohnminderung unter Beibehaltung der 5-Tage-Arbeitswoche.
(2) Die tariflichen Stunden- und Monatslöhne sowie Gehälter bleiben unverändert.
(3) Werktätigen, die Stundenlohn erhalten, wird für den durch die Arbeitszeitverkürzung ausfallenden Lohn ein Ausgleich in Höhe des Durchschnittsverdienstes gezahlt. Werktätigen, die zum Monatslohn bzw. Gehalt zusätzliche Zahlungen, wie monatliche Prämien, Erschwerniszuschläge u. a., erhalten, ist für den durch die Arbeitszeitverkürzung ausfallenden Arbeitsverdienst aus den zusätzlichen Zahlungen ein entsprechender Durchschnittsbetrag zu gewähren. Die Berechnung des Durchschnittsverdienstes bzw. Durchschnittsbetrages erfolgt nach der Verordnung vom 21. Dezember 1961 über die Berechnung des Durchschnittsverdienstes und über die Lohnzahlung (GBl. II Nr. 83 S. 551) in der Fassung der Zweiten Verordnung vom 27. Juli 1967 (GBl. II Nr. 73 S. 511; Ber. Nr. 118 S. 836).
(4) Bei Neueinstellung von Werktätigen mit Anpruch auf die kürzere Arbeitszeit nach dieser Verordnung ist die Höhe der Ausgleichszahlung auf der Grundlage des Durchschnittsverdienstes von Werktätigen mit vergleichbaren Arbeitsaufgaben festzulegen.
(5) Der Ausgleich ist monatlich zu zahlen. Er gehört zum Durchschnittsverdienst und unterliegt entsprechend seiner Zusammensetzung nach den dafür zutreffenden Rechtsvorschriften der Lohnsteuer und der Beitragspflicht zur Sozialversicherung. Er ist bei der Lohnzahlung gesondert auszuweisen.
(6) Die Berechnungsbasis zur Bezahlung von Überstunden und Gewährung von gesetzlichen Zuschlägen wird für Monatslöhner und Gehaltsempfänger durch die Verkürzung der Arbeitszeit nicht verändert.

§ 7

Diese Verordnung gilt auch für Mitglieder sozialistischer Produktionsgenossenschaften der Landwirtschaft und deren kooperative Einrichtungen. Dabei sind die Bestimmungen des § 6 sinngemäß anzuwenden.

§ 8

Durchführungsbestimmungen erläßt der Staatssekretär für Arbeit und Löhne im Einvernehmen mit den Leitern der zuständigen zentralen Staatsorgane und in Übereinstimmung mit dem Bundesvorstand des Freien Deutschen Gewerkschaftsbundes.

§ 9

Diese Verordnung tritt am 1. Mai 1977 in Kraft.

[1]) Abgedruckt unter G 08 01.

Verordnung über den Erholungsurlaub
vom 28. September 1978
(GBl. I Nr. 33 S. 365)

In Verwirklichung des gemeinsamen Beschlusses des Zentralkomitees der Sozialistischen Einheitspartei Deutschlands, des Bundesvorstandes des Freien Deutschen Gewerkschaftsbundes und des Ministerrates der Deutschen Demokratischen Republik über die weitere planmäßige Verbesserung der Arbeits- und Lebensbedingungen der Werktätigen im Zeitraum 1976–1980 vom 27. Mai 1976 wird in Übereinstimmung mit dem Bundesvorstand des Freien Deutschen Gewerkschaftsbundes zur Durchführung des Arbeitsgesetzbuches der Deutschen Demokratischen Republik vom 16. Juni 1977 (GBl. I Nr. 18 S. 185)[1] folgendes verordnet:

Allgemeine Bestimmungen

§ 1

Diese Verordnung gilt für Werktätige, die in einem Arbeitsrechts- oder Lehrverhältnis stehen.

§ 2

(1) Die Dauer des Erholungsurlaubs ergibt sich aus dem Grundurlaub und dem Zusatzurlaub. Zum Grundurlaub bzw. zum erhöhten Grundurlaub werden alle in dieser Verordnung genannten Arten von Zusatzurlaub gewährt, wenn die dafür festgelegten Bedingungen vorliegen.
(2) Als Urlaubstage gelten die Arbeitstage Montag bis Freitag. Für Werktätige im durchgehenden Schichtsystem und andere Werktätige, die nach den Arbeitszeitplänen am Sonnabend und Sonntag oder an einem dieser Tage arbeiten, ist in den Rahmenkollektivverträgen zu vereinbaren, welche Tage als Urlaubstage gelten.
(3) Für Lehrer und Lehrkräfte ist die Urlaubsgewährung unter Berücksichtigung der 6-Tage-Unterrichtswoche in den Rahmenkollektivverträgen zu vereinbaren.

§ 3

Grundurlaub

(1) Der Grundurlaub beträgt 18 Arbeitstage.
(2) Einen erhöhten Grundurlaub erhalten folgende Werktätige:

a) Jugendliche bis zur Vollendung des 18. Lebensjahres 21 Arbeitstage

b) Lehrlinge	24 Arbeitstage
c) vollbeschäftigte Mütter, die im Mehrschichtsystem arbeiten und zu deren Haushalt 2 Kinder bis zu 16 Jahren gehören,	20 Arbeitstage
d) vollbeschäftigte Mütter, zu deren Haushalt 3 und mehr Kinder bis zu 16 Jahren oder ein schwerstgeschädigtes Kind, für das Anspruch auf Pflegegeld der Stufe III oder IV, auf Sonderpflegegeld oder Blindengeld der Stufen IV bis VI besteht, bzw. ein blindes oder praktisch blindes Kind ab Vollendung des 3. Lebensjahres gehören,	21 Arbeitstage
e) vollbeschäftigte Mütter gemäß Buchst. d, die im Mehrschichtsystem arbeiten,	23 Arbeitstage.

§ 4

Arbeitsbedingter Zusatzurlaub

(1) Werktätige, die überwiegend besonderen Arbeitserschwernissen oder Arbeitsbelastungen ausgesetzt sind oder eine besonders verantwortliche Tätigkeit ausüben, erhalten einen arbeitsbedingten Zusatzurlaub. Er beträgt 1 bis 5 Arbeitstage. Besteht aus mehreren Gründen Anspruch auf diesen Zusatzurlaub, wird nur der höchste Zusatzurlaub gewährt.
(2) Die Tätigkeiten, für die arbeitsbedingter Zusatzurlaub zu gewähren ist, und die Dauer des Zusatzurlaubs sind gemäß § 191 des Arbeitsgesetzbuches der Deutschen Demokratischen Republik in den Rahmenkollektivverträgen zu vereinbaren und in den Betrieben in einer Liste zu erfassen.

§ 5

Zusatzurlaub für Schichtarbeiter

Werktätige, die ständig im Mehrschichtsystem arbeiten, erhalten einen Zusatzurlaub. Er beträgt für Werktätige

a) im unterbrochenen Zweischichtsystem	3 Arbeitstage
b) im durchgehenden Zweischichtsystem	4 Arbeitstage
c) im unterbrochenen Dreischichtsytem	5 Arbeitstage
d) im durchgehenden Dreischichtsystem	6 Arbeitstage.

§ 6

Zusatzurlaub für Schwerbeschädigte und Blinde

Schwerbeschädigte, Tuberkulosekranke und -rekonvaleszenten erhalten einen Zuatzurlaub von 3 Arbeitstagen und Blinde einen Zusatzurlaub von 5 Arbeitstagen. Der Zusatzurlaub wird nur aus einem der genannten Gründe gewährt.

§ 7

Zusatzurlaub für Tätigkeiten unter klimatisch erschwerten Bedingungen

Werktätige, die im Auftrag des Betriebes in anderen Staaten unter klimatisch erschwerten Bedingungen tätig sind, erhalten einen Zusatzurlaub. Die Bedingungen für die Gewährung und die Dauer des Zusatzurlaubs werden gesondert geregelt.

§ 8

Erholungsurlaub für Kämpfer gegen den Faschismus und Verfolgte des Faschismus

Kämpfer gegen den Faschismus und Verfolgte des Faschismus erhalten einen jährlichen Erholungsurlaub von 27 Arbeitstagen. Alle Arten von Zusatzurlaub, mit Ausnahme des arbeitsbedingten Zusatzurlaubs, werden bei Vorliegen der Voraussetzungen zusätzlich gewährt.

§ 9

Sonstige Bestimmungen

Werktätige, die bisher Anspruch auf Zusatzurlaub hatten, der nach dieser Verordnung nicht mehr gewährt wird und deren Urlaub sich nach den vorstehenden Bestimmungen gegenüber ihrem bisherigen Urlaub (umgerechnet in Arbeitstage) nicht oder um weniger als 3 Arbeitstage verlängert, erhalten einen personengebundenen Urlaub, der ihnen eine Urlaubsverlängerung von 3 Arbeitstagen sichert. Der Anspruch auf den personengebundenen Urlaub besteht für die Dauer der Betriebszugehörigkeit.

Urlaubsregelung für Mitglieder sozialistischer Produktionsgenossenschaften

§ 10

Diese Verordnung findet auch Anwendung für Mitglieder sozialistischer Produktionsgenossenschaften, soweit nachfolgend nichts anderes bestimmt wird.

§ 11

(1) Die sozialistischen Produktionsgenossenschaften der Landwirtschaft legen auf der Grundlage der Musterstatuten und der Musterbetriebsordnungen der LPG Pflanzenproduktion und der LPG Tierproduktion durch Beschluß der Vollversammlung fest

a) die Dauer des Grundurlaubs gemäß § 3 Abs. 1,
b) die Gewährung und Dauer des arbeitsbedingten Zusatzurlaubs,
c) die Dauer des Zusatzurlaubs für Schichtarbeit.

Der Zusatzurlaub für Schichtarbeit muß mindestens 3 Arbeitstage betragen. Der erhöhte Grundurlaub (§ 3 Abs. 2) sowie der Urlaub gemäß den §§ 6 und 8 werden nach den Bestimmungen dieser Verordnung gewährt.

(2) Beschlüsse der Vollversammlung der sozialistischen Produktionsgenossenschaften der Landwirtschft zur Urlaubsregelung gemäß Abs. 1 bedürfen der Bestätigung des Rates des Kreises.

(3) Mitglieder sozialistischer Produktionsgenossenschaften der Landwirtschaft, die in volkseigenen Betrieben der Landwirtschaft, in zwischengenossenschaftlichen oder zwischenbetrieblichen Einrichtungen arbeiten und von diesen ihren Lohn nach den rahmenkollektivvertraglichen Festlegungen erhalten, haben Anspruch auf Erholungsurlaub wie Arbeiter und Angestellte.

(4) Für Mitglieder sozialistischer Produktionsgenossenschaften der Landwirtschaft, die zeitweilig in andere Betriebe oder Einrichtungen delegiert werden, richtet sich der Erholungsurlaub nach den Beschlüssen der Vollversammlung. Aus der zeitweiligen Delegierung entsteht kein zusätzlicher Urlaubsanspruch.

Schlußbestimmungen

§ 12

Durchführungsbestimmungen erläßt der Staatssekretär für Arbeit und Löhne im Einvernehmen mit den Leitern der zuständigen zentralen Staatsorgane und in Übereinstimmung mit dem Bundesvorstand des Freien Deutschen Gewerkschaftsbundes.

§ 13

(1) Diese Verordnung tritt am 1. Januar 1979 in Kraft.

(2) Die Urlaubsregelungen in den Rahmenkollektivverträgen und Betriebskollektivverträgen sind auf der Grundlage dieser Verordnung neu zu vereinbaren. Die vor dem Inkrafttreten dieser Verordnung getroffenen Festlegungen über Treueurlaub und andere Urlaubsarten haben ab 1. Januar 1979 keine Gültigkeit mehr.

[1]) Abgedruckt unter G 01 01.

Erste Durchführungsbestimmung zur Verordnung über den Erholungsurlaub

vom 28. September 1978

(GBl. I Nr. 33 S. 367)

Auf Grund des § 12 der Verordnung vom 28. September 1978 über den Erholungsurlaub (GBl. I Nr. 33 S. 365)[1] wird im Einvernehmen mit den Leitern der zuständigen zentralen Staatsorgane und in Übereinstimmung mit dem Bundesvorstand des Freien Deutschen Gewerkschaftsbundes folgendes bestimmt:

Zu § 3 Abs. 2 Buchstaben a, c, d und e der Verordnung:

§ 1

Der Anspruch auf den erhöhten Grundurlaub besteht von dem Monat an, in dem die Voraussetzungen erfüllt werden. Er endet mit Ablauf des Monats, in dem sie entfallen.

Zu § 3 Abs. 2 Buchst. b der Verordnung:

§ 2

Der Anspruch auf erhöhten Grundurlaub besteht von dem Monat an, in dem das Lehrverhältnis aufgenommen wird. Der erhöhte Grundurlaub wird gewährt

a) bis zum Ablauf des Monats, in dem das Lehrverhältnis endet,
b) für Lehrlinge, die auf Grund ihrer Leistungen die Ausbildung vorzeitig beenden, bis zum Ablauf des Monats, in dem das Lehrverhältnis entsprechend den in den Rechtsvorschriften festgelegten Terminen enden würde,
c) für Lehrlinge der Klassen Berufsausbildung mit Abitur bis zum Ablauf des Jahres, in dem das Lehrverhältnis endet.

Zu § 3 Abs. 2 Buchstaben c bis e der Verordnung:

§ 3

(1) Als Kinder gelten die leiblichen oder an Kindes Statt angenommenen Kinder, die Kinder des Ehegatten und Enkelkinder sowie Kinder, die sich in Durchführung von Maßnahmen der Organe der Jugendhilfe im Haushalt der vollbeschäftigten Mutter befinden.
(2) Zum Haushalt der vollbeschäftigten Mutter gehören auch Kinder, die zeitweilig in Wochenkrippen, Tagesschulen, Sportschulen, Sonderschuleinrichtungen oder Schulinternaten und Einrichtungen für geschädigte Kinder untergebracht sind.

Zu den §§ 4 bis 6 der Verordnung:

§ 4

Liegen die Voraussetzungen für den Anspruch auf Zusatzurlaub nur für einen Teil des Kalenderjahres vor, wird der Zusatzurlaub anteilig wie folgt gewährt:

a) arbeitsbedingter Zusatzurlaub für die Monate, in denen der Werktätige überwiegend besonderen Arbeitserschwernissen oder Arbeitsbelastungen ausgesetzt ist oder eine besonders verantwortliche Tätigkeit ausübt,
b) Zusatzurlaub für Schichtarbeiter für die Monate, in denen ständig Arbeit in einem Mehrschichtsystem geleitstet wird,
c) Zusatzurlaub für Schwerbeschädigte und Blinde für die Monate, in denen ständig oder zeitweilig die Voraussetzungen vorliegen.

Zu § 9 der Verordnung:

§ 5

(1) Als bisheriger Urlaub gilt der Erholungsurlaub, der dem Werktätigen im Jahre 1978, umgerechnet in Arbeitstage, gewährt wurde. Dabei entsprechen 6 Werktage 5 Arbeitstagen.
(2) Bei Veränderung des Urlaubsanspruchs innerhalb des Jahres 1978 ist von dem Anspruch auszugehen, der bei den zuletzt vorliegenden Bedingungen während des gesamten Jahres bestanden hätte.
(3) Bür Betriebe, die leistungsabhängigen Zusatzurlaub gewährten, kann durch den zuständigen Minister festgelegt werden, daß der im Durchschnitt in den Jahren 1976 bis 1978 gewährte leistungsabhängige Zusatzurlaub als Zusatzurlaub des Jahres 1978 gilt.

§ 6

(1) Die über den Urlaubsanspruch gemäß den §§ 3 bis 8 der Verordnung hinausgehenden Urlaubstage erhalten die Werktätigen personengebunden. Entfallen die Bedingungen, auf denen die personengebundenen Urlaubstage beruhen, werden diese Urlaubstage entsprechend vermindert bzw. nicht mehr gewährt.
(2) Werktätigen mit Anspruch auf personengebundenen Urlaub, die nach dem 1. Januar 1979 im Betrieb das Schichtsystem wechseln, werden die personengebundenen Urlaubstage wie Werktätigen mit vergleichbaren Bedingungen im entsprechenden Schichtsystem gewährt.
(3) Die personengebundenen Urlaubstage sind in den Betrieben für jeden Werktätigen unter Angabe der Bedingungen, auf denen sie beruhen, gesondert zu erfassen.

Sonstige Bestimmungen

§ 7

(1) Für Werktätige, die infolge Rationalisierungsmaßnahmen oder Strukturveränderungen eine andere Arbeit im Betrieb oder in Abstimmung mit dem zuständigen örtlichen Rat in einem anderen Betrieb übernehmen, bleibt der bisherige Anspruch auf Erholungsurlaub für das laufende Kalenderjahr unverändert, soweit auf Grund der neuen Tätigkeit kein höherer Anspruch auf Erholungsurlaub besteht.
(2) Werktätige, die infolge Rationalisierungsmaßnahmen oder Strukturveränderungen in Abstimmung mit dem zuständigen örtlichen Rat in einem anderen Betrieb eine Arbeit übernehmen, erhalten die personengebundenen Urlaubstage im neuen Betrieb weiter, wenn in diesem Betrieb personengebundener Urlaub auf der Grundlage gleicher Bedingungen gewährt wird.

§ 8

Verändert sich der Urlaubsanspruch innerhalb eines Kalenderjahres, ist der errechnete Gesamtanspruch auf volle Arbeitstage aufzurunden. Das gleiche gilt bei der Gewährung von Anteilurlaub.

§ 9

Bei der Beendigung des Arbeitsrechtsverhältnisses bzw. der Mitgliedschaft in einer sozialistischen Produktionsgenossenschaft sind der im Berieb bzw. in der Genossenschaft erworbene Urlaubsanspruch und die Dauer des im Kalenderjahr bereits gewährten Erholungsurlaubs in den Ausweis für Arbeit und Sozialversicherung einzutragen.

§ 10

Übergangsbestimmung

Resturlaub für das Jahr 1978 ist nach den bisher geltenden Bestimmungen nach Werktagen zu gewähren.

§ 11

Schlußbestimmung

Diese Durchführungsbestimmung tritt am 1. Januar 1979 in Kraft.

[1]) Abgedruckt unter G 08 30.

Verordnung über die Altersversorgung der Intelligenz an wissenschaftlichen, künstlerischen, pädagogischen und medizinischen Einrichtungen der Deutschen Demokratischen Republik

vom 12. Juli 1951

(GBl. Nr. 62 S. 675)

in der Fassung der ÄndVO vom 13. Mai 1959

(GBl. I Nr. 32 S. 521)

In der Deutschen Demokratischen Republik gehen Wissenschaft und Kunst mit Unterstützung des Volkes und der Regierung einer neuen Blüte entgegen. Im gleichen Maße entfaltet sich das öffentliche Erziehungs- und Gesundheitswesen. In Westdeutschland dagegen dienen Wissenschaft und Kunst immer mehr der Remilitarisierung und der Entfesselung eines neuen Krieges; die Ausgaben für Erziehungs- und Gesundheitswesen werden ständig herabgesetzt. Damit verschlechtern sich die materiellen Lebensbedingungen der für den Frieden und für die Erhaltung der deutschen Kultur kämpfenden Intelligenz in Westdeutschland.

Den Wissenschaftlern, Künstlern, Lehrern, Erziehern und Ärzten, die sich durch ihr erfolgreiches und aufopferndes Wirken um den friedlichen Aufbau verdient gemacht haben, bringt unser Volk Dank und Anerkennung entgegen.

Zur weiteren Verbesserung der materiellen Lebensbedingungen der in Wissenschaft, Kunst, Erziehung und Gesundheitswesen tätigen Menschen wird von der Regierung der Deutschen Demokratischen Republik daher folgendes verordnet:

§ 1

Für die Intelligenz an den wissenschaftlichen, medizinischen, pädagogischen und künstlerischen Einrichtungen der Deutschen Demokratischen Republik wird über den Rahmen der Sozialversicherung hinaus eine zusätzliche Altersversorgung eingeführt.

§ 2

Als Angehörige der wissenschaftlich tätigen Intelligenz gelten:

a) hauptberuflich tätige Hochschullehrer, Leiter und hauptberuflich tätige Wissenschaftler an den Akademien, Instituten wissenschaftlichen Bibliotheken und Museen und sonstigen wissenschaftlichen Einrichtungen sowie Verlagsleiter, Chefredakteure, Cheflektoren;

b) Verwaltungsdirektoren an Akademien, Universitäten, Hochschulen und bedeutenden wissenschaftlichen Einrichtungen, Herstellungsleiter in bedeutenden volkseigenen Verlagen;
c) besonders qualifizierte Feinmechanikermeister, Mechanikermeister, Präparatoren, Garteninspektoren und Gartenmeister an Universitäts- und Hochschulinstituten sowie an anderen bedeutenden wissenschaftlichen Einrichtungen.

§ 3

Als auf dem Gebiet der Medizin tätige Angehörige der Intelligenz im Sinne dieser Verordnung gelten:

a) alle in Einrichtungen des öffentlichen Gesundheitswesens hauptberuflich tätigen Ärzte, Zahnärzte und Apotheker sowie die leitenden Ärzte der Kreisgesundheitsverwaltungen;
b) besonders qualifizierte und verantwortlich tätige leitende Schwestern in Einrichtungen des öffentlichen Gesundheitswesens;
c) besonders qualifizierte und verantwortlich tätige leitende Pfleger in Einrichtungen des öffentlichen Gesundheitswesens;
d) besonders qualifizierte leitende Hebammen in Einrichtungen des öffentlichen Gesundheitswesens;
e) im öffentlichen Dienst stehende Tierärzte und verantwortlich tätige tierärztliche Gehilfen.

§ 4

Als Angehörige der pädagogisch tätigen Intelligenz im Sinne dieser Verordnung gelten:

a) alle in Einrichtungen des öffentlichen Bildungs- und Erziehungswesens (allgemeinbildende Schulen einschließlich Volkshochschulen, berufsbildende Schulen, Einrichtungen der Vorschulerziehung, Heime und Horte) tätigen Lehrer und Erzieher, sofern sie eine staatlich anerkannte abgeschlossene pädagogische Ausbildung besitzen und mindestens 2 Jahre in den genannten Einrichtungen hauptamtlich tätig gewesen sind;
b) alle an den pädagogischen Instituten und sonstigen Einrichtungen der Lehrer-, Lehrmeister und Erzieherbildung tätigen Leiter, Lehrer, Dozenten und pädagogischen Mitarbeiter sowie die Leiter und wissenschaftlichen Mitarbeiter des volkseigenen Verlages Volk und Wissen;
c) Dozenten der Arbeiter-und-Bauern-Fakultäten und Dozenten der Fachschulen.

§ 5

Als Angehörige der künstlerisch tätigen Intelligenz gelten:

a) Intendanten und deren Stellvertreter, Opern- und Schauspieldirektoren, Direktoren von Schauspiel-, Musik- und Tanzschulen und Schulen für bildende Kunst, Regisseure,

Dramaturgen, Kapellmeister, Ballettmeister und Choreographen, Chordirektoren, Orchesterdirektoren, Bühnenbildner, Sänger, Schauspieler (nicht Komparsen), Solotänzer, Korrepetitoren, Filmregisseure, Filmdramaturgen;

b) besonders qualifizierte und verantwortlich tätige Restauratoren, Kunsthandwerker, die bei Museen, Theatern, bedeutenden volkseigenen Verlagen und anderen Institutionen fest angestellt sind, Orchestermusiker, Choristen, technische Direktoren und technische Leiter an den Theatern, Verwaltungsdirektoren an den Theatern, Filmarchitekten, Filmoperateure, Aufnahmeleiter beim Film;

c) besonders qualifizierte Garderobenoberinspektoren, Maskenbildner, Beleuchtungsoberinspektoren, Werkstättenleiter, Leiter der künstlerischen Betriebsbüros, Schnittmeister, Kostümbildner, Inspizienten und Souffleusen.

§ 6

Wissenschaftliche, künstlerische, pädagogische und medizinische Einrichtungen der Deutschen Demokratischen Republik im Sinne des § 1 dieser Verordnung sind:

wissenschaftliche und künstlerische Akademien, Universitäten und Hochschulen, Forschungsinstitute, wissenschaftliche und künstlerische Bibliotheken, Kunstsammlungen und Museen und ihnen entsprechende künstlerisch-wissenschaftliche Einrichtungen, öffentliche Theater- und Kulturorchester (einschl. solcher von Organisationen, soweit sie von der Staatlichen Kommission für Kunstangelegenheiten anerkannt sind), künstlerische Einrichtungen des Films und des Rundfunks in der Deutschen Demokratischen Republik, alle Einrichtungen des öffentlichen Bildungs- und Erziehungswesens, alle Einrichtungen des öffentlichen Gesundheitswesens.

§ 7

Zum Kreis der Versorgungsberechtigten gehört ferner, wer auf Grund eines Einzelvertrages Anspruch auf zusätzliche Altersversorgung hat.

§ 8

Die zusätzliche Altersversorgung umfaßt:

a) von der Vollendung des 65. Lebensjahres (bei Frauen von der Vollendung des 60. Lebensjahres) an eine monatliche Altersrente in Höhe von 60 bis 80% des im letzten Jahre vor Antritt des Versorgungsfalles bezogenen durchschnittlichen monatlichen Bruttogehaltes, im Höchstfalle von 800 DM,

b) die gleiche Rente beim Eintritt vorzeitiger Berufsunfähigkeit,

c) eine monatliche Hinterbliebenenrente in Höhe von 50% der Rente des Begünstigten an den überlebenden Ehepartner,

d) eine monatliche Rente bis zu insgesamt 25% der Rente des Begünstigten für Waisen, Halbwaisen und Personen, für die der Begünstigte unterhaltspflichtig war, bis zur Vollendung des 18. Lebensjahres und, sofern sie sich in der Ausbildung befinden, darüber hinaus bis zu deren Beendigung.

§ 9

(1) Für die Gewährung einer zusätzlichen Altersversorgung von mehr als 60% des Bruttogehaltes sind besondere Arbeitserfolge Voraussetzung.
(2) Rentenbezüge aus anderen Versicherungen werden von der Gewährung der zusätzlichen Altersversorgung nicht berührt, soweit die Altersversorgung insgesamt nicht 90% des bisherigen Netto-Arbeitseinkommens übersteigt.
(3) Die zusätzliche Altersrente wird auch gewährt, wenn nach Vollendung des 65. Lebensjahres, bei Frauen des 60. Lebensjahres, Lohn- oder Gehaltseinkommen weiterbesteht.

§ 10

Die zusätzliche Altersversorgung im Sinne dieser Verordnung ist steuerfrei.

§ 11

(1) Die zusätzliche Altersversogung wird gewährt, wenn sich der Begünstigte im Zeitpunkt des Eintritts des Versorgungsfalles in einem Anstellungsverhältnis zu einer der unter § 6 genannten Einrichtungen befindet.
(2) Für die Dauer von Berufungen in öffentliche Ämter oder in demokratische Organisationen (Parteien, FDGB usw.) erlischt der Anspruch auf Rente nicht. Der mit dieser Verordnung erfaßte Kreis der Versorgungsberechtigten, der beim Inkrafttreten dieser Verordnung bereits in öffentlichen Ämtern oder demokratischen Organisationen arbeitet, hat Anspruch auf die Altersversorgung.
(3) Für die Beurteilung der Erwerbsunfähigkeit finden die Bestimmungen der Sozialversicherung sinngemäß Anwendung. Über die Berufsunfähigkeit entscheidet eine vom zuständigen Fachministerium einzusetzende Kommission.
(4) Für die bei Inkrafttreten dieser Verordnung, jedoch nach dem 8. Mai 1945, bereits emeritierten Hochschullehrer der Universitäten und Hochschulen der Deutschen Demokratischen Republik und für deren Hinterbliebene gelten die Bestimmungen dieser Verordnung entsprechend.

§ 12

(1) Die für die Altersversorgung aufzuwendenden Beträge sind in den Staatshaushaltsplan einzusetzen.
(2) Das Ministerium der Finanzen der Deutschen Demokratischen Republik hat das allgemeine Kontrollrecht.

§ 13

Durchführungsbestimmungen werden gemeinsam vom Ministerium der Finanzen und vom *Ministerium für Arbeit* der Deutschen Demokratischen Republik erlassen.

§ 14

Bis zum 1. November 1951 ist dem Ministerpräsidenten durch die zuständigen Regierungsstellen über den Stand der Durchführung dieser Verordnung schriftlich Bericht zu erstatten.

§ 15

Diese Verordnung tritt mit ihrer Verkündung in Kraft.[1]

[1]) In Kraft getreten am 17. Juli 1951.

Erste Durchführungsbestimmung zur Verordnung über die Altersversorgung der Intelligenz an wissenschaftlichen, künstlerischen, pädagogischen und medizinischen Einrichtungen der Deutschen Demokratischen Republik

vom 26. September 1951

(GBl. Nr. 117 S. 879)

in der Fassung der 2. DB vom 11. Juni 1959[1]

(GBl. I Nr. 41 S. 612)

Auf Grund des § 13 der Verordnung vom 12. Juli 1951 über die Altersversorgung der Intelligenz an wissenschaftlichen, künstlerischen, pädagogischen und medizinischen Einrichtungen der Deutschen Demokratischen Republik (GBl. S. 675)[2] wird folgendes bestimmt:

§ 1

Anmeldung der Versorgungsberechtigten

(1) Die Leiter der unter § 6 der Verordnung genannten Einrichtungen, die der Deutschen Demokratischen Republik direkt unterstehen, sind verpflichtet, bis zum 20. Oktober 1951 den zuständigen Ministerien, Staatssekretariaten mit eigenem Geschäftsbereich oder zentralen Stellen der Deutschen Demokratischen Republik die Listen (Anlage) der Personen vorzuglegen, die gemäß der Verordnung für eine Anwartschaft auf zusätzliche Altersversorgung in Frage kommen. Den Listen sind begründete Anträge sowie Vorschläge für die Höhe der zu zahlenden Altersversorgung beizufügen.

(2) Soweit die unter § 6 der Verordnung genannten Einrichtungen den Räten der Kreise, Städte und Gemeinden sowie den *Ministerien der Länder* unterstellt sind, haben die Leiter der Einrichtungen die unter Abs. 1 genannten Listen den zuständigen *Ministerien der Länder* einzureichen, die sie ihrerseits mit den erforderlichen Unterlagen und Prüfungsvermerken unter Einhaltung des vorgenannten Termins an die Fachministerien der Deutschen Demokratischen Republik weiterleiten. Die Ministerien, Staatssekretariate mit eigenem Geschäftsbereich oder zentralen Stellen der Deutschen Demokratischen Republik teilen bis zum 25. Oktober 1951 dem Ministerium der Finanzen der Deutschen Demokratischen Republik, Hauptabteilung Staatshaushalt, die Anzahl der danach in den Kreis der Altersversorgung Eintretenden sowie den voraussichtlichen Mittelbedarf für das Jahr 1951, getrennt nach Wissenschaftlern, Künstlern, Pädagogen und Medizinern, mit.

(3) Die Anzahl der durch Neueinstellung unter die Verordnung fallenden Personen teilen die zuständigen Fachministerien, Staatssekretariate mit eigenem Geschäftsbereich oder zentralen Stellen der Deutschen Demokratischen Republik dem Ministerium der Finanzen der Deutschen Demokratischen Republik jeweils zum Monatsende für den abgelaufenen Monat mit.

§ 2

Versorgung der Lehrer und Erzieher

Lehrer und Erzieher im Sinne dieser Verordnung ist, wer eine staatlich anerkannte abgeschlossene pädagogische Ausbildung besitzt.

§ 3

Träger der zusätzlichen Altersversorgung

(1) Die Fachministerien leiten die Anträge an die *Versicherungsanstalt des Landes Brandenburg* in Potsdam weiter. Diese stellt den Begünstigten das Dokument über die zusätzliche Altersversorgung innerhalb von 10 Tagen über die beschäftigende Einrichtung zu.
(2) Träger der zusätzlichen Altersversorgung ist die für den Sitz der Einrichtung zuständige Landesversicherungsanstalt.

§ 4

Bereitstellung der Mittel

Die *Versicherungsanstalt des Landes Brandenburg* hat jeweils zum Jahresende die im abgelaufenen Jahr gezahlten Rentenleistungen, getrennt nach Künstlern, Wissenschaftlern, Pädagogen und Medizinern, zu ermitteln und dem Ministerium der Finanzen der Deutschen Demokratischen Republik, Hauptabteilung Staatshaushalt, mitzuteilen. Dabei können Verwaltungskosten bis zur Höhe von 5% der Rentenleistungen berechnet werden. Die Erstattung erfolgt zentral durch den Haushalt der Deutschen Demokratischen Republik. In den Haushaltsplänen der einzelnen Institutionen sind Ausgaben für diese Zwecke nicht zu planen.

§ 5

Anwartschaft

(1) Die Anwartschaft auf zusätzliche Altersversorgung erlischt mit Austritt aus einer unter § 6 der Verordung genannten Einrichtungen der Deutschen Demokratischen Republik, wenn andere Gründe als Altersgrenze, Berufs- oder Erwerbsunfähigkeit oder Berufungen in öffentliche Ämter sowie in demokratische Organisationen vorliegen.
(2) Zusätzliche Altersversorgung darf nicht an Personen gewährt werden, die bei Inkrafttreten der Verordnung sich nicht mehr in einem Anstellungsverhältnis zu einer unter § 6 der Verordnung genannten Einrichtungen befanden. § 11 Abs. 2 und 4 der Verordnung wird hiervon nicht berührt.

§ 6

Inkrafttreten

Diese Durchführungsbestimmung tritt mit dem Tage ihrer Verkündung in Kraft.[3]

[1]) Abgedruckt unter G 11 33.
[2]) Abgedruckt unter G 11 30.
[3]) In Kraft getreten am 4. Oktober 1951.

AAR 4. Lieferung

Verordnung zur Änderung der Verordnung über die Altersversorgung der Intelligenz an wissenschaftlichen, künstlerischen, pädagogischen und medizinischen Einrichtungen der Deutschen Demokratischen Republik

vom 13. Mai 1959

(GBl. I Nr. 32 S. 521)

Die Verordnung vom 12. Juli 1951 über die Altersversorgung der Intelligenz an wissenschaftlichen, künstlerischen, pädagogischen und medizinischen Einrichtungen der Deutschen Demokratischen Republik (GBl. S. 675)[1] wird wie folgt geändert:

§ 1

Der § 4 der Verordnung erhält folgende Fassung:

„Als Angehörige der pädagogisch tätigen Intelligenz im Sinne dieser Verordnung gelten:

a) alle in Einrichtungen des öffentlichen Bildungs- und Erziehungswesens (allgemeinbildende Schulen einschließlich Volkshochschulen, berufsbildende Schulen, Einrichtungen der Vorschulerziehung, Heime und Horte) tätigen Lehrer und Erzieher, sofern sie eine staatlich anerkannte abgeschlossene pädagogische Ausbildung besitzen und mindestens 2 Jahre in den genannten Einrichtungen hauptamtlich tätig gewesen sind:

b) alle an den pädagogischen Instituten und sonstigen Einrichtungen der Lehrer-, Lehrmeister- und Erzieherbildung tätigen Leiter, Lehrer, Dozenten und pädagogischen Mitarbeiter sowie die Leiter und wissenschaftlichen Mitarbeiter des volkseigenen Verlages Volk und Wissen;

c) Dozenten der Arbeiter-und-Bauern-Fakultäten und Dozenten der Fachschulen".

§ 2

Angehörigen der pädagogischen Intelligenz, die vor Inkrafttreten dieser Änderungsverordnung aus dem öffentlichen Bildungs- und Erziehungswesen ausgeschieden waren und keine zusätzliche Altersversorgung erhalten, weil sie noch nicht 20 Jahre in den im § 4 der Verordnung genannten Einrichtungen hauptamtlich tätig waren, kann die zusätzliche Altersversorgung ganz oder teilweise zuerkannt werden. Voraussetzung ist,

a) daß sie nach dem 17. Juli 1951 und insgesamt mindestens 2 Jahre in den im § 4 der Verordnung genannten Einrichtungen tätig gewesen sind,

b) daß sie im Dienste des Bildungs- und Erziehungswesens erfolgreich ihre Aufgaben erfüllt haben,

c) daß die sonstigen Voraussetzungen der Verordnung vorliegen.

§ 3

Diese Verordnung tritt mit Wirkung vom 1. April 1959 in Kraft.

[1]) Abgedruckt unter G **11** 30.

Zweite Durchführungsbestimmung[1] zur Verordnung über die Altersversorgung der Intelligenz an wissenschaftlichen, künstlerischen, pädagogischen und medizinischen Einrichtungen der Deutschen Demokratischen Republik

vom 11. Juni 1959

(GBl. I Nr. 41 S. 612)

Auf Grund des § 13 der Verordnung vom 12. Juli 1951 über die Altersversorgung der Intelligenz an wissenschaftlichen, künstlerischen, pädagogischen und medizinischen Einrichtungen der Deutschen Demokratischen Republik (GBl. S. 675)[2] wird im Einvernehmen mit dem Minister für Volksbildung und dem Komitee für Arbeit und Löhne sowie nach Anhören des Zentralvorstandes der Gewerkschaft Unterricht und Erziehung folgendes bestimmt:

§ 1

Der § 2 der Ersten Durchführungsbestimmung vom 26. September 1951 zur Verordnung über die Altersversorgung der Intelligenz an wissenschaftlichen, künstlerischen, pädagogischen und medizinischen Einrichtungen der Deutschen Demokratischen Republik (GBl. S. 879) erhält folgende Fassung:

„§ 2

Versorgung der Lehrer und Erzieher

Lehrer und Erzieher im Sinne der Verordnung ist, wer eine staatlich anerkannte abgeschlossene pädagogische Ausbildung besitzt."

§ 2

Über die Zuerkennung der zusätzlichen Altersversorgung an Angehörige der pädagogischen Intelligenz gemäß § 2 der Verordnung vom 13. Mai 1959 zur Änderung der Verordnung über die Altersversorgung der Intelligenz an wissenschaftlichen, künstlerischen, pädagogischen und medizinischen Einrichtungen der Deutschen Demokratischen Republik (GBl. I S. 521)[3] entscheidet eine Kommission. Diese Kommission wird vom Minister für Volksbildung berufen.

§ 3

Über Streitfälle oder Beschwerden gegen Entscheidungen auf Grund der Verordnung vom 12. Juli 1951 entscheidet eine beim zuständigen zentralen Organ der staatlichen Verwaltung zu bildende Kommission endgültig. Bei Angehörigen der pädagogischen Intelligenz ist hierfür die gemäß § 2 dieser Durchführungsbestimmung gebildete Kommission zuständig.

§ 4

Diese Durchführungsbestimmung tritt mit ihrer Verkündung in Kraft.[4]

[1]) Erste DB vom 26. September 1951 — abgedruckt unter G 11 31.
[2]) Abgedruckt unter G 11 30.
[3]) Abgedruckt unter G 11 32.
[4]) In Kraft getreten am 3. Juli 1959.

Verordnung über die Neuregelung von Ansprüchen auf zusätzliche Altersversorgung der Intelligenz

vom 1. März 1962

(GBl. II Nr. 13 S. 116)

In Ergänzung der Verordnung vom 17. August 1950 über die zusätzliche Altersversorgung der technischen Intelligenz in den volkseigenen und ihnen gleichgestellten Betrieben (GBl. S. 844) und der Verordnung vom 12. Juli 1951 über die Altersversorgung der Intelligenz an wissenschaftlichen, künstlerischen, pädagogischen und medizinischen Einrichtungen der Deutschen Demokratischen Republik (GBl. S. 675) in der Fassung vom 13. Mai 1959 (GBl. I S. 521)[1] wird folgendes verordnet:

§ 1

(1) In den Kreis der Versorgungsberechtigten auf zusätzliche Altersversorgung der Intelligenz können nur Personen einbezogen werden, die ihren ständigen Wohnsitz in der Deutschen Demokratischen Republik haben. Das gilt nicht für bereits abgeschlossene Versorgungsverträge.
(2) Die Zahlung der Altersversorgung der Intelligenz wird eingestellt, wenn der Versorgungsempfänger nach dem 1. März 1962 aus der Deutschen Demokratischen Republik verzieht.

§ 2

Wird ein Versorgungsempfänger wegen einer vorsätzlichen strafbaren Handlung zu einer Freiheitsstrafe von mindestens 1 Jahr verurteilt, erlischt mit der Verurteilung der Anspruch auf die zusätzliche Altersversorgung der Intelligenz.

§ 3

Diese Verordnung tritt am 1. März 1962 in Kraft.

[1]) Abgedruckt unter G 11 30.

Richtlinie zum Abschluß von Altersversorgungen der Intelligenz für Mitarbeiter in staatlichen Einrichtungen des Gesundheits- und Sozialwesens

vom 1. Juli 1976

(VuM MfGe Nr. 8 S. 41)

i. d. F. des Hinweises zu dieser Richtlinie vom 1. Juli 1977

(VuM MfGe Nr. 8, S. 72)

In Durchführung des Beschlusses des Ministerrates der DDR vom 26. Juni 1974 über die Einbeziehung von hauptberuflichtätigen Hochschulkadern des staatlichen Gesundheits- und Sozialwesens in die zusätzliche Altersversorgung der Intelligenz sind folgende Grundsätze zu beachten:

I.

(1) In die zusätzliche Altersversorgung entsprechend der Verordnung vom 12. Juli 1951 über die Altersversorgung der Intelligenz an wissenschaftlichen, künstlerischen, pädagogischen und medizinischen Einrichtungen der DDR[1] werden nachstehende hauptberuflich tätige Hochschulkader[2] im staatlichen Gesundheits- und Sozialwesen einbezogen:

- Ärzte, Zahnärzte und Apotheker
- Diplom-Pharmazeuten
- Diplom-Biologen
- Diplom-Medico-Biologen
- Diplom-Bio-Chemiker
- Diplom-Chemiker
- Diplom-Physiko-Chemiker
- Diplom-Physiker
- Diplom-Mathematiker
- Diplom-Psychologen
- Diplom-Ingenieure
- Technische Leiter mit einem technischen Hochschulabschluß
- Sportwissenschaftler in Einrichtungen des Kur- und Bäderwesens und in der Rehabilitation
- Ökonomische Direktoren bzw. Ökonomische Leiter mit einer abgeschlossenen Hochschulausbildung

(2) Weiterhin werden gemäß der Verordnung vom 4. Juli 1962 über die Rechte und Pflichten der Fachschullehrer der DDR (GBl. I Nr. 53 S. 465) in Verbindung mit der Vereinbarung

über die Vergütung und Arbeitszeit der Lehrkräfte an Ingenieur- und Fachschulen einbezogen hauptberuflich tätige

- Fachschullehrer an Fachschulen
- Lehrer der Bezirksakademien des Gesundheits- und Sozialwesens
- Lehrer und pädagogische Mitarbeiter des Instituts für Weiterbildung mittlerer medizinischer Fachkräfte in Potsdam.

(3) außer Kraft gesetzt[3]

(4) In die zusätzliche Altersversorgung der Intelligenz können auf Antrag weiterhin einbezogen werden die in den Einrichtungen des staatlichen Gesundheits- und Sozialwesens hauptberuflich tätigen:

a) anderen Hochschulkader bei

  - hohen Leistungen bei der medizinischen und sozialen Betreuung der Bevölkerung oder
  - hohen Leistungen bei der Betreuung des Nachwuchses oder
  - hohen Leistungen bei der sozialistischen Rationalisierung und der damit verbundenen Verbesserung der Arbeits- und Lebensbedingungen und der Förderung des sozialistischen Wettbewerbs,

  wenn diese Leistungen durch staatliche Auszeichnungen anerkannt wurden.

b) leitenden Schwestern, leitenden Pfleger und leitenden Hebammen mit hoher Qualifikation, wenn folgende Kriterien erfüllt werden:

  - leitende Tätigkeit in einer Einrichtung mit ca. 300 Betten bzw. einer Abteilung mit mindestens 120 Betten bzw. wenn der leitenden Hebamme mindestens 8 Hebammen unterstellt sind
  - 20jährige Berufserfahrung
  - 10jährige leitende Tätigkeit
  - Lehrtätigkeit und
  - Anerkennung der Leistungen durch staatliche Auszeichnungen.

(5) Bei einer Einbeziehung des in Ziff. 4 genannten Personenkreises sind die gesetzlichen Möglichkeiten zur Sicherung einer zusätzlichen Rentenversorgung durch den Abschluß einer freiwilligen Zusatzrentenversicherung zu beachten. Die Einbeziehung in die zusätzliche Altersversorgung der Intelligenz sollte nur dann vorgeschlagen werden, wenn der Angehörige der Intelligenz aufgrund der Höhe seines Einkommens oder infolge seines Alters durch den Abschluß einer freiwilligen Zusatzrentenversicherung keinen Gesamtanspruch erwerben kann, der mindestens 75% seines Nettoverdienstes erreicht. Im Antrag ist zu vermerken, ob und wann der Mitarbeiter der freiwilligen Zusatzrentenversicherung beigetreten ist bzw. warum kein Beitritt erfolgte.

II.

(1) Die Vorschläge auf Einbeziehung in die zusätzliche Altersversorgung der Intelligenz des in Abschnitt I Ziff. 1—3 genannten Personenkreises sind

a) für den Bereich des örtlich geleiteten Gesundheits- und Sozialwesens vom Leiter der Einrichtung dem Rat des Kreises in doppelter Ausführung weiterzuleiten. Nach der Bestätigung durch den Kreisarzt sind die Anträge dem zuständigen Rat des Bezirkes, Abteilung Gesundheits- und Sozialwesen, zu übersenden. Nach der Bestätigung durch den Bezirksarzt sind die Anträge bei der Staatlichen Versicherung der DDR[4] in Berlin einzureichen.

b) vom Leiter der Einrichtungen, die dem Ministerium für Gesundheitswesen direkt unterstellt sind, dem Ministerium in doppelter Ausführung zu übermitteln.

(2) Die Vorschläge auf Einbeziehung in die zusätzliche Altersversorgung der Intelligenz des im Abschnitt I Ziff. 4 genannten Personenkreises sind

a) vom Leiter der Einrichtung über den Kreisarzt an den Rat des Bezirkes, Abteilung Gesundheits- und Sozialwesen, in doppelter Ausführung zu senden. Nach der Bestätigung durch den Bezirksarzt sind die Anträge dem Ministerium für Gesundheitswesen einzureichen.

b) vom Leiter der Einrichtung, die dem Ministerium direkt unterstellt ist, dem Ministerium für Gesundheitswesen in doppelter Ausführung einzureichen.

(3) Nach Zustimmung durch den Staatssekretär für Arbeit und Löhne für die im Abschnitt I Ziff. 4 genannten Anträge sind diese vom Ministerium für Gesundheitswesen der Staatlichen Versicherung der DDR in Berlin zu übersenden.

(4) Die Altersversorgung der Intelligenz beträgt 60% des in den letzten 12 Monaten vor Eintritt des Versorgungsfalles bezogenen monatlichen Bruttogehaltes, im Höchstfall 800,— M. Der Gesamtrentenanspruch (Anspruch aus der Altersversorgung der Intelligenz und der Rente der Sozialversicherung) ist auf maximal 90% des Nettoarbeitseinkommens begrenzt.

III.

(1) Nimmt ein Angehöriger der Intelligenz, der gemäß Abschnitt I Ziff. 1—3 einbezogen wurde, in einer anderen Einrichtung des staatlichen Gesundheits- und Sozialwesens eine Tätigkeit auf, wird die bestehende Altersversorgung der Intelligenz übernommen, wenn die geforderten Voraussetzungen erfüllt sind.
Eine Ummeldung bei der Staatlichen Versicherung der DDR in Berlin entfällt.

(2) Nimmt ein Angehöriger der Intelligenz, der gemäß Abschnitt I Ziff. 4 einbezogen wurde, in einer anderen Einrichtung des staatlichen Gesundheits- und Sozialwesens eine Tätigkeit auf, kann die bestehende Altersversorgung der Intelligenz übernommen werden. Der Antrag auf Übernahme ist gemäß den Festlegungen des Abschnittes II Ziff. 2 zu

stellen. Die Bestätigung der Übernahme erfolgt durch das Ministerium für Gesundheitswesen.

(3) Nimmt ein Angehöriger der Intelligenz, der Inhaber der zusätzlichen Altersversorgung der Intelligenz ist, aus einem anderen Bereich eine Tätigkeit in einer Einrichtung des staatlichen Gesundheits- und Sozialwesens auf und gehört er zu dem im Abschnitt I Ziff. 1–3 genannten Personenkreis, kann die Altersversorgung übernommen werden, wenn die geforderten Voraussetzungen erfüllt sind. Der Vorschlag auf Übernahme der Altersversorgung der Intelligenz hat nach den Festlegungen des Abschnittes II zu erfolgen[5].

(4) Mitarbeiter, die vor Aufnahme einer Tätigkeit im Gesundheits- und Sozialwesen einer besonderen Versorgungsregelung beigetreten und zum Zeitpunkt des Beitritts zu dieser besonderen Versorgungsregelung in den Kreis der Versorgungsberechtigten auf zusätzliche Altersversorgung der Intelligenz einbezogen waren, können bei besonderen Verdiensten erneut in die Altersversorgung der Intelligenz einbezogen werden, sofern sie nicht von der Möglichkeit der Aufrechterhaltung des Anspruchs aus der besonderen Versorgungsregelung Gebrauch machen.

(5) Jede Veränderung der Wohnanschrift und des Namens der Versorgungsberechtigten ist der Staatlichen Versicherung der DDR in Berlin unter Angabe der Urkunden- bzw. Versicherungsschein-Nummer direkt mitzuteilen. Das gleiche gilt für den Beitritt zur freiwilligen Zusatzrentenversicherung oder zu einer anderen besonderen Versorgungsregelung.

(6) Ausländische Bürger, die in der DDR wohnen und in einem Arbeitsrechtsverhältnis mit einer Einrichtung des Gesundheits- und Sozialwesens stehen und die vorgenannten Kriterien erfüllen, können ebenfalls in die zusätzliche Altersversorgung der Intelligenz einbezogen werden.

IV.

Schlußbestimmungen

(1) Diese Richtlinie tritt am 1. September 1976 in Kraft.
Gleichzeitig tritt die Richtlinie zum Abschluß von Altersversorgungen vom 1. Juli 1974 für Mitarbeiter in staatlichen Einrichtungen des Gesundheits- und Sozialwesens (VuM Nr. 15 S. 111) außer Kraft.

1) Abgedruckt unter G 11 30.
2) Siehe Nomenklaturverzeichnis Hoch- und Fachschulbildung; in der Sammlung nicht abgedruckt.
3) Gemäß Hinweis zu dieser Richtlinie v. 1. 7. 77.
4) Staatliche Versicherung der DDR, Hauptverwaltung 1017 Berlin, Ehrenbergstr. 11.
5) Muster dafür abgedruckt unter G 11 35 01.

Bekanntmachung des Musters für einen Antrag auf zusätzliche Altersversorgung der Intelligenz

vom 1. Juli 1976

(VuM MfGe Nr. 9 S. 50)

Nachstehend wird das Muster eines Antrages auf Einbeziehung in die zusätzliche Altersversorgung der Intelligenz zur Richtlinie vom 1. Juli 1976 zum Abschluß von Altersversorgungen der Intelligenz für Mitarbeiter in staatlichen Einrichtungen des Gesundheits- und Sozialwesens (VuM Nr. 8 S. 41)[1] bekanntgemacht:

Anlage

zu vorstehender Richtlinie

Muster

Antrag auf Einbeziehung in die zusätzliche Altersversorgung bzw. Übernahme der zusätzlichen Altersversorgung der Intelligenz[2]

a) Name:

b) Vorname:

c) Geburtsdatum und Ort:

d) Wohnanschrift:

e) Einrichtung:

f) Hauptberuflich tätig als:
Teilbeschäftigte, Zahl der Wochenstunden:

g) Qualifikation:

h) Bruttogehalt: Vergütungsgruppe:

i) Höhe des vorgeschlagenen Prozentsatzes: 60%

j) Bestand bereits eine Altersversorgung der Intelligenz?
ja/nein Vers.-Urkunden-Nr.:

k) Beitritt zur freiwilligen Zusatzrentenversicherung?
wann:
warum nicht:

l) Zahl der unterstellten Betten:
(nur für leitende Schwestern und Pfleger)

m) **Lehrtätigkeit:**
(nur für leitende Schwestern, Pfleger und Hebammen)
n) **Zahl der unterstellten Mitarbeiter:**
(nur für Hebammen)

Ort, Datum	Unterschrift des Leiters der Einrichtung
Ort, Datum	Unterschrift des Kreisarztes
Ort, Datum	Unterschrift des Bezirksarztes

Anlage:

Ausführliche Begründung des Antrages für Antragsteller des Personenkreises I/2.

[1]) Abgedruckt unter G 11 35.
[2]) Nichtzutreffendes streichen.

Beschluß des Staatsrates der Deutschen Demokratischen Republik über die Wahl und Tätigkeit der Konfliktkommissionen — Konfliktkommissionsordnung —[1]

4. Oktober 1968

(GBl. I Nr. 16 S. 287)

Inhaltsverzeichnis

Gemäß § 23 Abs. 1 des Gesetzes vom 11. Juni 1968 über die gesellschaftlichen Gerichte der Deutschen Demokratischen Republik – GGG – (GBl. I S. 229) wird auf Vorschlag des Bundesvorstandes des Freien Deutschen Gewerkschaftsbundes folgendes bestimmt:

I.

Bildung der Konfliktkommissionen

§ 1

(1) Konfliktkommissionen werden in Betrieben mit einer Belegschaftsstärke von über 50 Betriebsangehörigen gebildet. In kleineren Betrieben können Konfliktkommissionen gebildet werden, wenn eine eigene Betriebsgewerkschaftsorganisation besteht.
(2) Der Tätigkeitsbereich einer Konfliktkommission soll in der Regel nicht mehr als 300 Betriebsangehörige umfassen. Dabei sind die Bereiche der betrieblichen Gewerkschaftsleitungen zu beachten.

II.

Wahl der Konfliktkommissionen

§ 2

(1) Für eine Konfliktkommission werden 8 bis 15 Mitglieder gewählt. In Betrieben mit weniger als 100 Betriebsangehörigen kann ihre Zahl ausnahmsweise auf 6 verringert werden.
(2) Die Mitglieder der Konfliktkommissionen werden von den Betriebsangehörigen nach den Grundsätzen der Gewerkschaftswahlen in geheimer Wahl auf die Dauer von 2 Jahren gewählt.

§ 3

(1) Für die Vorbereitung und Durchführung der Wahl ist die BGL verantwortlich.
(2) Die Kandidaten für die Konfliktkommission werden nach Diskussion in den Gewerkschaftsgruppen von der BGL in einer Belegschaftsversammlung vorgeschlagen.
(3) Die Zusammensetzung der Konfliktkommission soll der Zusammensetzung der Belegschaft und den betrieblichen Bedingungen entsprechen.

§ 4

(1) Die Mitglieder der Konfliktkommission werden nach ihrer Wahl durch die BGL in feierlicher Form verpflichtet, gerecht und unvoreingenommen zu entscheiden, ihre ganze Kraft für die Verwirklichung der sozialistischen Gesetzlichkeit und die sozialistische Erziehung der Bürger einzusetzen. Über ihre Wahl erhalten sie eine Urkunde.
(2) Die Mitglieder der Konfliktkommission wählen ihren Vorsitzenden und einen oder mehrere Stellvertreter.

§ 5

Sind Mitglieder der Konfliktkommission wegen Betriebswechsels, Schulbesuchs, Krankheit oder aus anderen Gründen zur Ausübung ihrer Tätigkeit nicht mehr in der Lage, können sie von ihren Aufgaben durch die Belegschaftsversammlungen ihres Tätigkeitsbereiches entpflichtet werden.

§ 6

(1) Eine Nachwahl von Mitgliedern ist durchzuführen, wenn die ordnungsgemäße Tätigkeit der Konfliktkommission nicht mehr gewährleistet ist.
(2) Vorbereitung und Durchführung der Nachwahl richten sich nach §§ 2 bis 4 dieses Erlasses sowie nach § 6 Abs. 1 und § 7 Abs. 1 des GGG.

III.

Arbeitsweise der Konfliktkommission

Vorbereitung der Beratung

§ 7

(1) Die Beratung der Konfliktkommission ist so vorzubereiten, daß der dem Konflikt zugrunde liegende Sachverhalt allseitig erörtert und geklärt werden kann. Der Vorsitzende legt in Absprache mit den Mitgliedern die hierzu notwendigen Maßnahmen fest.
(2) Mitglieder der Konfliktkommission führen die zur Vorbereitung der Beratung notwendigen Aussprachen, ziehen erforderliche Unterlagen hinzu und machen sich mit den in Frage kommenden gesetzlichen Bestimmungen vertraut.

(3) Die Beratung der Konfliktkommission ist innerhalb von 3 Wochen nach Eingang des Antrages oder der Übergabeentscheidung durchzuführen. Wird diese Frist ausnahmsweise überschritten, sind die Gründe in den Unterlagen der Konfliktkommission über die betreffende Rechtsstreitigkeit oder Rechtsverletzung zu vermerken.

§ 8

(1) Der Vorsitzende der Konfliktkommission sorgt dafür, daß mindestens 5 Tage vor Durchführung der Beratung deren Gegenstand, Zeit und Ort öffentlich bekanntgegeben werden.
(2) Der Antragsteller, der Antragsgegner, der beschuldigte Bürger sowie weitere Bürger, deren Teilnahme zur Lösung des Konflikts erforderlich ist, sind mindestens 5 Tage vor der Beratung einzuladen. Sie sind verpflichtet, zur Beratung zu erscheinen.
(3) Beim Antragsgegner oder dem beschuldigten Bürger ist mit der Einladung Kenntnis vom Inhalt des Antrages oder der Übergabeentscheidung zu geben.
(4) Ist der Antragsteller, Antragsgegner oder der beschuldigte Bürger ein Jugendlicher, sind auch die Erziehungsberechtigten einzuladen. Falls erforderlich, sollen Vertreter der Organe der Jugendhilfe, der Schule und der Jugendorganisation hinzugezogen werden.

§ 9

(1) Um die erzieherische Wirkung der Beratung zu erhöhen, kann die Konfliktkommission Vertreter des Betriebes, staatlicher Organe, der Leitungen gesellschaftlicher Organisationen und andere gesellschaftliche Kräfte einladen.
(2) Die Konfliktkommission wirkt in Zusammenarbeit mit der betrieblichen Gewerkschaftsleitung und dem Vertrauensmann darauf hin, daß insbesondere das Arbeitskollektiv an der Beratung teilnimmt.

§ 10

(1) Bei einfachen Haus- und Nachbarschaftsstreitigkeiten und bei Beleidigung, Verleumdung und Hausfriedensbruch können die Mitglieder der Konfliktkommission bereits in Vorbereitung der Beratung auf eine Aussöhnung zwischen Antragsteller und Antragsgegner hinwirken, wenn dies zugleich zur Lösung des Konflikts führt.
(2) Die Aussöhnung in Vorbereitung einer Beratung und hierbei übernommene Verpflichtungen sind zu protokollieren.

Durchführung der Beratung

§ 11

(1) Die Konfliktkommission berät und entscheidet in der Besetzung mit mindestens vier Mitgliedern.
(2) Die Beratung leitet der Vorsitzende oder ein Stellvertreter. Sind beide verhindert

oder ist es aus sachlichen Gründen zweckmäßig, kann ein anderes Mitglied mit der Leitung beauftragt werden. Der Protokollführer muß nicht Mitglied der Konfliktkommission sein.

§ 12

(1) Als Mitglied der Konfliktkommission darf an der Beratung und Entscheidung einer Sache nicht mitwirken

– wer als Antragsteller oder Antragsgegner am Rechtsstreit beteiligt oder durch die Rechtsverletzung geschädigt ist
– der Ehegatte und die nahen Angehörigen des Antragstellers, Antragsgegners, des beschuldigten Bürgers oder des Geschädigten.

(2) Über einen Einwand, den der Antragsteller, Antragsgegner, der Geschädigte oder der beschuldigte Bürger gegen die Mitwirkung eines Mitglieds erhebt, entscheidet die Konfliktkommission endgültig. Der Einwand ist bis zum Beginn der Beratung zulässig. Ist er begründet, kann dieses Mitglied an der Beratung und Entscheidung in dieser Sache nicht mitwirken.

§ 13

(1) Die Beratung der Konfliktkommission findet öffentlich und in der Regel außerhalb der Arbeitszeit statt. Die Beratung ist in Anwesenheit des Antragstellers und Antragsgegners oder des beschuldigten Bürgers durchzuführen.
(2) Die Konfliktkommission kann Bürger, die nicht Angehörige des Betriebes sind, zur Beratung einladen, wenn dies zur Lösung des Konflikts erforderlich ist.

§ 14

(1) Die Konfliktkommission ist verpflichtet, allseitig und unvoreingenommen den Sachverhalt, die Ursachen und Bedingungen der Rechtsstreitigkeit oder der Rechtsverletzung festzustellen und sich Klarheit über die Persönlichkeit des Bürgers und sein Verhalten zu verschaffen.
(2) Die Mitglieder der Konfliktkommission, der Antragsteller, der Antragsgegner und der beschuldigte Bürger sowie alle anderen Teilnehmer an der Beratung haben das Recht, ihre Auffassung zum Sachverhalt, zu den Ursachen und Bedingungen der Rechtsstreitigkeit oder der Rechtsverletzung, zum Verhalten des Bürgers und über die Wege zur Überwindung des Konflikts darzulegen.
(3) Die betriebliche Gewerkschaftsleitung, der Vertrauensmann der Gewerkschaftsgruppe und Vertreter anderer Kollektive haben das Recht, die Meinung ihres Kollektivs der Konfliktkommission zu unterbreiten.

§ 15

In die Beratung wegen eines Vergehens oder einer Verfehlung können damit im Zusammenhang stehende einfache zivilrechtliche und andere Rechtsstreitigkeiten auf Antrag einbezogen werden, wenn eine Klärung ohne weitere Vorbereitung möglich ist.

§ 16

Erscheint der Antragsteller, der Antragsgegner oder der beschuldigte Bürger nicht zur Beratung, ist ein zweiter Beratungstermin festzulegen. Die Konfliktkommission soll mit Hilfe der betrieblichen Gewerkschaftsleitung, des Vertrauensmannes und des Arbeitskollektivs darauf hinwirken, daß der Antragsteller, der Antragsgegner oder der beschuldigte Bürger an der zweiten Beratung teilnehmen. Bei der Einladung ist auf die Folgen erneuten Ausbleibens hinzuweisen.

Abschluß der Beratung

§ 17

(1) Im Ergebnis ihrer Beratung entscheidet die Konfliktkommission durch Beschluß über den Anspruch, die Bestätigung einer Einigung des Antragstellers mit dem Antragsgegner oder die Rechtsverletzung.
(2) Ergibt die Beratung, daß der Anspruch unbegründet ist oder keine Rechtsverletzung vorliegt, wird dies im Beschluß festgestellt.

§ 18

(1) Die Konfliktkommission berät über den zu fassenden Beschluß öffentlich. Durch allseitige Erörterung und Klärung des Sachverhalts sollen die Voraussetzungen für einen einstimmigen Beschluß geschaffen werden.
(2) Kann ausnahmsweise keine übereinstimmende Auffassung erzielt werden, so ist der Beschluß gefaßt, wenn er die Zustimmung der Mehrheit der an der Beratung teilnehmenden Mitglieder der Konfliktkommission findet.
(3) Der Beschluß ist in der Beratung bekanntzugeben.

§ 19

(1) Der Beschluß enthält

- Tag und Ort der Beratung
- die Namen der Mitglieder der Konfliktkommission, die den Beschluß gefaßt haben
- Name, Alter und Anschrift des Antragstellers und Antragsgegners oder des beschuldigten Bürgers

— gestellte Anträge
— eine kurze Darlegung des festgestellten Sachverhalts mit den Tatsachen und Gründen, auf die sich die Entscheidung der Konfliktkommission stützt
— die im Ergebnis der Beratung getroffene Entscheidung
— Empfehlungen an Leiter der Betriebe, der staatlichen Organe und Einrichtungen und an Leitungen der gesellschaftlichen Organisationen
— den Hinweis auf die Möglichkeit des Einspruchs gegen den Beschluß der Konfliktkommission und auf die Vollstreckungsmöglichkeiten.

(2) Der Beschluß ist vom Leiter der Beratung zu unterzeichnen und innerhalb einer Woche dem Antragsteller und Antragsgegner oder dem beschuldigten Bürger gegen Empfangsbestätigung zu übermitteln. In gleicher Weise ist bei der Übermittlung von Empfehlungen zu verfahren.
(3) Eine Durchschrift des Beschlusses ist innerhalb einer Woche dem Staatsanwalt des Kreises und im Fall einer Übergabe auch dem übergebenden Organ zu übersenden. Ist im Beschluß eine Geldbuße festgelegt, ist auch dem örtlichen Rat (§ 60 Abs. 2) eine Durchschrift zu übersenden.
(4) Der Beschluß der Konfliktkommission wird nicht in die Personalakte aufgenommen.

§ 20

(1) Für die Tätigkeit der Konfliktkommission werden keine Gebühren erhoben.
(2) Im Ergebnis der Beratung wegen Vergehen, Verfehlungen, Ordnungswidrigkeiten und Schulpflichtverletzungen kann die Konfliktkommission den Bürger, dessen Schuld festgestellt wurde, zur vollen oder teilweisen Erstattung notwendiger Auslagen des Antragstellers, eines anderen Geschädigten oder der zur Klärung der Sache eingeladenen Bürger verpflichten, wenn er sich nicht freiwillig zur Zahlung bereit erklärt.
(3) In zivilrechtlichen und anderen Rechtsstreitigkeiten kann die Erstattung von Auslagen zwischen dem Antragsteller und Antragsgegner vereinbart werden. Bei arbeitsrechtlichen Streitigkeiten und in den Fällen des § 56 Abs. 3 kann die Konfliktkommission darüber entscheiden. Einigen sich Antragsteller und Antragsgegner einer arbeitsrechtlichen Streitigkeit, können sie auch die Erstattung von Auslagen vereinbaren.

Maßnahmen zur Verstärkung der Wirksamkeit

§ 21

(1) Die Konfliktkommission nimmt, soweit es erforderlich ist, Einfluß darauf, daß der in der Beratung begonnene Erziehungsprozeß mit Hilfe der gesellschaftlichen Kräfte, vor allem mit Hilfe des Arbeitskollektivs, fortgeführt wird.
(2) Die Konfliktkommission kann in der Beratung beschließen, daß ihre Entscheidung

für einen bestimmten Zeitraum, höchstens für die Dauer von 2 Wochen, im Betrieb veröffentlicht wird, wenn sie von allgemeiner Bedeutung ist oder ihre Veröffentlichung die erzieherische Wirkung fördert.
(3) Die Konfliktkommission kontrolliert die Verwirklichung ihrer Beschlüsse. Stellt sie fest, daß ein Bürger Erziehungsmaßnahmen aus einem Beschluß nicht erfüllt, kann der Vorsitzende eine erneute Beratung einberufen (§ 60 Abs. 3).
(4) Wird das Arbeitsrechtsverhältnis eines Bürgers innerhalb von 6 Monaten nach der Beratung gelöst, kann die Konfliktkommission beschließen, der Betriebsgewerkschaftsleitung des neu einstellenden Betriebes eine Ausfertigung ihres Beschlusses zu übersenden, um auch im neuen Betrieb die Durchsetzung der beschlossenen Erziehungsmaßnahmen zu sichern.

§ 22

(1) Empfehlungen der Konfliktkommission an die Leiter der Betriebe, der staatlichen Organe und Einrichtungen und die Leitungen der gesellschaftlichen Organisationen haben das Ziel, zur Festigung von Ordnung, Disziplin und Sicherheit beizutragen. In den Empfehlungen sollen insbesondere Vorschläge unterbreitet werden, wie festgestellte Ursachen und Bedingungen von Rechtsstreitigkeiten und Rechtsverletzungen beseitigt sowie Mängel und Ungesetzlichkeiten überwunden werden können.
(2) Die Leiter oder die Organe, an die eine Empfehlung gerichtet wurde, haben der Konfliktkommission innerhalb von 2 Wochen schriftlich mitzuteilen, was auf Grund der Empfehlung veranlaßt wird oder aus welchen Gründen derselben nicht erfolgt werden kann.
(3) Wird dieser Verpflichtung nicht nachgekommen oder wird einer Empfehlung unbegründet nicht entsprochen, hat die Konfliktkommission das Recht, den übergeordneten Leiter oder das übergeordnete Organ darüber zu unterrichten und zu fordern, daß die nach Abs. 2 Verpflichteten zur Empfehlung Stellung nehmen. Bleiben durch das Nichtbeachten einer Empfehlung Ungesetzlichkeiten bestehen, verständigt sie den Staatsanwalt des Kreises.

§ 23

(1) Die Konfliktkommission kontrolliert in regelmäßigen Abständen die Verwirklichung der von ihr gegebenen Empfehlungen. Der Betriebsleiter, die leitenden Mitarbeiter des Betriebes und die betrieblichen Gewerkschaftsleitungen sind verpflichtet, bei der Verwirklichung der Empfehlungen mitzuwirken und die Konfliktkommission bei der Kontrolle der Durchsetzung zu unterstützen.
(2) Über die Verwirklichung der Empfehlungen haben die Betriebsleiter, leitenden Mitarbeiter und betrieblichen Gewerkschaftsleitungen in Belegschafts- und Gewerkschaftsversammlungen zu berichten.

IV

Tätigkeitsgebiete der Konfliktkommission

Beratung über Arbeitsrechtssachen

§ 24

(1) Die Konfliktkommission berät und entscheidet über Streitfälle zwischen Werktätigen und dem Betrieb über das Bestehen und die Verwirklichung von Rechten und Pflichten aus dem Arbeitsrechtsverhältnis. Sie ist zuständig für Streitfälle über arbeitsrechtliche Ansprüche nach dem Gesetzbuch der Arbeit und anderen arbeitsrechtlichen Bestimmungen einschließlich der Rahmenkollektiv- und Tarifverträge, der Betriebskollektivverträge und der Arbeitsordnungen. Die Beratung und Entscheidung durch die Konfliktkommission ist Voraussetzung für die Inanspruchnahme des Kreisgerichts, sofern nicht auf Grund gesetzlicher Bestimmungen unmittelbar das Kreisgericht angerufen werden kann.

(2) Die Konfliktkommission entscheidet insbesondere über

- Streitfälle aus der Begründung, Änderung und Beendigung des Arbeitsrechtsverhältnisses und der betrieblichen Abschlußbeurteilung
- Streitfälle über die leistungsgerechte Entlohnung des Werktätigen auf der Grundlage der geltenden Eingruppierungsunterlagen, aus der Rechtswirksamkeit der angewandten Lohnformen, aus der Differenzierung des Lohnes nach der Quantität und Qualität des Arbeitsergebnisses sowie aus Zuschlags-, Ausgleichs- oder Entschädigungszahlungen
- Streitfälle wegen Lohnrückforderung des Betriebes
- Streitfälle über den Rechtsanspruch des Werktätigen auf Jahresendprämie und andere, insbesondere durch rahmenkollektivvertragliche oder betriebliche Festlegungen oder Vereinbarungen begründete Prämienansprüche
- Einsprüche des Werktätigen gegen Disziplinarmaßnahmen auf der Grundlage der betrieblichen Arbeitsordnung oder anderer Disziplinarvorschriften, soweit nach diesen Disziplinarvorschriften die Zuständigkeit der Konfliktkommission gegeben ist
- Schadenersatzansprüche aus Pflichtverletzungen des Betriebes oder des Werktätigen
- Streitfälle aus der Anwendung der Arbeitszeitregelung, der Gewährung von Erholungsurlaub und Freistellung aus gesellschaftlichen und persönlichen Gründen
- Streitfälle über das Bestehen von Rechten und Pflichten auf dem Gebiet der Berufsausbildung und Qualifizierung
- Streitfälle auf dem Gebiet der Arbeits- und Lebensbedingungen der Werktätigen, des Gesundheits- und Arbeitsschutzes, der sozialen Betreuung, der besonderen Förderung der Frauen und Jugendlichen, soweit sie arbeitsrechtliche Rechte und Pflichten betreffen.
- Anträge auf Durchführung eines erzieherischen Verfahrens wegen Verletzung der Arbeitsdisziplin.

(3) Die Konfliktkommission entscheidet auch bei Streitfällen zwischen der Kasse der gegenseitigen Hilfe und ihren Mitgliedern über Darlehensrückzahlungen sowie bei Streitigkeiten, die sich aus einem mit dem Arbeitsrechtsverhältnis verbundenen Mietverhältnis (Werkswohnung) ergeben.

§ 25

(1) Antragsberechtigt sind

- alle Betriebsangehörigen in eigener Angelegenheit oder ein Betriebsangehöriger, der gleichzeitig als Beauftragter eines Kollektivs auftritt, wenn seine Forderung mit der des von ihm vertretenen Kollektivs identisch ist
- der Betriebsleiter oder ein von ihm Beauftragter
- der Leiter des übergeordneten Organs bei Anträgen gegen den Betriebsleiter
- das Komitee und die Inspektionen des Komitees der Arbeiter-und-Bauern-Inspektion bei Anträgen auf Durchführung eines erzieherischen Verfahrens wegen Verletzung der Arbeitsdisziplin und materieller Verantwortlichkeit
- der Staatsanwalt des Kreises
- ehemalige Betriebsangehörige, der Betriebsleiter oder ein von ihm Beauftragter, soweit es sich um Ansprüche aus einem früheren Arbeitsrechtsverhältnis mit dem Betrieb handelt
- die Betriebsgewerkschaftsleitung bei Ansprüchen der Kasse der gegenseitigen Hilfe auf Darlehensrückzahlungen.

(2) Anträge, mit denen arbeitsrechtliche Ansprüche des Betriebes geltend gemacht werden, haben vor allem zu enthalten

- die genaue Bezeichnung des Anspruches und Angabe der Rechtsgrundlage
- die genaue Schilderung des Sachverhalts
- festgestellte Ursachen und Bedingungen des Konflikts und Hinweise zu deren Überwindung
- die vorliegenden Beweismittel.

Entspricht der Antrag nicht diesen Anforderungen, kann die Konfliktkommission die Beseitigung der Mängel verlangen.

§ 26

Stellt die Konfliktkommission fest, daß sie für den Streitfall nicht zuständig ist, faßt sie darüber einen Beschluß und verweist den Antragsteller an das zuständige Organ. Auch in diesem Fall kann die Konfliktkommission Empfehlungen zur Beseitigung von Ursachen und Bedingungen des Konflikts geben.

§ 27

(1) An der Beratung nehmen der Antragsteller, der Antragsgegner, Vertreter der Arbeitskollektive und der Gewerkschaft sowie andere Werktätige teil, die zur Klärung der Arbeitsrechtssache beitragen können. In Ausnahmefällen, wie bei längerer Krankheit oder bei längerer Abwesenheit, können sich der Antragsteller oder der Antragsgegner durch einen Bürger vertreten lassen.
(2) Die Beratung ist so zu führen, daß die Sach- und Rechtslage allseitig mit dem Antragsteller und Antragsgegner erörtert wird, den Werktätigen ihre Rechte und Pflichten erläutert und die Betriebsangehörigen zu einem verantwortungsbewußten Verhalten erzogen werden. Der Verlauf der Beratung ist zu protokollieren.
(3) Einigen sich die Parteien im Verlaufe der Beratung, bestätigt die Konfliktkommission die Einigung durch Beschluß, wenn diese den Grundsätzen des sozialistischen Rechts entspricht. Wird einer Einigung die Bestätigung versagt, hat die Konfliktkommission über den Anspruch zu entscheiden.
(4) Ist eine Frist zur Antragstellung ohne Verschulden vom Antragsteller versäumt worden, kann er auf Antrag von den Folgen der Fristversäumnis befreit werden.

§ 28

(1) Der Antrag des Betriebsleiters auf Durchführung eines erzieherischen Verfahrens wegen Verletzung der Arbeitsdisziplin (§ 109, Abs. 3 GBA) hat vor allem zu enthalten
– die Darstellung der Disziplinverletzung
– die festgestellten Ursachen und Bedingungen
– die Einschätzung der Persönlichkeit des Werktätigen.

(2) Die Konfliktkommission kann den Antrag zurückweisen, wenn die Sache nicht zur Beratung vor der Konfliktkommission geeignet ist.

§ 29

(1) Führt die Konfliktkommission ein erzieherisches Verfahren wegen Verletzung der Arbeitsdisziplin (§ 28) durch, kann sie nach Durchführung der Beratung von Erziehungsmaßnahmen absehen, wenn der erzieherische Zweck erreicht ist. Dies ist im Beschluß festzuhalten.
(2) Sind Erziehungsmaßnahmen erforderlich, können folgende festgelegt werden:
– Die Verpflichtung des Werktätigen, sich vor dem Kollektiv zu entschuldigen, wird bestätigt, oder ihm wird eine solche Pflicht auferlegt.
– Andere Verpflichtungen des Werktätigen, die der Durchsetzung des Erziehungszieles dienen, werden bestätigt, oder ihm werden solche Pflichten auferlegt.
– Dem Werktätigen wird eine Rüge ausgesprochen.

(3) Die Konfliktkommission kann Verpflichtungen des Arbeitskollektivs zur Erziehung des Werktätigen bestätigen.

§ 30

(1) Bleibt in Arbeitsrechtssachen der Antragsteller unbegründet auch der zweiten Beratung fern, gilt der Antrag als zurückgenommen. Dies ist im Beschluß festzuhalten.
(2) Erscheint der Antragsgegner auch zur zweiten Beratung unbegründet nicht, kann die Konfliktkommission in seiner Abwesenheit entscheiden, wenn der Sachverhalt geklärt ist und der Antragsteller eine Entscheidung beantragt. Bleibt der Antragsgegner eines erzieherischen Verfahrens wegen Verletzung der Arbeitsdisziplin unbegründet der zweiten Beratung fern, hat die Konfliktkommission den Antrag innerhalb einer Woche zurückzugeben.
(3) Kann die Konfliktkommission nicht entscheiden, können die Ansprüche unmittelbar beim zuständigen Kreisgericht geltend gemacht werden.

Beratung wegen Vergehen

§ 31

(1) Vergehen sind vorsätzlich oder fahrlässig begangene gesellschaftswidrige Straftaten, welche die Rechte und Interessen der Bürger, das sozialistische Eigentum, die gesellschaftliche und staatliche Ordnung oder andere Rechte und Interessen der Gesellschaft schädigen.
(2) Über Vergehen berät und entscheidet die Konfliktkommission, wenn im Hinblick auf die eingetretenen Folgen und die Schuld des Bürgers die Handlung nicht erheblich gesellschaftswidrig ist und wenn unter Berücksichtigung der Tat und der Persönlichkeit des Bürgers eine wirksame erzieherische Einwirkung durch die Konfliktkommission zu erwarten ist. Diese Strafsachen werden durch die staatlichen Organe der Rechtspflege übergeben, wenn der Sachverhalt vollständig aufgeklärt ist und der Bürger seine Rechtsverletzung zugibt. Bei fahrlässigen Straftaten kann die Sache der Konfliktkommission auch dann übergeben werden, wenn ein erheblicher Schaden eingetreten ist, jedoch die Schuld des Bürgers infolge außergewöhnlicher Umstände gering ist.
(3) Unter diesen Voraussetzungen berät und entscheidet die Konfliktkommission über alle Vergehen, insbesondere über

- Vergehen gegen das sozialistische und persönliche Eigentum
- Körperverletzungen
- Verletzungen des Arbeits- und Gesundheitsschutzes.

§ 32

(1) Die Übergabe an die Konfliktkommission erfolgt durch die Untersuchungsorgane, den Staatsanwalt oder durch das Gericht in Form einer schriftlich begründeten Entscheidung.

(2) Zur Sicherung der gründlichen Beratung der Sache haben die Übergabeentscheidungen vor allem zu enthalten

- eine umfassende Darstellung des Sachverhalts und der vorliegenden Beweismittel
- eine Einschätzung der Handlung unter Angabe des verletzten Strafgesetzes
- eine tatbezogene Einschätzung der Persönlichkeit des Bürgers
- die Gründe für die Übergabe an die Konfliktkommission
- Hinweise auf die Ursachen und Bedingungen der Handlung.

Ist ein Schaden entstanden, sind der Schadenersatzantrag und die Anschrift des Geschädigten beizufügen.
(3) Jedes Organ, das eine Sache übergibt, ist dafür verantwortlich, daß die Konfliktkommission bei der Behandlung derselben unterstützt wird.

§ 33

(1) Die Konfliktkommission kann gegen die Übergabe bis zum Abschluß ihrer Beratung beim übergebenden Organ Einspruch einlegen, wenn nach ihrer Meinung die Übergabevoraussetzungen (§ 31 Abs. 2) nicht vorliegen oder die Sache aus anderen Gründen nicht zur Beratung vor der Konfliktkommission geeignet ist.
(2) In diesen Fällen hat das übergebende Organ seine Entscheidung zu überprüfen. Die durch erneute Entscheidung bestätigte Übergabe ist für die Konfliktkommission verbindlich.

§ 34

(1) Die Konfliktkommission kann nach Durchführung der Beratung von Erziehungsmaßnahmen absehen, wenn das Verhalten des beschuldigten Bürgers gezeigt hat, daß er seinen Fehler eingesehen und begonnen hat, ihn zu überwinden. Dies ist im Beschluß festzuhalten.
(2) Die Konfliktkommission kann im Ergebnis der Beratung folgende Erziehungsmaßnahmen festlegen:

- Die Verpflichtung des Bürgers, sich beim Geschädigten oder vor dem Kollektiv zu entschuldigen, wird bestätigt, oder ihm wird eine solche Pflicht auferlegt.
- Die Verpflichtung des Bürgers zur Wiedergutmachung des angerichteten Schadens oder andere sachbezogene Verpflichtungen werden bestätigt.
- Der Bürger wird verpflichtet, den angerichteten Schaden durch eigene Arbeit wiedergutzumachen oder, falls dies nicht möglich ist, Schadenersatz in Geld nach den gesetzlichen Bestimmungen zu leisten.
- Dem Bürger wird eine Rüge ausgesprochen.
- Die Verpflichtung des Bürgers, eine Geldbuße von 5 M bis zu 50 M oder bei Eigentumsvergehen bis zum dreifachen Wert des verursachten Schadens, höchstens jedoch 150 M zu zahlen, wird bestätigt, oder ihm wird eine solche Pflicht auferlegt.

(3) Die Konfliktkommission kann Verpflichtungen eines Arbeitskollektivs, einer Hausgemeinschaft, eines anderen Kollektivs oder einzelner Personen zur Erziehung des Bürgers bestätigen. Diese Verpflichtungen sollen kontrollierbare Festlegungen enthalten, die den Erziehungsprozeß und die sozialistische Bewußtseinsbildung fördern und zur Überwindung von Ursachen und Bedingungen der Rechtsverletzung beitragen.
(4) Die Verpflichtung des Bürgers zur Wiedergutmachung des Schadens erfolgt im Einvernehmen mit dem Geschädigten.

§ 35

(1) Ist die Festlegung von Erziehungsmaßnahmen erforderlich, um den Bürger zur freiwilligen Einhaltung des sozialistischen Rechts und der Grundsätze der sozialistischen Moral anzuhalten, legt die Konfliktkommission die Maßnahme fest, die unter Berücksichtigung der Art und Schwere des Vergehens, der Umstände seiner Begehung und der Persönlichkeit des Bürgers den erzieherischen Zweck am wirksamsten erfüllt. Im Interesse einer wirksamen Erziehung können auch mehrere Erziehungsmaßnahmen nebeneinander festgelegt werden. Eine Häufung von Maßnahmen ist zu vermeiden.
(2) Eine Geldbuße soll nur festgelegt werden, wenn die Art und Schwere des Vergehens unter Berücksichtigung der Persönlichkeit des Bürgers eine nachhaltige erzieherische Einwirkung erfordern. Die Geldbuße wird insbesondere anzuwenden sein, wenn das Vergehen auf einer Mißachtung der von den Werktätigen geschaffenen Werte oder ihres persönlichen Eigentums, auf Bereicherungssucht oder Mißachtung vermögensrechtlicher Verpflichtungen beruht.
(3) Bei der Anwendung der Geldbuße und Bemessung ihrer Höhe sind die wirtschaftlichen Verhältnisse des beschuldigten Bürgers und durch die Tat begründete Schadenersatzverpflichtungen zu berücksichtigen. Wird eine Geldbuße oder Schadenersatz in Geld festgelegt, sind im Beschluß Zahlungsfristen vorzusehen; die Festlegungen bei Schadenersatz erfolgen im Einvernehmen mit dem Geschädigten.

§ 36

(1) Bleibt der beschuldigte Bürger unbegründet auch der zweiten Beratung fern, hat die Konfliktkommission die Sache innerhalb einer Woche an das übergebende Organ zurückzugeben.
(2) Die Rückgabe einer Strafsache an das übergebende Organ unterbleibt, wenn es sich um ein Vergehen handelt, dessen Strafverfolgung nur auf Antrag möglich ist (§ 2 StGB), und dieser Antrag zurückgenommen wurde. Die Rücknahme dieses Antrages ist bis zum Schluß der Beratung vor der Konfliktkommission möglich. In einem solchen Fall wird die weitere Behandlung der Sache durch Beschluß eingestellt.

Beratung wegen Verfehlungen

§ 37

(1) Verfehlungen sind Verletzungen rechtlich geschützter Interessen der Gesellschaft oder der Bürger, bei denen die Auswirkungen der Tat und die Schuld des Bürgers unbedeutend sind und die im Strafgesetzbuch oder in anderen Gesetzen als solche bezeichnet werden

- Eigentumsverfehlungen
- Beleidigung und Verleumdung
- Hausfriedensbruch in Räumen und Grundstücken eines Bürgers.

(2) Eine Eigentumsverfehlung liegt vor, wenn die Tat unter Berücksichtigung aller Umstände, wie des Schadens, der Schuld des Bürgers und seiner Persönlichkeit, geringfügig ist und der verursachte oder beabsichtigte Schaden den Betrag von 50 M nicht wesentlich übersteigt. In der Regel darf es sich dabei nur um eine erstmalige Tat handeln.

§ 38

(1) Über eine Verfehlung berät und entscheidet die Konfliktkommission, wenn von einem geschädigten Bürger, einem Arbeitskollektiv, einer Hausgemeinschaft oder einem anderen Geschädigten Antrag gestellt wird oder wenn die Sache von der Deutschen Volkspolizei oder von einem disziplinarbefugten Leiter übergeben wird.
(2) Über eine Verfehlung kann die Konfliktkommission nur beraten und entscheiden, wenn die Tat bei Antragstellung nicht verjährt ist. Verfehlungen verjähren in sechs Monaten.
(3) Bei Beleidigung, Verleumdung und Hausfriedensbruch muß der Antrag innerhalb eines Monats, nachdem der Geschädigte von der Verfehlung erfahren hat, gestellt werden. Ist diese Frist zur Antragstellung ohne Verschulden versäumt worden, kann die Konfliktkommission auf Antrag Befreiung von den Folgen dieser Fristversäumnis gewähren.

§ 39

(1) Anträge auf Beratung über eine Verfehlung werden bei der Konfliktkommission schriftlich gestellt. Sie sollen insbesondere enthalten:

- eine Darstellung des Sachverhalts und der vorliegenden Beweismittel
- geltend gemachte Schadenersatzanträge oder sonstige zivilrechtliche Forderungen.

(2) Für den Inhalt der Übergabeentscheidung gilt § 32 Abs. 2 entsprechend.
(3) Die Konfliktkommission kann den Antrag eines Bürgers auf Beratung über eine Verfehlung durch Beschluß zurückweisen, wenn sich bereits aus dem Antrag ergibt, daß keine Verfehlung vorliegt.

§ 40

(1) Die Konfliktkommission klärt bei der Behandlung eines Antrages wegen einer Verfehlung durch Aussprachen mit dem Antragsteller, dem beschuldigten Bürger und mit anderen Bürgern den Sachverhalt und ermittelt Ursachen und Bedingungen des Konflikts.
(2) Die Konfliktkommission kann die Sache durch Beschluß der Deutschen Volkspolizei zur weiteren Bearbeitung übermitteln, wenn sie diese mit den ihr zur Verfügung stehenden Mitteln nicht selbst aufklären kann oder wenn sie nach Prüfung der Auswirkungen der Tat und der Schuld des Bürgers zu der Auffassung gelangt, daß ein Vergehen vorliegt. Diese Entscheidung kann noch während der Beratung getroffen werden.
(3) Die Deutsche Volkspolizei kann nach Untersuchung die Sache der Konfliktkommission zurückgeben. Diese Entscheidung ist für die Konfliktkommission verbindlich.

§ 41

(1) Die Konfliktkommission kann bis zum Abschluß der Beratung gegen die Übergabe bei der Deutschen Volkspolizei oder bei dem disziplinarbefugten Leiter Einspruch einlegen, wenn die Übergabevoraussetzungen (§ 37) nicht vorliegen oder wenn sie zu der Auffassung gelangt, daß ein Vergehen vorliegt.
(2) In diesen Fällen hat die Deutsche Volkspolizei oder der disziplinarbefugte Leiter die Entscheidung zu überprüfen. Die durch erneute Entscheidung bestätigte Übergabe ist für die Konfliktkommission verbindlich.

§ 42

(1) Die Beratung wegen einer Verfehlung erfolgt in Anwesenheit des Antragstellers und des beschuldigten Bürgers.
(2) Ist die Teilnahme des Antragstellers an der Beratung aus wichtigen Gründen, wie längere Krankheit oder längere Abwesenheit, nicht möglich, kann er sich durch einen Bürger vertreten lassen. Bei Eigentumsverfehlungen kann die Konfliktkommission in Abwesenheit des Antragstellers entscheiden, wenn der vorliegende schriftliche Antrag wegen der Verfehlung hinreichend begründet ist.
(3) Bleibt der beschuldigte Bürger unbegründet auch der zweiten Beratung fern, entscheidet die Konfliktkommission ausnahmsweise in seiner Abwesenheit, wenn der Sachverhalt aufgeklärt und eine Entscheidung nach § 17 Abs. 1 oder Abs. 2 möglich ist. Anderenfalls ist die Sache der Deutschen Volkspolizei zur weiteren Bearbeitung zu übergeben.

§ 43

(1) Die Konfliktkommission kann außer den nach § 34 möglichen Entscheidungen auch die Verpflichtung des Bürgers, die Beleidigung oder Verleumdung in geeigneter Form öffentlich zurückzunehmen, bestätigen oder ihm eine solche Pflicht auferlegen. Die öffent-

liche Zurücknahme einer Beleidigung oder Verleumdung soll nur vor dem Personenkreis erfolgen, der davon Kenntnis erlangte.
(2) Bei der Entscheidung über Verfehlungen sind die Erziehungsmaßnahmen entsprechend den Bestimmungen des § 35 anzuwenden.
(3) Bei der Beratung wegen Beleidigung, Verleumdung und Hausfriedensbruch soll die Konfliktkommission auf eine Aussöhnung zwischen dem beschuldigten Bürger und dem Antragsteller hinwirken. Wird eine Aussöhnung erreicht, kann von Erziehungsmaßnahmen abgesehen werden. Dies ist im Beschluß festzuhalten.
(4) Kann im Ergebnis einer Beratung wegen Beleidigung, Verleumdung oder Hausfriedensbruch eine Verfehlung nicht nachgewiesen werden und bestanden auch keine weiteren Möglichkeiten zur Untersuchung durch die Deutsche Volkspolizei, entscheidet die Konfliktkommission durch begründeten Beschluß, daß eine Verfehlung nicht vorliegt.

§ 44

(1) Hat auch der Antragsteller den beschuldigten Bürger beleidigt oder verleumdet, so kann diese Verfehlung auf Antrag in die Beratung einbezogen werden, wenn sie nicht länger als sechs Monate zurückliegt.
(2) Kommt keine Aussöhnung zwischen Antragsteller und beschuldigtem Bürger zustande, können Erziehungsmaßnahmen für einen oder für beide festgelegt werden, wenn das zur Erreichung des Erziehungszweckes erforderlich ist.

§ 45

(1) Der Antragsteller kann seinen Antrag bis zum Schluß der Beratung zurücknehmen.
(2) Erscheint zu einer Beratung wegen Beleidigung, Verleumdung oder Hausfriedensbruch der Antragsteller unbegründet nicht, gilt sein Antrag als zurückgenommen.
(3) Die Konfliktkommission stellt in diesen Fällen die weitere Behandlung der Sache durch Beschluß ein.

Beratung wegen Ordnungswidrigkeiten

§ 46

(1) Ordnungswidrigkeiten sind schuldhaft begangene Rechtsverletzungen, die eine Disziplinlosigkeit zum Ausdruck bringen und die staatliche Leitungstätigkeit erschweren oder die Entwicklung des sozialistischen Gemeinschaftslebens stören, jedoch die Interessen der sozialistischen Gesellschaft oder einzelner ihrer Bürger nicht erheblich verletzen und deshalb keine Straftaten sind.
(2) Zu den Ordnungswidrigkeiten gehören auch Zoll- und Devisenverstöße. Das sind Rechtsverletzungen, die den ordnungsgemäßen Waren-, Devisen- und Geldverkehr über

die Grenzen der Deutschen Demokratischen Republik stören oder die gesetzlich vorgeschriebenen Kontrollmaßnahmen behindern oder erschweren, soweit sie nicht wegen ihrer Art und Schwere als Straftaten zu verfolgen sind.

§ 47

(1) Die Konfliktkommission berät und entscheidet über Ordnungswidrigkeiten, wenn ihr die Sache von Ordnungsstrafbefugten übergeben wird.
(2) Eine Übergabe kann erfolgen, wenn der Sachverhalt aufgeklärt und mit Rücksicht auf den Charakter und die Umstände der Ordnungswidrigkeit sowie die Persönlichkeit des beschuldigten Bürgers eine bessere erzieherische und vorbeugende Einwirkung durch die Konfliktkommission zu erwarten ist.
(3) Unter diesen Voraussetzungen können insbesondere Ordnungswidrigkeiten übergeben werden, die in unmittelbarem Zusammenhang mit der Verletzung betrieblicher Pflichten des Bürgers stehen oder das sozialistische Gemeinschaftsleben im Wohngebiet der Stadt oder in der Gemeinde beeinträchtigen.
(4) Zoll- und Devisenverstöße können auch dann übergeben werden, wenn bereits durch die Organe der Zollverwaltung der DDR eine Einziehungsmaßnahme verfügt wurde.

§ 48

(1) Zur Sicherung einer gründlichen Beratung der Sache haben die Übergabeentscheidungen vor allem zu enthalten

– eine Darstellung des Sachverhalts und der vorliegenden Beweismittel
– die Angabe der verletzten Bestimmung
– die Begründung für die Übergabe der Sache an die Konfliktkommission
– Hinweise auf Ursachen und Bedingungen der Ordnungswidrigkeit.

(2) Die Konfliktkommission kann bis zum Abschluß der Beratung die Sache an das übergebende Organ zurückgeben, wenn die Übergabevoraussetzungen (§ 47) nicht vorliegen. Das übergebende Organ bearbeitet dann diese Sache abschließend.

§ 49

(1) Mit der Beratung soll der beschuldigte Bürger angehalten werden, sich diszipliniert zu verhalten und die Interessen der sozialistischen Gesellschaft oder einzelner ihrer Bürger zu achten. Wird dieser Zweck mit der Beratung erreicht, kann von Erziehungsmaßnahmen abgesehen werden. Dies ist im Beschluß festzuhalten.
(2) Sind Erziehungsmaßnahmen erforderlich, können folgende festgelegt werden:

– Die Verpflichtung des Bürgers, sich beim Geschädigten oder vor dem Kollektiv zu entschuldigen, wird bestätigt, oder ihm wird eine solche Pflicht auferlegt.

— Die Verpflichtung des Bürgers zur Wiedergutmachung des angerichteten Schadens durch eigene Arbeit oder, falls dies nicht möglich ist, durch Schadenersatz in Geld nach den gesetzlichen Bestimmungen wird bestätigt, oder ihm wird eine solche Pflicht auferlegt.
— Andere Verpflichtungen des Bürgers, welche die Erfüllung seiner gesetzlichen Pflichten zur Gewährleistung von Ordnung und Sicherheit und zur Wahrung der Normen des sozialistischen Zusammenlebens sichern helfen, werden bestätigt, oder ihm werden solche Auflagen erteilt.
— Dem Bürger wird eine Rüge ausgesprochen.
— Die Verpflichtung des Bürgers, eine Geldbuße von 5 M bis 50 M zu zahlen, wird bestätigt, oder ihm wird eine solche Pflicht auferlegt.

(3) Im übrigen finden die Bestimmungen in § 34 Absätze 3 und 4 entsprechende Anwendung.
(4) Bei der Entscheidung über Ordnungswidrigkeiten sind die Erziehungsmaßnahmen entsprechend den Bestimmungen in § 35 anzuwenden.

§ 50

Bleibt der beschuldigte Bürger unbegründet auch der zweiten Beratung fern, hat die Konfliktkommission die Sache innerhalb einer Woche an das übergebende Organ zur weiteren Bearbeitung zurückzugeben.

Beratung wegen Verletzung der Schulpflicht

§ 51

Die Konfliktkommission berät und entscheidet über das Verhalten von Bürgern, die als Eltern oder andere Erziehungsberechtigte nicht dafür sorgen, daß schulpflichtige Kinder oder Jugendliche den Unterricht in der Oberschule, in weiterführenden Bildungseinrichtungen, in der Sonderschule und in der Berufsschule regelmäßig besuchen, oder sie vom Besuch obligatorischer Schulveranstaltungen oder von der Befolgung der Schulordnung abhalten.

§ 52

(1) Der Antrag auf Beratung kann vom Direktor der Schule in Übereinstimmung mit der Elternvertretung gestellt werden, wenn eigene erzieherische Einwirkungen auf den Erziehungsberechtigten bisher erfolglos geblieben sind.
(2) Unzureichend begründete Anträge können an den Direktor der Schule zurückgegeben werden.

§ 53

(1) Mit der Beratung sollen die Erziehungsberechtigten angehalten werden, dafür zu sorgen, daß die Kinder oder Jugendlichen ihrer Schulpflicht in vollem Umfange nachkommen. Wird dieser Zweck mit der Beratung erreicht, kann von Erziehungsmaßnahmen abgesehen werden. Dies ist im Beschluß festzuhalten.
(2) Sind Erziehungsmaßnahmen erforderlich, können folgende festgelegt werden:

– Verpflichtungen des Bürgers, die die Erfüllung der Schulpflicht sichern helfen, werden bestätigt, oder ihm werden solche Pflichten auferlegt.
– Dem Bürger wird eine Rüge ausgesprochen.
– Die Verpflichtung des Bürgers, eine Geldbuße von 5 M bis 50 M zu zahlen, wird bestätigt, oder ihm wird eine solche Pflicht auferlegt.

(3) Die Konfliktkommission kann Verpflichtungen eines Arbeitskollektivs, einer Hausgemeinschaft oder einzelner Bürger, den Erziehungsberechtigten bei der Erfüllung seiner Erziehungspflichten zu unterstützen, bestätigen.
(4) Die Konfliktkommission kann einen Schüler, der die Schulpflicht verletzte und über 14 Jahre alt ist, über seine Pflichten belehren.

§ 54

Bleibt der Erziehungsberechtigte unbegründet auch der zweiten Beratung fern, entscheidet die Konfliktkommission ausnahmsweise in seiner Abwesenheit, wenn der Sachverhalt aufgeklärt und eine Entscheidung nach § 17 Abs. 1 oder Abs. 2 möglich ist. Kann die Konfliktkommission nicht entscheiden, gibt sie die Sache innerhalb einer Woche an den Direktor der Schule zurück.

Beratung wegen einfacher zivilrechtlicher und anderer Rechtsstreitigkeiten

§ 55

(1) Die Konfliktkommission berät zur gütlichen Beilegung von

– einfachen zivilrechtlichen Streitigkeiten zwischen Bürgern wegen Geldforderungen
– Streitigkeiten wegen der Erfüllung rechtsverbindlich festgelegter Unterhaltsverpflichtungen
– anderen Rechtsstreitigkeiten mit einfachem Sachverhalt zwischen Bürgern, die im alltäglichen Leben der Bürger aus Verletzungen ihrer Rechte und Pflichten insbesondere im Zusammenleben in der Haus- und Wohngemeinschaft entstehen
– einfachen zivilrechtlichen Streitigkeiten zwischen dem Betrieb und Betriebsangehörigen.

Die Konfliktkommission ist bei Streitigkeiten wegen Geldforderungen bis zur Höhe von etwa 500 M zuständig.
(2) Anträge auf Beratung können ein oder mehrere Bürger, bei Streitigkeiten, die sich im

Zusammenleben der Bürger in den Haus- und Wohngemeinschaften ergeben, auch Hausgemeinschaftsleitungen stellen. Anträge für den Betrieb stellt der Betriebsleiter oder ein leitender Mitarbeiter des Betriebes.

§ 56

(1) Die Beratung erfolgt in Anwesenheit des Antragstellers und Antragsgegners. Ist das Erscheinen des Antragstellers oder des Antragsgegners aus wichtigen Gründen, wie längere Krankheit oder längere Abwesenheit, nicht möglich, kann er sich durch einen Bürger vertreten lassen.
(2) Die Konfliktkommission wirkt in der Beratung darauf hin, daß Antragsteller und Antragsgegner eine den Grundsätzen des sozialistischen Rechts entsprechende Einigung erzielen. Sie bestätigt eine solche Einigung durch Beschluß. Bei der Einigung über Geldforderungen soll eine angemessene Zahlungsfrist oder Ratenzahlung vereinbart werden.
(3) Können Antragsteller und Antragsgegner keine Einigung erzielen, kann auf ihren gemeinsamen Antrag über den Streitfall von der Konfliktkommission entschieden werden, soweit der Sachverhalt einfach, umfassend aufgeklärt und rechtlich nicht schwierig zu beurteilen ist.

§ 57

(1) Die Konfliktkommission kann bis zum Schluß der Beratung den Antrag auf Behandlung der Sache ablehnen, wenn sich ergibt, daß der Sachverhalt nicht einfach, durch Befragen des Antragstellers, des Antragsgegners und anderer Bürger nicht zu klären oder rechtlich schwierig zu beurteilen ist.
(2) Der Antragsteller hat das Recht, seinen Antrag bis zum Schluß der Beratung zurückzunehmen.
(3) Erscheint der Antragsteller oder der Antragsgegner unbegründet nicht zur Beratung oder kann weder eine Einigung erreicht noch eine Entscheidung nach § 56 Abs. 3 getroffen werden, stellt die Konfliktkommission die Beratung durch Beschluß ein.
(4) Der Antragsteller ist in den Fällen der Absätze 1 bis 3 darauf hinzuweisen, daß er sich an das Kreisgericht wenden kann.

V

Einspruch und Durchsetzung der Entscheidung

§ 58

Einspruchsrecht

(1) Antragsteller und Antragsgegner bei arbeitsrechtlichen, zivilrechtlichen und anderen Rechtsstreitigkeiten, der wegen eines Vergehens, einer Verfehlung, einer Ordnungswidrigkeit oder einer Schulpflichtverletzung beschuldigte Bürger, der Antragsteller im

Falle einer Beleidigung, Verleumdung oder eines Hausfriedensbruchs haben das Recht, gegen die Entscheidung der Konfliktkommission innerhalb von zwei Wochen nach Erhalt des Beschlusses in schriftlicher Form Einspruch beim Kreisgericht einzulegen oder zu Protokoll der Rechtsantragsstelle zu erklären. Dieses Recht hat auch der Geschädigte, soweit es die Entscheidung über die Wiedergutmachung des Schadens betrifft. Ist der Beschuldigte ein Jugendlicher, können auch die Erziehungsberechtigten Einspruch einlegen.
(2) Der Einspruch gegen die Bestätigung einer Einigung in einer arbeits- oder zivilrechtlichen Streitigkeit kann nur damit begründet werden, daß eine Einigung nicht vorgelegen hat oder diese gegen Grundsätze des sozialistischen Rechts verstößt.
(3) Der Staatsanwalt des Kreises, in dessen Bereich sich die Konfliktkommission befindet, kann gegen jede Entscheidung der Konfliktkommission innerhalb von drei Monaten nach Beschlußfassung Einspruch beim zuständigen Kreisgericht einlegen, wenn die Entscheidung oder einzelne Verpflichtungen nicht dem Gesetz entsprechen.
(4) Für die Entscheidung über den Einspruch ist das Kreisgericht zuständig, in dessen Bereich sich die Konfliktkommission befindet.

§ 59

Entscheidung über den Einspruch

Für das Verfahren in Arbeitsrechtssachen gilt die Arbeitsgerichtsordnung vom 29. Juni 1961 (GBl. II S. 271). Für das Verfahren vor dem Kreisgericht in den anderen Sachen finden die §§ 55 bis 57 der Schiedskommissionsordnung vom 4. Oktober 1968 (GBl. I S. 299) entsprechende Anwendung.

Durchsetzung der Entscheidung

§ 60

(1) Der Bürger soll übernommene oder ihm als Erziehungsmaßnahme auferlegte Verpflichtungen freiwillig erfüllen.
(2) Die Zahlung einer Geldbuße erfolgt an den Rat der Gemeinde, den Rat der Stadt oder des Stadtbezirkes, in dessen Bereich der Bürger wohnt.
(3) Kommt ein Bürger seiner Verpflichtung zur Entschuldigung oder öffentlichen Zurücknahme einer Beleidigung oder Verleumdung nicht nach, kann die Konfliktkommission erneut beraten (§ 21 Abs. 3). Sie kann mit Ausnahme der Geldbuße eine andere geeignete Erziehungsmaßnahme (§ 34) festlegen und beschließen, daß die öffentliche Zurücknahme einer Beleidigung oder Verleumdung durch eine Veröffentlichung ihrer Entscheidung ersetzt wird.

§ 61

(1) Die in einem Beschluß der Konfliktkommission enthaltene Festlegung, Verpflichtung oder Einigung über Geldforderungen, Wiedergutmachung des Schadens, Geldbuße, Herausgabe von Sachen, Vornahme von Reparaturen und Erstattung von Auslagen kann vom Kreisgericht für vollstreckbar erklärt werden.
(2) Der Anspruchsberechtigte kann beim Kreisgericht die Vollstreckbarkeit beantragen. Das gleiche Recht hat hinsichtlich der Geldbuße der örtliche Rat (§ 60 Abs. 2).
(3) Für das Verfahren über die Vollstreckbarkeitserklärung von Beschlüssen in Arbeitsrechtssachen gilt die Arbeitsgerichtsordnung vom 29. Juni 1961 (GBl. II S. 271). Für das Verfahren über die Vollstreckbarkeitserklärungen in den anderen Sachen findet § 60 der Schiedskommissionsordnung vom 4. Oktober 1968 (GBl. I S. 299) entsprechende Anwendung.
(4) Gegen die Entscheidung des Kreisgerichts über die Vollstreckbarkeit ist kein Rechtsmittel gegeben.

VI

Besondere Bestimmungen

§ 62

Dauer der Entscheidungswirkung

(1) Die Entscheidungen der Konfliktkommission über Vergehen, Verfehlungen, Ordnungswidrigkeiten, Verletzungen der Arbeitsdisziplin und der Schulpflicht und die festgelegten Erziehungsmaßnahmen bleiben für die Dauer eines Jahres nach Ablauf der Einspruchsfrist wirksam, soweit hierfür in anderen gesetzlichen Bestimmungen nicht eine längere Frist festgelegt ist. Nach Ablauf dieser Frist dürfen sie dem betroffenen Bürger nicht mehr vorgehalten werden.
(2) Die Vollstreckung von Ansprüchen aus Beschlüssen der Konfliktkommission (§ 61) ist auch nach Ablauf der in Abs. 1 genannten Frist möglich.

§ 63

Besonderheiten der Verantwortlichkeit

Über Vergehen, bei denen die Voraussetzungen des § 31 Abs. 2 vorliegen, sowie über Verfehlungen und Ordnungswidrigkeiten von Angehörigen der bewaffneten Organe kann die Konfliktkommission nicht beraten und entscheiden. Die Angehörigen der bewaffneten Organe unterliegen insoweit der Disziplinarbefugnis der Kommandeure oder der Leiter der Dienststellen.

VII

Leitung und Unterstützung der Konfliktkommissionen

§ 64

Aufgaben der betrieblichen Gewerkschaftsleitungen

(1) Die betrieblichen Gewerkschaftsleitungen sind für die Anleitung und Schulung der Mitglieder der Konfliktkommissionen verantwortlich. Sie werden dabei von den Betriebsleitern und den leitenden Mitarbeitern des Betriebes aktiv unterstützt.
(2) Die betrieblichen Gewerkschaftsleitungen werden ihrer Verantwortung insbesondere dadurch gerecht, daß sie Berichte der Konfliktkommissionen entgegennehmen, die Tätigkeit der Konfliktkommissionen analysieren und ihre Ergebnisse verallgemeinern. Sie werten regelmäßig gemeinsam mit den Betriebsleitern und den leitenden Mitarbeitern des Betriebes die Erfahrungen aus der Konfliktkommissionstätigkeit aus und sorgen dafür, daß sie für die Verbesserung der Leitungstätigkeit im Betrieb genutzt werden.

Aufgaben der Betriebsleiter

§ 65

(1) Die Betriebsleiter und die leitenden Mitarbeiter des Betriebes sind verpflichtet, die Mitglieder der Konfliktkommissionen bei der Ausübung ihrer verantwortungsvollen Tätigkeit allseitig zu unterstützen. Sie haben auf Verlangen der Konfliktkommissionen an deren Beratungen teilzunehmen und den Konfliktkommissionsmitgliedern Einblick in die betrieblichen Unterlagen zu gewähren, soweit dies für die richtige Beurteilung der Sache und der Person des Bürgers notwendig ist und dem keine gesellschaftlichen Interessen entgegenstehen.
(2) Die Betriebsleiter und die leitenden Mitarbeiter des Betriebes sind verpflichtet, die Berichte und Analysen der betrieblichen Gewerkschaftsleitungen über die Tätigkeit der Konfliktkommissionen für die Verbesserung der betrieblichen Leitungstätigkeit auszuwerten.
(3) Sie haben in Belegschafts- und Gewerkschaftsversammlungen sowie vor der zuständigen betrieblichen Gewerkschaftsleitung darüber zu berichten, wie sie die Mitglieder der Konfliktkommissionen bei der Wahrnehmung ihrer Aufgaben unterstützt haben und wie sie ihren eigenen Aufgaben zur allseitigen Unterstützung der Konfliktkommissionen nachgekommen sind.

§ 66

(1) Die Betriebsleiter und die leitenden Mitarbeiter des Betriebes haben dafür zu sorgen, daß den Konfliktkommissionsmitgliedern auf Kosten des Betriebes die sachlichen Voraussetzungen für die Ausübung ihrer Tätigkeit geschaffen werden. Hierzu gehört insbesondere

die Bereitstellung der erforderlichen gesetzlichen Unterlagen, der notwendigen Literatur, der Einsatz eines Protokollführers in den Beratungen und die Bereitstellung eines geeigneten Beratungsraumes.
(2) Den Mitgliedern der Konfliktkommissionen sind notwendige Auslagen — auch die, die im Zusammenhang mit der Anleitung und Schulung entstehen — auf Antrag durch den Betrieb zu erstatten.

§ 67

Aufgaben der Kreis- und Bezirksvorstände des FDGB

(1) Die Kreisvorstände des FDGB sind in ihrem Bereich für die Anleitung und Schulung der Konfliktkommissionen verantwortlich. Sie werden dieser Verantwortung vor allem dadurch gerecht, daß sie auf der Grundlage von Analysen die Erfahrungen aus der Konfliktkommissionstätigkeit verallgemeinern. Die Kreisvorstände des FDGB sichern insbesondere, daß die betrieblichen Gewerkschaftsleitungen ihre Aufgaben zur Anleitung und Schulung der Konfliktkommissionsmitgliedern erfüllen. Bei der Erfüllung der Aufgaben der Kreisvorstände des FDGB wirken vorrangig deren Rechtskommissionen mit.
(2) Die Kreisvorstände des FDGB werden bei der Erfüllung ihrer Aufgaben zur Anleitung und Schulung der Mitglieder der Konfliktkommissionen von den Kreisgerichten unterstützt. Sie arbeiten hierbei mit den anderen Rechtspflegeorganen sowie mit den örtlichen Volksvertretungen und ihren Organen zusammen.
(3) Die Bezirksvorstände des FDGB sind in ihrem Bereich für die Anleitung und Schulung der Konfliktkommissionen verantwortlich. Sie sichern insbesondere, daß die Kreisvorstände des FDGB ihre Aufgaben bei der Anleitung und Schulung der Konfliktkommissionen erfüllen. Bei der Erfüllung dieser Aufgaben der Bezirksvorstände des FDGB wirken vorrangig deren Rechtskommissionen mit.

§ 68

Aufgaben der Kreis- und Bezirksgerichte

(1) Die Kreisgerichte gewährleisten in ihrem Bereich die einheitliche Rechtsanwendung in der Tätigkeit der Konfliktkommissionen, insbesondere durch gerichtliche Überprüfung und Durchsetzung ihrer Beschlüsse. Sie unterstützen die Gewerkschaften bei der Anleitung und Schulung der Mitglieder der Konfliktkommissionen.
(2) Die Bezirksgerichte gewährleisten in ihrem Bereich die einheitliche Rechtsanwendung in der Tätigkeit der Konfliktkommissionen und bei der gerichtlichen Überprüfung und Durchsetzung ihrer Beschlüsse. Sie sichern insbesondere, daß die Kreisgerichte ihre Aufgaben zur Unterstützung der Konfliktkommissionen erfüllen.

§ 69

Aufgaben der Staatsanwälte der Kreise und Bezirke

(1) Die Staatsanwälte der Kreise arbeiten mit den Konfliktkommissionen kameradschaftlich zusammen. Sie überprüfen die Beschlüsse, auf deren vollzählige Übersendung sie Einfluß nehmen, und erheben Einspruch gegen ungesetzliche Beschlüsse. Das Überprüfungsergebnis werten sie gemeinsam mit den Konfliktkommissionen aus. Die Staatsanwälte der Kreise unterstützen die Gewerkschaften bei der Anleitung durch regelmäßige Informationen und bei der Schulung der Mitglieder der Konfliktkommissionen.
(2) Die Staatsanwälte der Bezirke unterstützen die Bezirksvorstände des FDGB durch regelmäßige Informationen über die Ergebnisse der Zusammenarbeit der Staatsanwälte mit den Konfliktkommissionen.

§ 70

Kommt ein für die Unterstützung der Konfliktkommissionen Verantwortlicher seinen Verpflichtungen nicht nach, ist die Konfliktkommission berechtigt, sich an das übergeordnete Organ zu wenden und die Erfüllung dieser Verpflichtungen zu fordern.

VIII

Schlußbestimmungen

§ 71

1) Dieser Erlaß tritt am 15. Oktober 1968 in Kraft.
(2) Gleichzeitig tritt die Verordnung vom 17. April 1963 über die Konfliktkommissionen (GBl. II S. 237) außer Kraft.

[1]) Siehe hierzu Richtlinie Nr. 28 des Plenums des Obersten Gerichts der DDR zum Zusammenwirken der Gerichte mit den Konfliktkommissionen vom 25. 3. 1970 (GBl. II S. 251).

Verordnung über die Förderung der Tätigkeit der Neuerer und Rationalisatoren in der Neuererbewegung — Neuererverordnung —

vom 22. Dezember 1971

(GBl. II 1972 Nr. 1 S. 1)

In der Neuererbewegung leistet die Arbeiterklasse als herrschende Klasse der Deutschen Demokratischen Republik im Bündnis mit der Klasse der Genossenschaftsbauern, der Intelligenz und den anderen werktätigen Schichten einen bedeutsamen Beitrag bei der Durchsetzung des wissenschaftlich-technischen Fortschritts, insbesondere bei der sozialistischen Rationalisierung.
In der Neuererbewegung entfalten die Arbeiter und alle anderen Werktätigen in besonderem Maße Initiative und Schöpfertum. Sie vollbringen hervorragende Leistungen für die weitere Erhöhung des materiellen und kulturellen Lebensniveaus des Volkes auf der Grundlage eines hohen Entwicklungstempos der sozialistischen Produktion, der Erhöhung der Effektivität, des wissenschaftlich-technischen Fortschritts und des Wachstums der Arbeitsproduktivität. Dabei nutzen die Neuerer die Erfahrungen der Sowjetunion und der anderen sozialistischen Länder. Die Mitarbeit in der Neuererbewegung ist für jeden Werktätigen eine Sache der Ehre und hoher sozialistischer Arbeitsmoral.
Als umfassende Klassenorganisation der Arbeiterklasse und als Schulen des Sozialismus tragen die Gewerkschaften bei der allseitigen, planmäßigen Entwicklung der Neuererbewegung als Massenbewegung der Arbeiterklasse und aller anderen Werktätigen im sozialistischen Wettbewerb eine hohe Verantwortung. Die Freie Deutsche Jugend fördert das Schöpfertum der Jugend und die Entwicklung der Jugendlichen zu aktiven Neuerern, insbesondere in der Bewegung „Messe der Meister von morgen". Zur allseitigen Entwicklung der Neuererbewegung wird im Einvernehmen mit dem Bundesvorstand des Freien Deutschen Gewerkschaftsbundes folgendes verordnet:

1. Abschnitt

Geltungsbereich

§ 1

(1) Diese Verordnung gilt für die Aufgaben, Rechte und Pflichten der volkseigenen und ihnen gleichgestellten Betriebe, der Kombinate, der zentralen und örtlichen Staatsorgane sowie der wirtschaftsleitenden Organe und staatlichen Einrichtungen, der Betriebe mit staatlicher Beteiligung , der sozialistischen Genossenschaften, der zwischenbetrieblichen und zwischengenossenschaftlichen Einrichtungen, der gesellschaftlichen Organisationen

und deren Einrichtungen und der Treuhandbetriebe (im folgenden Betriebe genannt) auf dem Gebiet der Neuererbewegung.
(2) In volkseigenen Kombinaten sind die Betriebe des volkseigenen Kombinates Betriebe im Sinne dieser Verordnung.

2. Abschnitt

Die Aufgaben der Neuererbewegung und ihre planmäßige Entwicklung

§ 2

Die Aufgaben der Neuererbewegung

(1) In der Neuererbewegung leisten Neuerer und Rationalisatoren (im folgenden Neuerer genannt) in der Industrie, im Bauwesen, in der Landwirtschaft, im Handel, Transport- und Nachrichtenwesen, in der Versorgungswirtschaft, im Gesundheits- und Sozialwesen, im militärischen, pädagogischen und kulturellen Bereich sowie in den anderen Bereichen des gesellschaftlichen Lebens einen bedeutenden Beitrag zur weiteren Stärkung der Deutschen Demokratischen Republik. Hauptinhalt der Neuerertätigkeit ist die weitere Intensivierung der Produktion durch sozialistische Rationalisierung in Einheit mit der ständigen Verbesserung der Arbeits- und Lebensbedingungen.
(2) In Übereinstimmung mit den gesellschaftlichen Erfordernissen des wissenschaftlich-technischen Forschritts ist die schöpferische Initiative der Neuerer auch auf hohe wissenschaftlich-technische Leistungen gerichtet; in zunehmendem Maße erreichen die Neuerer auch solche wissenschaftlich-technische Ergebnisse, die den Charakter von schutzfähigen Erfindungen haben.
(3) Die Neuererbewegung ist Ausdruck und Teil der vielfältigen Initiativen der Arbeiter und aller anderen Werktätigen; sie tragen im sozialistischen Wettbewerb über ihre Arbeitsaufgaben hinaus zur allseitigen Erfüllung der Planaufgaben bei. In ihr bilden sich in hervorragendem Maße sozialistische Persönlichkeiten.

§ 3

Die Aufgaben der staatlichen und wirtschaftlichen Organe

(1) Der sozialistische Staat fördert planmäßig die schöpferische Initiative der Neuerer bei der Lösung von Aufgaben der sozialistischen Rationalisierung. Für die Ausarbeitung und Durchsetzung einheitlicher Grundsätze zur planmäßigen Entwicklung der schöpferischen Initiative der Werktätigen in der Neuererbewegung und für die Analyse ihres Entwicklungsstandes ist das Amt für Erfindungs- und Patentwesen verantwortlich. Es koordiniert und unterstützt die Arbeit der anderen zentralen Staatsorgane auf dem Gebiet der Neuererbewegung und verallgemeinert die besten Methoden ihrer Leitung und Planung auf dem Gebiet der Neuererbewegung. Die Staatliche Zentralverwaltung für Statistik ge-

währleistet in Abstimmung mit dem Amt für Erfindungs- und Patentwesen die erforderlichen Informationen über die Entwicklung der Neuererbewegung.

(2) Die staatlichen und wirtschaftsleitenden Organe leiten die ihnen unterstellten Organe und Betriebe auf dem Gebiet der Neuererbewegung an und kontrollieren ihre Arbeit. Sie analysieren regelmäßig den Entwicklungsstand der Neuererbewegung und die Ergebnisse der Neuerertätigkeit in ihrem Bereich. Die Ergebnisse dieser Analysen sind Bestandteil der Rechenschaftslegungen der Leiter. Mit Hilfe der Erzeugnisgruppen-Leitbetriebe sichern die staatlichen und wirtschaftsleitenden Organe die allseitige Entwicklung der Neuererbewegung in der Erzeugnisgruppenarbeit.

(3) Die staatlichen und wirtschaftsleitenden Organe fördern und koordinieren die umfassende Verbreitung und Durchsetzung der Ergebnisse der Neuerertätigkeit mit überbetrieblichem Charakter. Bewährte Formen und Methoden der überbetrieblichen Verbreitung sind durchzusetzen und weiterzuentwickeln. Die staatlichen und wirtschaftsleitenden Organe sind dafür verantwortlich, daß alle Initiativen zur umfassenden Ausnutzung und Anwendung der Erfahrungen der Sowjetunion und der anderen sozialistischen Länder allseitig gefördert werden und der unmittelbare Erfahrungsaustausch der Neuerer entwickelt wird.

(4) Die staatlichen und wirtschaftsleitenden Organe sind dafür verantwortlich, daß bei der Erarbeitung von Standards und anderen Bestwerten die Ergebnisse der Neuerertätigkeit berücksichtigt und Standards zur umfassenden Durchsetzung von Neuerungen genutzt werden.

(5) Das Amt für Erfindungs- und Patentwesen und die anderen staatlichen und wirtschaftsleitenden Organe sichern in Zusammenarbeit mit den gesellschaftlichen Organisationen die Ausbildung der Mitarbeiter der Büros für die Neuererbewegung (BfN) und der Mitglieder der Neuererbrigaden sowie die erforderliche Qualifizierung der staatlichen Leiter auf dem Gebiet der Neuererbewegung. Die zentralen Staatsorgane können mit der Kammer der Technik Vereinbarungen über die Durchführung von Qualifizierungsmaßnahmen abschließen.

(6) Die Leiter der staatlichen und wirtschaftsleitenden Organe setzen für die Lösung von Aufgaben auf dem Gebiet der Neuererbewegung Mitarbeiter ein. Entsprechend den Erfordernissen bestehen Büros, Leit-Büros oder zentrale Büros für die Neuererbewegung, denen auch schutzrechtliche Aufgaben übertragen werden können. In den VVB bestehen Leit-Büros, die dem Generaldirektor oder einem der Direktoren direkt unterstellt sind.

§ 4

Die Neuererzentren

(1) In den Bezirken besteht jeweils ein Neuererzentrum. Das Neuererzentrum ist ein Mittelpunkt des aktiven Wirkens der Neuerer im Bezirk, des Austausches von Erfahrungen bei der Entwicklung der Neuererbewegung und zur Verbreitung bewährter Neuerungen. Durch Verallgemeinerung guter Erfahrungen bei der Vorbereitung und Durchsetzung von

Maßnahmen der sozialistischen Rationalisierung unterstützt das Neuererzentrum die Betriebe im Bezirk. Es wirkt in sozialistischer Gemeinschaftsarbeit mit dem Freien Deutschen Gewerkschaftsbund, der Kammer der Technik, der Freien Deutschen Jugend, der Gesellschaft für Deutsch-Sowjetische Freundschaft, den Betrieben und den wissenschaftlichen Einrichtungen im Bezirk der Arbeitsgruppe Messe der Meister von morgen zusammen.

(2) Die Betriebe im Bezirk unterstützen die Arbeit des Neuererzentrums. Sie sind verpflichtet, das Neuererzentrum über gute Erfahrungen bei der Entwicklung der Neuererbewegung sowie über bewährte Neuerungen zu informieren.

§ 5

Die Entwicklung der Neuererbewegung durch die Gewerkschaften und die anderen gesellschaftlichen Organisationen

(1) Die Gewerkschaften fördern durch umfassende politisch-ideologische Arbeit die Entwicklung der Werktätigen zu aktiven Neuerern bei der Lösung von Aufgaben der sozialistischen Rationalisierung und kontrollieren die Wahrung der Rechte der Neuerer sowie die Einhaltung der sozialistischen Gesetzlichkeit in der Neuererbewegung.

(2) Beim Bundesvorstand des Freien Deutschen Gewerkschaftsbundes, bei den Zentralvorständen der Industriegewerkschaften und Gewerkschaften, den Bezirksvorständen des Freien Deutschen Gewerkschaftsbundes und anderen durch den Bundesvorstand des Freien Deutschen Gewerkschaftsbundes festgelegten Vorständen und Leitungen besteht als gewähltes Organ jeweils ein gewerkschaftliches Neuereraktiv. Bildung, Aufgaben und Arbeitsweise der gewerkschaftlichen Neuereraktivs bei den Vorständen und Leitungen werden durch den Bundesvorstand des Freien Deutschen Gewerkschaftsbundes geregelt.

(3) Die anderen gesellschaftlichen Organisationen, insbesondere die Freie Deutsche Jugend, die Kammer der Technik und die Gesellschaft für Deutsch-Sowjetische Freundschaft, fördern durch ihre Arbeit die Entwicklung der sozialistischen Gemeinschaftsarbeit zwischen Arbeitern, Jugendlichen und Angehörigen der Intelligenz, die ständige Auswertung der Erfahrungen der Sowjetunion und der anderen sozialistischen Länder sowie die Qualifizierung von Werktätigen in der Neuererbewegung.

3. Abschnitt

Die Entwicklung der Neuererbewegung im Betrieb

§ 6

Die Aufgaben der Neuerer im Betrieb

(1) Mit ihrer schöpferischen Arbeit leisten die Neuerer im sozialistischen Wettbewerb einen bedeutsamen Beitrag zur sozialistischen Rationalisierung. Sie decken betriebliche Reserven auf und setzen sich für die Übernahme bewährter Neuerungen aus anderen Betrieben, aus

der Sowjetunion und den anderen sozialistischen Ländern ein. Durch ihre Tätigkeit als Neuerer und die aktive Teilnahme an Plandiskussionen, Beratungen und Neuererkonferenzen sowie an der Tätigkeit der gesellschaftlichen Organisationen tragen sie zur effektiven Gestaltung der Leitung und Planung im Betrieb bei.

(2) Die Frauen und Mädchen nehmen durch ihre schöpferische Arbeit in bedeutendem Maße an der Neuererbewegung teil. Durch ihr Beispiel als Neuerer fördern sie die Entwicklung der gesellschaftlichen und beruflichen Stellung der Frauen. Die Leiter haben hierfür alle erforderlichen Voraussetzungen zu schaffen.

(3) Die schöpferische Initiative der Arbeiterjugend und aller Jugendlicher als Neuerer entwickelt sich in hervorragendem Maße in der Bewegung „Messe der Meister von morgen". Die Leiter fördern die Neuerertätigkeit der Jugendlichen und die Bewegung „Messe der Meister von morgen". Sie übertragen an Kollektive von Jugendlichen Neuereraufgaben vor allem als Jugendobjekte.

(4) Die schöpferische Initiative der Neuerer wird vor allem in sozialistischer Gemeinschaftsarbeit auf vielfältige Weise wirksam. Die Neuerer

- lösen Aufgaben im Rahmen von Neuerervereinbarungen,
- unterbreiten Neuerervorschläge und wirken aktiv an deren planmäßiger Verwirklichung mit.

Die Werktätigen unterbreiten Ideen und Anregungen, die eine Aufgabenstellung, insbesondere auf dem Gebiet der sozialistischen Rationalisierung, zum Inhalt haben.

§ 7

Die Aufgaben der Leiter

(1) Die Leiter der Betriebe, die leitenden Mitarbeiter und die Meister (im folgenden Leiter genannt) sind für eine ständige Erhöhung der bewußten Teilnahme von Arbeitern und anderen Werktätigen an der Neuererbewegung und für die Einhaltung der Rechte der Neuerer verantwortlich. Die Leiter haben dazu die politisch-ideologische Arbeit zu entwickeln und die Werktätigen über die Aufgaben und die weitere Entwicklung des Betriebes, insbesondere über die betrieblichen Aufgaben der sozialistischen Rationalisierung und zur Verbesserung der Arbeits- und Lebensbedingungen sowie über die Aufgaben der Neuererbewegung, zu informieren. Die Leiter sichern, daß Neuererkonferenzen, Tage der Neuerer und andere bewährte Formen für die Teilnahme von Werktätigen an der Leitung und Planung der Neuererbewegung umfassend genutzt werden.

(2) Die Leiter gewährleisten eine umfassende Unterstützung der Neuerer bei der Erarbeitung und Durchsetzung von Neuerungen. Sie haben zu sichern, daß den Neuerern die wissenschaftlich-technische Literatur, einschließlich der Patentliteratur, sowie Informationen über die Erfahrungen der Sowjetunion und der anderen sozialistischen Länder zur Verfügung gestellt werden.

(3) Die Leiter analysieren regelmäßig den Entwicklungsstand der Neuererbewegung, die

Ergebnisse der Neuerertätigkeit und die Anliegen der Neuerer. Die Ergebnisse dieser Analyse und die zur Weiterentwicklung der Neuererbewegung getroffenen Maßnahmen sind Bestandteil der Rechenschaftslegungen der Leiter der Betriebe. Vor den Werktätigen des Betriebes berichtet der Leiter des Betriebes in den Rechenschaftslegungen über die Erfüllung der Pläne und Wettbewerbsverpflichtungen regelmäßig über die Neuererbewegung.
(4) Die Leiter der Betriebe sichern nach den Richtlinien des Amtes für Erfindungs- und Patentwesen die Aus- und Weiterbildung der Mitarbeiter in den BfN und der Mitglieder der Neuererbrigaden sowie die Qualifizierung der betrieblichen Leiter auf dem Gebiet der Neuererbewegung. Sie gewinnen geeignete Kader zur Ausbildung als nebenberufliche Fachlehrkräfte und gewährleisten deren Einsatz innerhalb des jeweiligen Betriebes sowie in den Kollektiven nebenberuflicher Fachlehrkräfte der staatlichen und gesellschaftlichen Einrichtungen.
(5) Zur Beratung der Meister, Abteilungsleiter und anderen Leiter von Arbeitskollektiven bei der Aufgabenstellung für die Neuerer sowie bei der Benutzung und Anerkennung von Ergebnissen der Neuerertätigkeit werden unter deren Leitung Neuererbrigaden tätig. Den Neuererbrigaden gehören erfahrene Neuerer, Arbeiter, Ingenieure und Vertreter der Gewerkschaftsorganisation des jeweiligen Bereiches an.
(6) In den sozialistischen Genossenschaften obliegen die Aufgaben der Leiter der Betriebe jeweils dem Vorstand der Genossenschaft.

Die Planung der Neuerertätigkeit

§ 8

(1) Die Initiative der Neuerer, im sozialistischen Wettbewerb über ihre Arbeitsaufgaben hinaus schöpferische Leistungen für die sozialistische Rationalisierung zu vollbringen, ist planmäßig zu lenken. Die in der Neuererbewegung liegenden Reserven für die Intensivierung der Produktion sind bei der Planung der Aufgaben des Betriebes voll zu nutzen. Zur Lösung von Neuereraufgaben ist die sozialistische Gemeinschaftsarbeit zwischen Arbeitern und Angehörigen der Intelligenz, zwischen Jugendlichen und erfahrenen Arbeitern zu organisieren.
(2) Die in Neuerervereinbarungen thematisch erfaßten Aufgaben sind in den betrieblichen Plänen, insbesondere im Plan Wissenschaft und Technik, zu planen und mit ihnen abzurechnen. Darüber hinaus sind diese Neuereraufgaben beim BfN zum Zwecke der Kontrolle und zur Sicherung der Rechte der Neuerer als Plan der Neuerer zusammenzufassen. Die Pläne sind entsprechend den Erfordernissen zu ergänzen. Der im Planjahr für die Lösung von Neuereraufgaben und für die Vorbereitung der Benutzung der Ergebnisse der Neuerertätigkeit (im folgenden Überleitung genannt) erforderliche Aufwand ist in den entsprechenden Plänen zu bilanzieren.
(3) Die Leiter fördern planmäßig die Initiative der Werktätigen, im Prozeß der Plandurchführung Aufgaben der sozialistischen Rationalisierung selbst zu erkennen und durch Neuerertätigkeit zu lösen.

§ 9

(1) Die in den Betrieben für die Neuererbewegung vorgegebenen ökonomischen und anderen Zielstellungen sind auf die Abteilungen, Meisterbereiche und Brigaden aufzuschlüsseln.
(2) Die Betriebe können außerdem ständige oder zeitweilige betriebsspezifische Orientierungsziffern festlegen. Sie sind darauf gerichtet,

- die Neuerer auf die vorrangige Lösung von Schwerpunktaufgaben der sozialistischen Rationalisierung zu orientieren,
- die Massenbasis der Neuererbewegung zu verbreitern und die ökonomischen Ergebnisse der Neuerertätigkeit planmäßig zu erhöhen.

(3) Die den Betrieben für die Entwicklung der Neuererbewegung vorgegebenen Zielstellungen und die betriebsspezifischen Orientierungsziffern sind Bestandteil der Zielstellungen des sozialistischen Wettbewerbs. Die erzielten Ergebnisse werden im Rahmen des sozialistischen Wettbewerbs, insbesondere über das Haushaltsbuch, abgerechnet.

Die Arbeit der betrieblichen Gewerkschaftsleitungen und der anderen gesellschaftlichen Organisationen

§ 10

(1) Die betrieblichen Gewerkschaftsleitungen fördern und organisieren im sozialistischen Wettbewerb, insbesondere in der Bewegung „Sozialistisch arbeiten, lernen und leben", die schöpferische Mitwirkung der Werktätigen in der Neuererbewegung. Sie entwickeln dazu die politisch-ideologische Arbeit, fördern den Erfahrungsaustausch der Neuerer, üben die gewerkschaftliche Kontrolle über die Durchsetzung der Ergebnisse der Neuerertätigkeit aus und führen die Rechtsberatung durch. Die betrieblichen Gewerkschaftsleitungen haben insbesondere das Recht, von den Leitern Maßnahmen mit dem Ziel zu fordern, daß

1. die Neuerer auf die Aufgaben der sozialistischen Rationalisierung und die Verbesserung der Arbeits- und Lebensbedingungen orientiert werden,
2. die Zielstellungen der Neuererbewegung als Wettbewerbsziele vorgegeben und abgerechnet werden,
3. die Werktätigen durch geeignete Qualifizierungsmaßnahmen zur Lösung von Aufgaben in der Neuererbewegung befähigt, die Neuerer bei deren Lösung allseitig unterstützt und die Ergebnisse ihrer Tätigkeit unverzüglich, umfassend verwertet werden,
4. eine enge Zusammenarbeit der Neuererbrigaden und der BfN mit den gewerkschaftlichen Neuereraktivs und den Ständigen Produktionsberatungen gewährleistet ist.

(2) Die von Neuerern eingelegten Beschwerden, denen die Leiter nicht abhelfen, haben die Leiter vor der Entscheidung den betrieblichen Gewerkschaftsleitungen zur Kenntnis zu geben. Die betrieblichen Gewerkschaftsleitungen haben das Recht, dazu Stellung zu nehmen. Die Leiter werten die Stellungnahmen der betrieblichen Gewerkschaftsleitungen aus und teilen ihnen die Beschwerdeentscheidung mit.

(3) Zur Beratung der Betriebsgewerkschaftsleitung besteht ein gewähltes gewerkschaftliches Neuereraktiv. In Betrieben, in denen eine gewerkschaftliche Grundorganisation nicht besteht, kann ein anderes beratendes Organ gebildet werden. Die Leiter der Betriebe schaffen die sachlichen Voraussetzungen für deren Tätigkeit.
(4) Die Ständigen Produktionsberatungen der Gewerkschaften wirken entsprechend den Festlegungen des Bundesvorstandes des Freien Deutschen Gewerkschaftsbundes aktiv auf die planmäßige Entwicklung der Neuererbewegung im sozialistischen Wettbewerb hin.
(5) Die Leiter der Betriebe berichten vor den betrieblichen Gewerkschaftsleitungen über den Entwicklungsstand der Neuererbewegung.

§ 11

(1) Die anderen gesellschaftlichen Organisationen, insbesondere die Freie Deutsche Jugend, die Kammer der Technik und die Gesellschaft für Deutsch-Sowjetische Freundschaft, fördern die Arbeit der Neuerer, unterstützen ihre Qualifizierung und helfen bei der Durchsetzung der Ergebnisse der Neuerertätigkeit. Sie haben das Recht, von den Leitern Maßnahmen zur allseitigen Entwicklung der Neuererbewegung zu fordern. Sie organisieren die gesellschaftliche Kontrolle und helfen bei der Überwindung von Hemmnissen.
(2) Die Leiter sind dafür verantwortlich, daß alle erforderlichen Voraussetzungen und Bedingungen geschaffen werden, welche die Arbeit dieser gesellschaftlichen Organisationen und ihrer bewährten Organisationsformen voll wirksam werden lassen.

§ 12

Büros für die Neuererbewegung

(1) Im Betrieb besteht ein Büro für die Neuererbewegung (BfN). Es wird im Auftrage des Leiters des Betriebes vor allem anleitend, koordinierend und kontrollierend tätig. Es arbeitet mit dem gewerkschaftlichen Neuereraktiv, der Arbeitsgruppe Messe der Meister von morgen, den Ständigen Produktionsberatungen und den Neuererbrigaden eng zusammen.
(2) Im volkseigenen Kombinat werden die Aufgaben des BfN des Kombinates vom BfN des Stammbetriebes wahrgenommen. Sofern es für die fachliche Anleitung und Kontrolle der betrieblichen BfN und die Koordinierung ihrer Arbeit erforderlich ist, kann ein besonderes BfN des Kombinates gebildet werden.
(3) Das BfN untersteht dem Leiter des Betriebes. Er kann es einem der Fachdirektoren direkt unterstellen. Der Leiter des Betriebes sichert die Arbeitsfähigkeit des BfN entsprechend den Aufgaben des Betriebes auf dem Gebiet der Neuererbewegung. Er kann dem BfN auch schutzrechtliche Aufgaben übertragen.

4. Abschnitt

Die Bearbeitung und umfassende Verwertung der Ergebnisse der Neuerertätigkeit

1. Unterabschnitt

Vereinbarte Neuererleistungen

§ 13

Neuerervereinbarungen

Zur Lösung thematisch bestimmter Aufgaben werden zwischen Betrieben und Kollektiven Neuerervereinbarungen abgeschlossen. Die Leiter haben die Aufgaben vor einem sachkundigen Gremium verteidigen zu lassen. Neuerervereinbaringen werden abgeschlossen

1. zur Durchführung wissenschaftlich-technischer Untersuchungen, zur Erarbeitung von Analysen und Einschätzungen sowie zum Auffinden und Präzisieren von Aufgabenstellungen für die Forschung, Entwicklung und Organisation,
2. zur schöpferischen Lösung eines wissenschaftlich-technischen oder anderen Problems des Betriebes,
3. zur Überleitung von vereinbarten Neuererleistungen gemäß Ziff. 2 oder von solchen Neuerervorschlägen gemäß § 18, für die eine Vergütung zu zahlen ist. Die Vereinbarung kann die Ausarbeitung von technisch-ökonomischen und anderen Unterlagen, die Erarbeitung oder Überarbeitung von Standards, den Bau von Mustern und der zur Vorbereitung der Produktion erforderlichen Werkzeuge, Vorrichtungen und anderen Rationalisierungsmitteln und deren Erprobung einschließen.

§ 14

Voraussetzungen für den Abschluß einer Neuerervereinbarung

(1) Neuerervereinbarungen haben zum Ziel, das Schöpfertum der Neuerer zu fördern. Neuerervereinbarungen werden mit Kollektiven abgeschlossen, in denen Arbeiter und Angehörige der Intelligenz in sozialistischer Gemeinschaftsarbeit zusammenwirken. Jedes Kollektivmitglied wirkt konkret an der übernommenen Neuereraufgabe mit. Diese Kollektive lösen Aufgaben, die quantitativ nicht zu den Arbeits-, Dienst- oder Studienaufgaben der Werktätigen gehören und die im Rahmen von Kooperationsbeziehungen durch andere Betriebe nicht zu dem erforderlichen Zeitpunkt gelöst werden können.

(2) Soll in einem Einzelfall eine Neuerervereinbarung mit einem Kollektiv abgeschlossen werden, in dem ausschließlich Angehörige der Intelligenz wirken, so sind in der durchzuführenden Verteidigung die Notwendigkeit des Abschlusses dieser Vereinbarung, die Zusammensetzung des Kollektivs und die Aufgabenstellung zu prüfen. Es ist nachzuweisen,

daß die zu erbringende Leistung über die Arbeits-, Dienst- oder Studienaufgaben der Mitglieder des Kollektivs hinausgeht. Zur Verteidigung sind Mitglieder der Betriebsgewerkschaftsleitung einzuladen. Im Ergebnis der Verteidigung entscheidet der Leiter des Betriebes über den Abschluß der Vereinbarung.

(3) Bei Neuerervereinbarungen mit Kollektiven, in denen Leiter der Betriebe oder sie zum Zeitpunkt des Abschlusses vertretende Leiter oder entsprechende Leiter der den Betrieben übergeordneten Organe mitwirken sollen, bedarf die Mitwirkung der Genehmigung des Leiters des jeweils übergeordneten Organs. Für Komplementäre, Kommanditisten und Betriebsleiter von Betrieben mit staatlicher Beteiligung ist die Genehmigung des Leiters des Organs erforderlich, dem der Betrieb mit staatlicher Beteiligung zugeordnet ist.

Die Mitwirkung von Vorsitzenden und Mitgliedern des Vorstandes einer sozialistischen Genossenschaft bedarf der Zustimmung der Mitgliederversammlung. Bei Neuerervereinbarungen mit Angehörigen anderer Betriebe bedarf die Mitwirkung der Genehmigung des Leiters des Betriebes, dem die betreffenden Werktätigen angehören.

(4) Der Abschluß der Neuerervereinbarung bedarf der Zustimmung der zuständigen betrieblichen Gewerkschaftsleitung.

(5) Mit freiberuflich Tätigen, mit Inhabern von Privatbetrieben und ihren Ehegatten dürfen Neuerervereinbarungen nicht abgeschlossen werden.

§ 15

Inhalt der Neuerervereinbarung

In der Neuerervereinbarung sind alle Festlegungen zu treffen, die für die termin- und qualitätsgerechte Lösung der Aufgabe und die eindeutige Bestimmung der gegenseitigen Rechte und Pflichten erforderlich sind. Die Neuerervereinbarung enthält insbesondere

1. die Namen und betrieblichen Funktionen der Mitglieder des Kollektivs,
2. eine Aufgabenstellung gemäß § 13 einschließlich der zu erreichenden technisch-ökonomischen Zielstellungen und die von den Neuerern im einzelnen zu erbringenden Leistungen,
3. die von den Leitern zu schaffenden Voraussetzungen für die termin- und qualitätsgerechte Lösung der Aufgabe, für die Überleitung der vereinbarten Neuererleistung sowie für deren umfassende Benutzung,
4. erforderlichenfalls Festlegungen über die Geheimhaltung,
5. Etappen und Termine,
6. Festlegungen über Art und Umfang der Aufwendungen, die erstattet werden, über die materielle Anerkennung entsprechend den Vergütungsbestimmungen sowie über Konsequenzen bei nicht termin- oder qualitätsgerechter Erfüllung der Vereinbarung,
7. gegebenenfalls Angaben über das Vorliegen einer gemäß § 14 Abs. 3 erforderlichen Genehmigung.

§ 16

Erfüllung der Neuerervereinbarung

(1) Die Partner der Neuerervereinbarung sind verpflichtet, bei ihrer Erfüllung eng zusammenzuarbeiten, sich über auftretende Probleme sofort zu unterrichten und alle erforderlichen Maßnahmen zu treffen, um eine den gesellschaftlichen Erfordernissen entsprechende Erfüllung der Neuerervereinbarung zu gewährleisten. Die Arbeiten zur Erfüllung der Neuerervereinbarung sind grundsätzlich außerhalb der gesetzlichen Arbeitszeit durchzuführen.
(2) Berichte über die Erfüllung der Neuerervereinbarung sind, soweit nichts anderes vereinbart wurde, wie Abschlußberichte über abgeschlossene Forschungs- und Entwicklungsarbeiten anzufertigen.
(3) Mit Abschluß der gesamten Arbeiten zur Neuerervereinbarung sollen die Neuerer Angaben oder Vorschläge über

- den zu erwartenden Nutzen, die zu erwartenden Auswirkungen auf die Arbeits- und Produktionsbedingungen einschließlich der Arbeits- und Anlagensicherheit sowie erzielte Erkenntnisse über die Schutzrechtssituation und über erforderliche schutzrechtliche Maßnahmen,
- erzielte Erkenntnisse über weitere zu lösende Aufgabenstellungen,
- Maßnahmen zur überbetrieblichen Verbreitung und Benutzung,
- Art und Umfang ihrer Aufwendungen und den Anteil der Mitglieder des Kollektivs an der erbrachten Leistung

unterbreiten.
(4) Alle in Erfüllung der Neuerervereinbarung erzielten Ergebnisse sind unverzüglich dem Betrieb zu übergeben. Die erbrachten Neuererleistungen sind im BfN zu registrieren.
(5) Wenn die Erfüllung der Neuerervereinbarung nicht mehr erforderlich oder durch unabwendbare Umstände unmöglich geworden ist, sollen die Partner die Aufhebung vereinbaren. Kann eine Einigung nicht erzielt werden, so können die Partner durch eine mit Gründen versehene schriftliche Erklärung von der Vereinbarung zurücktreten. Von der Aufhebung oder dem Rücktritt ist die zuständige betriebliche Gewerkschaftsleitung zu informieren. Der Rücktritt durch den Betrieb bedarf der Zustimmung der zuständigen betrieblichen Gewerkschaftsleitung.

§ 17

Entscheidung

(1) Der für die Entscheidung zuständige Leiter hat unverzüglich, spätestens innerhalb eines Monats, vom Tage der Übergabe der vereinbarten Neuererleistung an gerechnet, über die Annahme oder die Zurückweisung der Leistung zu entscheiden. Die Entscheidung muß die erforderlichen Festlegungen zur materiellen Anerkennung, zu den zu erstattenden Aufwendungen und zu Art und Umfang erforderlicher Nacharbeiten enthalten.

AAR 4. Lieferung

(2) Die Entscheidung gemäß Abs. 1 ist dem Kollektiv durch das BfN schriftlich mitzuteilen. Im Fall der Zurückweisung der Leistung oder einer Festlegung über erforderliche Nacharbeiten ist die Entscheidung zu begründen und hat einen Hinweis auf die Möglichkeit zu enthalten, die Durchführung eines Verfahrens bei der Konfliktkommission oder Schiedskommission beantragen oder Klage bei dem zuständigen Gericht erheben zu können.
(3) Zur Vorbereitung seiner Entscheidung übergibt der Leiter die vereinbarte Neuererleistung der zuständigen Neuererbrigade zur Beurteilung oder legt die Verteidigung vor einem sachkundigen Gremium fest.
(4) Soll eine vereinbarte und bereits angenommene Neuererleistung ganz oder teilweise nicht benutzt werden, so ist die Entscheidung darüber den Neuerern schriftlich mitzuteilen. Sie ist mit Gründen zu versehen und hat einen Hinweis auf das Recht der Beschwerde zu enthalten.
(5) Die zuständige betriebliche Gewerkschaftsleitung ist über Entscheidungen gemäß den Absätzen 1 und 4 zu informieren.

2. Unterabschnitt

Neuerervorschläge

§ 18

Begriff

Als Neuerervorschläge werden Vorschläge der Werktätigen gewertet, die

1. die Lösung einer wissenschaftlich-technischen oder anderen Aufgabenstellung enthalten und die für die Benutzung im Betrieb wesentlichen Mittel und Wege aufzeigen,
2. geeignet sind, einen wirtschaftlichen oder sonstigen Vorteil für die Gesellschaft (Nutzen) zu erbringen und
3. im Betrieb nicht bereits angewendet werden oder nicht nachweisbar zur Benutzung vorgesehen sind.

§ 19

Einreichung und Registrierung

(1) Neuerervorschläge sind von den Werktätigen bei dem zuständigen Leiter oder dem BfN schriftlich einzureichen oder zu Protokoll zu geben. Die Neuerer sind erforderlichenfalls bei der schriftlichen Darlegung ihrer Neuerervorschläge zu unterstützen. Wird der Neuerervorschlag bei einer nicht zuständigen Stelle eingereicht, so hat diese den Neuerervorschlag unverzüglich an das BfN weiterzuleiten.
(2) Als Neuerervorschläge eingereichte Vorschläge sind sofort im BfN zu registrieren. Der

Zeitpunkt des Eingangs und die Registrierung sind den Einreichern innerhalb einer Frist von drei Werktagen nach Registrierung schriftlich zu bestätigen.
(3) Neuerervorschläge können auch von Personen eingereicht werden, die nicht Angehörige des Betriebes sind.

§ 20
Entscheidung

(1) Der für die Entscheidung zuständige Leiter hat unverzüglich, spätestens innerhalb eines Monats, vom Zeitpunkt des Eingangs des Neuerervorschlages an gerechnet, über die Benutzung zu entscheiden. Kann innerhalb dieser Frist eine Entscheidung begründet nicht getroffen werden, so veranlaßt der Leiter innerhalb dieser Frist die erforderlichen Maßnahmen, die eine Entscheidung in einer weiteren angemessenen und vom Leiter festzusetzenden Frist ermöglichen.
(2) Neuerervorschläge, für deren Benutzung der Betrieb, in dem sie eingereicht worden sind, fachlich nicht zuständig ist, sind von diesem Betrieb an einen fachlich zuständigen Betrieb oder an sein übergeordnetes Organ abzugeben. Die Betriebe haben die an sie abgegebenen wie bei ihnen eingereichte Neuerervorschläge zu bearbeiten.
(3) Die Entscheidungen gemäß den Absätzen 1 und 2 sind dem Einreicher durch das BfN schriftlich mitzuteilen. Im Fall der vollständigen oder teilweisen Ablehnung der Benutzung sowie im Fall einer Abgabe an andere sind die Entscheidungen zu begründen und haben einen Hinweis auf das Recht der Beschwerde zu enthalten.
(4) Zur Vorbereitung der Entscheidung sind die Neuerervorschläge innerhalb einer Frist von 3 Werktagen nach Eingang dem zuständigen Leiter zur Beurteilung in der Neuererbrigade zuzuleiten. Die Neuererbrigade beurteilt die Neuerervorschläge auf betriebliche und überbetriebliche Benutzbarkeit und prüft dabei insbesondere die Einhaltung der Arbeitssicherheit. Die Neuererbrigade empfiehlt dem Leiter die Annahme oder die Ablehnung der Benutzung, Maßnahmen zur weiteren Beurteilung, Maßnahmen zur Vervollkommnung der Neuerervorschläge, Maßnahmen zur Überleitung und umfassenden betrieblichen und überbetrieblichen Benutzung. Zur Beurteilung von Neuerervorschlägen, deren Bedeutung über den Zuständigkeitsbereich einer Neuererbrigade hinausgeht, kann ein besonderes sachkundiges Gremium gebildet werden.

3. Unterabschnitt
Anregungen und Aufgabenstellungen
§ 21

(1) Die Leiter sichern, daß die von den Werktätigen unterbreiteten Ideen und Anregungen, die eine Aufgabenstellung zum Inhalt haben, gewissenschaft und verantwortungsbewußt auf ihre Verwertbarkeit geprüft und erforderlichenfalls präzisiert werden. Sie haben alle Maßnahmen zu einer umfassenden Verwertung der Ideen und Anregungen der

Werktätigen zu veranlassen. Die Werktätigen haben das Recht, entsprechend den gesellschaftlichen Erfordernissen an der Verwirklichung ihrer Ideen und Anregungen mitzuwirken. Sie sind über das Ergebnis der Maßnahmen zu informieren. Die Leiter würdigen besondere Initiativen bei der Durchsetzung solcher Ideen und Anregungen, die verwertet werden.

(2) Auf die von den Werktätigen unterbreiteten Ideen und Anregungen finden die Bestimmungen über Neuerungen und Erfindungen keine Anwendung. Ergibt jedoch die Prüfung der Ideen und Anregungen, daß die Merkmale eines Neuerervorschlages gegeben sind, dann ist die unverzügliche Registrierung und Bearbeitung als Neuerervorschlag zu veranlassen.

4. Unterabschnitt

Sicherung der Rechte der Neuerer

§ 22

Die Rechte der Neuerer

(1) Die Neuerer haben das Recht auf

1. Entscheidung über ihre vereinbarten Neuererleistungen und Neuerervorschläge (im folgenden Neuerungen genannt) innerhalb der festgelegten Fristen,
2. Teilnahme an der Vorbereitung der Entscheidung über die jeweilige Neuerung in Übereinstimmung mit den gesellschaftlichen Erfordernissen,
3. Prüfung ihrer Neuerungen hinsichtlich des Vorliegens schutzfähiger Merkmale und auf rechtliche Sicherung der Erfindungen im erforderlichen Umfang durch den Betrieb,
4. planmäßige Überleitung und Benutzung ihrer Neuerungen und auf Teilnahme an der Überleitung entsprechend den gesellschaftlichen Erfordernissen,
5. moralische und materielle Anerkennung entsprechend den Rechtsvorschriften.

(2) Bei Unfällen, die im Zusammenhang mit der Tätigkeit als Neuerer außerhalb der Arbeitszeit im Betrieb oder als Neuererinstrukteur eintreten, richtet sich der Versicherungsschutz nach den Bestimmungen über die Erweiterung des Versicherungsschutzes bei Unfällen.

(3) Zur Sicherung der Rechte der Neuerer, deren Tätigkeit mit Kooperationsleistungen der Betriebe im Zusammenhang steht, sollen die Kooperationspartner die erforderlichen Vereinbarungen über die Verantwortung für die Organisierung der Neuerertätigkeit, die Bearbeitung und umfassende Benutzung der Neuerungen sowie für die Anerkennung der Leistungen der Neuerer treffen.

§ 23

Innerbetrieblicher Vorrang

Mit der Übergabe einer vereinbarten Neuererleistung, dem Eingang eines Neuerervorschlages oder dem Eingang einer überbetrieblichen verbreiteten Neuerung im Betrieb steht diesen Neuerungen der innerbetriebliche Vorrang gegenüber anderen Neuerungen zu, die

1. die gleiche Lösung zum Inhalt haben und
2. später dem Betrieb übergeben wurden oder später bei ihm eingegangen sind.

§ 24

Geltungsdauer von Neuerungen

(1) Bei einer Neuerung, die gemäß § 17 Abs. 1 zurückgewiesen oder deren Benutzung gemäß § 17 Abs. 4 oder § 20 Abs. 1 vollständig oder teilweise abgelehnt wurde, behält die Neuerung innerhalb einer Frist von 2 Jahren, vom Tag der Entscheidung an gerechnet, den innerbetrieblichen Vorrang gemäß § 23. Führt in diesem Zeitraum der Vorschlag eines anderen Einreichers zur Benutzung, so ist diese Initiative durch eine Prämie anzuerkennen.

(2) Zur Sicherung einer umfassenden Benutzung des Ideenreichtums der Neuerer haben die Leiter vor Ablauf der im Abs. 1 genannten Frist zu prüfen, ob neue Bedingungen für eine effektive Benutzung der betroffenen Neuerung gegeben sind. Eine Überprüfung muß auch dann erfolgen, wenn die Neuerer Gründe für eine Benutzung darlegen, die bei der ursprünglichen Entscheidung nicht berücksichtigt worden sind.

(3) Nach Ablauf der Frist von 2 Jahren erlöschen alle Rechte an den im Abs. 1 genannten Neuerungen. Die Frist läuft nicht während der Zeit, in welcher eine Überprüfung der Neuerung stattfindet.

§ 25

Schutzfähig erscheinende Neuerungen

(1) Die Neuerungen sind sofort nach ihrem Eingang im Betrieb und nach ihrer Registrierung im BfN auf Schutzfähigkeit zu prüfen. Bei der Bearbeitung von Erfindungen ist bis zur Vornahme der Schutzrechtsanmeldungen die erforderliche Geheimhaltung zu gewährleisten.

(2) Erfindungen und unverzüglich durch den Betrieb beim Amt für Erfindungs- und Patentwesen zur Erteilung eines Wirtschaftspatents oder Geheimpatents anzumelden. Die Anmeldung schließt die Mitteilung über den Umfang und das Ergebnis der betrieblichen Prüfung auf Schutzfähigkeit ein.

(3) Für Anmeldungen außerhalb der Deutschen Demokratischen Republik gilt der § 2 des

Änderungsgesetzes zum Patentgesetz vom 31. Juli 1963 (GBl. I Nr. 9 S. 121). Die Anmeldungen sind durch den Betrieb so rechtzeitig vorzunehmen, daß der Erwerb von Schutzrechten nicht gefährdet wird.

§ 26

Überleitung und umfassende Benutzung

(1) Zur Sicherung einer hohen Effektivität der Neuerertätigkeit haben die Leiter dafür zu sorgen, daß Neuerungen im Betrieb unbürokratisch, planmäßig und umfassend benutzt werden. Die zur raschen Überleitung und zur umfassenden betrieblichen Benutzung erforderlichen Maßnahmen, insbesondere die technisch-organisatorischen Maßnahmen, die Festlegungen über Arbeitskräfte, Arbeitsmittel, Arbeitsgegenstände und über finanzielle Mittel, sind unter Ausnutzung aller Reserven in die entsprechenden Pläne aufzunehmen.
(2) Ist die Überleitung von Neuerungen mit technischen, technologischen und organisatorischen Veränderungen verbunden, so sind die vorhandenen Normen oder anderen Leistungskennziffern unter Einbeziehung der Werktätigen zu überprüfen und gegebenenfalls zu verändern.

§ 27

Neuerungen mit überbetrieblichem Charakter

(1) Die Leiter der Betriebe sind dafür verantwortlich, daß alle Neuerungen auf ihre überbetriebliche Benutzbarkeit geprüft werden und Neuerungen mit überbetrieblichem Charakter nach ihrer erfolgreichen Erprobung den anderen für eine Benutzung in Frage kommenden Betrieben angeboten werden und diesen Betrieben die erforderliche Unterstützung bei einer Überleitung gegeben wird. Es sind alle bewährten und geeigneten Formen und Methoden der überbetrieblichen Verbreitung, wie die Einbeziehung der Neuerungen in das staatliche System der Information und Dokumentation, die Aufnahme von Neuerungen in Standards, die Durchführung von Fachtagungen und Angebotsmessen, die Arbeit der Neuererzentren und der Abschluß von Wirtschaftsverträgen, umfassend zu nutzen. Schutzfähig erscheinende Neuerungen sind erst dann weiterzuleiten, wenn die erforderliche schutzrechtliche Sicherung dieser Neuerungen innerhalb und außerhalb der Deutschen Demokratischen Republik erfolgt ist. Bei den Maßnahmen zur umfassenden Durchsetzung der Neuerungen in anderen Betrieben und bei der Wahrung der damit im Zusammenhang stehenden Rechte der Neuerer arbeiten der Betrieb und die Neuerer eng zusammen und gewährleisten die erforderliche gegenseitige Information.
(2) Soweit erforderlich, wird mit Werktätigen vereinbart, als Neuererinstrukteure bei der Einführung von wissenschaftlich-technischen und anderen Lösungen mitzuwirken. Dazu werden sie von der arbeitsvertraglich vereinbarten Tätigkeit unter Weiterzahlung des Durchschnittsverdienstes entsprechend den arbeitsrechtlichen Bestimmungen zeitweise freigestellt.

(3) Die Nutzung aller Reserven zur Erzielung eines Zeitgewinns erfordert die Bereitschaft zur Übernahme und Benutzung von Neuerungen, die in anderen Betrieben entstanden sind. Die Leiter der Betriebe gewährleisten, daß alle dem Betrieb übermittelten Neuerungen auf Benutzbarkeit geprüft und gegebenenfalls im Betrieb umfassend benutzt werden. Sie haben insbesondere dafür zu sorgen, daß die Werktätigen des Betriebes Fachtagungen, Betriebsbesuche und Veranstaltungen der Neuererzentren dazu nutzen, für ihren Betrieb geeignete Neuerungen zu ermitteln.

§ 28

Beschwerdeverfahren

(1) Die Neuerer haben das Recht der Beschwerde

1. gegen die Verzögerung von Entscheidungen über ihre Neuerungen,
2. gegen die vollständige oder teilweise Ablehnung der Benutzung ihrer Neuerungen,
3. gegen die Verzögerung der Prüfung ihrer Neuerungen auf Vorliegen schutzfähiger Merkmale und der erforderlichen rechtlichen Sicherung ihrer Erfindungen,
4. gegen die Abgabe ihrer Neuerervorschläge an einen fachlich zuständigen Betrieb oder an das übergeordnete Organ,
5. gegen die Verzögerung der Benutzung, die nicht umfassende Benutzung sowie die nicht erfolgende Weiterleitung ihrer Neuerungen zur Benutzung in anderen Betrieben.

(2) Die Beschwerde ist schriftlich oder mündlich unter Angabe der Gründe bei dem Leiter einzulegen, der für die Entscheidung oder Verzögerung verantwortlich ist, gegen die sich die Beschwerde richtet. Mündliche Beschwerden sind zu Protokoll zu nehmen. Beschwerden gemäß Abs. 1 Ziffern 2 und 4 sind innerhalb einer Frist von vier Wochen nach Zugang der Entscheidung einzulegen. Beschwerden gemäß Abs. 1 Ziffern 1, 3 und 5 können während der gesamten Dauer einer Verzögerung eingelegt werden. Die Beschwerden haben keine aufschiebende Wirkung.

(3) Wird der Beschwerde innerhalb einer Frist von zwei Wochen nach ihrem Eingang nicht oder nicht in vollem Umfange stattgegeben, ist sie unverzüglich, spätestens jedoch innerhalb der genannten Frist, dem zuständigen übergeordneten Leiter zur Entscheidung zuzuleiten. Der Einreicher der Beschwerde ist davon zu informieren. Der zuständige übergeordnete Leiter hat innerhalb weiterer zwei Wochen zu entscheiden.

(4) Richtet sich eine Beschwerde gegen die Entscheidung eines dem Leiter des Betriebes unterstehenden Leiters, so entscheidet der Leiter des Betriebes über die Beschwerde endgültig. Richtet sich eine Beschwerde gegen eine Entscheidung des Leiters des Betriebes, so entscheidet der ihm unmittelbar übergeordnete Leiter, bei Betrieben mit staatlicher Beteiligung der Leiter des Organs, dem der jeweilige Betrieb beigeordnet ist, über die Beschwerde endgültig. In sozialistischen Genossenschaften entscheidet über Beschwerden die Mitgliederversammlung innerhalb einer Frist von 3 Monaten nach Eingang der Beschwerden endgültig.

(5) Kann in Ausnahmefällen eine Entscheidung innerhalb der Frist nicht getroffen werden, ist rechtzeitig ein Zwischenbescheid unter Angabe der Gründe sowie des voraussichtlichen Abschlußtermins zu geben.
(6) Das im § 10 Abs. 2 festgelegte Recht der betrieblichen Gewerkschaftsleitung ist bei der Bearbeitung der Beschwerden zu beachten.
(7) Entscheidungen über Beschwerden haben schriftlich zu ergehen, sind zu begründen und den Einreichern der Beschwerden mit einer Rechtsmittelbelehrung auszuhändigen oder zuzusenden.

5. Abschnitt

Moralische und materielle Anerkennung

1. Unterabschnitt

Anerkennungsgrundsätze

§ 29

(1) Die Leistungen der Neuerer und Erfinder werden entsprechend ihrer Bedeutung für die Gesellschaft durch den sozialistischen Staat materiell anerkannt und moralisch gewürdigt. Das Recht auf materielle Anerkennung und moralische Würdigung haben Neuerer sowie Erfinder als Inhaber von Wirtschaftspatenten oder ihre Rechtsnachfolger. Ist die Neuerung oder die Erfindung das Ergebnis einer Gemeinschaftsarbeit, so haben alle Beteiligten das Recht auf Vergütung entsprechend ihrer Leistung.
(2) Die Leiter der Betriebe sind dafür verantwortlich, daß die materielle Anerkennung (im folgenden Vergütung genannt) stets mit einer moralischen Anerkennung wirkungsvoll verbunden wird und in würdiger Form erfolgt. Über die Bedingungen und das Verfahren der Gewährung moralischer Anerkennungen von Leistungen der Neuerer und Erfinder treffen die Leiter der Betriebe im Einvernehmen mit den betrieblichen Gewerkschaftsleitungen im Betriebskollektivvertrag die erforderlichen Festlegungen. Entsprechend der jeweiligen Leistung sind als Form der moralischen Anerkennung staatliche Auszeichnungen, Neuererpässe, öffentliche Ehrungen, Urkunden, Anerkennungsschreiben u. a. vorzusehen.
(3) Die Meister und die anderen betrieblichen Leiter erhalten vom Leiter des Betriebes im Rahmen ihrer Zuständigkeit für die Entscheidung über Neuerungen die Verfügungsbefugnis über finanzielle Mittel zur Zahlung von Vergütungen an die Neuerer (Meisterfonds). Der Leiter des Betriebes kann eine Höchstgrenze für Vergütungszahlungen durch die Meister und anderen betrieblichen Leiter festlegen.

§ 30

(1) Vereinbarte Neuererleistungen gemäß § 13 Ziff. 2, Neuerervorschläge und Erfindungen sind, wenn sie benutzt werden, von den benutzenden Betrieben jeweils einmalig zu vergüten. Bei vereinbarten Neuererleistungen gemäß § 13 Ziffern 1 und 3 erfolgt die Ver-

gütung nach der Entscheidung über die Annahme der vereinbarungsgemäß erbrachten Leistung durch den Betrieb, der Partner der Neuerervereinbarung ist.
(2) Die Vergütung für vereinbarte Neuererleistungen und für Neuerervorschläge beträgt mindestens 30 M und höchstens 30 000 M, für eine Erfindung mindestens 75 M und höchstens 200 000 M.
(3) Die Vergütung wird berechnet, festgesetzt oder vereinbart. Neben der Vergütung werden Aufwendungen erstattet.
(4) Die Berechnung und Festsetzung der Vergütung erfolgt auf der Grundlage des Nutzens für die Gesellschaft, der durch die Benutzung einer vereinbarten Neuererleistung gemäß § 13 Ziff. 2, eines Neuerervorschlages oder einer Erfindung während des ersten Benutzungsjahres im Arbeitsprozeß entsteht. Ist der Nutzen in Geld meßbar (errechenbar oder schätzbar), so wird die Vergütung nach der Anlage 1 oder 2 dieser Verordnung berechnet. Ist der Nutzen nicht in Geld meßbar, so ist die Vergütung nach kollektiver Beratung in der Neuererbrigade vom zuständigen Leiter im Einvernehmen mit der zuständigen betrieblichen Gewerkschaftsleitung festzusetzen.
(5) Die Einzelheiten der Vergütung werden in einer Durchführungsbestimmung zu dieser Verordnung geregelt. Der Präsident des Amtes für Erfindungs- und Patentwesen erläßt im Einvernehmen mit dem Minister der Finanzen eine Anordnung über die Ermittlung des Nutzens, welcher der Vergütung für vereinbarte Neuererleistungen gemäß § 13 Ziff. 2, Neuerervorschläge und Erfindungen zugrunde zu legen ist.

§ 31

(1) Die im sozialistischen Wettbewerb, insbesondere in der Bewegung „Sozialistisch arbeiten, lernen und leben", erzielten Ergebnisse in der Neuerertätigkeit sind ein wichtiger Maßstab für die Bewertung der Leistungen dieser Kollektive und bei der Auswertung und Abrechnung des Wettbewerbs besonders zu würdigen.
(2) Der Entwicklungsstand der Neuererbewegung und die Ergebnisse der Neuerer- und Erfindertätigkeit, insbesondere die Erfüllung der für den jeweiligen Leitungsbereich gemäß §§ 8 und 9 festgelegten Aufgaben und Zielstellungen, sind bei der Festsetzung der Jahresendprämie für die betreffenden Leiter zu berücksichtigen. Darüber hinaus können hervorragende Leistungen bei der Entwicklung der Neuererbewegung und Erfindertätigkeit außerhalb der Bestimmungen dieser Verordnung durch die Verleihung von staatlichen Auszeichnungen, durch die Gewährung von Prämien oder durch sonstige Anerkennungen entsprechend den Rechtsvorschriften gewürdigt werden.
(3) Leistungen, die für die Entwicklung der Neuererbewegung oder Erfindertätigkeit in der Deutschen Demokratischen Republik beispielgebend sind, können durch den Präsidenten des Amtes für Erfindungs- und Patentwesen besonders anerkannt werden. Für die materielle Anerkennung sowie für die Popularisierung hervorragender Beispiele besteht beim Amt für Erfindungs- und Patentwesen ein besonderer Fonds.

2. Unterabschnitt

Entscheidung von Streitigkeiten

§ 32

(1) Für die Entscheidung von Streitigkeiten, die sich aus der Erfüllung von Neuerervereinbarungen, aus Vergütungen, der Erstattung von Aufwendungen und der Zahlung des Entgelts gemäß § 2 des Änderungsgesetzes zum Patentgesetz vom 31. Juli 1963 zwischen Betrieben und Werktätigen ergeben, sind gemäß § 24ff. (Beratung über Arbeitsrechtssachen) des Erlasses des Staatsrates der Deutschen Demokratischen Republik vom 4. Oktober 1968 über die Wahl und Tätigkeit der Konfliktkommissionen – Konfliktkommissionsordnung – (GBl. I Nr. 16 S. 287)[1] die Konfliktkommissionen zuständig. Für die gütliche Beilegung einfacher Streitigkeiten dieser Art zwischen Produktionsgenossenschaften und deren Mitgliedern sind gemäß §§ 51ff. (Beratung wegen einfacher zivilrechtlicher und anderer Rechtsstreitigkeiten) des Erlasses des Staatsrates der Deutschen Demokratischen Republik vom 4. Oktober 1968 über die Wahl und Tätigkeit der Schiedskommissionen – Schiedskommissionsordnung – (GBl. I Nr. 16 S. 299) die Schiedskommissionen zuständig.

(2) Soweit eine Konfliktkommission im Betrieb nicht besteht, und soweit nicht zur gütlichen Beilegung einer einfachen Streitigkeit in sozialistischen Produktionsgenossenschaften ein Antrag zur Beratung bei der Schiedskommission gestellt wird, kann unmittelbar Klage beim zuständigen Kreisgericht erhoben werden.

(3) Im Bereich des Ministeriums für Nationale Verteidigung sowie der Organe des Wehrersatzdienstes erfolgt die Entscheidung nach den militärischen Bestimmungen und innerdienstlichen Bestimmungen.

(4) Die Zuständigkeit der Schlichtungsstelle des Amtes für Erfindungs- und Patentwesen gemäß § 50 des Patentgesetzes für die Deutsche Demokratische Republik vom 6. September 1950 (GBl. Nr. 106 S. 989) für die Schlichtung von Vergütungsstreitigkeiten bei Wirtschaftspatenten wird hiervon nicht berührt.

6. Abschnitt

Übergangs- und Schlußbestimmungen

§ 33

(1) Die vor Inkrafttreten dieser Verordnung nicht abschließend vergüteten Neuerungen und Wirtschaftspatente werden nach den Bestimmungen dieser Verordnung behandelt, soweit in den folgenden Bestimmungen nicht etwas anderes festgelegt ist.

(2) Zum Zeitpunkt des Inkrafttretens dieser Verordnung bereits fällige Zahlungen von Vergütungen erfolgen nach den Bestimmungen der Neuererverordnung vom 31. Juli 1963 in der Fassung der Änderungsverordnung zur Neuererverordnung vom 7. Juni 1967 (GBl. II Nr. 60 S. 392).

(3) Soweit vor Inkrafttreten dieser Verordnung mit der überbetrieblichen Benutzung einer Neuerung begonnen wurde, erfolgt die Vergütung nach den Bestimmungen des § 36 und der §§ 38 bis 40 der Neuererverordnung vom 31. Juli 1963 in der Fassung der Änderungsverordnung zur Neuererverordnung vom 7. Juni 1967 sowie des § 10 der Fünften Durchführungsbestimmung vom 15. November 1964 zur Neuererverordnung — Besonderheiten in Produktionsgenossenschaften des Handwerks — (GBl. II Nr. 113 S. 897). Betriebe, die mit der überbetrieblichen Benutzung nach Inkrafttreten dieser Verordnung beginnen, zahlen Vergütungen nach den Bestimmungen dieser Verordnung.
(4) Soweit dem Amt für Erfindungs- und Patentwesen vor Inkrafttreten dieser Verordnung Anträge auf Zahlungen für eine Erhöhung der Vergütung vorliegen, werden diese nach den Bestimmungen des § 31 der Neuererverordnung vom 31. Juli 1963 in der Fassung der Änderungsverordnung zur Neuererverordnung vom 7. Juni 1967 weiterbehandelt.
(5) Vergütungsstreitigkeiten aus vor Inkrafttreten dieser Verordnung erfolgten Zahlungen gemäß §§ 31 und 36 der Neuererverordnung vom 31. Juli 1963 in der Fassung der Änderungsverordnung zur Neuererverordnung vom 7. Juni 1967, aus Zahlungen gemäß Abs. 3 Satz 1 und Abs. 4 des § 33 dieser Verordnung sind nach den bisher geltenden Verfahrensbestimmungen durchzuführen und abzuschließen. Das gilt auch für die vor Inkrafttreten dieser Verordnung bei den Schlichtungsstellen der den Betrieben übergeordneten Organe anhängigen Verfahren.
(6) Vor Inkrafttreten dieser Verordnung bereits rechtswirksam abgeschlossene Vergütungsverträge für Erfindungen werden durch diese Verordnung nicht berührt.

§ 34

(1) Durchführungsbestimmungen zu dieser Verordnung sowie Anordnungen zur Anwendung dieser Verordnung in Bereichen, die nicht vom Geltungsbereich dieser Verordnung erfaßt sind, erläßt der Präsident des Amtes für Erfindungs- und Patentwesen im Einvernehmen mit den Leitern der zuständigen zentralen Staatsorgane und dem Bundesvorstand des Freien Deutschen Gewerkschaftsbundes.
(2) Der Minister für Nationale Verteidigung legt im Einvernehmen mit dem Präsidenten des Amtes für Erfindungs- und Patentwesen erforderliche Abweichungen von den Bestimmungen dieser Verordnung fest, soweit es die Besonderheiten des Dienstverhältnisses erfordern. Das gleiche gilt für die Leiter zentraler Staatsorgane, denen Organe des Wehrersatzdienstes unterstellt sind.
(3) Die Leiter der zentralen Staatsorgane haben das Recht, im Einvernehmen mit dem Präsidenten des Amtes für Erfindungs- und Patentwesen ergänzende oder von dieser Verordnung abweichende Regelungen zur Förderung und Lenkung der Neuererbewegung zu erlassen, soweit es die Bedingungen ihres Bereiches erfordern.
(4) Der Leiter der Staatlichen Zentralverwaltung für Statistik regelt im Einvernehmen mit dem Präsidenten des Amtes für Erfindungs- und Patentwesen die statistische Berichterstattung auf dem Gebiet der Neuererbewegung und des Patent-, Muster- und Kennzeichnungswesens.

§ 35

(1) Diese Verordnung tritt am 1. Januar 1972 in Kraft.

(2) Gleichzeitig treten außer Kraft:

1. Verordnung vom 31. Juli 1963 über die Förderung und Lenkung der Neuererbewegung (Neuererverordnung) (GBl. II Nr. 68 S. 525),
2. Verordnung vom 7. Juni 1967 zur Änderung und Ergänzung der Verordnung über die Förderung und Lenkung der Neuererbewegung — Änderungsverordnung zur Neuererverordnung — (GBl. II Nr. 60 S. 383),
3. Erste Durchführungsbestimmung vom 31. Juli 1963 zur Neuererverordnung — Die Vergütung für die durch Wirtschaftspatent geschützten Erfindungen — (GBl. II Nr. 68 S. 536),
4. Dritte Durchführungsbestimmung vom 31. Juli 1963 zur Neuererverordnung — Einsparung von Material und Energie — (GBl. II Nr. 68 S. 539),
5. Vierte Durchführungsbestimmung vom 31. Juli 1963 zur Neuererverordnung — Besonderheiten in Betrieben mit staatlicher Beteiligung — (GBl. II Nr. 68 S. 540),
6. Fünfte Durchführungsbestimmung vom 15. November 1964 zur Neuererverordnung — Besonderheiten in Produktionsgenossenschaften des Handwerks — (GBl. II Nr. 113 S. 897),
7. Sechste Durchführungsbestimmung vom 15. Dezember 1964 zur Neuererverordnung — Ermittlung des Nutzens zur Berechnung der Vergütung bei Material- und Energieeinsparungen — (GBl. II Nr. 126 S. 1035),
8. Siebente Durchführungsbestimmung vom 31. Mai 1965 zur Neuererverordnung — Die Aufgaben der Neuererbewegung bei der Durchsetzung der Standardisierung und die Bearbeitung von Neuerungen, die Standards betreffen — (GBl. II Nr. 61 S. 421),
9. Neunte Durchführungsbestimmung vom 23. April 1969 zur Neuererverordnung — Besonderheiten im Investitionsgeschehen — (GBl. II Nr. 37 S. 241),
10. Anordnung vom 15. November 1965 über die Förderung und Lenkung der Neuererbewegung in Privatbetrieben (GBl. II Nr. 126 S. 843),
11. Anordnung vom 31. Juli 1963 über die Zuständigkeit und die Zusammensetzung der Schlichtungsstellen (GBl. II Nr. 68 S. 542),
12. Sechste Durchführungsbestimmung vom 21. November 1961 zur Verordnung über die Rechte und Pflichten der Meister in den volkseigenen und ihnen gleichgestellten Betrieben und über die Erhöhung ihrer Gehälter — Meisterfonds — (GBl. II Nr. 82 S. 529).

Anlage 1

zu vorstehender Verordnung

Tabelle für die Berechnung der Vergütung von vereinbarten Neuererleistungen gemäß § 13 Ziff. 2 und von Neuerervorschlägen

Gesellschaftlicher Nutzen	Vergütungsbetrag
bis 1000,— M	16,0 % mind. 30,— M
von 1000,— M bis 2000,— M	12,0 % plus 40,— M
von 2000,— M bis 5000,— M	8,0 % plus 120,— M
von 5000,— M bis 10000,— M	6,0 % plus 220,— M
von 10000,— M bis 20000,— M	4,0 % plus 420,— M
von 20000,— M bis 50000,— M	3,0 % plus 620,— M
von 50000,— M bis 100000,— M	2,0 % plus 1120,— M
von 100000,— M bis 200000,— M	1,5 % plus 1620,— M
von 200000,— M bis 500000,— M	1,0 % plus 2620,— M
von 500000,— M bis 1000000,— M	0,75 % plus 3870,— M
mehr als 1000000,— M	0,5 % plus 6370,— M
	höchstens jedoch 30000,— M

Anlage 2

zu vorstehender Verordnung

Tabelle für die Berechnung der Vergütung für durch Wirtschaftspatent geschützte und auf alle Schutzvoraussetzungen geprüfte Erfindungen

Gesellschaftlicher Nutzen	Vergütungsbetrag
bis 1000,— M	40,0 % mind. 75,— M
von 1000,— M bis 2000,— M	30,0 % plus 100,— M
von 2000,— M bis 5000,— M	20,0 % plus 300,— M
von 5000,— M bis 10000,— M	15,0 % plus 550,— M
von 10000,— M bis 20000,— M	10,0 % plus 1050,— M
von 20000,— M bis 50000,— M	7,5 % plus 1550,— M
von 50000,— M bis 100000,— M	5,5 % plus 2550,— M
von 100000,— M bis 200000,— M	4,0 % plus 4050,— M
von 200000,— M bis 500000,— M	2,75 % plus 6550,— M
von 500000,— M bis 1000000,— M	2,0 % plus 10300,— M
mehr als 1000000,— M	1,5 % plus 15300,— M
	höchstens jedoch 200000,— M

[1]) Abgedruckt unter G **13** 01.

Erste Durchführungsbestimmung zur Neuererverordnung — Vergütung für Neuerungen und Erfindungen — vom 22. Dezember 1971

(GBl. II 1972 Nr. 1 S. 11)

i. d. F. der Dritten Durchführungsbestimmung zur Neuererverordnung – Vergütung für Erfindungen bei Übergabe an andere Staaten und bei Überweisung einer Vergütung aus anderen Staaten –

vom 15. Mai 1975

(GBl. I Nr. 25 S. 450)[1]

i. d. F. der Vierten Durchführungsbestimmung zur Neuererverordnung – Festsetzung von Vergütungen –

vom 8. Juli 1977

(GBl. I Nr. 23 S. 295)

Auf Grund des § 34 Abs. 1 der Neuererverordnung vom 22. Dezember 1971 (GBl. II 1972 Nr. 1 S. 1)[2] wird im Einvernehmen mit den Leitern der zuständigen zentralen Staatsorgane folgendes bestimmt:

1. Abschnitt

Gemeinsame Bestimmungen für Neuerungen und Erfindungen

§ 1

(1) Die Betriebe haben, soweit eine Vergütung nicht vereinbart wurde, den Neuerern und Erfindern spätestens zum Zeitpunkt der Fälligkeit die Höhe der Vergütung schriftlich mitzuteilen. Auf Verlangen ist den Neuerern in die Unterlagen über die Berechnung oder Festsetzung der Vergütung Einsicht zu gewähren.

(2) Soweit für Neuerervorschläge und für Leistungen bei der Überleitung eine Vergütung nicht gezahlt wird, ist den betroffenen Werktätigen die Entscheidung unter Angabe der Gründe schriftlich bekanntzugeben. Die Initiative der Einreicher ist in geeigneter Form zu würdigen.

(3) Die Entscheidung hat einen Hinweis auf die Möglichkeit zu enthalten, die Durchführung eines Verfahrens bei der Konfliktkommission oder Schiedskommission beantragen oder Klage bei dem zuständigen Gericht erheben zu können.

(4) Der Abs. 2 findet bei der Vergütung für die überbetriebliche Benutzung keine Anwendung.

§ 2

(1) Zahlungen von Vergütungen und Erstattung von Aufwendungen an die Leiter der Betriebe und an die sie zum Zeitpunkt der betreffenden Entscheidung vertretende Leiter oder an die entsprechenden Leiter in den den Betrieben übergeordneten Organen für Neuerungen und Erfindungen, die in ihrem Betrieb benutzt werden, bedürfen der Zustimmung des Leiters des jeweiligen übergeordneten Organs. Bei Komplementären, Kommanditisten und Betriebsleitern von Betrieben mit staatlicher Beteiligung ist die Zustimmung des Leiters des Organs erforderlich, dem der Betrieb zugeordnet ist. Zahlungen an Vorsitzende und Mitglieder des Vorstandes in sozialistischen Genossenschaften bedürfen der Zustimmung der Mitgliederversammlung.
(2) Vergütungen, die für vereinbarte Neuererleistungen oder für Erfindungen an Personen gemäß Abs. 1 zu zahlen sind, bedürfen der Zustimmung nur zur Höhe der Vergütungssumme.

§ 3

(1) Das für die Berechnung oder Festsetzung der Vergütung auf der Grundlage des Nutzens für die Gesellschaft maßgebliche erste Benutzungsjahr besteht aus den ersten 12 Monaten seit Benutzungsbeginn. Beträgt die Benutzungsdauer weniger als 12 Monate, so ist der Vergütung der tatsächliche Benutzungszeitraum zugrunde zu legen. Erfordert die Durchführung einer Benutzungshandlung bei der Herstellung des ersten Erzeugnisses einen längeren Zeitraum als 12 Monate, so wird der Vergütung für dieses Erzeugnis der tatsächliche Benutzungszeitraum zugrunde gelegt.
(2) Ist der Nutzen nur zu einem Teil in Geld meßbar, so ist für den verbleibenden Teil die Vergütung nach den dafür geltenden Bestimmungen festzusetzen und mit der berechneten Vergütung zu addieren. Die Vergütungshöchstbeträge dürfen nicht überschritten werden.
(3) Außer Kraft gesetzt.[3]

§ 4

Vorvergütung

(1) An die Vergütungsberechtigten ist eine Vorvergütung zu zahlen, die auf die gesamte Vergütung angerechnet wird.
(2) Als Vorvergütung ist die gesamte Vergütung zu zahlen, wenn die zu erwartende Vergütung bei einer vereinbarten Neuererleistung gemäß § 13 Ziff. 2 der Neuererverordnung oder bei einem Neuerervorschlag 500 M und bei einer Erfindung 1000 M nicht übersteigt. Übersteigt die zu erwartende Vergütung diese Beträge, so ist $^1/_{10}$ der zu erwartenden Vergütung als Vorvergütung zu zahlen; bei vereinbarten Neuererleistungen gemäß § 13 Ziff. 2 der Neuererverordnung sind jedoch mindestens 500 M, bei Erfindungen mindestens 1000 M

zu zahlen. Ist bei kollektiven Leistungen durch diese Zahlung ein ausreichender materieller Anreiz nicht gewährleistet, dann kann jedes Kollektivmitglied eine Vorvergütung bis zu 250 M unter Berücksichtigung der insgesamt zu erwartenden Vergütung erhalten.

§ 5

Zwischenvergütung

Vor Ablauf der Frist zur Zahlung des Restes der Vergütung können an die Vergütungsberechtigten Zwischenvergütungen gezahlt werden, wenn die Höhe der zu erwartenden gesamten Vergütung das rechtfertigt und kein unvertretbar hoher Aufwand damit verbunden ist. Werden Zwischenvergütungen gezahlt, dann sollen die Zahlungen jeweils nach Ablauf von mindestens 3 Monaten erfolgen. Zwischenvergütungen erfolgen auf der Grundlage des bis zu diesem Zeitpunkt entstandenen gesellschaftlichen Nutzens. Sie sind auf die gesamte Vergütung anzurechnen.

§ 6

Erhöhung der Vergütung

(1) Die Leiter der Betriebe können, unabhängig von den festgelegten Vergütungshöchstbeträgen, die Vergütung bis zum Dreifachen erhöhen, wenn das für eine leistungsgerechte materielle Anerkennung der Leistungen der Neuerer und Erfinder erforderlich ist. Voraussetzung für eine solche Erhöhung ist eine besondere Bedeutung der Neuerung oder Erfindung. Diese Bedeutung kann insbesondere durch die vorrangige Lösung von Aufgaben begründet sein, die volkswirtschaftliche oder betriebliche Schwerpunkte betreffen. Sie kann sich auch im Vorliegen eines beispielgebenden Einsatzes, insbesondere bei der Entwicklung der kollektiven Neuerertätigkeit, ausdrücken. Die zuständigen gewerkschaftlichen Leitungen haben das Recht, Vorschläge zur Erhöhung der Vergütung zu unterbreiten.
(2) Zur wirksamen Orientierung der Initiative der Werktätigen auf vordringlich zu lösende Schwerpunkte können die Leiter der Betriebe im Einvernehmen mit den zuständigen gewerkschaftlichen Leitungen und mit Zustimmung des jeweils übergeordneten Organs Festlegungen treffen, mit denen den Neuerern eine weitere Erhöhung der Vergütung gewährt wird.

§ 7

Erstattung von Aufwendungen

(1) Den Neuerern und Erfindern entstandene Aufwendungen sind in Geld zu erstatten. Aufwendungen sind Arbeitszeit außerhalb der gesetzlichen Arbeitszeit, die von Neuerern und Erfindern zur Erarbeitung von vereinbarten Neuererleistungen gemäß § 13 Ziff. 1 der Neuererverordnung und bei der Überleitung von vereinbarten Neuererleistungen gemäß § 13 Ziff. 2 der Neuererverordnung, von Neuerervorschlägen sowie von Erfindungen auf-

gewendet, sowie Material, das von den Neuerern und Erfindern bereitgestellt wurde. Aufwendungen müssen nachgewiesen werden. Aufwand an Arbeitszeit darf den für vergleichbare Arbeiten innerhalb der Arbeits- oder Dienstaufgaben durchschnittlich erforderlichen Lohnaufwand nicht überschreiten. Der Zeitaufwand für die schöpferische Lösung des Problems bei einer vereinbarten Neuererleistung gemäß § 13 Ziff. 2 der Neuererverordnung oder einer Erfindung sowie für die Lösung der Aufgabenstellung bei einem Neuerervorschlag wird nicht erstattet.
(2) Aufwendungen, die im Zusammenhang mit Neuerervorschlägen und Erfindungen entstanden sind, werden im Fall der Benutzung des Vorschlages oder der Erfindung vom erstbenutzenden Betrieb erstattet.
(3) Aufwendungen, die in Erfüllung von Neuerervereinbarungen entstanden sind, werden von dem Betrieb erstattet, der die Neuerervereinbarung abgeschlossen hat. Sie werden gezahlt

1. nach Annahme der vereinbarten Neuererleistung gemäß § 17 Abs. 1 der Neuererverordnung oder
2. nach Aufhebung einer Neuerervereinbarung oder nach Rücktritt von der Neuerervereinbarung gemäß § 16 Abs. 5 der Neuererverordnung. Erfolgt die Aufhebung der Neuerervereinbarung auf Begehren des Betriebes, oder erklärt der Betrieb den Rücktritt, dann wird den Neuerern und Erfindern auch die bis zu diesem Zeitpunkt für die schöpferische Lösung aufgewendete Zeit erstattet.

§ 8

Zahlungsfristen

(1) Für die Zahlung der Vergütung für Neuerungen und Erfindungen gelten die folgenden Zahlungsfristen:

- Die Vorvergütung gemäß § 4 dieser Durchführungsbestimmung ist unverzüglich nach Benutzungsbeginn, spätestens innerhalb einer Frist von 2 Monaten, vom Tage des Benutzungsbeginns an gerechnet, zu zahlen. Werden vereinbarte Neuererleistungen gemäß § 13 Ziff. 2 der Neuererverordnung, Neuerervorschläge oder Erfindungen in Unterlagen der Produktionsvorbereitung oder in Projekte aufgenommen, so kann die Vorvergütung bereits nach Bestätigung dieser Unterlagen gezahlt werden.
- Der Rest der Vergütung ist innerhalb einer Frist von 2 Monaten nach Beendigung des ersten Benutzungsjahres zu zahlen. Ist die Benutzungsdauer kürzer als ein Benutzungsjahr, so ist der Rest der Vergütung innerhalb einer Frist von 2 Monaten nach Beendigung der Benutzung zu zahlen.

(2) Zu erstattende Aufwendungen gemäß § 7 Abs. 2 dieser Durchführungsbestimmung sind innerhalb einer Frist von 2 Monaten nach Benutzungsbeginn, vom Tage des Benutzungsbeginns an gerechnet, zu zahlen. Im Fall der Übernahme von Neuerervorschlägen

oder Erfindungen in Unterlagen der Produktionsvorbereitung oder in Projekte können die Aufwendungen bereits nach Bestätigung dieser Unterlagen gezahlt werden.
(3) Wird der Termin für die Zahlung einer Vergütung oder die Erstattung von Aufwendungen unabhängig von der Benutzung durch den Eintritt eines in dieser Durchführungsbestimmung festgelegten Ereignisses bestimmt, oder wurde ein besonderer Termin für die Zahlung vereinbart, so sind die Zahlungen innerhalb einer Frist von 2 Monaten nach dem Eintritt des Ereignisses oder nach dem vereinbarten Termin durchzuführen.
(4) Das gemäß § 2 Abs. 3 des Änderungsgesetzes zum Patentgesetz vom 31. Juli 1963 (GBl. I Nr. 9 S. 121) zu zahlende Entgelt ist innerhalb einer Frist von 2 Monaten nach der ersten Anmeldung außerhalb der Deutschen Demokratischen Republik zu zahlen.
(5) Nach Ablauf von Zahlungsfristen sind die zu zahlenden Beträge nach dem für Sparguthaben geltenden Zinssatz zu verzinsen.

§ 9

Finanzierungsquellen

(1) Die Vergütungen, einschließlich der Erhöhung gemäß § 6 dieser Durchführungsbestimmung, die zu erstattenden Aufwendungen und das gemäß § 2 Abs. 3 des Änderungsgesetzes zum Patentgesetz zu zahlende Entgelt sind aus folgenden Finanzierungsquellen zu zahlen:

1. aus dem jeweils zweckbestimmten Fonds, wie dem Investitionsfonds, dem Fonds Wissenschaft und Technik, dem Kultur- und Sozialfonds oder dem Reparaturfonds, bei dem der Nutzen überwiegend, insbesondere die Einsparung finanzieller Mittel, zu erwarten ist,
2. aus dem jeweils zweckbestimmten Fonds, wenn die betreffende Neuerung oder Erfindung zur Lösung von Aufgaben beiträgt, die der Zweckbestimmung dieser Fonds entsprechen,
3. zu Lasten der Kosten, wenn die Verwendung von Mitteln aus zweckbestimmten Fonds nach den Ziffern 1 und 2 nicht möglich ist.

(2) Bringt die Benutzung einer Neuerung oder Erfindung dem Betrieb keine Einsparung, oder kann die Zahlung nicht aus geplanten Mitteln erfolgen, oder sind die Mittel nicht kalkulationsfähig, so können die Zahlungen gemäß Abs. 1 bei der Abrechnung der Planerfüllung zur Bildung des Betriebsprämienfonds ausgesondert werden.
(3) Tritt durch eine sofortige Übernahme der Beträge in die Kosten eine zu starke Kostenverschiebung ein, so kann der entsprechende Betrag über Vorleistungen abgegrenzt werden.
(4) Staatliche Organe und Einrichtungen sowie andere Betriebe, die nicht nach der wirtschaftlichen Rechnungsführung arbeiten, zahlen Vergütungen, die zu erstattenden Aufwendungen und das Entgelt zu Lasten der durch die Benutzung der Neuerungen und Erfindungen erzielten Einsparungen an geplanten Haushaltsmitteln oder der Mehrein-

nahmen, soweit nicht im Rahmen des Haushaltsplanes Mittel vorgesehen sind. Reichen diese Mittel nicht aus, so können im Rahmen der hierfür geltenden Rechtsvorschriften auch andere Einsparungen an geplanten Haushaltsmitteln oder Mehreinnahmen verwendet werden. Im Bereich der örtlichen Staatsorgane können unter Beachtung der für die Verwendung geltenden Bestimmungen auch die Mittel des Fonds der Volksvertretungen eingesetzt werden.
(5) Die zu zahlenden Vergütungen und die zu erstattenden Aufwendungen für vereinbarte Neuererleistungen sind im Rahmen der betrieblichen Pläne zu planen und zu bilanzieren. Das gilt nicht für Zahlungen durch überbetrieblich benutzende Betriebe.

§ 10

Verjährung und Rückzahlung

(1) Der Anspruch auf Vergütung, auf Erstattung von Aufwendungen und auf Zinsen verjährt nach Ablauf von 2 Jahren. Die Verjährungsfrist beginnt am ersten Tage des Jahres, das dem Jahr folgt, in dem der Anspruch fällig geworden ist.
(2) Die Vergütung und erstattete Aufwendungen sind nur dann zurückzuzahlen, wenn sie durch eine Straftat erlangt wurden.

§ 11

Besteuerung

Vergütungen, zu erstattende Aufwendungen und das gemäß § 2 Abs. 3 des Änderungsgesetzes zum Patentgesetz zu zahlende Entgelt sind bis zu einem Betrag von 10000 M je Neuerung oder Erfindung steuerfrei. Darüber hinausgehende Beträge sind als steuerbegünstigte freiberufliche Einkünfte mit 20% zu besteuern. Bei kollektiven Leistungen steht der Freibetrag jedem Neuerer und Erfinder zu, der Mitglied des Kollektivs ist.

2. Abschnitt

Vergütung für Neuerungen

§ 12

Vergütung für vereinbarte Neuererleistungen

(1) Bei Erfüllung von Neuerervereinbarungen, die gemäß § 13 Ziff. 2 der Neuererverordnung abgeschlossen wurden, ist ein Zuschlag zur Vergütung jeweils in Höhe von 20% des Vergütungsbetrages zu gewähren. Bei der Berechnung des Zuschlages sind Vergütungserhöhungen nicht zu berücksichtigen. Der Vergütungshöchstbetrag kann um den errechneten Zuschlag überschritten werden.

(2) Bei Abschluß von Neuerervereinbarungen gemäß § 13 Ziff. 2 der Neuererverordnung kann vereinbart werden, daß die gesamte Vergütung zu einem früheren Zeitpunkt gezahlt wird, als dies der § 8 Abs. 1 dieser Durchführungsbestimmung vorsieht. Die Vergütungszahlung ist frühestens nach Entscheidung des Leiters über die Annahme der Neuererleistung zulässig. Die Höhe der Vergütung ist unter Berücksichtigung der Grundsätze der Neuererverordnung, dieser Durchführungsbestimmung und der Anordnung über die Ermittlung des Nutzens zu vereinbaren.
(3) Bei vereinbarten Neuererleistungen gemäß § 13 Ziffern 1 und 3 der Neuererverordnung erhalten die Neuerer jeweils eine Vergütung, die 50% der ihnen zu erstattenden Aufwendungen für die aufgewendete Arbeitszeit nicht überschreiten darf. Die Höhe dieser Vergütung ist unter Berücksichtigung der gesellschaftlichen Bedeutung der zu erwartenden Leistung und des Schwierigkeitsgrades der Arbeiten in der Neuerervereinbarung zu vereinbaren. Die Vergütung ist nach der Entscheidung des Leiters über die Annahme der Neuererleistung gemäß § 17 Abs. 1 der Neuererverordnung zu zahlen. Der zuständige Leiter kann einen Zuschlag zur Vergütung festlegen, der bis zu 25% der Vergütung betragen darf.
Bei der Festlegung des Zuschlages sind zu berücksichtigen

- die Qualität der erbrachten Leistung,
- die von den Neuerern gezeigte Initiative,
- der zur Entwicklung der sozialistischen Gemeinschaftsarbeit geleistete Beitrag.

(4) Bei Neuerervereinbarungen, die gemäß § 14 Abs. 2 der Neuererverordnung abgeschlossen wurden, wird eine Vergütung gezahlt, wenn eine Überprüfung durch den Leiter des Betriebes ergeben hat, daß die erbrachte Leistung über die Arbeits-, Dienst- oder Studienaufgaben der Mitglieder des Kollektivs hinausgeht. Ist das nicht der Fall, so werden den Mitgliedern des Kollektivs gemäß § 7 dieser Durchführungsbestimmung die Aufwendungen erstattet.

§ 13

Vergütung für Neuerervorschläge

(1) Die Werktätigen erhalten eine Vergütung, wenn ihre Neuerervorschläge benutzt werden und durch Überprüfung festgestellt ist, daß diese Neuerervorschläge Leistungen darstellen, die qualitativ über die jeweilige Arbeits-, Dienst- oder Studienaufgaben hinausgehen, die sich jeweils für den Einreicher auf Grund seiner Stellung und Verantwortung im Reproduktionsprozeß aus dem Arbeitsvertrag, dem Dienstverhältnis, dem Funktionsplan, den konkreten Studienaufgaben oder aus anderen Festlegungen ergeben. Bei der Überprüfung sind der schöpferische Gehalt des Neuerervorschlages und die von dem Werktätigen gezeigte Initiative zu berücksichtigen.
(2) Neuerer und Betrieb können vereinbaren, daß die gesamte Vergütung und die zu erstattenden Aufwendungen bereits nach der Annahme des Neuerervorschlages zur Be-

nutzung gezahlt werden. Die Höhe der Vergütung ist in diesem Fall unter Berücksichtigung der Grundsätze der Neuererverordnung, dieser Durchführungsbestimmung und der Anordnung über die Ermittlung des Nutzens zu vereinbaren.

§ 14
Nachvergütung

(1) Ist bei vereinbarten Neuererleistungen gemäß § 13 Ziff. 2 der Neuererverordnung und bei Neuerervorschlägen der Umfang der Benutzung durch den erstbenutzenden Betrieb in einem von zwei dem Jahr des Benutzungsbeginns folgenden Planjahren um mindestens 25% größer als im ersten Benutzungsjahr, so ist den Neuerern eine Nachvergütung zu zahlen. Eine Nachvergütung ist nur zu zahlen, wenn die zu erwartende Vergütungssumme den mit ihrer Zahlung verbundenen gesellschaftlichen Aufwand rechtfertigt.
(2) Als Nachvergütung wird die Differenz zwischen der Vergütung auf Grund des Benutzungsumfanges im ersten Benutzungsjahr und der Vergütung auf Grund des Benutzungsumfanges im betreffenden Planjahr gezahlt. Die Berechnung und Festsetzung der Vergütung auf Grund des Benutzungsumfanges im betreffenden Planjahr erfolgt auf der Grundlage des Nutzens, der im ersten Benutzungsjahr je Einheit oder Stück ermittelt wurde.
(3) Die Nachvergütung ist innerhalb einer Frist von 3 Monaten nach Ablauf des dem Jahr des Benutzungsbeginns folgenden zweiten Planjahres zu zahlen.
(4) In den Fällen des § 12 Abs. 2 und § 13 Abs. 2 dieser Durchführungsbestimmung wird eine Nachvergütung nur gezahlt, wenn das ausdrücklich vereinbart worden ist.

§ 15
Vergütung bei überbetrieblicher Benutzung

(1) Wird eine vereinbarte Neuererleistung gemäß § 13 Ziff. 2 der Neuererverordnung oder ein Neuerervorschlag überbetrieblich benutzt, so erhalten die Neuerer von jedem überbetrieblich benutzenden Betrieb eine Vergütung, der mit der Benutzung innerhalb einer Frist von 3 Jahren nach Beginn der Benutzung im ersten Betrieb begonnen hat. Die Vergütung beträgt 30% der Vergütung, die im Falle der Erstbenutzung zu zahlen wäre. Die Zahlung hat innerhalb einer Frist von 2 Monaten nach Beginn der Benutzung zu erfolgen. Soweit eine Neuerung im Rahmen von Wirtschaftsverträgen auf überbetrieblich benutzende Betriebe übertragen wird, haben diese die Vergütung an die Neuerer unabhängig von dem an den übergebenden Betrieb zu entrichtenden Nutzungsentgelt zu zahlen.
(2) Bei Neuerervorschlägen darf eine Vergütung gemäß Abs. 1 nur gezahlt werden, wenn sie im ersten Betrieb gemäß § 13 Abs. 1 dieser Durchführungsbestimmung zu vergüten sind.
(3) Die Vergütung gemäß Abs. 1 darf insgesamt 30 000 M nicht überschreiten. Sie ist über den erstbenutzenden Betrieb an die Neuerer zu zahlen. Dieser Betrieb hat 30 000 M überschreitende Beträge zurückzuzahlen. Der § 6 dieser Durchführungsbestimmung findet keine Anwendung.

(4) Soweit vereinbarte Neuererleistungen gemäß § 13 Ziff. 1 oder 3 der Neuererverordnung im Rahmen von Wirtschaftsverträgen auf andere Betriebe übertragen werden, können die übergebenden Betriebe aus dem Nutzungsentgelt den Neuerern eine materielle Anerkennung gewähren, insbesondere wenn die Neuerer bei der Übertragung der Neuerungen eine hervorragende Initiative gezeigt haben.

§ 16

Vergütung für Leistungen bei der Überleitung

(1) Neuerer, die bei der Überleitung von betrieblichen oder in anderen Betrieben entstandenen Neuerungen nicht vereinbarte Leistungen erbringen, erhalten eine Vergütung, die vom Leiter des Betriebes unter Berücksichtigung der Grundsätze des § 12 Abs. 3 Sätze 1 und 2 dieser Durchführungsbestimmung festzusetzen ist. Voraussetzung für die Zahlung dieser Vergütung ist das Vorliegen einer Leistung, die quantitativ über die jeweiligen Arbeits-, Dienst- oder Studienaufgaben hinausgeht.
(2) Die Vergütung gemäß Abs. 1 ist innerhalb einer Frist von 2 Monaten nach Benutzungsbeginn zu zahlen.

3. Abschnitt

Vergütung für Erfindungen

§ 17

Grundsätze

(1) Voraussetzung für die Zahlung einer Vergütung ist das Vorliegen einer durch Wirtschaftspatent geschützten und auf alle Schutzvoraussetzungen geprüften Erfindung.
(2) Bei Erfindungen ist in jedem Fall einer Benutzung eine Vergütung zu zahlen. Bei der Berechnung und Festsetzung der Vergütung sind die vor der Anmeldung des Wirtschaftspatents, der Erteilung des Wirtschaftspatents und der Prüfung auf alle Schutzvoraussetzungen erfolgten Benutzungshandlungen der Erfindung zu berücksichtigen. Soweit die Erfindung im Rahmen von Wirtschaftsverträgen auf andere benutzende Betriebe übertragen wird, haben diese die Vergütung an die Erfinder unabhängig von dem an den übergebenden Betrieb zu entrichtenden Nutzungsentgelt zu zahlen.
(3) Wird eine Erfindung durch mehrere Betriebe benutzt, so zahlt jeder benutzende Betrieb dem Erfinder eine Vergütung. Die Vergütung ist über den erstbenutzenden Betrieb an den Erfinder zu zahlen. Dieser Betrieb hat 200 000 M überschreitende Beträge zurückzuzahlen.
(4) Die Betriebe haben eine von ihnen nach den Bestimmungen für Neuerungen an die Erfinder bereits gezahlte Vergütung auf die Vergütung für die Erfinder anzurechnen. Das gilt nicht für den Zuschlag zur Vergütung gemäß § 12 Abs. 1 dieser Durchführungsbestimmung sowie für Vergütungen gemäß § 12 Abs. 3 dieser Durchführungsbestimmung.

(5) Erfinder und Betrieb können vereinbaren, daß die gesamte Vergütung und die zu erstattenden Aufwendungen bereits nach erfolgter Entscheidung über die Benutzung der auf alle Schutzvoraussetzungen geprüften Erfindung gezahlt werden. Die Höhe der Vergütung ist in diesem Fall unter Berücksichtigung der Grundsätze der Neuererverordnung, dieser Durchführungsbestimmung und der Anordnung über die Ermittlung des Nutzens zu vereinbaren.
(6) Ein Anspruch auf Vergütung für eine Erfindung kann während der Dauer von Verfahren zur Berichtigung oder Nichtigerklärung eines Wirtschaftspatents nicht durchgesetzt werden.

§ 18

Nachvergütung

(1) Ist bei einer Erfindung der Umfang der Benutzung in dem jeweils benutzenden Betrieb in einem von vier dem Jahr des Benutzungsbeginns folgenden Planjahren größer als im Benutzungsjahr, so ist den Erfindern eine Nachvergütung zu zahlen. In Ausnahmefällen kann die Nachvergütung mit Zustimmung des Leiters des dem Betrieb unmittelbar übergeordneten Organs auch unter Berücksichtigung der nach dem vierten Planjahr erfolgenden Benutzung der Erfindung gezahlt werden. Im Fall des § 17 Abs. 5 dieser Durchführungsbestimmung wird eine Nachvergütung nur gezahlt, wenn das ausdrücklich vereinbart worden ist. Als Nachvergütung wird die Differenz zwischen der Vergütung auf Grund des Benutzungsumfanges im ersten Benutzungsjahr und der Vergütung auf Grund des Benutzungsumfanges im betreffenden Planjahr gezahlt. Die Berechnung und Festsetzung der Vergütung auf Grund des Benutzungsumfanges im betreffenden Planjahr erfolgt auf der Grundlage des Nutzens, der im ersten Benutzungsjahr je Einheit oder Stück ermittelt wurde.
(2) Die Nachvergütung ist innerhalb einer Frist von 3 Monaten nach Ablauf des dem Benutzungsbeginn folgenden vierten Planjahres zu zahlen.

§ 19

(außer Kraft)

4. Abschnitt

Schlußbestimmung

§ 20

Diese Durchführungsbestimmung tritt am 1. Januar 1972 in Kraft.

[1]) § 19 wurde mit Wirkung vom 23. 6. 1975 durch die Dritte DB außer Kraft gesetzt.
[2]) Abgedruckt unter G 14 01.
[3]) Durch 4. DB zur Neuererverordnung.

Zweite Durchführungsbestimmung[1] zur Neuererverordnung — Aufgaben der Leiter beim Abschluß von Neuerervereinbarungen —

vom 25. Juni 1974

(GBl. I Nr. 35 S. 333)

Auf Grund des § 34 Abs. 1 der Neuererverordnung vom 22. Dezember 1971 (GBl. II 1972 Nr. 1 S. 1)[2] wird im Einvernehmen mit den Leitern der zuständigen zentralen Staatsorgane folgendes bestimmt:

§ 1

(1) Die Planung von Neuereraufgaben und der Abschluß von Neuerervereinbarungen erfolgen in dem Betrieb, in dem das Ergebnis benutzt werden soll.

(2) Zum Abschluß von Neuerervereinbarungen sind die Leiter der Betriebe und die Fachdirektoren berechtigt. In Ausnahmefällen, insbesondere wenn es die Größe des einem Fachdirektor unterstehenden Bereiches erforderlich macht, kann der Leiter des Betriebes die Berechtigung zum Abschluß von Neuerervereinbarungen Leitern übertragen, die einem Fachdirektor direkt unterstellt sind.

(3) Soll ein Leiter, der zum Abschluß einer Neuerervereinbarung berechtigt ist, in einem Neuererkollektiv mitwirken, so ist für den Abschluß der Neuerervereinbarung der Leiter des Betriebes zuständig.

(4) Die Leiter der Betriebe haben zu gewährleisten, daß den Mitgliedern der Neuererkollektive vor Abschluß einer Neuerervereinbarung die Rechte und Pflichten erläutert werden, die sich aus der Vereinbarung und den Rechtsvorschriften ergeben.

§ 2

(1) Wissenschaftlich-technische Leistungen, die im Rahmen von Wirtschaftsverträgen oder ohne Wirtschaftsvertrag auf der Grundlage von Weisungen des übergeordneten Organs für Dritte durchgeführt werden, dürfen nicht Gegenstand von Neuerervereinbarungen sein.

(2) Die Erarbeitung von EDV-Programmen, von betrieblichen Weisungen und anderen Regelungen sowie die Erarbeitung von Ergebnissen, die ausschließlich durch Berechnungen erzielt werden, sind nur im Rahmen von Neuerervereinbarungen zulässig, die zur Überleitung von bereits vorliegenden vergütungspflichtigen Neuerungen abgeschlossen werden. Das gilt auch für Projektierungsarbeiten, es sei denn, die Neuerervereinbarung gemäß § 13 Ziff. 2 der Neuererverordnung ist auf die schöpferische Lösung eines Problems im Rahmen von Projektierungsarbeiten gerichtet. Voraussetzung ist, daß die Erarbeitung der Lösung auf das Erzielen prinzipiell neuer Erkenntnisse gerichtet ist, die über den Erkenntnisstand

hinausgehen, der sich aus der Analyse der Projektierungstätigkeit in der DDR und in anderen Staaten ergibt. Das ist bei Abschluß der Neuerervereinbarung nachzuweisen.
(3) Eine Neuerervereinbarung darf jeweils nur über eine Aufgabe gemäß Ziff. 1 oder Ziff. 2 oder Ziff. 3 des § 13 der Neuererverordnung abgeschlossen werden.

§ 3

(1) Eine Neuerervereinbarung zur Lösung einer Aufgabe gemäß § 13 der Neuererverordnung wird abgeschlossen, wenn Art, Umfang und Schwierigkeitsgrad dieser Aufgabe das organisierte und planmäßige Zusammenwirken von Arbeitern, insbesondere der Arbeiter, in deren Arbeitsbereich das Ergebnis wirksam werden soll, und Angehörigen der Intelligenz erforderlich machen und diese Gemeinschaftsarbeit zur Förderung des Schöpfertums der Neuerer beiträgt. Das Mitwirken von Angehörigen der Intelligenz kann entfallen, wenn die Aufgabe von einem Kollektiv von Arbeitern gelöst werden kann.
(2) Zur Förderung des Schöpfertums der Neuerer sind in der Neuerervereinbarung die Verantwortlichkeiten für Teilaufgaben und Etappen so festzulegen, daß alle Kollektivmitglieder an wesentlichen Teilaufgaben mitwirken und einen ihrer jeweiligen Qualifikation, ihren Kenntnissen und Erfahrungen entsprechenden konkreten Beitrag zur Erfüllung der Neuerervereinbarung leisten und dabei ihre eigenen Kenntnisse und Fähigkeiten erweitern. Das Gesamtergebnis ist in jedem Falle im ganzen Kollektiv zu beraten.
(3) Mit Kollektiven, denen überwiegend Angehörige anderer Betriebe angehören sollen, dürfen Neuerervereinbarungen nicht abgeschlossen werden.

§ 4

(1) Wird nach Abschluß einer Neuerervereinbarung festgestellt, daß sie den in der Neuererverordnung und in dieser Durchführungsbestimmung festgelegten Voraussetzungen nicht entspricht, so hat der Betrieb zu prüfen, ob die festgestellten Mängel beseitigt werden können. Ist eine Änderung der getroffenen Neuerervereinbarung erforderlich, so ist sie mit dem Neuererkollektiv zu beraten. Änderungen sind der zuständigen Gewerkschaftsleitung zur Zustimmung vorzulegen.
(2) Können die festgestellten Mängel nicht behoben werden, so ist übereinstimmend mit dem Neuererkollektiv schriftlich festzustellen, daß die Neuerervereinbarung rechtsunwirksam ist. Die zuständige Gewerkschaftsleitung ist vorher rechtzeitig darüber und über die dafür maßgebenden Gründe zu informieren.

§ 5

(1) Wird eine übereinstimmende Auffassung über die Rechtsunwirksamkeit einer Neuerervereinbarung gemäß § 4 Abs. 2 nicht erzielt, so hat der Betrieb die Feststellung der Rechtsunwirksamkeit durch die zuständige Konfliktkommission oder ein anderes für die Entscheidung über Streitigkeiten gemäß § 32 der Neuererverordnung zuständiges Organ zu

beantragen. Das Recht, die Rechtsunwirksamkeit feststellen zu lassen, haben außerdem das Neuererkollektiv und die im § 25 Abs. 1 der Konfliktkommissionsordnung vom 4. Oktober 1968 (GBl. I Nr. 16 S. 287) genannten Antragsberechtigten.

(2) Bei Rechtsunwirksamkeit einer Neuerervereinbarung besteht kein Anspruch auf Zahlung einer Vergütung. Für außerhalb der gesetzlichen Arbeitszeit bis zu dem Zeitpunkt der Feststellung der Rechtsunwirksamkeit erbrachte Leistungen werden den Werktätigen die Aufwendungen erstattet. Mitglieder des Kollektivs, die bei Abschluß der Neuerervereinbarung wußten oder auf Grund ihrer Stellung und Verantwortung im Betrieb hätten wissen müssen, daß die abgeschlossene Neuerervereinbarung nicht den gesetzlichen Voraussetzungen entspricht, haben keinen Anspruch auf Erstattung der Aufwendungen.

(3) Bei Neuerervereinbarungen gemäß § 13 Ziff. 2 der Neuererverordnung, die rechtsunwirksam sind, ist zu prüfen, ob das von den Werktätigen erzielte Ergebnis die Merkmale eines Neuerervorschlages aufweist. Soweit das der Fall ist, ist die Registrierung und weitere Bearbeitung als Neuerervorschlag zu veranlassen.

§ 6

Diese Durchführungsbestimmung tritt mit ihrer Veröffentlichung in Kraft.[3]

1) 1. DB vom 22. 12. 1971 (GBl. II 1972 Nr. 1 S. 11) — abgedruckt unter G 14 02.
2) Abgedruckt unter G 14 01.
3) In Kraft getreten am 25. 7. 1974.

Dritte Durchführungsbestimmung[1] zur Neuererverordnung — Vergütung für Erfindungen bei Übergabe an andere Staaten und bei Überweisung einer Vergütung aus anderen Staaten — vom 15. Mai 1975

(GBl. I Nr. 25 S. 450)

Auf Grund des § 34 Abs. 1 der Neuererverordnung vom 22. Dezember 1971 (GBl. II 1972 Nr. 1 S. 1)[2] wird im Einvernehmen mit den Leitern der zuständigen zentralen Staatsorgane und dem Bundesvorstand des Freien Deutschen Gewerkschaftsbundes folgendes bestimmt:

§ 1

Diese Durchführungsbestimmung gilt für die Vergütung für Erfindungen bei Übergabe an andere Staaten und bei Überweisung einer Vergütung aus anderen Staaten nach dem mehrseitigen Abkommen vom 12. April 1973 über den Rechtsschutz von Erfindungen, Geschmacks-, Gebrauchsmustern und Warenzeichen bei der wirtschaftlichen und wissenschaftlich-technischen Zusammenarbeit (GBl. II Nr. 10 S. 109).

§ 2

Die Leistungen der Erfinder sind entsprechend ihrer Bedeutung für die Entwicklung der wirtschaftlichen und wissenschaftlich-technischen Zusammenarbeit moralisch zu würdigen und bei staatlichen Auszeichnungen zu berücksichtigen.

§ 3

Werden von Organen, Betrieben oder Einrichtungen eines anderen Staates in Übereinstimmung mit dem mehrseitigen Abkommen über den Rechtsschutz von Erfindungen, Geschmacks-, Gebrauchsmustern und Warenzeichen bei der wirtschaftlichen und wissenschaftlich-technischen Zusammenarbeit (im folgenden mehrseitiges Rechtsschutzabkommen genannt) Vergütungen für Erfindungen überwiesen, dann haben die Erfinder Anspruch auf Zahlung dieser Vergütung in Mark. Zur Zahlung der Vergütung sind die Betriebe der Deutschen Demokratischen Republik verpflichtet, denen die Vergütung von den Finanzorganen überwiesen wird.

§ 4

(1) Wird eine Erfindung an andere Staaten, die dem mehrseitigen Rechtsschutzabkommen angehören, gegen Erstattung eines bestimmten Teils der Aufwendungen für die Ausarbeitung oder auf der Grundlage von Lizenzverträgen übergeben und erhalten Betriebe einen Erlös oder einen Anteil an einem für eine gemeinsame Erfindung erzielten Erlös,

dann haben die Erfinder einen Anspruch auf Zahlung einer Vergütung in Mark, die aus dem Erlös zu zahlen ist.
(2) Die nach Abs. 1 zu zahlende Vergütung ist vom übergebenden Betrieb festzusetzen. Dabei ist von dem unmittelbar auf die Erfindung entfallenden Anteil am Erlös auszugehen. Der auf die Erfindung unmittelbar entfallende Anteil am Erlös ist zu diesem Zweck vom übergebenden Betrieb vor der Übergabe schriftlich festzulegen. Ergeben sich Veränderungen, so ist diese Festlegung entsprechend zu korrigieren.
(3) Die Höhe der nach Abs. 1 zu zahlenden Vergütung beträgt bis zu 15% des unmittelbar auf die Erfindung entfallenden Erlöses. Bei der Festsetzung des zu zahlenden Prozentsatzes sind insbesondere die Höhe des unmittelbar auf die Erfindung entfallenden Erlöses sowie die Höhe der für die betreffende Erfindung insgesamt bereits gezahlten und noch zu erwartenden Vergütungen zu berücksichtigen. Bei mehrmaliger Zahlung von Erlösen kann der Prozentsatz für jede Zahlung neu festgesetzt werden.
(4) Die Vergütung kann im Rahmen des in der Neuererverordnung festgelegten Vergütungshöchstbetrages durch den Leiter des Betriebes bis zum Doppelten erhöht werden, wenn die Erfindung für die Übergabe von besonderer Bedeutung ist und dies nicht bereits in dem auf die Erfindung entfallenden Anteil am Erlös seinen Ausdruck findet.

§ 5

(1) Hat die Vergütung der Erfinder entsprechend den Bestimmungen des mehrseitigen Rechtsschutzabkommens bei unentgeltlicher Übergabe auf der Grundlage einer Vereinbarung zwischen den kompetenten Organisationen zu erfolgen und wird die Zahlung einer Vergütung durch den übernehmenden Staat nicht vereinbart, so erhalten die Erfinder, die Bürger der Deutschen Demokratischen Republik sind, eine einmalige festzusetzende Vergütung in Mark. Die Höhe der Vergütung ist unter Berücksichtigung der für die betreffende Erfindung insgesamt bereits gezahlten und noch zu erwartenden Vergütungen vom Leiter des übergebenden Betriebes festzusetzen.
(2) Eine Vergütung gemäß Abs. 1 wird gezahlt, wenn eine durch Wirtschaftspatent geschützte und auf alle Schutzvoraussetzungen geprüfte Erfindung vorliegt.

§ 6

Werden Erzeugnisse importiert und angewendet, die in einem anderen Staat nach einer Erfindung hergestellt worden sind, die in der Deutschen Demokratischen Republik durch ein auf alle Schutzvoraussetzungen geprüftes Wirtschaftspatent geschützt ist, dann wird für den Import und die Anwendung keine Vergütung nach der Ersten Durchführungsbestimmung vom 22. Dezember 1971 zur Neuererverordnung — Vergütung für Neuerungen und Erfindungen — (GBl. II 1972 Nr. 1 S. 11)[3] gezahlt, wenn für die Herstellung in dem exportierenden Staat eine Vergütung gemäß § 3 vorgesehen ist oder wenn die Herstellung in dem exportierenden Staat Folge einer Übergabe ist, für die eine Vergütung gemäß § 4 oder § 5 gezahlt wird.

§ 7

(1) Nach dieser Durchführungsbestimmung erfolgte Zahlungen werden auf den in § 30 Abs. 2 der Neuererverordnung für eine Erfindung festgelegten Vergütungshöchstbetrag angerechnet. Eine gemäß § 6 der Ersten Durchführungsbestimmung zur Neuererverordnung erfolgte Erhöhung der Vergütung für die Benutzung innerhalb der Deutschen Demokratischen Republik bleibt dabei außer Betracht. Vor Zahlung einer Vergütung nach dieser Durchführungsbestimmung ist in Zusammenarbeit mit dem gemäß § 17 Abs. 3 der Ersten Durchführungsbestimmung zur Neuererverordnung für die Kontrolle der Vergütungsbeträge verantwortlichen erstbenutzenden Betrieb zu prüfen, ob mit der Zahlung der Vergütungshöchstbetrag überschritten wird. Die den Höchstbetrag von 200000 M überschreitenden Beträge werden nicht ausgezahlt. Den Höchstbetrag überschreitende Beträge, die aus anderen Staaten überwiesen werden, sind an den Staatshaushalt abzuführen.
(2) Erfolgt die Erstbenutzung innerhalb der Deutschen Demokratischen Republik, nachdem eine Vergütung nach dieser Durchführungsbestimmung gezahlt wurde, dann ist der erstbenutzende Betrieb über die nach dieser Durchführungsbestimmung gezahlte Vergütung zu informieren.

§ 8

(1) Die Vergütung ist innerhalb einer Frist von 2 Monaten nach Eingang einer Vergütung nach § 3 oder eines Erlöses nach § 4 beim Zahlungspflichtigen, bei mehrmaliger Zahlung von Erlösen nach Eingang der jeweiligen Zahlung, zu zahlen. Die Vergütung gemäß § 5 ist innerhalb einer Frist von 2 Monaten nach Übergabe der Erfindung zu zahlen.
(2) Hinsichtlich der Verjährung des Vergütungsanspruchs, der Rückzahlung und der Besteuerung der Vergütung gelten die entsprechenden Bestimmungen der Ersten Durchführungsbestimmung zur Neuererverordnung.

§ 9

(1) Für die Schlichtung von Streitigkeiten, die sich aus Vergütungen nach dieser Durchführungsbestimmung zwischen den Zahlungspflichtigen und Werktätigen ergeben, ist die Schlichtungsstelle des Amtes für Erfindungs- und Patentwesen zuständig.
(2) Der von der Schlichtungsstelle gemachte Einigungsvorschlag ist für die am Streit Beteiligten verbindlich, wenn nicht innerhalb einer Frist von 3 Monaten nach Zustellung des Einigungsvorschlages Klage beim Bezirksgericht Leipzig erhoben wird. Gegen Urteile des Bezirksgerichts Leipzig ist Berufung an das Oberste Gericht der Deutschen Demokratischen Republik zulässig.

§ 10

(1) Diese Durchführungsbestimmung tritt mit ihrer Veröffentlichung in Kraft.[4]

(2) Sie findet auch auf Erfindervergütungen gemäß § 3 Anwendung, die vor Erlaß dieser Durchführungsbestimmung überwiesen wurden.

(3) Gleichzeitig tritt § 19 der Ersten Durchführungsbestimmung vom 22. Dezember 1971 zur Neuererverordnung — Vergütung für Neuerungen und Erfindungen — (GBl. II 1972 Nr. 1 S. 11) außer Kraft.

[1]) 2. DB vom 25. 6. 1974 (GBl. I Nr. 35 S. 333) — abgedruckt unter G **14** 03.

[2]) Abgedruckt unter G **14** 01.

[3]) Abgedruckt unter G **14** 02.

[4]) In Kraft getreten am 23. 6. 1975.

Vierte Durchführungsbestimmung[1]) zur Neuererverordnung — Festsetzung von Vergütungen —

vom 8. Juli 1977

(GBl. I Nr. 23 S. 295)

Auf Grund des § 34 Abs. 1 der Neuererverordnung vom 22. Dezember 1971 (GBl. II 1972 Nr. 1 S. 1)[2] wird im Einvernehmen mit den Leitern der zuständigen zentralen Staatsorgane folgendes bestimmt:

§ 1

(1) Ist der Nutzen für die Gesellschaft, der durch die Benutzung einer Neuerung oder einer Erfindung entsteht, ganz oder teilweise nicht in Geld meßbar, so hat die nach § 30 Abs. 4 Satz 3 der Neuererverordnung vorzunehmende Festsetzung der Vergütung nach der „Methodik für die Festsetzung der Vergütung für Neuerungen und Erfindungen, deren Nutzen ganz oder teilweise nicht meßbar ist" (Anlage),

– auf der Grundlage des beschriebenen Nutzens unter Berücksichtigung der für vergleichbare Leistungen bereits gezahlten Vergütungen

oder

– auf der Grundlage von 3 Koeffiziententabellen

zu erfolgen.

(2) Im übrigen finden auf die festgesetzte Vergütung die Vergütungsbestimmungen der Ersten Durchführungsbestimmung vom 22. Dezember 1971 zur Neuererverordnung (GBl. II 1972 Nr. 1 S. 11) Anwendung.

§ 2

(1) Diese Durchführungsbestimmung tritt mit ihrer Veröffentlichung in Kraft.[3]

Anlage

zu vorstehender Vierter Durchführungsbestimmung

Methodik für die Festsetzung der Vergütung für Neuerungen, deren Nutzung ganz oder teilweise nicht meßbar ist

1. Ein Nutzen für die Gesellschaft, der ganz oder teilweise nicht meßbar ist, kann dadurch entstehen, daß durch die Benutzung einer Neuerung

– die Arbeits- und Lebensbedingungen der Werktätigen verbessert werden,

- der Gesundheits- oder Arbeitsschutz verbessert wird,
- die Verteidigungsbereitschaft erhöht oder die innere Sicherheit gefestigt wird,
- der Umweltschutz verbessert wird,
- die Verkehrssicherheit erhöht wird,
- Arbeitsprozesse in der Verwaltung oder auf anderen Gebieten effektiver gestaltet werden und keine meßbaren Einsparungen eintreten,
- Gebrauchseigenschaften von Erzeugnissen, insbesondere von Konsumgütern, verbessert werden und die Auswirkungen bei der Anwendung nicht gemessen werden können,
- Dienstleistungen, Arbeitsprozesse und Leistungen im Handel, im Gesundheitswesen, im kulturellen Bereich und auf anderen Gebieten verbessert und die Auswirkungen nicht gemessen werden können

oder andere nicht in Geld meßbare positive Wirkungen für die Gesellschaft erzielt werden.

2. Die Beschreibung des Nutzens erfolgt durch den Betrieb, der die Neuerung benutzt und deshalb nach den entsprechenden Bestimmungen der Neuererverordnung und ihrer Ersten Durchführungsbestimmung zur Zahlung der Vergütung verpflichtet ist. Die Beschreibung des Nutzens erfolgt durch die Leiter, die nach den Festlegungen des Leiters des Betriebes für den betrieblichen Bereich verantwortlich sind, in dem die Benutzung der Neuerung erfolgt.

3. Bei der Beschreibung des Nutzens ist der ohne Benutzung der Neuerung gegebene Zustand dem mit Benutzung der Neuerung erzielten Zustand gegenüberzustellen. Sind bei einer Neuerung mehrere der in Ziff. 1 genannten oder andere zu beschreibende Nutzensarten nebeneinander gegeben, dann sind sie in der Beschreibung gesondert darzustellen. Dabei ist zu beachten, daß nur der durch die Benutzung unmittelbar erzielte Nutzen zu berücksichtigen ist. Ebenso ist der Grundsatz zu wahren, daß nur der durch die Benutzung im ersten Benutzungsjahr erzielte Nutzen der Vergütung zugrunde zu legen ist. Handelt es sich bei dem zu beschreibenden Nutzen um Gebrauchseigenschaften von Erzeugnissen, dann ist weiterhin der Grundsatz der Nutzensermittlung zu beachten, daß dieser Nutzen auf der Grundlage der durch den bestimmungsgemäßen Einsatz dieser Erzeugnisse erzielten Wirkungen zu bewerten ist.

4. Bei der Beschreibung des ohne Benutzung gegebenen und des mit Benutzung veränderten Zustandes sind die verbalen Angaben durch geeignete quantitative Angaben zu ergänzen. Alle durch die Benutzung erzielten Wirkungen sind zusammenzufassen. Ein Nutzen liegt vor, wenn im Ergebnis dieser Zusammenfassung vorteilhafte Wirkungen für die Gesellschaft festgestellt werden. Sie bilden die Grundlage für die Festsetzung der Vergütung. Bei der Darstellung dieser Vorteile sind die betrieblichen Aufwendungen für die Erarbeitung und Überleitung der Neuerung in der auf ein Benutzungsjahr entfallenden Höhe zu berücksichtigen.

5. Wird durch die Benutzung einer Neuerung der Gesundheits- und Arbeitsschutz in den Betrieben verbessert und dadurch ein höherer Schutz der Gesundheit und des Lebens von Menschen gewährleistet oder werden durch Lärm, toxische Stoffe, nichttoxische Stäube, Klima, Ganz- oder Teilkörperschwingungen verursachte Arbeitserschwernisse eingeschränkt oder beseitigt, dann ist der Nutzen nicht nach den Ziffern 2 bis 4 zu beschreiben, sondern die Vergütung wie folgt festzusetzen:

- Der Festsetzung ist ein Vergütungsgrundbetrag von 30 M zugrunde zu legen.
- Dieser Betrag ist mit den sich aus den 3 Koeffiziententabellen ergebenden Koeffizienten zu multiplizieren.
- Der sich daraus ergebende Betrag ist als Vergütung an die Neuerer zu zahlen.

Die Erarbeitung der Angaben, die für die Einordnung der Neuerung in die 3 Koeffiziententabellen benötigt werden, erfolgt durch die Leiter, die nach den Festlegungen des Leiters des Betriebes für den betrieblichen Bereich verantwortlich sind, in dem der höhere Schutz der Gesundheit und des Lebens von Menschen erzielt oder das betreffende Arbeitserschwernis eingeschränkt oder beseitigt wird. Erforderlichenfalls sind Stellungnahmen kompetenter betrieblicher oder anderer Stellen einzuholen.
Wenn bei der Einordnung der Neuerung in die Tabelle 1 eine eindeutige Zuordnung zu einem bestimmten Koeffizienten nicht möglich ist, kann der zwischen 2 Koeffizienten liegende Koeffizient festgelegt werden (zwischen Nr. 1 und 2: 1,5; zwischen Nr. 2 und 3: 2,5; zwischen Nr. 3a und Nr. 5: 4; zwischen Nr. 3b und Nr. 4: 3,5; zwischen Nr. 4 und Nr. 6: 5; zwischen Nr. 5 und Nr. 7: 6).

6. Werden durch die Benutzung einer Neuerung die Ursachen verschiedenartiger Unfälle, Erkrankungen und/oder Arbeitserschwernisse ganz oder teilweise beseitigt (z. B. Unfallquelle sowie Lärm), dann ist die Vergütung für jede dieser Nutzensarten gesondert nach Ziff. 5 festzusetzen.

7. Werden durch die Benutzung einer Neuerung die Gebrauchseigenschaften von Erzeugnissen auf den in Ziff. 5 genannten Gebieten verbessert oder neue Erzeugnisse mit derartigen Gebrauchseigenschaften hergestellt und werden diese Erzeugnisse in Betrieben gemäß § 1 der Neuererverordnung eingesetzt, so erfolgt die Festsetzung der Vergütung gemäß Ziff. 5 durch den benutzenden Betrieb (Hersteller). Bei der Anwendung der Tabellen ist vom bestimmungsgemäßen Einsatz dieser Erzeugnisse auszugehen. Ziff. 5 findet keine Anwendung auf Neuerungen, die die medizinische und soziale Betreuung der Bevölkerung betreffen.

8. Die Vergütung kann unter entsprechender Anwendung der 3 Koeffiziententabellen auch bei Einschränkung und Beseitigung anderer Arbeitserschwernisse festgesetzt werden, wenn eine abgestufte Einordnung des betreffenden Arbeitserschwernisses in alle Koeffizienten der Tabellen 1 und 2 möglich ist.

9. Die kollektive Beratung zur Vorbereitung der Entscheidung des zuständigen Leiters erfolgt in der Neuererbrigade, die für die Beurteilung der betreffenden Neuerung zuständig ist. Wenn die Vergütung auf der Grundlage des beschriebenen Nutzens festgesetzt werden soll, sind der Neuererbrigade

- die Beschreibung des Nutzens für die Gesellschaft,
- soweit vorhanden, Angaben über früher vergütete und in ihrer gesellschaftlichen Bedeutung vergleichbare Neuerungen

zu übergeben. Die Neuererbrigade erarbeitet nach Einschätzung dieser Unterlagen eine Empfehlung für die Höhe der Vergütung.
Wenn die Vergütung gemäß Ziff. 5 auf der Grundlage der 3 Koeffiziententabellen festgesetzt werden soll, sind der Neuererbrigade die Angaben zu übergeben, die für die Einordnung der Neuerung in diese Tabellen benötigt werden. Die Neuererbrigade erarbeitet nach Einschätzung dieser Angaben eine Empfehlung für die Einordnung der Neuerung in die 3 Koeffiziententabellen und den sich daraus ergebenden Vergütungsbetrag.
Zur Beratung der Neuererbrigade ist ein Vertreter der zuständigen Gewerkschaftsleitung einzuladen. Das Recht der Neuerer auf Teilnahme an dieser Beratung gemäß § 22 Abs. 1 Ziff. 2 der Neuererverordnung ist zu beachten.

10. Der zuständige Leiter entscheidet

- über die Höhe der Vergütung, wenn die Festsetzung auf der Grundlage des beschriebenen Nutzens erfolgt,
- über die Einordnung der Neuerung in die 3 Koeffiziententabellen und den sich daraus ergebenden Vergütungsbetrag, wenn die Festsetzung auf der Grundlage dieser Tabellen erfolgt.

Diese Entscheidung bedarf der Zustimmung der zuständigen betrieblichen Gewerkschaftsleitung. Dazu hat der Leiter seinen Entscheidungsvorschlag der zuständigen Gewerkschaftsleitung (AGL oder BGL) zu übergeben. Eine wirksame Entscheidung liegt vor, wenn diese Gewerkschaftsleitung zugestimmt hat.

11. Vergütungen, die nach dieser Methodik festgesetzt werden, können gemäß § 6 der Ersten Durchführungsbestimmung zur Neuererverordnung von den Leitern der Betriebe erhöht werden.

12. Diese Methodik findet auf Erfindungen entsprechend Anwendung. Zuständig für die kollektive Beratung gemäß Ziff. 9 ist die Neuererbrigade, in deren Bereich die betreffende Erfindung benutzt wird. Erfolgt die Benutzung im Bereich mehrerer Neuererbrigaden, so entscheidet der Leiter des Betriebes, in welcher Neuererbrigade die Beratung erfolgt. Der Festsetzung der Vergütung für eine Erfindung nach Ziff. 5 ist ein Vergütungsgrundbetrag von 75 M zugrunde zu legen.

Tabellen zur Festsetzung der Vergütung gemäß Ziff. 5:

Tabelle 1

Koeffizient für die Schwere der möglichen Unfälle und Erkrankungen bzw. den Grad der Beeinträchtigung durch Arbeitserschwernisse, deren Ursache von der Neuerung betroffen wird

Nr.	Art der Ursache und Schwere der möglichen Folgen für Gesundheit und Leben/Grad der Beeinträchtigung	K1
1. a)	Zustand, der Ursache von Arbeitsunfällen oder Erkrankungen sein kann, die nicht zur Arbeitsunfähigkeit führen.	1
b)	Leichte, nicht ständige Beeinträchtigung durch Lärm, toxische Stoffe, nichttoxische Stäube, Klima, Ganz- oder Teilkörperschwingungen.	
2. a)	Zustand, der Ursache von Unfällen oder Erkrankungen sein kann, die zu einer Arbeitsunfähigkeit bis zu 28 Tagen führen können.	2
b)	Leichte, jedoch ununterbrochene Beeinträchtigung durch Lärm, toxische Stoffe, nichttoxische Stäube, Klima, Ganz- oder Teilkörperschwingungen.	
3. a)	Zustand, der Ursache von Unfällen oder Erkrankungen sein kann, die zu einer Arbeitsunfähigkeit von mehr als 28 Tagen führen können.	3
b)	Schwere, jedoch nicht ständige Beeinträchtigung durch Lärm, toxische Stoffe, nichttoxische Stäube, Klima, Ganz- oder Teilkörperschwingungen.	
4.	Schwere, ununterbrochene Beeinträchtigung durch Lärm, toxische Stoffe, nichttoxische Stäube, Klima, Ganz- oder Teilkörperschwingungen.	4
5.	Zustand, der Ursache schwerer Unfälle oder Erkrankungen mit einem bleibenden gesundheitlichen Schaden (z. B. Berufskrankheit, Invalidität) sein kann.	5
6.	Schwerste, ununterbrochene Beeinträchtigung durch Lärm, toxische Stoffe, nichttoxische Stäube, Klima, Ganz- oder Teilkörperschwingungen, darunter solche, die eine besonders arbeitserschwerende Schutzbekleidung erfordern.	6
7.	Zustand, der Ursache schwerster, lebensgefährlicher Unfälle oder Erkrankungen sein kann.	7

Anmerkungen:

- Bei der Einordnung einer Ursache von Arbeitsunfällen oder Erkrankungen in die Ziff. 1a, 2a, 3a, 5 oder 7 ist von den für diese Ursache typischen Folgen auszugehen. Im Einzelfall davon abweichende leichtere oder schwerere Unfälle oder Erkrankungen bleiben außer Betracht.
- Soweit Beeinträchtigungen nach Ziff. 4 oder 6 zu gesundheitlichen Schäden nach Ziff. 5 oder 7 führen können, sind diese anzuwenden (z. B. Staub, der zu einer Berufskrankheit führen kann).
- Wenn Lärm, toxische Stoffe, nichttoxische Stäube, Klima, Ganz- oder Teilkörperschwingungen die in Standards festgelegten Grenzwerte überschreiten, ist mindestens der Koeffizient 3 anzuwenden.

Tabelle 2:

Koeffizient für die durch die Neuerung erzielte Wirkung

Nr.	Wirkung der Neuerung	K 2
1.	a) Es wird eine Schutzmaßnahme eingeführt, deren Schutzwirkung aber davon abhängig ist, ob die vorgeschlagenen Verhaltensregeln eingehalten werden. b) Es wird ein Warn- oder Signalsystem geschaffen, das es ermöglicht, rechtzeitig Maßnahmen zur Abwendung der Folgen zu ergreifen.	1
2.	a) Ursache der Unfälle oder Erkrankungen wird teilweise beseitigt, so daß Häufigkeit oder Schwere der möglichen Unfälle oder Erkrankungen eingeschränkt wird, oder b) Ursache der Beeinträchtigung durch Lärm, toxische Stoffe, nichttoxische Stäube, Klima, Ganz- oder Teilkörperschwingungen wird teilweise beseitigt, dadurch wird die Beeinträchtigung vermindert.	2
3.	a) Ursache der Unfälle oder Erkrankungen wird überwiegend beseitigt, so daß die Unfälle oder Erkrankungen überwiegend vermieden werden, oder b) Ursache der Beeinträchtigung durch Lärm, toxische Stoffe, nichttoxische Stäube, Klima, Ganz- oder Teilkörperschwingungen wird überwiegend beseitigt, dadurch wird die Beeinträchtigung überwiegend vermieden.	3
4.	Ursache der Beeinträchtigung durch Lärm, toxische Stoffe, nichttoxische Stäube, Klima, Ganz- oder Teilkörperschwingungen wird vollständig beseitigt.	5
5.	Ursache der Unfälle oder Erkrankungen wird vollständig beseitigt.	6

Wird eine erheblich (mindestens 20%) über dem im Standard festgelegten Grenzwert liegende Beeinträchtigung (Lärm, toxische Stoffe, nichttoxische Stäube, Klima, Ganz- oder Teilkörperschwingungen) so weit vermindert, daß sie den festgelegten Grenzwert nicht mehr überschreitet, dann ist mindestens der Koeffizient 3 anzuwenden.

Tabelle 3:

Koeffizient für den Umfang der Wirkung

Nr.	Anzahl der betroffenen Werktätigen		K 3
1.	bis zu	3 Werktätige	1
2.	bis zu	6 Werktätige	2
3.	bis zu	10 Werktätige	3
4.	bis zu	25 Werktätige	4
5.	bis zu	50 Werktätige	5
6.	bis zu	100 Werktätige	6
7.	über	100 Werktätige	7

[1]) 3. DB vom 15. Mai 1975 (GBl. I Nr. 25 S. 450) — abgedruckt unter G 14 04.
[2]) Abgedruckt unter G 14 01.
[3]) Veröffentlicht am 26. Juli 1977.

Anordnung über die Ermittlung des Nutzens zur Vergütung von Neuerungen und Erfindungen

vom 20. Juli 1972

(GBl. II Nr. 48 S. 550)

Gemäß § 30 Abs. 5 der Neuererverordnung vom 22. Dezember 1971 (GBl. II 1972 Nr. 1 S. 1)[1] wird im Einvernehmen mit dem Minister der Finanzen folgendes angeordnet:

1. Abschnitt

Allgemeine Bestimmungen

§ 1

Verantwortung für die Nutzensermittlung

(1) Diese Anordnung gilt für alle Betriebe gemäß § 1 der Neuererverordnung, die verpflichtet sind, nach den Bestimmungen der Neuererverordnung Vergütungen für Neuerungen und Erfindungen zu zahlen.
(2) Grundlage für die Vergütung ist der Nutzen für die Gesellschaft, der durch die Benutzung einer Neuerung oder Erfindung entsteht. Der Nutzen für die Gesellschaft ist nur nach den Bestimmungen dieser Anordnung zu ermitteln.
(3) Für die Ermittlung des Nutzens ist der Betrieb verantwortlich, der verpflichtet ist, eine Vergütung für eine Neuerung oder eine Erfindung zu zahlen. Soweit für die Ermittlung des Nutzens Angaben aus anderen Betrieben benötigt werden, sind diese Betriebe verpflichtet, dem vergütungspflichtigen Betrieb die angeforderten Angaben innerhalb eines Monats nach Zugang der Anforderung zur Verfügung zu stellen.

§ 2

Nutzen für die Gesellschaft

Ein Nutzen für die Gesellschaft aus Neuerungen oder Erfindungen (im folgenden Nutzen genannt) entsteht dadurch, daß

– laufende oder einmalige Aufwendungen eingespart,
– die Gebrauchseigenschaften von Erzeugnissen verbessert oder neue Erzeugnisse hergestellt,
– die Arbeits- oder Lebensbedingungen verbessert,

- Arbeitskräfte durch Einsparung von Arbeitsplätzen gewonnen,
- Erhöhungen der Produktion oder der Leistungen zur besseren Versorgung der Volkswirtschaft oder der Bevölkerung erreicht,
- Exporte erhöht oder Importe verringert

werden oder andere positive Wirkungen für die Gesellschaft, wie die Sicherung oder Erhöhung der Verteidigungsbereitschaft, die Festigung der inneren Sicherheit, die Verbesserung der Verkehrssicherheit, die Verbesserung der Verkaufskultur erzielt werden.

§ 3

Grundsätze der Nutzensermittlung

(1) In der Ermittlung des Nutzens sind alle im § 2 genannten Nutzensarten, die durch die Benutzung einer Neuerung oder Erfindung entstehen, einzubeziehen.
(2) Bei der Ermittlung des Nutzens ist von der Veränderung des Zustandes auszugehen, der ohne Benutzung der Neuerung oder Erfindung gegeben wäre.
(3) Der Nutzen wird in Mark gemessen. Soweit die Errechnung des Nutzens einen unvertretbar hohen Aufwand erfordert, ist er auf der Grundlage von Vergleichswerten zu schätzen.
(4) Ist eine Messung des Nutzens in Mark nicht möglich, so ist der Nutzen zu beschreiben.
(5) Führt die Benutzung einer Neuerung oder Erfindung zu Aufwendungen oder treten andere mit der Benutzung verbundene Auswirkungen nutzungsmindernd in Erscheinung, so sind sie bei der Ermittlung des Nutzens zu berücksichtigen. Die Bestimmungen dieser Anordnung sind dabei entsprechend anzuwenden. Das gleiche gilt für den auf ein Benutzungsjahr entfallenden Anteil des betrieblichen Aufwandes für die Erarbeitung und Überleitung einschließlich der den Neuerern oder Erfindern zu erstattenden Aufwendungen.
(6) Vergütungspflichtig ist der Nutzen, der durch die Neuerung oder Erfindung unmittelbar eintritt. Die sich aus dem unmittelbaren Nutzen ergebenden weiteren Folgen, wie der weitere Einsatz von Arbeitskräften infolge Einsparung von Arbeitsplätzen oder die Verwendung eingesparten Materials oder vermiedene Vertragsstrafen, werden nicht berücksichtigt.
(7) Gemäß § 30 Abs. 4 der Neuererverordnung und § 3 Abs. 1 der Ersten Durchführungsbestimmung vom 22. Dezember 1971 zur Neuererverordnung — Vergütung für Neuerungen und Erfindungen — (GBl. II 1972 Nr. 1 S. 11)[2] ist der Ermittlung des Nutzens das erste Benutzungsjahr zugrunde zu legen.

2. Abschnitt

Methoden der Ermittlung des Nutzens
Einsparung laufender oder einmaliger Aufwendungen

§ 4

(1) Eine Einsparung laufender Aufwendungen wird erreicht, indem in der materiellen Produktion, bei der Instandhaltung, in der Verwaltung sowie auf anderen Gebieten der gesellschaftlichen Arbeit

- Arbeitszeit eingespart,
- der Verbrauch von Rohstoffen oder Materialien gesenkt,
- der Aufwand an Arbeitsmitteln verringert

wird. Die Einsparung laufender Aufwendungen ist nach den Bestimmungen der §§ 5 bis 8 dieser Anordnung zu ermitteln.
(2) Als Einsparung einmaliger Aufwendungen gilt die Einsparung von Investitionsaufwand sowie die Verringerung der Durchschnittsbestände an materiellen Umlaufmitteln. Sie ist nach den Bestimmungen der §§ 9 und 10 dieser Anordnung zu ermitteln.

§ 5

(1) Die Einsparung von Arbeitszeit ist an der Kosteneinsparung für Grund- und Hilfslohn sowie für Lohnzuschläge zu messen.
(2) Für die lohnabhängigen Kosten, wie SV-Beiträge, ist zu der Einsparung an Grund- und Hilfslohn ein Zuschlag von 25% hinzuzurechnen. Dieser Zuschlag beträgt 35% bei Löhnen nach dem Bergbautarif.

§ 6

(1) Die Senkung des Verbrauchs von Rohstoffen und Materialien einschließlich Energie und fremder Leistungen wird an der eintretenden Kosteneinsparung gemessen. Das geschieht auf der Grundlage des Rohstoff- oder Materialpreises sowie des Preises für die fremden Leistungen, der im Betrieb kostenwirksam ist.
(2) Für den bei der Verarbeitung anfallenden Schrott ist der Schrotterlös zu berücksichtigen.

§ 7

(1) Die Verringerung des Aufwandes an Arbeitsmitteln, wie Maschinen, Anlagen und Werkzeugen je Erzeugnis oder Leistungseinheit — insbesondere durch bessere Auslastung vorhandener und Aussonderung nicht benötigter Grundmittel — ist auf der Grundlage der auf ein Jahr entfallenden Kosteneinsparung für diese Arbeitsmittel zu messen.

(2) Bei abschreibungspflichtigen Grundmitteln ist vom normativen Abschreibungsbetrag und den Kosten für die Instandhaltung auszugehen. Zum Zwecke der Nutzensermittlung ist auch dann so zu verfahren, wenn die betreffenden Grundmittel voll abgeschrieben sind.
(3) Aus der Aussonderung von Arbeitsmitteln erzielte Erlöse sowie Veränderungen der Produktionsfondsabgabe oder Handelsfondsabgabe werden in die Ermittlung des Nutzens einbezogen, wenn die Aussonderung im unmittelbaren Zusammenhang mit der Neuerung oder Erfindung steht. Verbleibende Restbuchwerte sind in Höhe von 20% nutzensmindernd zu berücksichtigen.
(4) Der mit der besseren Auslastung oder Aussonderung von Grundmitteln – außer der Verringerung des Aufwandes an Arbeitsmitteln – unmittelbar eingetretene Nutzen aus der Erhöhung der Produktion oder der Leistungen wird neben dem gemäß Abs. 1 zu ermittelnden Nutzen nach § 14 dieser Anordnung gesondert ermittelt.

§ 8

(1) Werden geplante Aufwendungen, wie für die Instandhaltung und die Verwaltung bei Erfüllung der damit durchzuführenden Aufgaben und Maßnahmen eingespart, so sind die eingesparten Mittel in voller Höhe als Nutzen zu berücksichtigen, soweit die Einsparung nicht bereits nach anderen Bestimmungen dieser Anordnung als Nutzen ermittelt worden ist.
(2) Abs. 1 gilt entsprechend bei allen anderen Kosten, die den Erzeugnissen nicht direkt zugerechnet werden. Eine Veränderung von Gemeinkostenzuschlagsätzen wird nicht berücksichtigt.

§ 9

(1) Führen Neuerungen oder Erfindungen zu einer Einsparung vorgesehener Investitionen, so sind die eingesparten Investitionsfinanzierungsmittel als Nutzen zu berücksichtigen.
(2) Wird eine Einsparung an Investitionsmitteln auf der Grundlage technisch-ökonomischer Lösungen erzielt, die eine zeitliche Verlagerung von gesellschaftlichem Aufwand auf einen späteren Zeitpunkt und damit einen zwischenzeitlichen Einsatz materieller und finanzieller Fonds für anderweitige produktive Zwecke ermöglichen, so sind als Nutzen mindestens 10% der eingesparten Investitionsfinanzierungsmittel zu berücksichtigen. Der Leiter des Betriebes kann ausgehend von der volkswirtschaftlichen Bedeutung der Einsparung und der Dauer der Verlagerung des Aufwandes einen höheren Prozentsatz festsetzen.

§ 10

Wird die Höhe des Durchschnittsbestandes an materiellen Umlaufmitteln verringert, ohne daß dadurch die bedarfsgerechte Versorgung der Volkswirtschaft und der Bevölkerung beeinträchtigt wird, so sind 10% des eingesparten Durchschnittsbestandes als Nutzen zu berücksichtigen.

§ 11
Verbesserung der Gebrauchseigenschaften
Herstellung neuer Erzeugnisse

(1) Werden durch die Benutzung einer Neuerung oder Erfindung Erzeugnisse mit verbesserten Gebrauchseigenschaften hergestellt, so ist bei der Nutzensermittlung von der volkswirtschaftlichen Bedeutung der Verbesserung der Gebrauchseigenschaften, insbesondere hinsichtlich der besseren Bedarfsbefriedigung der Volkswirtschaft und der Bevölkerung, auszugehen. Dabei ist zu berücksichtigen, in welchem Umfang beim Einsatz dieser Erzeugnisse die im § 2 dieser Anordnung genannten Nutzensarten wirksam werden.

(2) Sind mit der Herstellung der Erzeugnisse mit verbesserten Gebrauchseigenschaften Zusatzgewinne, Gewinn- oder Preiszuschläge verbunden, so werden diese in die Nutzensermittlung einbezogen. In solchen Fällen ist als Nutzen mindestens der Betrag festzulegen, der sich aus dem Zusatzgewinn, dem Gewinn- oder Preiszuschlag als Gewinnerhöhung ergibt.

(3) Werden durch eine Neuerung oder Erfindung neue Erzeugnisse hergestellt, so ist als Nutzen der erzeugnisbezogene Gewinn des Herstellers in der Höhe der Vergütung zugrunde zu legen, in der das Erzeugnis durch die Neuerung oder Erfindung betroffen wird.

§ 12
Verbesserung der Arbeits- und Lebensbedingungen

Werden die Arbeits- und Lebensbedingungen verbessert, so ist der Nutzen zu beschreiben. Bei Verbesserung des Gesundheits- oder Arbeitsschutzes, des Brandschutzes oder der technischen Sicherheit ist der Nutzen insbesondere auf der Grundlage der Anzahl und der Schwere der eingeschränkten oder beseitigten Gefahren für das Leben oder die Gesundheit der Menschen zu bewerten.

§ 13
Einsparung von Arbeitsplätzen

Soweit durch die Einsparung von Arbeitsplätzen Arbeitskräfte volkswirtschaftlich anders eingesetzt werden, ist bei der Ermittlung des Nutzens zu der nach § 5 Abs. 1 gemessenen Einsparung an Grund- und Hilfslohn ein Zuschlag von 100% hinzuzurechnen.

§ 14
Erhöhung der Produktion oder der Leistungen

Führen Neuerungen oder Erfindungen durch

– Erschließung von Reserven, insbesondere durch Nutzung von Produktionsreserven, wie die Verwertung von Produktionsabfällen oder wertgemindertem Material,

- Rationalisierung technologischer Prozesse, Verbesserung der Arbeitsorganisation,
- Erhöhung der Auslastung der vorhandenen Grundmittel,
- frühere Inbetriebnahme von Investitionen oder durch vorzeitigen Abschluß von Instandhaltungsmaßnahmen

zu einer Erhöhung der Produktion oder Leistungen und ist damit eine Verbesserung der Versorgung der Volkswirtschaft oder der Bevölkerung verbunden, so sind 20% der Verarbeitungskosten als Nutzen zu berücksichtigen.

§ 15

Erhöhung von Exporten, Verringerung von Importen

Werden durch eine Neuerung oder Erfindung Exporte erhöht oder Importe verringert, so ist der Nutzen an den zusätzlichen Exporterlösen oder verringerten Importaufwendungen zu messen.

3. Abschnitt

Übergangs- und Schlußbestimmungen

§ 16

(1) Diese Anordnung findet auf die Ermittlung des Nutzens Anwendung, wenn Neuerungen oder Erfindungen zum Zeitpunkt des Inkrafttretens dieser Anordnung noch nicht abschließend vergütet sind.
(2) Diese Anordnung tritt am 1. August 1972 in Kraft.
(3) Gleichzeitig tritt die Anordnung vom 27. Oktober 1967 über die Ermittlung des Nutzens zur Vergütung von Neuerungen (GBl. II Nr. 99 S. 713) außer Kraft.

[1]) Abgedruckt unter G **14** 01.
[2]) Abgedruckt unter G **14** 02.

Richtlinie zur Weiterentwicklung der Neuererbewegung im staatlichen Gesundheits- und Sozialwesen

vom 27. Juni 1972

(VuM MfGe Nr. 12 S. 89)

Die Lösung der dem Gesundheits- und Sozialwesen vom VIII. Parteitag der SED gestellten Aufgaben hängt im entscheidenden Maße davon ab, wie es gelingt, die Fähigkeiten und schöpferischen Initiativen aller Mitarbeiter zu entfalten, zu fördern und zu lenken. Dabei kommt der Neuererbewegung als einer spezifischen Form der Masseninitiative im sozialistischen Wettbewerb besondere Bedeutung zu. Sie dient der Erfüllung gesundheitspolitischer und sozialer Zielstellungen und ist eine wichtige Reserve zur Lösung von wissenschaftlichen, organisatorischen, ökonomischen, technologischen und anderen Aufgaben.
Zur Weiterentwicklung der Neuererbewegung im staatlichen Gesundheits- und Sozialwesen werden in Abstimmung mit dem Zentralvorstand der Gewerkschaft Gesundheitswesen auf der Grundlage der Verordnung über die Förderung und Tätigkeit der Neuerer und Rationalisatoren in der Neuererbewegung (Neuererverordnung) vom 22. Dezember 1971 (GBl. II Nr. 1/1972 S. 1)[1] und der gesammelten Erfahrungen folgende Hinweise gegeben:

1. Aufgaben der Neuererbewegung

Die Neuererbewegung ist zur Erhöhung der Qualität und der Effektivität der medizinischen und sozialen Betreuung sowie zur weiteren Verbesserung der Arbeits- und Lebensbedingungen der Mitarbeiter auf der Grundlage der Pläne der Einrichtungen auf folgende Schwerpunkte zu lenken:

- rasche Anwendung wissenschaftlicher Erkenntnisse in der Praxis
- Erweiterung und Qualifizierung des Zusammenwirkens der Einrichtungen, vor allem zwischen denen des ambulanten medizinischen und des stationären Bereichs
- Entwicklung leistungsfähiger diagnostischer Arbeitsbereiche durch zweckmäßige Konzentration und Spezialisierung
- Erweiterung und Qualifizierung der arbeitsmedizinischen Betreuung, besonders in den Schwerpunktbetrieben des Fünfjahrplanes
- Verbesserung der Betreuung der Bürger im höheren Lebensalter
- Verbesserung des Gesundheits-, Arbeits- und Brandschutzes in den Einrichtungen, insbesondere Reduzierung der körperlich schweren Arbeiten

– Rationalisierung der Arbeitsabläufe und Arbeitsmethoden im medizinischen und sozialen Betreuungsbereich, im medizinisch-technischen Versorgungsbereich und im wirtschaftlichen Versorgungsbereich sowie im Bereich der Hygiene; Rationalisierung zur sinnvollen Ausnutzung und Konzentration der Technik, besonders der Medizintechnik.

2. Zur Verantwortlichkeit der Leiter in den Einrichtungen

2.1. Die Leiter der Einrichtungen leiten und lenken die schöpferische Initiative ihrer Mitarbeiter in der Neuererbewegung auf der Grundlage des Planes der Einrichtung. Sie orientieren alle Mitarbeiter auf eine kollektive Neuerertätigkeit im sozialistischen Wettbewerb; schließen Neuerervereinbarungen entsprechend der Neuererverordnung ab.

2.2. Jeder Leiter einer Einrichtung analysiert im Zusammenwirken mit der BGL und dem gewählten Neuererkollektiv bei der Einschätzung des sozialistischen Wettbewerbs regelmäßig den Stand der Neuererbewegung sowie den der MMM-Bewegung und legt im Ergebnis dessen Maßnahmen für die weitere Arbeit fest.

2.3. Die Leiter in den Einrichtungen organisieren zielstrebig die sozialistische Gemeinschaftsarbeit in der Neuererbewegung als festen Bestandteil des sozialistischen Wettbewerbs. Dabei ist der Anteil von Frauen und Jugendlichen sowie der Beteiligung von Angehörigen der mittleren medizinischen Berufe und der Intelligenz entscheidend zu erhöhen.

2.4. Die Leiter der Einrichtungen entscheiden im Zusammenwirken mit den BGLen, in welchen Fachbereichen Neuererbrigaden zu bilden sind, deren Stärke mindestens drei Mitglieder beträgt.

2.5. Die Leiter der vom zuständigen Kreisarzt festgelegten Einrichtungen (Ziff. 3.4.) richten ein betriebliches Büro für die Neuererbewegung (BfN) ein.
Für eine fachgerechte Lösung der Aufgaben ist es erforderlich, daß die BfN-Mitarbeiter an einem Lehrgang bei der Kammer der Technik über Neuererrecht teilgenommen haben bzw. in Kürze teilnehmen.
Das BfN untersteht dem Leiter der Einrichtung; er kann es einem seiner Stellvertreter, in der Regel seinem ärztlichen Stellvertreter, unmittelbar unterstellen. Eine weitere Delegierung ist unzulässig.

3. Zur Verantwortlichkeit der Kreisärzte

3.1. Jeder Kreisarzt schätzt im Zusammenwirken mit dem Kreisvorstand der Gewerkschaft Gesundheitswesen vierteljährlich die Entwicklung des sozialistischen Wettbewerbs ein und analysiert im Zusammenhang damit den Stand der Neuererbewegung und den der MMM-Bewegung. Im Ergebnis legt er Schlußfolgerungen für die weitere Arbeit fest.

3.2. Die Kreisärzte sind dafür verantwortlich, daß mit Leitern aus den Einrichtungen Erfahrungsaustausche über bewährte Methoden der Leitung und Planung der Neuererbewegung sowie mit Neuerern, Rationalisatoren und Leitern über nachnutzbare Neuerungen in enger Zusammenarbeit mit der Gewerkschaft Gesundheitswesen durchgeführt werden.

3.3. Jeder Kreisarzt beauftragt einen qualifizierten Mitarbeiter der Fachabteilung mit der Wahrnehmung der Aufgaben zur Kontrolle der Aktivitäten bei der Weiterentwicklung der Neuererbewegung. In dieser Funktion untersteht der Mitarbeiter dem Kreisarzt unmittelbar. Der Beauftragte des Kreisarztes für die Neuererbewegung arbeitet eng mit dem Leit-BfN der Abteilung Gesundheits- und Sozialwesen des zuständigen Rates des Bezirkes zusammen.

3.4. Jeder Kreisarzt legt in Abstimmung mit dem Kreisvorstand der Gewerkschaft Gesundheitswesen unter Berücksichtigung der Notwendigkeit der qualifizierten Weiterentwicklung der Neuererbewegung und der zielstrebigen Anwendung der Neuererverordnung fest, in welchen Einrichtungen entsprechend ihrer Größe, der Zahl der Mitarbeiter und anderer örtlicher Bedingungen BfN zu bilden sind.
Es wird empfohlen, die Möglichkeit der Schaffung eines hauptamtlich besetzten BfN zu prüfen, das als betriebliches BfN die Aufgaben für alle oder für einige Einrichtungen des Kreises übernimmt. Es ist anzustreben, daß die Mitarbeiter dieser gemeinsamen BfN Fachschulkader sind. Sie müssen an einem Lehrgang der Kammer der Technik für hauptamtliche BfN-Mitarbeiter teilgenommen haben oder in Kürze dazu delegiert werden.

4. Zur Verantwortlichkeit der Bezirksärzte

4.1. Jeder Bezirksarzt schätzt im Zusammenwirken mit dem Bezirksvorstand der Gewerkschaft Gesundheitswesen mindestens zweimal im Jahr den Stand des sozialistischen Wettbewerbs und dabei den der Neuererbewegung und den der MMM-Bewegung ein; er legt Maßnahmen zur Weiterarbeit fest.

4.2. Er ist verantwortlich dafür, daß mit Kreisärzten und Leitern von Einrichtungen Erfahrungsaustausche über bewährte Methoden der Leitung und Planung der Neuererbewegung durchgeführt und die Ergebnisse verallgemeinert werden.

4.3. Jeder Bezirksarzt veranlaßt, daß überbetrieblich benutzbare Neuerungen durch Erfahrungsaustausche im Neuererzentrum des Bezirks und durch andere bereits bewährte und durch neue Formen und Methoden verbreitet und daß sie nachgenutzt werden.

4.4 Die Bezirksärzte veranlassen, daß entsprechend den örtlichen Voraussetzungen die Bezirksakademien zu Stätten des Erfahrungsaustausches der Neuerer und Rationalisatoren des Gesundheits- und Sozialwesens entwickelt werden.

4.5. Jeder Bezirksarzt schafft ein Leit-BfN, das ihm unmittelbar untersteht; er kann es seinem ärztlichen Stellvertreter unterstellen. Eine weitere Delegierung ist nicht zulässig.

Das Leit-BfN ist im erforderlichen Maße mit einem oder mehreren Mitarbeitern hauptamtlich zu besetzen. Als Leiter des Leit-BfN soll ein qualifizierter Fachschulkader eingesetzt werden, der an einem Lehrgang bei der Kammer der Technik für hauptamtliche BfN-Leiter teilgenommen haben muß oder in absehbarer Zeit dazu delegiert wird.
Das Leit-BfN leitet im Auftrage des Bezirksarztes und im Einverständnis mit den Kreisärzten die Beauftragten für die Neuererbewegung der Kreisärzte sowie die BfN-Mitarbeiter der Einrichtungen fachlich unmittelbar an und kontrolliert deren Tätigkeit.

4.6. Die Festlegungen gem. Ziff. 4.1. bis 4.5. dieser Richtlinie gelten analog für den Hauptdirektor des Staatlichen Versorgungskontors für Pharmazie und Medizintechnik (SVPM).

5. Anerkennung der Leistungen der Neuerer

5.1. Die Leiter der Einrichtungen sind dafür verantwortlich, daß der moralischen Anerkennung jeder Neuererleistung größte Aufmerksamkeit geschenkt wird.
Gemeinsam mit den BGLen legen sie in den BKVen Maßnahmen und geeignete Formen der Überreichungen der Vergütungen z. B. auf Festveranstaltungen, in Gewerkschaftsversammlungen oder in anderen gemeinschaftlichen Zusammenkünften fest.

5.2. Die Finanzierungsquellen für Vergütungen, für zu erstattende Aufwendungen und für das Erfinderentgelt bei Auslandsanmeldungen von Patenten sind für das Gesundheits- und Sozialwesen in § 9 Abs. 4 der Ersten Durchführungsbestimmung zur Neuererverordnung (GBl. II Nr. 1 S. 11)[2] geregelt. Danach sind Vergütungen usw. zu Lasten der durch die Benutzung der Neuerungen oder Erfindungen erzielten Einsparungen an Haushaltsmitteln zu zahlen. Werden durch die Benutzung Mehreinnahmen erzielt, so hat die Finanzierung aus diesen zu erfolgen.

5.3. Da die überwiegende Zahl der Neuerungen im Gesundheits- und Sozialwesen so gestaltet ist, daß der mit der Benutzung erzielte gesellschaftliche Nutzen nicht in Geld meßbar ist und keine Einsparungen oder Mehreinnahmen erzielt werden, wird empfohlen, bei der Ausarbeitung der jährlichen Haushaltspläne im SK 3470 Mittel für Vergütungen von Neuerungen und für zu erstattende Aufwendungen planmäßig vorzusehen. Die Höhe ergibt sich aus den Erfahrungen der bisher jährlich für diese Zwecke gezahlten Beträge, aus den bereits abgeschlossenen Neuerervereinbarungen und den noch vorgesehenen vereinbarten Neuererleistungen des Planjahres. Dabei ist die erforderliche Erweiterung der Neuererbewegung zu berücksichtigen. Es ist zweckmäßig, daß die staatlichen Leiter sich mit den BGLen und den gewählten Neuereraktivs beraten.
Diese geplanten Beträge sind zweckgebunden und dürfen nicht als allgemeine Deckungsmittel im Rahmen des Haushaltsvolumens der Einrichtung verwendet werden.

Mehreinnahmen oder Einsparungen sind nur dann Finanzierungsquellen, wenn die für Vergütungen und zu erstattende Aufwendungen geplanten Mittel nicht ausreichen. Für die im SK 3470 erfaßten und nachgewiesenen Ausgaben ist die erzielte Mehreinnahme oder Einsparung in den jeweils zweckbestimmenden Fonds die Deckungsquelle.

5.4. Die Buchungen haben im SK 3470 — Prämien und Vergütungen außerhalb zweckgebundener Fonds — zu erfolgen.

5.5. Der nach den gesetzlichen Bestimmungen zu bildende Prämien-, Kultur- und Sozialfonds ist für die genannten Zwecke nicht in Anspruch zu nehmen.

5.6. Für das Jahr 1972 sind, wenn Mittel für Vergütungen und zu erstattende Aufwendungen im Haushaltsplan nicht vorgesehen wurden, Finanzierungsquellen in erster Linie erzielte Mehreinnahmen und Einsparungen der Einrichtungen. Reichen diese nicht aus und ist eine Finanzierung aus dem Haushalt des jeweils zuständigen örtlichen Organs (Räte der Gemeinden, Städte, Kreise oder Bezirke) oder aus Mitteln des Fonds der Volksvertretungen nicht möglich, so ist über die zuständige Fachabteilung des Rates des Bezirkes eine begründete Mittelanforderung an das Ministerium für Gesundheitswesen, Gruppe Finanzen, zu richten.

6. Schlußbestimmungen

Die „Arbeitsrichtlinie über die Förderung und Lenkung der Neuererbewegung im staatlichen Gesundheits- und Sozialwesen" vom 10. Juni 1968 (Verf. und Mitt. Nr. 12/68) wird aufgehoben.

[1]) Abgedruckt unter G **14** 01.
[2]) Abgedruckt unter G **14** 02.

Anweisung über Maßnahmen zur Organisierung der Verbreitung und Nachnutzung von Neuerungen im staatlichen Gesundheits- und Sozialwesen

vom 10. März 1975

(VuM MfGe Nr. 9 S. 60)

Die Nachnutzung bewährter Neuerungen ist eine besonders effektive Methode der Leitung und Planung zur weiteren Verbesserung der medizinischen und sozialen Betreuung der Bevölkerung. Das gilt vornehmlich für die Rationalisierung der Arbeitsprozesse.
Die umfassende Verbreitung und Nachnutzung von Neuerungen ist in erster Linie ein ideologisches Problem. Deshalb gilt es, durch gezielte politisch-ideologische Arbeit gemeinsam mit den Leitungen der Gewerkschaft und der FDJ alle Hemmnisse zu überwinden, die ihnen noch entgegenwirken.
Zur Qualifizierung der Arbeit der staatlichen Organe und der Einrichtungen des staatlichen Gesundheits- und Sozialwesens bei der überbetrieblichen Verbreitung und der Nachnutzung von Neuerungen weise ich in Übereinstimmung mit dem Zentralvorstand der Gewerkschaft Gesundheitswesen und dem Zentralrat der Freien Deutschen Jugend an:

1. **Die Leiter der Einrichtungen**

- sichern eine umfassende Auswertung der zur Verfügung stehenden Informationsquellen über nachnutzbare Neuerungen. Dazu sind bei den Büros für Neuererbewegung (BfN) oder bei einem staatlichen Leiter Arbeitsgruppen zu bilden, deren spezielle Aufgabe es ist, die Informationsquellen auszuwerten und die Nachnutzung von Neuerungen sowie die überbetriebliche Verbreitung von bewährten Neuerungen im Auftrage des Leiters der Einrichtung zu organisieren und zu kontrollieren. Dabei ist mit dem gewählten Neuereraktiv der Gewerkschaft eng zusammenzuarbeiten. Im Zusammenhang mit der Kontrolle der Erfüllung der Pläne der Einrichtung und des Wettbewerbsprogramms lassen sich die Leiter über die Ergebnisse und Erfahrungen dieser Arbeitsgruppe berichten und legen Maßnahmen zur Verbesserung der Arbeit fest;
- gewährleisten, daß die zur Nachnutzung zugesandten Unterlagen wie ein in der Einrichtung eingereichter Neuerervorschlag entsprechend den Bestimmungen der Neuererverordnung (NVO) bearbeitet werden;
- veranlassen, daß nachnutzbare Neuerungen in die Pläne der Einrichtungen aufgenommen werden;
- sind dafür verantwortlich, daß in Abstimmung mit den Betriebsgewerkschaftsleitungen in den Betriebskollektivverträgen und Wettbewerbsprogrammen kon-

trollierbare Verpflichtungen zur Weiterleitung und zur Nachnutzung von Neuerungen festgelegt werden;

- sorgen in Abstimmung mit den Leitungen der Gewerkschaft und der FDJ dafür, daß die Nachnutzung von Neuerungen in **jedem** Falle moralisch und materiell (aus dem Prämienfonds) anerkannt wird. Außerdem ist die Nachnutzung von Neuerungen als ein wichtiges Merkmal beim Kampf um den Titel „Kollektiv der sozialistischen Arbeit" oder bei dessen Verteidigung sowie bei der Auszeichnung im sozialistischen Wettbewerb zu werten;
- schenken der Weitergabe und der Nachnutzung von Neuerungen der Jugendlichen besondere Aufmerksamkeit. Sie übertragen in Abstimmung mit den Leitungen der FDJ und der Gewerkschaft einzelnen Mitgliedern der Delegationen, die sie zum organisierten Besuch der MMM-Ausstellungen entsenden, konkrete Aufträge zur Prüfung der ausgestellten Leistungen auf Nachnutzbarkeit und zur unmittelbaren Vorbereitung der Nachnutzung. Dieser Erfahrungsaustausch beginnt bereits durch Besuche der Betriebs-MMM;
- sichern, daß bewährte Neuerungen außer im zentralen Informationssystem potentiellen Nachnutzern von den Einrichtungen unmittelbar angeboten werden.

2. Die Bezirks- und Kreisärzte

- geben Neuerungen mit hohem Rationalisierungseffekt zur obligatorischen Nachnutzung in ihrem Verantwortungsbereich zu deren Aufnahme in die Pläne und Wettbewerbsprogramme der Einrichtungen vor;
- kontrollieren bei geeigneten Anlässen, insbesondere im Rahmen der operativen Tätigkeit, die Verbreitung und Nachnutzung ausgewählter Neuerungen;
- sichern, daß in die Erfahrungsaustausche über die Führung des sozialistischen Wettbewerbs, über die Leitung und Planung der Neuererbewegung sowie der Bewegung MMM bewährte Methoden der Verbreitung und der Nachnutzung von Neuerungen einbezogen und schnell verallgemeinert werden. Dazu sind auch solche Methoden wie Ausstellungen, Neuererkonferenzen, Neuererseminare, Aus- und Weiterbildungsveranstaltungen und Arbeitsberatungen auszunutzen. Die Zusammenarbeit mit den Bezirksneuererzentren ist dabei zu verbessern und zu vertiefen.

3. Im Ministerium für Gesundheitswesen

- sind die Leiter der Struktureinheiten verpflichtet, dem Minister bedeutsame Neuerungen, besonders solche mit hohem Rationalisierungseffekt, zur obligatorischen Nachnutzung vorzuschlagen;
- ist die zentrale Information methodisch und organisatorisch zu qualifizieren. Dazu wird das Zentrale Büro für Neuererwesen (Z—BfN) des Ministeriums für Gesundheitswesen beauftragt, ab III. Quartal 1975 eine „Schnellinformation über nach-

nutzbare Neuerungen im staatlichen Gesundheits- und Sozialwesen" herauszugeben. Deren Bedingungen und Methoden sind in der Anlage zu dieser Anweisung festgelegt. In diese „Schnellinformation" sind **nicht** aufzunehmen Neuerungen, die diagnostische oder therapeutische Verfahren und Methoden zum Inhalt haben oder die das Lebensmittelgesetz, das Arzneimittelgesetz und deren Nebenbestimmungen, wissenschaftlich-pädagogische Methoden oder andere zentrale Festlegungen berühren. Über die Verbreitung von Neuerungen diesen Inhalts entscheiden die Leiter der fachlich zuständigen Struktureinheiten des Ministeriums für Gesundheitswesen.
In der „Schnellinformation" können auch Neuerungen aus anderen Verantwortungsbereichen veröffentlicht werden, wenn sie den in der Anlage zu dieser Anweisung getroffenen Festlegungen entsprechen.

4. **Diese Anweisung tritt mit Wirkung vom 1. Mai 1975 in Kraft.**

Anlage

zu vorstehender Anweisung

Für die „Schnellinformation über nachnutzbare Neuerungen im staatlichen Gesundheits- und Sozialwesen" gelten folgende Festlegungen:

1. Die Leiter der Einrichtungen sichern, daß alle nachnutzbaren, in der Praxis bewährten Neuerungen nach Inhalt und Form in der gleichen Weise dokumentiert werden, wie sie in den Informationsblättern der Z–BfN veröffentlicht sind (vgl. z. B. Verf. und Mitt. des MfGe Nr. 15/74). Zu ergänzen ist die Zeile: „Beginn der Erstbenutzung ..."
2. Die so dokumentierten Neuerungen sind vom BfN der Einrichtung oder von einem damit beauftragten staatlichen Leiter unmittelbar dem Leit-BfN der zuständigen Fachabteilung des Rates des Bezirkes, des SVPM oder des Gesundheitswesens Wismut in zwei Exemplaren, Format A 5, quer, zuzuleiten. Die Dokumentationen sind **vom Leiter der Einrichtung** zu unterschreiben.
   Die dem MfGe nachgeordneten Einrichtungen senden die dokumentierten Neuerungen unmittelbar an das Z–BfN des MfGe.
3. Jeder Leiter einer Einrichtung sichert mit seiner Unterschrift unter die dokumentierten Neuerungen zu, daß
   – die Neuerung ausreichend erprobt wurde, sich in der Einrichtung bewährt hat und überbetrieblich nachnutzbar ist,
   – eine unter Beachtung der Bestimmungen der Neuererverordnung (NVO) entstandene vereinbarte Neuererleistung oder ein vergütungspflichtiger Neuerervorschlag (NV) vorliegt,
   – die Unterlagen zur Nachnutzung auf Anforderung hin zur Verfügung gestellt werden,

- in den Fällen, in denen zur Nachnutzung Erfahrungen oder Dokumentationen notwendig sind, die über die Unterlagen der Neuerung hinausgehen, diese auf Anforderung vermittelt bzw. zur Verfügung gestellt werden. Nur in diesen Fällen können Wirtschaftsverträge entsprechend der Nutzungsanordnung vom 4. Oktober 1971 (GBl. II Nr. 75 S. 641) abgeschlossen werden,
- die Frage der Schutzwürdigkeit gem. § 25 NVO geprüft und ggf. die notwendige schutzrechtliche Sicherung erfolgt ist,
- mit der Benutzung keine in der DDR bestehenden Schutzrechte verletzt werden,
- die Bestimmungen des Gesundheits-, Arbeits- und Brandschutzes eingehalten werden,
- die Neuerung nicht von der Aufnahme in die „Schnellinformation" ausgeschlossen ist (vgl. Ziff. 3 der Anweisung).

4. Die Leiter der Leit-BfN überprüfen in Zusammenarbeit mit dem zuständigen Fachreferat Inhalt, Form und Vollständigkeit der dokumentierten Neuerungen, überarbeiten in notwendigen Fällen den Text und senden zwei manuskriptreife Exemplare unverzüglich an das Z-BfN des MfGe.
5. Das Z-BfN sorgt für die Veröffentlichung in den „Schnellinformationen" in geeigneter Weise. Die Texte können redaktionell bearbeitet werden.

Mitteilung über die Veröffentlichung von überbetrieblich benutzbaren Neuerungen

vom 15. Mai 1976

(VuM MfGe Nr. 6 S. 30)

Die Informationen über überbetrieblich benutzbare Neuerungen erfolgen ab Monat April 1976 in der Zeitung „humanitas“. Alle Leiter, Mitglieder der Arbeitskollektive und der MMM-Kollektive, Neuerer, BfN-Mitarbeiter, Mitglieder der Neuererbrigaden, der Arbeitsgruppen MMM sowie der Neuereraktivs der Gewerkschaft Gesundheitswesen sind aufgefordert, diese Veröffentlichungen regelmäßig zu studieren und für ihre Arbeit auszuwerten.

Für die BfN sind sie eine wichtige Grundlage, um gemäß der „Anweisung über Maßnahmen zur Organisierung der Verbreitung und Nachnutzung von Neuerungen im staatlichen Gesundheits- und Sozialwesen“ vom 10. März 1975[1] in enger Zusammenarbeit mit den gewerkschaftlichen Neuereraktiven die überbetriebliche Benutzung von Neuerungen zu organisieren und zu kontrollieren.

Es ist notwendig, daß die Fachreferate der Abteilungen Gesundheits- und Sozialwesen des Magistrats von Groß-Berlin, der Räte der Bezirke und des Gesundheitswesens Wismut die überbetriebliche Benutzung von Neuerungen im sozialistischen Wettbewerb immer besser in ihre Leitungstätigkeit einbeziehen und in Zusammenarbeit mit den Leit-BfN ihrer Abteilungen die Durchsetzung dieser Anweisung zielstrebiger anleiten und kontrollieren.

[1]) Abgedruckt unter G 14 08.

Anordnung über die Würdigung erfinderischer Leistungen durch Bezeichnung einer Erfindung mit dem Namen des Erfinders

vom 28. April 1978

(GBl. I Nr. 15 S. 178)

§ 1

(1) Zur Würdigung der Leistung des Erfinders kann eine Erfindung von überragender volkswirtschaftlicher Bedeutung mit dem Namen des Erfinders bezeichnet werden (Namensverleihung), sofern für sie ein Wirtschaftspatent beantragt wurde, die Erfindung patentfähig ist und der Erfinder der Namensverleihung zugestimmt hat.
(2) Über die Namensverleihung entscheidet der Minister für Wissenschaft und Technik auf Anregung der Leiter zentraler Staatsorgane. Mit der Anregung sind die Begründung zur volkswirtschaftlichen Bedeutung der Erfindung und die erforderlichen Angaben zur Person des Erfinders sowie die Erklärung seines Einverständnisses mit der Namensverleihung zu übergeben.

§ 2

(1) Mit der Entscheidung über die Namensverleihung wird die Form festgelegt, in der dieser Name zu führen ist.
(2) Kollektivverfindungen können auch die Namen mehrerer Personen erhalten.
(3) Anstelle eines Namens kann für die Erfindung eine besondere Bezeichnung festgelegt werden.

§ 3

(1) Über die Namensverleihung erhalten die Erfinder eine Urkunde. Die Namensverleihung ist vom Amt für Erfindungs- und Patentwesen in das Patentregister einzutragen. Wird eine Patentschrift nach der Namensverleihung ausgegeben, dann wird in der Patentschrift auf die Namensverleihung hingewiesen.
(2) Der verliehene Name oder die festgelegte besondere Bezeichnung der Erfindung ist insbesondere bei Publikationen, in technischen Dokumentationen sowie beim Absatz von Erzeugnissen während der Laufdauer des Wirtschaftspatents zu verwenden. Der verliehene Name oder die besondere Bezeichnung können nach Erlöschen des Wirtschaftspatents weitergeführt werden.

§ 4

(1) Diese Anordnung tritt mit ihrer Veröffentlichung in Kraft[1].

(2) Sie ist auf Erfindungen anzuwenden, für die Patentanmeldungen nach dem Inkrafttreten dieser Anordnung vorgenommen werden.

[1]) Veröffentlicht am 25. Mai 1978.

Kapitelinhaltsverzeichnis

Kapitel H

Gesundheits-, Arbeits- und Brandschutz

Erste Durchführungsbestimmung zur Arbeitsschutzverordnung[1] — Überwachungspflichtige Anlagen —

vom 25. Oktober 1974

(GBl. I Nr. 59 S. 556)

§ 1
Begriffsbestimmungen

(1) Überwachungspflichtige Anlagen im Sinne dieser Durchführungsbestimmung sind solche Anlagen, für die eine staatliche Überwachung durch die Technische Überwachung der Deutschen Demokratischen Republik (im folgenden Technische Überwachung genannt) in Rechtsvorschriften festgelegt ist.
(2) Überwachungspflichtige Anlagen sind in der Anlage 1 festgelegt und schließen Teilanlagen, Anlagenteile und zugehörige Ausrüstungen ein. Einzelheiten zum Umfang der überwachungspflichtigen Anlagen sind in Abhängigkeit von anlagenspezifischen Parametern in den für den Schutz von Leben und Gesundheit der Bürger, insbesondere der Werktätigen im Arbeitsprozeß, sowie den Schutz des Volkseigentums und anderer Sachwerte (im folgenden Arbeits- und Havarieschutz genannt) geltenden Rechtsvorschriften geregelt.

§ 2
Allgemeine Grundsätze

(1) Die Leiter von Betrieben, Kombinaten, Einrichtungen und die Vorstände der Genossenschaften (im folgenden Leiter von Betrieben genannt) haben zu sichern, daß bei der Forschung und Entwicklung, Vorbereitung von Investitionen, Projektierung, Konstruktion, Herstellung und Errichtung, bei der Inbetriebnahme und beim Betreiben, beim Bedienen und Instandhalten sowie beim Importieren überwachungspflichtiger Anlagen die notwendigen Voraussetzungen geschaffen werden, um die sich aus den Rechtsvorschriften zur Durchsetzung des Arbeits- und Havarieschutzes ergebenden Forderungen zu erfüllen. Hierzu sind insbesondere alle für die Werktätigen, die Sachwerte und die Umwelt auftretenden Gefahren und Auswirkungen von Havarien unter Beachtung der komplexen Zusammenhänge der Produktion zu analysieren. Von den Leitern von Betrieben sind die notwendigen Mittel und Maßnahmen zur Vermeidung von Gefahren und zur Begrenzung auftretender Havarien festzulegen.
(2) Im Rahmen ihrer staatlichen Überwachungstätigkeit zur Durchsetzung des Arbeits- und Havarieschutzes führt die Technische Überwachung planmäßig technische Prüfungen an überwachungspflichtigen Anlagen durch und kontrolliert in diesem Zusammenhang:

- technische und technologische Unterlagen,

– das Vorliegen technischer, technologischer und personeller Voraussetzungen für das Herstellen, Errichten, Betreiben und Instandhalten,
– die entsprechende Qualifikation oder Befähigung und die Verhaltensweisen von Werktätigen für Tätigkeiten an überwachungspflichtigen Anlagen,
– die Wahrnehmung der entsprechenden Leitungs- und Planungsaufgaben im Arbeits- und Havarieschutz.

(3) Die Überwachungstätigkeit der Technischen Überwachung, insbesondere die in ihrem Ergebnis erteilten Zustimmungen und Auflagen, mindert nicht die Verantwortung der Leiter von Betrieben gemäß Abs. 1.
(4) Bei anderen staatlichen Organen bestehende Technische Überwachungen nehmen in ihrem Verantwortungsbereich die für die Technische Überwachung geregelten Aufgaben wahr. Die von diesen Organen im Rahmen ihrer Überwachungsaufgaben getroffenen Entscheidungen werden anerkannt, wenn dazu entsprechende Vereinbarungen bestehen.

§ 3

Forschung und Entwicklung

(1) Die Leiter von Betrieben haben durch die Einbeziehung des Arbeits- und Havarieschutzes in die planmäßige Forschung und Entwicklung ein hohes wissenschaftlich-technisches Niveau auf diesem Gebiet zu sichern.
(2) Die Leiter von Betrieben können die gemäß Anlage 2 zuständige Inspektion der Technischen Überwachung bei der Planung und Durchführung der Forschung und Entwicklung, insbesondere im Rahmen der Verteidigung von Ergebnissen, einbeziehen. Art und Umfang der Einbeziehung sind mit der Technischen Überwachung abzustimmen.

§ 4

Vorbereitung von Investitionen, die überwachungspflichtige Anlagen beinhalten

(1) Bei der Vorbereitung von Investitionen haben die Investitionsauftraggeber zu sichern, daß die vorgesehenen technischen Lösungen den Erfordernissen des Arbeits- und Havarieschutzes entsprechen und die erforderlichen Maßnahmen zur Abwendung und Begrenzung von Gefahren unter Berücksichtigung der Analysenergebnisse gemäß § 2 Abs. 1 festgelegt werden.
(2) Bei der Erarbeitung der Unterlagen zur Vorbereitung der Investitionsvorentscheidung können die Investitionsauftraggeber die zuständige Inspektion der Technischen Überwachung einbeziehen. Bei der Erarbeitung der Dokumentation zur Vorbereitung der Grundsatzentscheidung haben die Investitionsauftraggeber die Pflicht, die zuständige Inspektion der Technischen Überwachung einzubeziehen. Entsprechend dem Umfang der vorgesehenen überwachungspflichtigen Anlagen legt sie dabei fest, ob ihr Teile der Doku-

mentation zur Grundsatzentscheidung zwecks Zustimmung vorzulegen sind. Gleiches gilt für die Auftragnehmer, die auf vertraglicher Grundlage Leistungen für den Investitionsauftraggeber erbringen.

(3) Sofern die Technische Überwachung nach Abs. 2 die Vorlage von Teilen der Dokumentation zur Grundsatzentscheidung festgelegt hat, sind diese in einfacher Ausfertigung bei der zuständigen Inspektion der Technischen Überwachung einzureichen. Aus ihnen muß folgendes ersichtlich sein:

- Standort des Investitionsvorhabens,
- die vom Investitionsauftraggeber als Aufgabenstellung vorgegebenen technischen und ökonomischen Kennziffern für überwachungspflichtige Anlagen,
- die technischen und ökonomischen Parameter der zum Einsatz kommenden überwachungspflichtigen Anlagen,
- der Umfang der zu erbringenden Lieferungen und Leistungen für die überwachungspflichtigen Anlagen mit ihren Terminen,
- vorgesehene Kooperationspartner, die Leistungen für überwachungspflichtige Anlagen erbringen, mit Abgrenzung ihrer Verantwortung sowie Lieferer aus anderen Staaten,
- die für das Betreiben überwachungspflichtiger Anlagen vorgesehenen Arbeitskräfte, einschließlich der Maßnahmen zu deren Aus- und Weiterbildung.

(4) Der Investitionsauftraggeber hat zu sichern, daß die Unterlagen gemäß Abs. 3 so rechtzeitig eingereicht werden, daß Auflagen der Technischen Überwachung bei der Erarbeitung der Dokumentation bis zum Treffen der Grundsatzentscheidung bzw. bei der Erarbeitung des Projektes erfüllt werden können.

§ 5

Projektierung

(1) Die Leiter von Betrieben haben bei der Projektierung den Arbeits- und Havarieschutz, aus der Forschung und Entwicklung abgeleitete Ergebnisse auf diesem Gebiet unter besonderer Beachtung der sicheren Bedienung, Wartung, Instandsetzung und Revision durchzusetzen.

(2) Bei der Erarbeitung von Projekten, die überwachungspflichtige Anlagen beinhalten, haben die Auftraggeber bzw. die entsprechenden Auftragnehmer die Pflicht, die zuständige Inspektion der Technischen Überwachung einzubeziehen. Sie legt dabei fest, in welchem Umfang die Projektierungsunterlagen zur Zustimmung zum Projekt einzureichen sind. Aus den in einfacher Ausfertigung einzureichenden Unterlagen muß insbesondere ersichtlich sein,

- daß alle Gefahren für die Werktätigen, Sachwerte und Umwelt unter Beachtung der komplexen Zusammenhänge der Produktion analysiert wurden,
- daß geforderte bzw. geeignete Mittel und Maßnahmen zur Vermeidung der Gefahren sowie zur Begrenzung der Auswirkung entstehender Brände und Havarien zur Anwendung kommen.

(3) Der Einreicher hat zu sichern, daß die Projekte gemäß Abs. 2 so rechtzeitig eingereicht werden, daß Auflagen der Technischen Überwachung vor der Herstellung bzw. Errichtung der Anlagen erfüllt werden können.
(4) Zustimmungen zum Projekt verlieren ihre Gültigkeit, wenn nicht innerhalb von 3 Jahren nach ihrer Erteilung mit der Realisierung des Projektes begonnen wurde.

§ 6

Konstruktion

(1) Die Leiter von Betrieben haben zu sichern, daß die Forderungen für den Einsatz der überwachungspflichtigen Anlagen berücksichtigt werden unter besonderer Beachtung einer sicheren und erschwernisfreien Bedienung, einer wartungsarmen und instandhaltungsgerechten Ausführung sowie notwendiger Festlegungen für die Revisionsdurchführung.
(2) Die Unterlagen sind zwecks Zustimmung zur Herstellung und Errichtung in einfacher und für Typzulassungen gemäß § 7 Abs. 4 in zweifacher Ausfertigung bei der zuständigen Inspektion der Technischen Überwachung einzureichen. Dazu gehören insbesondere:

- Deckblatt,
- Ausführungsunterlagen,
- technische und technologische Erläuterungen,
- Berechnungsunterlagen (Festigkeits-, Standfestigkeits-, Kurzschlußfestigkeitsberechnungen, maschinentechnische Berechnungen, statische Berechnungen),
- Zeichnungsunterlagen (Bau-, Grundriß-, Übersichts- und Detailzeichnungen),
- Elektro-, MSR-, Hydraulik-, Pneumatik-, Wirkschalt- und Stromlaufpläne.

Daraus muß die Erfüllung der Forderungen des Arbeits- und Havarieschutzes erkennbar sein. Sofern die genannten Unterlagen Gegenstand der Zustimmung zum Projekt waren, ist eine nochmalige Einreichung nicht erforderlich.
(3) Die Einreichung der Unterlagen hat so rechtzeitig zu erfolgen, daß Auflagen der Technischen Überwachung noch bei der Herstellung bzw. Errichtung erfüllt werden können.
(4) Zustimmungen zur Herstellung und Errichtung verlieren ihre Gültigkeit, wenn nicht innerhalb von 2 Jahren nach ihrer Erteilung mit der Herstellung bzw. Errichtung begonnen wurde.

§ 7

Herstellung und Errichtung

(1) Die Herstellung und Errichtung überwachungspflichtiger Anlagen ist nur Betrieben gestattet, die in Abhängigkeit von den anzuwendenden Fertigungs- und Prüfverfahren für überwachungspflichtige Anlagen von der Technischen Überwachung, sofern darüber in den für den Arbeits- und Havarieschutz geltenden Rechtsvorschriften Festlegungen getroffen wurden, zugelassen sind.

(2) Die Leiter von Betrieben haben bei Herstellung bzw. Errichtung von überwachungspflichtigen Anlagen in Serie oder in größeren Stückzahlen eine Typzulassung bei der zuständigen Inspektion der Technischen Überwachung zu beantragen.
(3) Für die Erteilung der Typzulassung können zusätzlich zur Prüfung der eingereichten Unterlagen gemäß § 6 Abs. 2 die Prüfung von Funktions- und Fertigungsmustern, von Erzeugnissen der Nullserie oder der laufenden Serie sowie Betriebserprobungen von der zuständigen Inspektion der Technischen Überwachung gefordert werden.
(4) Die Typzulassung wird befristet erteilt und kann Festlegungen über die Befreiung von weiteren Kontrollen und Prüfungen enthalten.
(5) Hat die Technische Überwachung eine Zustimmung bzw. Typzulassung erteilt und werden nachträglich wesentliche Änderungen an den Unterlagen bzw. Anlagen vorgenommen, die den Arbeits- und Havarieschutz beeinträchtigen können, sind ihr diese unverzüglich mitzuteilen. Sie entscheidet auf Grund der Art und des Umfangs der Änderung, ob eine erneute Zustimmung bzw. Ergänzung zur Typzulassung erforderlich ist.
(6) Die Leiter von Betrieben haben bei der Herstellung oder Errichtung zu sichern, daß die Konstruktions- und Fertigungsmängel, die sich beim Betreiben der überwachungspflichtigen Anlagen herausstellen, in der weiteren Produktion abgestellt werden. Über die aufgetretenen Mängel und die Art ihrer Abstellung ist ein Nachweis zu führen. Bei Mängeln, die den Arbeits- und Havarieschutz wesentlich beeinträchtigen, haben sie zu veranlassen, daß die Leiter von Betrieben, die solche überwachungspflichtigen Anlagen betreiben, von dem Erfordernis der Mängelbeseitigung unverzüglich unterrichtet werden. Es sind geeignete Maßnahmen zur Abstellung dieser Mängel bekanntzugeben, und gleichzeitig ist die Technische Überwachung über die Art der Mängel und deren Beseitigung in Kenntnis zu setzen. Festlegungen zur Informationspflicht gegenüber anderen Kontrollorganen bleiben hiervon unberührt.
(7) Die Leiter von Betrieben, die überwachungspflichtige Anlagen herstellen oder errichten, haben zu sichern, daß die Ausführungs- und Änderungsunterlagen aufbewahrt werden. Die übergebenen Unterlagen müssen zum Zeitpunkt der Lieferung bzw. Übergabe mit der gelieferten oder errichteten Anlage übereinstimmen.

§ 8

Inbetriebnahme und Betreiben

(1) Die Leiter von Betrieben, die überwachungspflichtige Anlagen herstellen bzw. errichten, für die eine Zustimmung zur Inbetriebnahme festgelegt ist, haben 3 Wochen vor Aufnahme des Dauerbetriebes die Zustimmung zur Inbetriebnahme zu beantragen. Der Antrag ist an die Inspektion der Technischen Überwachung zu richten, in deren Zuständigkeitsbereich die Anlage betrieben werden soll. Die Technische Überwachung kann mit der Zustimmung zum Projekt oder zur Herstellung bzw. Errichtung festlegen, daß vor der Inbetriebnahme von Teilanlagen, der Durchführung von Funktionsproben oder dem Probebetrieb eine gesonderte Zustimmung zur Inbetriebnahme erforderlich ist. Fest-

legungen zur Zustimmung durch andere Kontrollorgane bleiben hiervon unberührt.
(2) Zur Erteilung der Zustimmung zur Inbetriebnahme sind insbesondere folgende Unterlagen beizubringen:

- schriftlicher Nachweis, daß die Auflagen der Technischen Überwachung erfüllt sind,
- durch die Technische Überwachung geprüfte Unterlagen und Zustimmungen zur Herstellung bzw. Errichtung,
- Prüfbescheide (z. B. Röntgen, Ultraschall, Blitzschutz),
- geforderte Atteste, Zertifikate,
- Bedienungsanweisungen,
- Betriebsvorschriften,
- Wartungs-, Instandsetzungs- und Revisionshinweise,
- Werks- bzw. TKO-Bescheinigungen des Herstellers.

(3) Die Leiter von Betrieben, die überwachungspflichtige Anlagen betreiben, haben zu sichern und nachzuweisen, daß die sich aus Rechtsvorschriften und der übergebenen Anlagendokumentation ergebenden Forderungen des Arbeits- und Havarieschutzes ständig eingehalten werden. Mängel, die den Arbeits- und Havarieschutz beeinträchtigen und die in der technischen Lösung begründet liegen, sind den Leitern von Betrieben, die diese Anlagen herstellen bzw. errichten, unverzüglich mitzuteilen. Mängel, die zu einer unmittelbaren Gefährdung führen können, sind gleichzeitig der Technischen Überwachung mitzuteilen.
(4) Die Leiter von Betrieben, die überwachungspflichtige Anlagen betreiben, haben Zu- und Abgänge im Bestand dieser Anlagen der zuständigen Inspektion der Technischen Überwachung innerhalb von 6 Wochen zu melden. Bei Zugängen entfällt diese Pflicht, wenn eine Antragstellung gemäß Abs. 1 erfolgte.
(5) Die Leiter von Betrieben haben zu sichern, daß bei Prüfungen, die die Technische Überwachung im Rahmen ihrer staatlichen Überwachungstätigkeit bei überwachungspflichtigen Anlagen durchführt, die für diese Prüfungen erforderlichen Anlagendokumentationen, Arbeits- und Prüfmittel sowie geeignete und qualifizierte Arbeitskräfte zur Verfügung stehen und die Anlagen in einem prüffähigen Zustand vorgestellt werden.

§ 9

Bedienen

(1) Die Leiter von Betrieben haben die spezifische Aus- und Weiterbildung von Werktätigen zu sichern, wenn für die Bedienung überwachungspflichtiger Anlagen in Rechtsvorschriften der Nachweis einer derartigen Befähigung gefordert ist. Die Ausbildung hierzu erfolgt in den von der Technischen Überwachung zugelassenen Ausbildungsstätten.
(2) Die Leiter von Betrieben sind verpflichtet, Werktätigen das Bedienen von überwachungspflichtigen Anlagen zu untersagen, wenn die Voraussetzungen gemäß Abs. 1 nicht mehr erfüllt sind, insbesondere ihre Kenntnisse oder ihre körperliche und geistige

Eignung nicht mehr den Anforderungen entsprechen. Stellt die Technische Überwachung fest, daß die Voraussetzungen für eine ordnungsgemäße Bedienung bei Werktätigen nicht vorliegen, kann sie die Leiter von Betrieben beauflagen, das Bedienen durch diese Werktätigen zu untersagen.

§ 10

Instandhaltung

(1) Die Leiter von Betrieben haben durch Instandhaltung (Wartung, Revision, Instandsetzung) zu sichern, daß die Einhaltung der Forderungen des Arbeits- und Havarieschutzes, der Forderungen aus den Anlagendokumentationen sowie betrieblichen Dokumenten, insbesondere aus Arbeitsschutzinstruktionen, beim Betreiben überwachungspflichtiger Anlagen gewährleistet ist.
(2) Für die Instandsetzung von überwachungspflichtigen Anlagen haben die Leiter von Betrieben eine Zulassung bei der Technischen Überwachung zu beantragen, sofern in den für den Arbeits- und Havarieschutz geltenden Rechtsvorschriften eine Zulassung als Voraussetzung gefordert ist.
(3) Die Leiter von Betrieben haben unter Berücksichtigung des Zustandes, der Betriebsweise und der Beanspruchung der überwachungspflichtigen Anlagen sowie der Auswertung von Unfällen und Havarien und den sich aus der jeweiligen Anlagendokumentation ergebenden Vorgaben die für die planmäßige Instandhaltung insbesondere die für die Revision erforderlichen Zeitabstände zu ermitteln und festzulegen. Können auf Grund der vorgenannten Kriterien keine betriebsspezifischen Zeitabstände ermittelt werden, sind für die Revision die festgelegten Richtwerte verbindlich.
(4) In den für überwachungspflichtige Anlagen geltenden Rechtsvorschriften kann gefordert werden, daß Revisionen nur von Werktätigen durchgeführt werden dürfen, die von der Technischen Überwachung dafür zugelassen sind (Revisionsberechtigte).
(5) Sind die personellen Voraussetzungen für die Durchführung von Revisionen gemäß den Absätzen 3 und 4 nicht gegeben, so haben die Leiter von Betrieben zur Revisionsdurchführung Wirtschaftsverträge mit solchen Betrieben abzuschließen, die über diese Voraussetzungen verfügen.
(6) Können die Leiter von Betrieben die Revisionsdurchführung nachweislich nicht durch den Einsatz von Revisionsberechtigten oder den Abschluß von Wirtschaftsverträgen gewährleisten, unterstützt die Technische Überwachung die Leiter von Betrieben bis zum Wirksamwerden entsprechender Voraussetzungen im Rahmen ihrer planmäßigen Überwachungstätigkeit. Art, Umfang und Zeitpuhkt der Unterstützungsmaßnahmen sind auf Antrag des Leiters des Betriebes und in Abstimmung mit ihm von der zuständigen Inspektion der Technischen Überwachung festzulegen. Der Antrag für die im Folgejahr notwendige Unterstützung ist jeweils bis zum 30. September des laufenden Jahres zu stellen.

§ 11
Import und Export

(1) Der Import überwachungspflichtiger Anlagen hat nach den geltenden Rechtsvorschriften zu erfolgen.
(2) Für überwachungspflichtige Anlagen, die exportiert werden sollen, gelten die Rechtsvorschriften der Deutschen Demokratischen Republik, sofern nicht für deren Herstellung mit dem ausländischen Besteller davon abweichende Vereinbarungen getroffen worden sind.
(3) Sind an überwachungspflichtigen Anlagen, die exportiert werden sollen, Kontrollen und Prüfungen der Technischen Überwachung erforderlich, so ist der Umfang rechtzeitig mit ihr abzustimmen.

§ 12
Zustimmungen

(1) Die Zustimmung

– zur Dokumentation zur Grundsatzentscheidung,
– zum Projekt,
– zur Herstellung bzw. Errichtung

wird von der Technischen Überwachung 4 Wochen nach Einreichung der vollständigen Unterlagen erteilt. Gleichzeitig mit der Zustimmung werden Zeitpunkt und Umfang der Rückgabe der Unterlagen mitgeteilt.
(2) Der schriftliche Nachweis der Schutzgüte ist Voraussetzung zur Erteilung von Zustimmungen der Technischen Überwachung und mit den Unterlagen einzureichen.
(3) Über die nach dieser Durchführungsbestimmung zur Erlangung der Zustimmung einzureichenden Unterlagen hinaus können in den für überwachungspflichtige Anlagen geltenden Rechtsvorschriften weitere Unterlagen festgelegt werden.

§ 13
Unfälle und Havarien

(1) Die Leiter von Betrieben haben Unfälle und Havarien, die sich an und im Zusammenhang mit überwachungspflichtigen Anlagen ereignen, der zuständigen Inspektion der Technischen Überwachung zu melden. Unter Berücksichtigung von Art, Umfang und Schwere des Ereignisses entscheidet diese über die Durchführung eigener Untersuchungen.
(2) Veränderungen am Ereignisort bei meldepflichtigen und durch die Technische Überwachung zu untersuchenden Unfällen und Havarien dürfen erst nach Entscheidung gemäß Abs. 1 vorgenommen werden. Die Rechte der Untersuchungs- und anderer Kontrollorgane

bleiben hiervon unberührt. Ausgenommen sind solche Veränderungen, die zur Rettung von Menschen oder zur Abwendung weiterer Gefahren unerläßlich sind.
(3) Die Leiter von Betrieben haben zu sichern, daß die Untersuchungsergebnisse erfaßt, ausgewertet und der Technischen Überwachung auf Anforderung zur Verfügung gestellt werden.

§ 14

Übergangsbestimmungen

(1) Bei Investitionen, die sich zum Zeitpunkt des Inkrafttretens bereits in der Durchführung befinden, sind die Festlegungen dieser Durchführungsbestimmung entsprechend anzuwenden. Bereits erteilte Zustimmungen behalten ihre Gültigkeit.
(2) Typzulassungen gemäß § 7 Abs. 2 sind spätestens 6 Monate nach Inkrafttreten dieser Durchführungsbestimmung zu beantragen. Bereits erteilte Typzulassungen, Typanerkennungen, Verwendungszulassungen und Bauartanerkennungen behalten ihre Gültigkeit.

§ 15

Inkrafttreten

(1) Diese Durchführungsbestimmung tritt am 1. Januar 1975 in Kraft.
(2) Gleichzeitig treten außer Kraft:

1. Erste Durchführungsbestimmung vom 4. Februar 1963 zur Arbeitsschutzverordnung — Technische Überwachung — (GBl. II Nr. 15 S. 95).
2. Anordnung vom 19. Februar 1968 über die Mitwirkung der Organe der Technischen Überwachung der DDR bei der Vorbereitung und Durchführung von Investitionen (GBl. II Nr. 26 S. 111),
3. Anordnung vom 1. Juni 1970 über die territoriale Zuständigkeit der Inspektionen der Technischen Überwachung der DDR (GBl. II Nr. 52 S. 388).

Anlage 1

zu vorstehender Erster Durchführungsbestimmung

Überwachungspflichtige Anlagen

Dampf- und Drucktechnische Anlagen

· Dampfkessel	ASAO 800
· Niederdruckkessel	ASBAO 810
· Heizölfeuerungen	ASBAO 821/2
· Gasfeuerungen	ASAO 822/1
· Röhrenöfen der chemischen Industrie	ASBAO 804

· Luftzerlegungsanlagen	ASBAO 879
· Kesselspeisewasseraufbereitungsanlagen	ASAO 802
· Druckgefäße	ASAO 840/1
· Ortsbewegliche Druckgasbehälter	ASBAO 861/1
· Azetylenerzeugungsanlagen	ASBAO 870
· Azetylenfüllwerke	ASBAO 871/1
· Rohrleitungen	ASAO 885
· Beheizte Systeme mit organischen Wärmeträgern	

Anlagen für brennbare Flüssigkeiten und verflüssigte Gase

· Lager, Behälter und Tankfahrzeuge für brennbare Flüssigkeiten	ASBAO 850/1 ASBAO 850/2
· Lager, Behälter, Tankfahrzeuge und Umfüllstellen für verflüssigte Gase	ASBAO 864[2]
· Fernleitungen für flüssige Kohlenwasserstoffe	ASBAO 886

Kernenergieanlagen

· Kernkraftwerke mit Druckwasserreaktoren	ASAO 880

Elektrotechnische Anlagen

· Umspann- und Schaltstationen über 1 KV	ASAO 900
· Elektrotechnische Anlagen im Bergbau unter Tage	ASAO 900
· Fahrleitungen unter und über Tage	ASAO 900
· Tagebaugroßgeräte	ASAO 900
· Explosionsgefährdete, explosivstoffgefährdete Betriebsstätten und schlagwettergefährdete Grubenbaue	ASAO 900
· Theater, Filmvorführungsstätten, Warenhäuser und Versammlungsräume	ASAO 900

Sonstige Anlagen

· Blitzschutzanlagen	ASBAO 955/1
· Zentrifugen	ASAO 894/1

Fördertechnische Anlagen

· Hebezeuge	ASAO 908/1
· Bewegliche Arbeitsbühnen	ASAO 906
· Aufzüge	ASAO 909
· Bauaufzüge	ASAO 910
· Seilbahnen	ASAO 917

Anlage 2

zu vorstehender Erster Durchführungsbestimmung

Territoriale Zuständigkeit der Inspektionen der Technischen Überwachung der DDR (ITÜ)

ITÜ Berlin, Sitz Berlin
Zuständig für Berlin, Hauptstadt der Deutschen Demokratischen Republik, die Bezirke Frankfurt (Oder) und Potsdam

ITÜ Dresden, Sitz Dresden
Zuständig für die Bezirke Dresden und Cottbus

ITÜ Erfurt, Sitz Erfurt
Zuständig für die Bezirke Erfurt, Gera und Suhl

ITÜ Halle, Sitz Halle
Zuständig für den Bezirk Halle

ITÜ Karl-Marx-Stadt, Sitz Karl-Marx-Stadt
Zuständig für den Bezirk Karl-Marx-Stadt

ITÜ Leipzig, Sitz Leipzig
Zuständig für den Bezirk Leipzig

ITÜ Magdeburg, Sitz Magdeburg
Zuständig für den Bezirk Magdeburg

ITÜ Rostock, Sitz Rostock
Zuständig für die Bezirke Rostock, Neubrandenburg und Schwerin

[1]) Abgedruckt unter H 01 01.
[2]) Noch nicht verbindlich.

Zweite Durchführungsbestimmung zur Arbeitsschutzverordnung — Sicherheitsinspektoren und Sicherheitsinspektionen — vom 6. September 1978

(GBl. I Nr. 34 S. 373)

Auf Grund des § 34 der Arbeitsschutzverordnung — ASVO — vom 1. Dezember 1977 (GBl. I Nr. 36 S. 405)[1] wird im Einvernehmen mit den Leitern der zuständigen zentralen Staatsorgane und in Übereinstimmung mit dem Bundesvorstand des Freien Deutschen Gewerkschaftsbundes folgendes bestimmt:

Einsatz von Sicherheitsinspektoren

§ 1

Sicherheitsinspektoren bzw. Leiter von Sicherheitsinspektionen sind in allen Betrieben, in den zentralen Staatsorganen, bei den örtlichen Räten sowie in den wirtschaftsleitenden und ihnen gleichgestellten Organen einzusetzen. In Betrieben und Organen mit geringfügigen arbeitsbedingten Gesundheitsgefährdungen, wie z. B. Verwaltungen, oder mit nur wenigen Beschäftigten, wie z. B. Handwerksbetrieben, können die Aufgaben des Sicherheitsinspektors von einem befähigten Werktätigen mit wahrgenommen werden. Die Entscheidung darüber treffen die im § 25 Abs. 1 der ASVO genannten Leiter nach Zustimmung der zuständigen Vorstände der Gewerkschaften.

§ 2

(1) Sicherheitsinspektor eines zentralen Staatsorgans, wirtschaftsleitenden oder diesem gleichgestellten Organs bzw. eines Kombinates oder Leiter einer Sicherheitsinspektion kann nur sein, wer eine abgeschlossene Hochschul- oder Fachschulausbildung und eine mindestens zweijährige Berufserfahrung sowie eine zusätzliche Ausbildung als Fachingenieur bzw. Fachökonom für Arbeitsschutz besitzt.

(2) Sicherheitsinspektor eines Kombinatsbetriebes, Betriebes oder bei einem örtlichen Rat kann nur sein, wer eine abgeschlossene Hochschul- oder Fachschulausbildung und eine anerkannte Zusatzqualifikation auf dem Gebiet des Gesundheits- und Arbeitsschutzes sowie eine mindestens zweijährige Berufserfahrung besitzt. Anstelle einer abgeschlossenen Hochschul- oder Fachschulausbildung kann eine Meisterqualifikation und in Betrieben und Organen gemäß § 1 Satz 2 auch eine Facharbeiterqualifikation als ausreichend anerkannt werden.

§ 3

Der Sicherheitsinspektor bzw. Leiter der Sicherheitsinspektion (nachfolgend Sicherheitsinspektor genannt) ist dem Leiter des Betriebes bzw. Organs direkt zu unterstellen. Bei den Räten der Bezirke und Kreise können die Sicherheitsinspektoren den Leitern von Fachorganen unterstellt werden.

§ 4

Rechte und Pflichten des Sicherheitsinspektors

Die Rechte und Pflichten des Sicherheitsinspektors ergeben sich aus dem Arbeitsgesetzbuch, der ASVO, dieser Durchführungsbestimmung und den vom Leiter des Betriebes bzw. Organs auf dem Gebiet des Gesundheits- und Arbeitsschutzes getroffenen Festlegungen. Die Verantwortung des Leiters und der leitenden Mitarbeiter für den Gesundheits- und Arbeitsschutz wird davon nicht berührt.

Aufgaben des Sicherheitsinspektors des Betriebes

§ 5

(1) Der Sicherheitsinspektor hat dem Leiter des Betriebes bei der Ausarbeitung von betrieblichen Plänen und Leitungsentscheidungen Vorschläge zur Gewährleistung und weiteren Vervollkommnung des Gesundheits- und Arbeitsschutzes zu unterbreiten und auf die Durchsetzung der festgelegten Maßnahmen Einfluß zu nehmen. Er stützt sich dabei insbesondere auf die Ergebnisse von Analysen und Kontrollen sowie auf die Hinweise der übergeordneten Organe, der staatlichen Organe, die auf speziellen Gebieten des Gesundheits- und Arbeitsschutzes tätig sind, der Werktätigen und ihrer Gewerkschaften.

(2) Der Sicherheitsinspektor hat dazu beizutragen, daß der Gesundheits- und Arbeitsschutz in die Intensivierung der sozialistischen Produktion einbezogen wird und dabei die Erkenntnisse von Wissenschaft und Technik umfassend genutzt werden. Er hat insbesondere durch Anleitung und Kontrolle darauf hinzuwirken, daß

a) bei der Vorbereitung von Maßnahmen der sozialistischen Rationalisierung sowie der Entwicklung und dem Einsatz neuer Erzeugnisse und Verfahren die Erkenntnisse und Methoden der WAO für sicheres und erschwernisfreies Arbeiten angewandt werden;
b) der wissenschaftlich-technische Fortschritt für die Verbesserung des Gesundheits- und Arbeitsschutzes genutzt wird und dies seinen Ausdruck in den betrieblichen Plänen findet;
c) der sozialistische Wettbewerb und der Betriebskollektivvetrag auf die Schwerpunkte gerichtete, abrechenbare und termingebundene Verpflichtungen zur Verbesserung des Gesundheits- und Arbeitsschutzes enthalten;

d) die Initiative der Werktätigen in der Neuererbewegung der Verbesserung des Gesundheits- und Arbeitsschutzes dient;
e) eine bedarfsgerechte Planung der sicherheitstechnischen Mittel und Körperschutzmittel erfolgt.

§ 6

Der Sicherheitsinspektor ist verpflichtet, den Leiter des Betriebes bei der Erarbeitung der Analyse über die Entwicklung des Gesundheits- und Arbeitsschutzes zu unterstützen. Er hat Maßnahmen zur weiteren Vervollkommnung des Gesundheits- und Arbeitsschutzes vorzuschlagen. Insbesondere hat er

a) die leitenden Mitarbeiter bei ihrer Analysentätigkeit anzuleiten und von diesen die Beseitigung der in ihrem Verantwortungsbereich vorhandenen arbeitsbedingten Gesundheitsgefährdungen, vor allem der Ursachen und begünstigenden Faktoren der Arbeitsunfälle, Berufskrankheiten, anderen arbeitsbedingten Gesundheitsschäden und Havarien sowie der Arbeitserschwernisse zu verlangen;
b) auf der Grundlage der Unfallmeldungen die Schwerpunkte der Ursachen und begünstigenden Faktoren der Wegeunfälle, der Unfälle bei organisierter gesellschaftlicher, kultureller oder sportlicher Tätigkeit zu ermitteln und dem Betriebsleiter Maßnahmen vorzuschlagen, wie insbesondere im Zusammenwirken mit den örtlichen Räten weitere Unfälle verhütet werden können;
c) die mindestens halbjährlich anzufertigenden Analysen unter Berücksichtigung der Ergebnisse der Analysentätigkeit der leitenden Mitarbeiter und eigener Untersuchungen vorzubereiten.

§ 7

(1) Der Sicherheitsinspektor ist verpflichtet, bei der Durchsetzung des sozialistischen Rechts auf dem Gebiet des Gesundheits- und Arbeitsschutzes mitzuarbeiten. Dazu hat er insbesondere

a) sich konkrete Kenntnisse über die für den Betrieb und die Betriebsbereiche zutreffenden Bestimmungen anzueignen;
b) die Wirksamkeit der Rechtsvorschriften einschließlich der staatlichen Standards einzuschätzen und gegebenenfalls Vorschläge für den Erlaß, die Änderung oder Aufhebung von betrieblichen Regelungen und Weisungen zu unterbreiten;
c) bei der Ausarbeitung von Entwürfen betrieblicher Regelungen mitzuwirken bzw. entsprechende Entwürfe auszuarbeiten;
d) darauf Einfluß zu nehmen, daß die auszuarbeitenden oder zu begutachtenden Entwürfe von Rechtsvorschriften den fortgeschrittenen wissenschaftlichen Erkenntnissen des Gesundheits- und Arbeitsschutzes entsprechen;

e) das Streben der Werktätigen nach höherer Ordnung, Sicherheit und Disziplin im Rahmen des sozialistischen Wettbewerbs zu unterstützen;
f) zu kontrollieren, daß bei der Vorbereitung und Durchführung von Investitionen und wissenschaftlichen Leistungen die erforderlichen Maßnahmen des Gesundheits- und Arbeitsschutzes festgelegt und die GAB-Nachweise ordnungsgemäß erarbeitet werden;
g) Maßnahmen vorzuschlagen, die sichern, daß die Forderungen des Gesundheits- und Arbeitsschutzes als Qualitätsmerkmal Bestandteil der Wirtschaftsverträge sind.

(2) Soweit Hinweise des Sicherheitsinspektors auf die notwendige Beseitigung einer unmittelbaren Gefahr für das Leben oder der unmittelbaren Gefahr einer erheblichen Gesundheitsschädigung der Werktätigen vom Betriebsleiter unbeachtet bleiben, ist der Sicherheitsinspektor verpflichtet, darüber den Leiter des übergeordneten Organs, die zuständige Arbeitsschutzinspektion des Freien Deutschen Gewerkschaftsbundes und die zuständigen staatlichen Organe gemäß § 30 der ASVO zu informieren.

§ 8

Der Sicherheitsinspektor hat zur Erweiterung und Vertiefung der Kenntnisse der Werktätigen auf dem Gebiet des Gesundheits- und Arbeitsschutzes sowie zur Ausbildung und Vervollkommnung entsprechender Fähigkeiten und Fertigkeiten insbesondere

a) Vorschläge für die inhaltliche Gestaltung und die Organisation der Qualifizierung der leitenden Mitarbeiter und der Werktätigen, an die gemäß § 212 des Arbeitsgesetzbuches[2] erhöhte Anforderungen zur Verwirklichung des Gesundheits- und Arbeitsschutzes gestellt sind, sowie für die Durchführung von Belehrungen auf dem genannten Gebiet zu unterbreiten;
b) an der Durchführung von Qualifizierungsmaßnahmen für die leitenden Mitarbeiter mitzuwirken. Vor allem sind den leitenden Mitarbeitern, die dem Betriebsleiter direkt unterstellt sind, neue rechtliche Regelungen zu erläutern sowie verallgemeinerungsfähige Erkenntnisse aus Wissenschaft und Praxis zu vermitteln;
c) die Qualität der Belehrungen auf dem Gebiet des Gesundheits- und Arbeitsschutzes zu überprüfen und gegebenenfalls Forderungen zur Erhöhung der Wirksamkeit dieser Belehrungen gegenüber den leitenden Mitarbeitern zu erheben.

§ 9

(1) Der Sicherheitsinspektor übt entsprechend den Rechtsvorschriften und den Festlegungen des Betriebsleiters die Anleitung und Kontrolle der leitenden Mitarbeiter auf dem Gebiet des Gesundheits- und Arbeitsschutzes aus. Er hat den Betriebsleiter über die Kontrollergebnisse zu informieren und ihm erforderliche Maßnahmen vorzuschlagen.

(2) Der Sicherheitsinspektor ist verpflichtet, im Rahmen der ihm übertragenen Rechte und Pflichten insbesondere

a) gute Erfahrungen zu verallgemeinern, die leitenden Mitarbeiter auf Mängel im Gesundheits- und Arbeitsschutz hinzuweisen, von ihnen deren Beseitigung zu fordern und sie dabei zu beraten;
b) die leitenden Mitarbeiter bei der Untersuchung und Auswertung von Verletzungen der Bestimmungen des Gesundheits- und Arbeitsschutzes, insbesondere bei der Aufdeckung und Beseitigung der Ursachen und begünstigenden Faktoren von Unfällen sowie der damit im Zusammenhang stehenden Pflichtverletzungen, anzuleiten und erforderlichenfalls an den Untersuchungen teilzunehmen;
c) an der betrieblichen Untersuchung von tödlichen Arbeitsunfällen und Arbeitsunfällen mit schweren Körperschäden mitzuwirken;
d) die leitenden Mitarbeiter bei der Gestaltung und Erhaltung sicherer und erschwernisfreier Arbeitsmittel, Arbeitsverfahren und Arbeitsstätten sowie die Schutzgütekommission zu unterstützen.

(3) Der Sicherheitsinspektor trägt durch planmäßige Kontrolle zur Gewährleistung des Gesundheits- und Arbeitsschutzes im Betrieb bei. Er hat insbesondere

a) an den regelmäßigen Betriebsbegehungen gemäß § 10 Abs. 1 der ASVO teilzunehmen;
b) auf die Überprüfung der Arbeitsmittel, Arbeitsverfahren und Arbeitsstätten und die daraus abzuleitenden Maßnahmen einzuwirken;
c) zu kontrollieren, daß die sicherheitstechnischen Mittel und Körperschutzmittel ordnungsgemäß instand gehalten und zweckentsprechend angewendet werden;
d) zu kontrollieren, daß Werktätige, die mit Arbeiten gemäß § 214 des Arbeitsgesetzbuches beschäftigt werden, die erforderliche Berechtigung dafür besitzen;
e) zu kontrollieren, daß durch die leitenden Mitarbeiter der Einsatz von Werktätigen aus anderen Betrieben und der Aufenthalt von Personen, die nur zeitweilig im Betrieb anwesend sind, entsprechend den Festlegungen des § 15 der ASVO erfolgt;
f) die Führung und Auswertung der Arbeitsschutzkontrollbücher durch die dafür zuständigen leitenden Mitarbeiter zu kontrollieren.

§ 10

Der Sicherheitsinspektor hat bei der Erfüllung seiner Aufgaben insbesondere mit den gewerkschaftlichen Arbeitsschutzfunktionären des Betriebes und der Einrichtung des Betriebsgesundheitswesens zusammenzuarbeiten. Er hat die Betriebsgewerkschaftsleitung bei der Schulung ihrer ehrenamtlichen Arbeitsschutzfunktionäre zu unterstützen.

§ 11

Bei der Bestimmung der Arbeitsaufgaben des Sicherheitsinspektors können in Abstimmung mit der Betriebsgewerkschaftsleitung auch Aufgaben des Strahlenschutzbeauftragten, des Brandschutzinspektors oder ähnliche Aufgaben mit festgelegt werden. Voraussetzung ist, daß dadurch die umfassende Erfüllung der Pflichten eines Sicherheitsinspektors nicht beeinträchtigt wird und die Zustimmung der Leiter und der zuständigen Vorstände der Gewerkschaften gemäß § 25 Abs. 1 der ASVO vorliegt. Einer Sicherheitsinspektion können mit Zustimmung der Leiter und der zuständigen Vorstände der Gewerkschaften gemäß § 25 Abs. 1 der ASVO Strahlenschutzbeauftragte, Brandschutzinspektoren oder ähnliche Funktionalorgane zugeordnet werden.

§ 12

Aufgaben der Sicherheitsinspektoren der übergeordneten Organe

(1) Für die Sicherheitsinspektoren in den zentralen Staatsorganen, bei den örtlichen Räten sowie in den wirtschaftsleitenden und ihnen gleichgestellten Organen gelten die §§ 5 bis 11 sinngemäß. Sie haben die Sicherheitsinspektoren der dem Organ unterstellten oder zugeordneten Betriebe und Organe anzuleiten und zu kontrollieren. Sie haben insbesondere

a) den Sicherheitsinspektoren Hinweise zur inhaltlichen und organisatorischen Gestaltung ihrer Tätigkeit zu geben;
b) die sozialistische Gemeinschaftsarbeit der Sicherheitsinspektoren sowie den Austausch und die Verallgemeinerung neuer Erkenntnisse zu fördern. Dazu sind mindestens halbjährlich Erfahrungsaustausche bzw. Schulungen durchzuführen;
c) den zuständigen Leitern Hinweise und Vorschläge zur Qualifizierung der Tätigkeit ihrer Sicherheitsinspektoren zu unterbreiten sowie deren Aus- und Weiterbildung nach einheitlichen Grundsätzen inhaltlich und organisatorisch vorzubereiten.

(2) Die Sicherheitsinspektoren der übergeordneten Organe haben insbesondere

a) auf die Planung und Ausarbeitung von Rechtsvorschriften einschließlich staatlicher Standards, in denen Festlegungen zum Gesundheits- und Arbeitsschutz vorgesehen sind, die den Verantwortungsbereich betreffen, Einfluß zu nehmen. Dabei haben sie sich dafür einzusetzen, daß diese Festlegungen den fortgeschrittenen wissenschaftlich-technischen Erkenntnissen entsprechen;
b) Anträge auf Ausnahmegenehmigungen und Sonderregelungen zu Festlegungen des Gesundheits- und Arbeitsschutzes in Rechtsvorschriften zu beurteilen;
c) die Einbeziehung des Gesundheits- und Arbeitsschutzes in die Erzeugnisgruppenarbeit zu beeinflussen.

(3) Die Sicherheitsinspektoren bei den örtlichen Räten sowie bei den wirtschaftsleitenden und ihnen gleichgestellten Organen haben außerdem

a) die Direktiven des Leiters für die Bereitstellung von Körperschutzmitteln und die Tragezeitnormen vorzubereiten;
b) darauf Einfluß zu nehmen, daß die Qualifizierung der Werktätigen gemäß § 212 des Arbeitsgesetzbuches in den Betrieben auf dem Gebiet des Gesundheits- und Arbeitsschutzes entsprechend den für den Bereich spezifischen Erfordernissen erfolgt.

Pflichten des Leiters des Organs bzw. Betriebes

§ 13

Die Leiter der zentralen Staatsorgane und die Vorsitzenden der Räte der Bezirke legen unter Berücksichtigung der Besonderheiten ihres Verantwortungsbereiches in Übereinstimmung mit den zuständigen Vorständen der Gewerkschaften Kriterien für den Einsatz von Sicherheitsinspektoren und die Bildung von Sicherheitsinspektionen in den Betrieben fest und spezifizieren in erforderlichem Umfang die in dieser Durchführungsbestimmung enthaltenen Aufgaben.

§ 14

(1) Der Leiter des Organs bzw. Betriebes hat die Rechte und Pflichten des Sicherheitsinspektors zu konkretisieren, die für ihre Erfüllung erforderlichen Voraussetzungen zu schaffen, ihn anzuleiten und zu kontrollieren. Er hat insbesondere zu gewährleisten, daß der Sicherheitsinspektor die für seine Tätigkeit notwendigen Informationen erhält bzw. diese ihm zugänglich sind. Dazu hat er den Sicherheitsinspektor u. a. zu den Leitungsberatungen und bei der Vorbereitung von Leitungsentscheidungen hinzuzuziehen.
(2) Der Betriebsleiter hat die Rechte und Pflichten der Mitarbeiter der Sicherheitsinspektion festzulegen.
(3) Der Betriebsleiter hat den Einsatz eines Werktätigen als Sicherheitsinspektor vorher mit der Betriebsgewerkschaftsleitung abzustimmen.

Schlußbestimmungen

§ 15

(1) Sicherheitsinspektoren, die die im § 2 geforderte Qualifikation noch nicht besitzen, können weiterhin tätig sein, wenn sie über eine mindestens zweijährige Berufserfahrung verfügen und sich in einer entsprechenden Ausbildung befinden bzw. sich dazu in einem Qualifizierungsvertrag verpflichtet haben. Als Sicherheitsinspektor kann in dieser Funktion auch weiterhin tätig sein, wer das 50. Lebensjahr überschritten hat, die geforderte Qualifikation nicht besitzt, jedoch über langjährige Erfahrungen verfügt.

(2) Die Leiter der im § 25 Abs. 1 der ASVO genannten Organe haben im Zusammenwirken mit den zuständigen Vorständen der Gewerkschaften die Einsatzbedingungen, die Aufgabenstellung und die Qualifikation der bereits tätigen Sicherheitsinspektoren zu überprüfen und Maßnahmen zur unverzüglichen Realisierung dieser Durchführungsbestimmung zu treffen.

§ 16

Diese Durchführungsbestimmung tritt am 1. Januar 1979 in Kraft.

[1]) Abgedruckt unter H 01 01.
[2]) Abgedruckt unter G 01 01.

FSC
www.fsc.org
MIX
Papier | Fördert gute Waldnutzung
FSC® C083411

Kolibri 360 GmbH
Ferdinand-Jühlke-Straße 7
99095 Erfurt, Deutschland
produktsicherheit@kolibri360.de